Baurecht in Brandenburg

Brandenburgische Bauordnung und ausführende Verordnungen

Textsammlung

6. Auflage

SV SAXONIA VERLAG für Recht, Wirtschaft und Kultur GmbH

Redaktion: Ass. jur. Frank Unger

Redaktionsschluss: 1. August 2024

SV SAXONIA VERLAG für Recht, Wirtschaft und Kultur GmbH
Ludwig-Hartmann-Straße 40, 01277 Dresden
Tel. (0351) 485260, Fax (0351) 4852661
E-Mail: office@saxonia-verlag.de
Internet: http://www.laenderrecht.de

Druck: PRINT GROUP Sp. z o. o., ul. Księcia Witolda 7, 71-063 Szczecin (Polen)

ISBN: 978-3-949409-28-8
(Vorauflage: 978-3-949409-00-4)

Inhaltsverzeichnis

Teil 6. Sonstige Vorschriften

Teil 1. Die Brandenburgische Bauordnung

1.1 Brandenburgische Bauordnung (BbgBO)[1, 2]

in der Fassung der Bekanntmachung vom 15. November 2018 (GVBl. I Nr. 39), die zuletzt durch Gesetz vom 28. September 2023 (GVBl. I Nr. 18) geändert worden ist

– Fassung ab 30. September 2023 –

INHALTSÜBERSICHT

---

1 Die Verpflichtungen aus der Richtlinie (EU) 2015/1535 des Europäischen Parlaments und des Rates vom 9. September 2015 über ein Informationsverfahren auf dem Gebiet der technischen Vorschriften und der Vorschriften für die Dienste der Informationsgesellschaft (ABl. L 241 vom 17.9.2015, S. 1) sowie aus der Richtlinie 2006/123/EG des Europäischen Parlaments und des Rates vom 12. Dezember 2006 über Dienstleistungen im Binnenmarkt (ABl. L 376 vom 27.12.2006, S. 36) sind beachtet worden.

2 Dieses Gesetz dient der Umsetzung der Richtlinie 2000/9/EG des Europäischen Parlaments und des Rates vom 20. März 2000 über Seilbahnen für den Personenverkehr (ABl. L 106 vom 3.5.2000, S. 21) sowie in den §§ 70 und 77 der Umsetzung der Richtlinie 2012/18/EU des Europäischen Parlaments und des Rates vom 4. Juli 2012 zur Beherrschung der Gefahren schwerer Unfälle mit gefährlichen Stoffen, zur Änderung und anschließenden Aufhebung der Richtlinie 96/82/EG des Rats (ABl. L 197 vom 24.7.2012, S. 1).

TEIL 1
Allgemeine Vorschriften

§ 1
Anwendungsbereich

(1) [1]Dieses Gesetz gilt für bauliche Anlagen und Bauprodukte. [2]Es gilt auch für Grundstücke sowie für andere Anlagen und Einrichtungen, an die in diesem Gesetz oder in Vorschriften aufgrund dieses Gesetzes Anforderungen gestellt werden.

(2) Dieses Gesetz gilt nicht für

1. Anlagen des öffentlichen Verkehrs, einschließlich Zubehör, Nebenanlagen und Nebenbetrieben, ausgenommen Gebäude,
2. Anlagen, die der Bergaufsicht unterliegen, ausgenommen Gebäude,
3. Leitungen, die der öffentlichen Versorgung mit Wasser, Gas, Elektrizität, Wärme, der öffentlichen Abwasserentsorgung oder der Telekommunikation dienen, mit Ausnahme von Masten und Unterstützungen,
4. Rohrleitungen, die dem Ferntransport von Stoffen dienen, mit Ausnahme von Masten und Unterstützungen,
5. Kräne, mit Ausnahme von Kranbahnen und Unterstützungen,
6. Messestände in Messe- und Ausstellungsgebäuden,
7. Anschläge und Lichtwerbung an dafür genehmigten Säulen, Tafeln und Flächen,
8. Werbemittel an Zeitungs- und Zeitschriftenverkaufsstellen,
9. Auslagen und Dekorationen in Fenstern und Schaukästen,
10. Wahlwerbung für die Dauer eines Wahlkampfes,
11. Parkanlagen und andere Grünflächen, die öffentliche Einrichtungen sind, sowie Friedhöfe, mit Ausnahme von Gebäuden,
12. Sport- und Charterboote, die zweckentsprechend als Wasserfahrzeuge genutzt werden können und sollen,
13. Regale und Regalanlagen in Gebäuden, soweit sie nicht Teil der Gebäudekonstruktion sind oder keine Erschließungsfunktion haben.

§ 2
Begriffe

(1) [1]Bauliche Anlagen sind mit dem Erdboden verbundene, aus Bauprodukten hergestellte Anlagen; eine Verbindung mit dem Boden besteht auch dann, wenn die Anlage durch eigene Schwere auf dem Boden ruht oder auf ortsfesten Bahnen begrenzt beweglich ist oder wenn die Anlage nach ihrem Verwendungszweck dazu bestimmt ist, überwiegend ortsfest benutzt zu werden. [2]Bauliche Anlagen sind auch

1. Aufschüttungen und Abgrabungen,
2. Lagerplätze, Abstellplätze und Ausstellungsplätze,
3. Sport- und Spielflächen,
4. Campingplätze, Wochenendplätze und Zeltplätze,
5. Freizeit- und Vergnügungsparks,
6. Stellplätze für Kraftfahrzeuge und Abstellplätze für Fahrräder,
7. Gerüste,
8. Hilfseinrichtungen zur statischen Sicherung von Bauzuständen.

[3]Anlagen sind bauliche Anlagen und sonstige Anlagen und Einrichtungen im Sinne des § 1 Absatz 1 Satz 2.

(2) Gebäude sind selbstständig benutzbare, überdeckte bauliche Anlagen, die von Menschen betreten werden können und geeignet oder bestimmt sind, dem Schutz von Menschen, Tieren oder Sachen zu dienen.

(3) [1]Gebäude werden in folgende Gebäudeklassen eingeteilt:

1. Gebäudeklasse 1:
   a) freistehende Gebäude mit einer Höhe bis zu 7 Meter und nicht mehr als zwei Nutzungseinheiten von insgesamt nicht mehr als 400 Quadratmeter Grundfläche und
   b) freistehende land- oder forstwirtschaftlich genutzte Gebäude,
2. Gebäudeklasse 2:
   Gebäude mit einer Höhe bis zu 7 Meter und nicht mehr als zwei Nutzungseinheiten von insgesamt nicht mehr als 400 Quadratmeter Grundfläche,
3. Gebäudeklasse 3:
   sonstige Gebäude mit einer Höhe bis zu 7 Meter,
4. Gebäudeklasse 4:
   Gebäude mit einer Höhe bis zu 13 Meter und Nutzungseinheiten mit jeweils nicht mehr als 400 Quadratmeter Grundfläche,
5. Gebäudeklasse 5:
   sonstige Gebäude einschließlich unterirdischer Gebäude.

[2]Höhe im Sinne des Satzes 1 ist das Maß der Fußbodenoberkante des höchstgelegenen Geschosses, in dem ein Aufenthaltsraum möglich ist, über der Geländeoberfläche im Mittel. [3]Die Grundflächen der Nutzungseinheiten im Sinne dieses Gesetzes sind die Brutto-Grundflächen; bei der Berechnung der Brutto-Grundflächen nach Satz 1 bleiben Flächen in Kellergeschossen außer Betracht. [4]Wird ein Nebengebäude an Gebäude der Gebäudeklasse 1 angebaut, verändert sich die Gebäudeklasse nicht, wenn das Nebengebäude nach § 61 Absatz 1 Nummer 1 Buchstabe c oder Buchstabe d genehmigungsfrei ist.

(4) Sonderbauten sind Anlagen und Räume besonderer Art oder Nutzung, die einen der nachfolgenden Tatbestände erfüllen:

1. Hochhäuser (Gebäude mit einer Höhe nach Absatz 3 Satz 2 von mehr als 22 Meter),
2. bauliche Anlagen mit einer Höhe von mehr als 30 Meter,
3. Gebäude mit mehr als 1 600 Quadratmeter Grundfläche des Geschosses mit der größten Ausdehnung, ausgenommen Wohngebäude und Garagen,
4. Verkaufsstätten, deren Verkaufsräume und Ladenstraßen eine Grundfläche von insgesamt mehr als 800 Quadratmeter haben,
5. Gebäude mit Räumen, die einer Büro- oder Verwaltungsnutzung dienen und einzeln eine Grundfläche von mehr als 400 Quadratmeter haben,
6. Gebäude mit Räumen, die einzeln für die Nutzung durch mehr als 100 Personen bestimmt sind,
7. Versammlungsstätten
   a) mit Versammlungsräumen, die insgesamt mehr als 200 Besucher fassen,

wenn diese Versammlungsräume gemeinsame Rettungswege haben,
b) im Freien mit Szenenflächen sowie Freisportanlagen jeweils mit Tribünen, die keine Fliegenden Bauten sind, und insgesamt mehr als 1 000 Besucher fassen,
8. Schank- und Speisegaststätten mit mehr als 40 Gastplätzen in Gebäuden oder mehr als 1 000 Gastplätzen im Freien, Beherbergungsstätten mit mehr als zwölf Betten und Spielhallen mit mehr als 150 Quadratmeter Grundfläche,
9. Gebäude mit Nutzungseinheiten zum Zwecke der Pflege oder Betreuung von Personen mit Pflegebedürftigkeit oder Behinderung, deren Selbstrettungsfähigkeit eingeschränkt ist, wenn die Nutzungseinheiten
   a) einzeln für mehr als sechs Personen oder
   b) für Personen mit Intensivpflegebedarf bestimmt sind, oder
   c) einen gemeinsamen Rettungsweg haben und für insgesamt mehr als zwölf Personen bestimmt sind,
10. Krankenhäuser,
11. Wohnheime,
12. Einrichtungen zur Unterbringung von Personen sowie Tageseinrichtungen für Kinder, Menschen mit Behinderung und alte Menschen, ausgenommen Tageseinrichtungen einschließlich Tagespflege für nicht mehr als zehn Kinder,
13. Schulen, Hochschulen und ähnliche Einrichtungen,
14. Justizvollzugsanstalten und bauliche Anlagen für den Maßregelvollzug,
15. Camping- und Wochenendplätze,
16. Freizeit- und Vergnügungsparks,
17. Fliegende Bauten, soweit sie einer Ausführungsgenehmigung bedürfen,
18. Regallager mit einer Oberkante Lagerguthöhe von mehr als 7,50 Meter,
19. bauliche Anlagen, deren Nutzung durch Umgang oder Lagerung von Stoffen mit Explosions- oder erhöhter Brandgefahr verbunden ist,
20. Anlagen und Räume, die in den Nummern 1 bis 19 nicht aufgeführt und deren Art oder Nutzung mit vergleichbaren Gefahren verbunden sind.

(5) Aufenthaltsräume sind Räume, die zum nicht nur vorübergehenden Aufenthalt von Menschen bestimmt oder geeignet sind.

(6) [1]Geschosse sind oberirdische Geschosse, wenn ihre Deckenoberkanten im Mittel mehr als 1,40 Meter über die Geländeoberfläche hinausragen; im Übrigen sind sie Kellergeschosse. [2]Hohlräume zwischen der obersten Decke und der Bedachung, in denen Aufenthaltsräume nicht möglich sind, sind keine Geschosse.

(7) [1]Stellplätze sind Flächen, die dem Abstellen von Kraftfahrzeugen außerhalb der öffentlichen Verkehrsflächen dienen. [2]Garagen sind Gebäude oder Gebäudeteile zum Abstellen von Kraftfahrzeugen. [3]Ausstellungs-, Verkaufs-, Werk- und Lagerräume für Kraftfahrzeuge sind keine Stellplätze oder Garagen.

(8) Feuerstätten sind in oder an Gebäuden ortsfest benutzte Anlagen oder Einrichtungen, die dazu bestimmt sind, durch Verbrennung Wärme zu erzeugen.

(9) Barrierefrei sind bauliche Anlagen, soweit sie für Menschen mit Behinderung in der allgemein üblichen Weise, ohne besondere Erschwernis und grundsätzlich ohne fremde Hilfe auffindbar, zugänglich und nutzbar sind.

(10) Bauprodukte sind
1. Produkte, Baustoffe, Bauteile und Anlagen sowie Bausätze gemäß Artikel 2 Nummer 2 der Verordnung (EU) Nr. 305/2011 des Europäischen Parlaments und des Rates vom 9. März 2011 zur Festlegung harmonisierter Bedingungen für die Vermarktung von Bauprodukten und zur Aufhebung der Richtlinie 89/106/EWG des Rates (ABl. L 88 vom 4.4.2011, S. 5, L 103 vom 12.4.2013, S. 10), die zuletzt durch die Verordnung (EU) 574/2014 (ABl. L 159 vom 28.5.2014, S. 41) geändert worden ist, die hergestellt werden, um dauerhaft in bauliche Anlagen eingebaut zu werden,
2. aus Produkten, Baustoffen, Bauteilen sowie Bausätzen gemäß Artikel 2 Nummer 2 der Verordnung (EU) Nr. 305/2011 vorgefertigte Anlagen, die hergestellt

werden, um mit dem Erdboden verbunden zu werden

und deren Verwendung sich auf die Anforderungen nach § 3 Satz 1 auswirken kann.

(11) Bauart ist das Zusammenfügen von Bauprodukten zu baulichen Anlagen oder Teilen von baulichen Anlagen.

(12) Geländeoberfläche ist die natürliche Geländeoberfläche, soweit nicht gemäß § 9 Absatz 3 des Baugesetzbuchs oder in der Baugenehmigung eine andere Geländeoberfläche festgesetzt ist.

§ 3
Allgemeine Anforderungen

[1]Anlagen sind so anzuordnen, zu errichten, zu ändern und instand zu halten, dass die öffentliche Sicherheit und Ordnung, insbesondere Leben, Gesundheit und die natürlichen Lebensgrundlagen, nicht gefährdet werden; dabei sind die Grundanforderungen an Bauwerke gemäß Anhang I der Verordnung (EU) Nr. 305/2011 zu berücksichtigen. [2]Dies gilt auch für die Beseitigung von Anlagen und bei der Änderung ihrer Nutzung.

TEIL 2
Das Grundstück und seine Bebauung

§ 4
Bebauung der Grundstücke mit Gebäuden

(1) Gebäude dürfen nur errichtet werden, wenn das Grundstück in angemessener Breite an einer befahrbaren öffentlichen Verkehrsfläche liegt oder wenn das Grundstück eine befahrbare, öffentlich-rechtlich gesicherte Zufahrt zu einer befahrbaren öffentlichen Verkehrsfläche hat.

(2) [1]Ein Gebäude auf mehreren Grundstücken ist nur zulässig, wenn öffentlich-rechtlich gesichert ist, dass dadurch keine Verhältnisse eintreten können, die Vorschriften dieses Gesetzes oder aufgrund dieses Gesetzes widersprechen. [2]Satz 1 gilt bei bestehenden Gebäuden nicht für eine Außenwand- und Dachdämmung, die über die Bauteilanforderungen der Energieeinsparverordnung vom 24. Juli 2007 (BGBl. I S. 1519), die zuletzt durch Artikel 3 der Verordnung vom 24. Oktober 2015 (BGBl. I S. 1789, 1790) geändert worden ist, in der jeweils geltenden Fassung für bestehende Gebäude nicht hinausgeht. [3]Satz 2 gilt entsprechend für die mit der Wärmedämmung zusammenhängenden notwendigen Änderungen von Bauteilen.

§ 5
Zugänge und Zufahrten auf den Grundstücken

(1) [1]Von öffentlichen Verkehrsflächen ist insbesondere für die Feuerwehr ein geradliniger Zu- oder Durchgang zu rückwärtigen Gebäuden zu schaffen; zu anderen Gebäuden ist er zu schaffen, wenn der zweite Rettungsweg dieser Gebäude über Rettungsgeräte der Feuerwehr führt. [2]Zu Gebäuden, bei denen die Oberkante der Brüstung von zum Anleitern bestimmten Fenstern oder Stellen mehr als 8 Meter über Gelände liegt, ist in den Fällen des Satzes 1 anstelle eines Zu- oder Durchgangs eine Zu- oder Durchfahrt zu schaffen. [3]Ist für die Personenrettung der Einsatz von Hubrettungsfahrzeugen erforderlich, sind die dafür erforderlichen Aufstell- und Bewegungsflächen vorzusehen. [4]Bei Gebäuden, die ganz oder mit Teilen mehr als 50 Meter von einer öffentlichen Verkehrsfläche entfernt sind, sind Zufahrten oder Durchfahrten nach Satz 2 zu den vor und hinter den Gebäuden gelegenen Grundstücksteilen und Bewegungsflächen herzustellen, wenn sie aus Gründen des Feuerwehreinsatzes erforderlich sind.

(2) [1]Zu- und Durchfahrten, Aufstellflächen und Bewegungsflächen müssen für Feuerwehrfahrzeuge ausreichend befestigt und tragfähig sein; sie sind als solche zu kennzeichnen und ständig freizuhalten; die Kennzeichnung von Zufahrten muss von der öffentlichen Verkehrsfläche aus sichtbar sein. [2]Fahrzeuge dürfen auf den Flächen nach Satz 1 nicht abgestellt werden.

§ 6
Abstandsflächen, Abstände

(1) [1]Vor den Außenwänden von Gebäuden sind Abstandsflächen von oberirdischen Gebäuden freizuhalten. [2]Satz 1 gilt entsprechend für andere Anlagen, von denen Wirkungen wie von Gebäuden ausgehen, gegenüber Gebäuden und Grundstücksgrenzen. [3]Eine Abstandsfläche ist nicht erforderlich vor Außenwänden, die an Grundstücksgrenzen errichtet werden, wenn nach planungsrechtlichen Vorschriften an die Grenze gebaut werden muss oder gebaut werden darf.

(2) [1]Abstandsflächen sowie Abstände nach § 30 Absatz 2 Nummer 1 und § 32 Absatz 2 müssen auf dem Grundstück selbst liegen. [2]Sie dürfen auch auf öffentlichen Verkehrs-, Grün- und Wasserflächen liegen, jedoch nur bis zu deren Mitte. [3]Abstandsflächen sowie Abstände im Sinne des Satzes 1 dürfen sich ganz oder teilweise auf andere Grundstücke erstrecken, wenn öffentlich-rechtlich gesichert ist, dass sie nicht überbaut werden; Abstandsflächen dürfen auf die auf diesen Grundstücken erforderlichen Abstandsflächen nicht angerechnet werden.

(3) Die Abstandsflächen dürfen sich nicht überdecken; dies gilt nicht für

1. Außenwände, die in einem Winkel von mehr als 75 Grad zueinander stehen,
2. Außenwände zu einem fremder Sicht entzogenen Gartenhof bei Wohngebäuden der Gebäudeklassen 1 und 2,
3. Gebäude und andere bauliche Anlagen, die in den Abstandsflächen zulässig sind.

(4) [1]Die Tiefe der Abstandsfläche bemisst sich nach der Wandhöhe; sie wird senkrecht zur Wand gemessen. [2]Wandhöhe ist das Maß von der Geländeoberfläche bis zum Schnittpunkt der Wand mit der Dachhaut oder bis zum oberen Abschluss der Wand. [3]Bei gestaffelten Wänden, bei Dächern oder Dachaufbauten sowie bei gegenüber der Außenwand vor- oder zurücktretenden Bauteilen oder Vorbauten ist die Wandhöhe für den jeweiligen Wandabschnitt, Dachaufbau, Vorbau oder das jeweilige Bauteil gesondert zu ermitteln. [4]Das sich ergebende Maß ist H.

(5) [1]Die Tiefe der Abstandsflächen beträgt 0,4 H, mindestens 3 Meter. [2]In Gewerbe- und Industriegebieten sowie für Windenergieanlagen im Außenbereich genügt eine Tiefe von 0,2 H, mindestens 3 Meter. [3]Vor den Außenwänden von Gebäuden der Gebäudeklassen 1 und 2 mit nicht mehr als drei oberirdischen Geschossen genügt als Tiefe der Abstandsfläche 3 Meter. [4]Werden von einer städtebaulichen Satzung oder einer örtlichen Bauvorschrift nach § 87 Außenwände zugelassen oder vorgeschrieben, vor denen Abstandsflächen größerer oder geringerer Tiefe als nach den Sätzen 1 bis 3 liegen müssten, finden die Sätze 1 bis 3 keine Anwendung, es sei denn, die Satzung ordnet die Geltung dieser Vorschriften an. [5]Für Antennenanlagen, einschließlich zugehöriger Versorgungseinheiten und Funkcontainer, beträgt die Tiefe der Abstandsfläche im Außenbereich 0,4 H, soweit diese an Grundstücke mit Wohnnutzung grenzen; im Übrigen sind Antennenanlagen, einschließlich zugehöriger Versorgungseinheiten und Funkcontainer, im Außenbereich ohne eigene Abstandsflächen zulässig.

(6) Bei der Bemessung der Abstandsflächen bleiben außer Betracht

1. vor die Außenwand vortretende Bauteile wie Gesimse und Dachüberstände, wenn sie
   a) nicht mehr als 1 Meter vortreten und
   b) mindestens 2 Meter von der gegenüberliegenden Nachbargrenze entfernt bleiben,
2. Wintergärten mit nicht mehr als 5 Meter Breite, wenn sie
   a) insgesamt nicht mehr als ein Drittel der Breite der jeweiligen Außenwand in Anspruch nehmen,
   b) über nicht mehr als zwei Geschosse reichen und nicht mehr als 3 Meter vortreten und
   c) mindestens 2 Meter von der gegenüberliegenden Nachbargrenze entfernt bleiben,
3. Balkone mit nicht mehr als 5 Meter Breite, wenn sie
   a) insgesamt nicht mehr als ein Drittel der Breite der jeweiligen Außenwand in Anspruch nehmen,

   b) nicht mehr als 2 Meter vortreten und
   c) mindestens 2 Meter von der gegenüberliegenden Nachbargrenze entfernt bleiben,
4. sonstige Vorbauten, wenn sie
   a) insgesamt nicht mehr als ein Drittel der Breite der jeweiligen Außenwand in Anspruch nehmen,
   b) nicht mehr als 1,50 Meter vor diese Außenwand vortreten und
   c) mindestens 2 Meter von der gegenüberliegenden Nachbargrenze entfernt bleiben,
5. bei Gebäuden an der Grundstücksgrenze die Seitenwände von Vorbauten und Dachaufbauten, auch wenn sie nicht an der Grundstücksgrenze errichtet werden.

(7) Bei der Bemessung der Abstandsflächen bleiben Maßnahmen zum Zwecke der Energieeinsparung sowie die Errichtung von Solaranlagen bei rechtmäßig errichteten Gebäuden unabhängig davon, ob diese den Anforderungen der Absätze 2 bis 6 entsprechen, außer Betracht, wenn sie eine Stärke von nicht mehr als 0,40 Meter aufweisen.

(8) [1]In den Abstandsflächen eines Gebäudes sowie ohne eigene Abstandsflächen sind, auch wenn sie nicht an die Grundstücksgrenze oder an das Gebäude angebaut werden, zulässig

1. Garagen und Gebäude ohne Aufenthaltsräume und Feuerstätten mit einer mittleren Wandhöhe der grenznahen Wand bis zu 3 Meter und einer Gesamtgebäudelänge je Grundstücksgrenze von 9 Meter; die Dachneigung darf 45 Grad nicht überschreiten,
2. gebäudeunabhängige Solaranlagen mit einer Höhe bis zu 3 Meter und einer Gesamtlänge je Grundstücksgrenze von 9 Meter,
3. Stützmauern und geschlossene Einfriedungen in Gewerbe- und Industriegebieten, außerhalb dieser Baugebiete mit einer Höhe bis zu 2 Meter,
4. Wärmepumpen einschließlich ihrer Fundamente und Einhausungen mit einer Höhe bis zu 2 Meter und einer Gesamtlänge je Grundstücksgrenze von 3 Meter.

[2]Die Länge der die Abstandsflächentiefe gegenüber den Grundstücksgrenzen nicht einhaltenden Anlagen nach Satz 1 Nummer 1 und 2 darf auf einem Grundstück insgesamt 15 Meter nicht überschreiten.

(9) An bestehenden Gebäuden sind bei der nachträglichen Errichtung vor die Außenwand vortretender Aufzüge, Treppen und Treppenräume geringere Tiefen von Abstandsflächen zulässig, wenn wesentliche Beeinträchtigungen angrenzender oder gegenüberliegender Räume nicht zu befürchten sind und zu Nachbargrenzen ein Abstand von mindestens 3 Meter eingehalten wird.

(10) [1]Bei rechtmäßig errichteten Gebäuden sind die sich ergebenden Abstandsflächen in folgenden Fällen unbeachtlich:

1. Änderungen innerhalb des Gebäudes,
2. Nutzungsänderungen, wenn der Abstand des Gebäudes zu den Nachbargrenzen mindestens 2,50 Meter beträgt oder die Außenwand als Gebäudeabschlusswand ausgebildet ist,
3. die Neuerrichtung von Dachräumen oder Dachgeschossen innerhalb der Abmessungen bestehender Dachräume oder Dachgeschosse,
4. die Errichtung und Änderung von Vor- und Anbauten, die für sich genommen die Tiefe der Abstandsflächen nach Absatz 5 einhalten,
5. die nachträgliche Errichtung von Dach- und Staffelgeschossen, wenn deren Abstandsflächen innerhalb der Abstandsflächen des bestehenden Gebäudes liegen.

[2]Satz 1 gilt nicht für Gebäude nach Absatz 8.

(11) [1]Eine Abweichung von den Abstandsflächen und Abständen kann nach § 67 zugelassen werden, wenn deren Schutzziele berücksichtigt werden. [2]Eine atypische Grundstückssituation ist nicht erforderlich.

§ 7
Teilung von Grundstücken

[1]Durch die Teilung eines Grundstücks, das bebaut oder dessen Bebauung genehmigt ist, dürfen keine Verhältnisse geschaffen werden, die Vorschriften dieses Gesetzes oder aufgrund dieses Gesetzes widersprechen. [2]Ent-

spricht die Teilung eines Grundstücks, das bebaut oder dessen Bebauung genehmigt ist, nicht den Anforderungen des Satzes 1 oder des § 19 Absatz 2 des Baugesetzbuchs, so darf eine die Teilung vorbereitende Liegenschaftsvermessung nur vorgenommen werden, wenn die erforderliche Abweichung nach § 67 zugelassen oder die erforderliche Befreiung erteilt ist.

§ 8
Nicht überbaute Flächen der bebauten Grundstücke, Kinderspielplätze

(1) [1]Die nicht mit Gebäuden oder vergleichbaren baulichen Anlagen überbauten Flächen der bebauten Grundstücke sind

1. wasseraufnahmefähig zu belassen oder herzustellen und
2. zu begrünen oder zu bepflanzen,

soweit dem nicht die Erfordernisse einer anderen zulässigen Verwendung der Flächen entgegenstehen. [2]Satz 1 findet keine Anwendung, soweit Bebauungspläne oder andere Satzungen Festsetzungen zu den nicht überbauten Flächen treffen.

(2) Bei der Errichtung von Gebäuden mit mehr als drei Wohnungen müssen die durch die Gemeinde in einer örtlichen Bauvorschrift nach § 87 festgesetzten Kinderspielplätze auf dem Baugrundstück oder in unmittelbarer Nähe auf einem anderen geeigneten Grundstück, dessen dauerhafte Nutzung für diesen Zweck öffentlich-rechtlich gesichert sein muss, hergestellt werden.

(3) [1]Soweit die Bauherrin oder der Bauherr durch örtliche Bauvorschrift zur Herstellung von Kinderspielplätzen verpflichtet ist, kann die Gemeinde durch öffentlich-rechtlichen Vertrag mit der Bauherrin oder dem Bauherrn vereinbaren, dass die Bauherrin oder der Bauherr ihre oder seine Verpflichtung ganz oder teilweise durch Zahlung eines Geldbetrages an die Gemeinde ablöst (Kinderspielplatzablösevertrag). [2]Der Anspruch der Gemeinde auf Zahlung des im Kinderspielplatzablösevertrages vereinbarten Geldbetrages entsteht mit Baubeginn.

(4) Die Gemeinde hat den Geldbetrag für die Ablösung von Kinderspielplätzen für die Herstellung zusätzlicher oder die Instandhaltung, die Instandsetzung oder die Modernisierung bestehender Kinderspielplätze zu verwenden.

TEIL 3
Bauliche Anlagen

Abschnitt 1
Gestaltung

§ 9
Gestaltung

[1]Bauliche Anlagen müssen nach Form, Maßstab, Verhältnis der Baumassen und Bauteile zueinander, Werkstoff und Farbe so gestaltet sein, dass sie nicht verunstaltet wirken. [2]Bauliche Anlagen dürfen das Straßen-, Orts- und Landschaftsbild nicht verunstalten.

§ 10
Anlagen der Außenwerbung

(1) [1]Anlagen der Außenwerbung (Werbeanlagen) sind alle ortsfesten Einrichtungen, die der Ankündigung oder Anpreisung oder als Hinweis auf Gewerbe oder Beruf dienen und vom öffentlichen Verkehrsraum aus sichtbar sind. [2]Hierzu zählen insbesondere Schilder, Beschriftungen, Bemalungen, Lichtwerbungen, Schaukästen sowie für Zettelanschläge und Bogenanschläge oder Lichtwerbung bestimmte Säulen, Tafeln und Flächen.

(2) [1]Für Werbeanlagen, die bauliche Anlagen sind, gelten die in diesem Gesetz an bauliche Anlagen gestellten Anforderungen. [2]Werbeanlagen, die keine baulichen Anlagen sind, dürfen weder bauliche Anlagen noch das Straßen-, Orts- und Landschaftsbild verunstalten oder die Sicherheit und Leichtigkeit des Verkehrs gefährden. [3]Die störende Häufung von Werbeanlagen ist unzulässig. [4]Die besonderen Belange von Menschen mit Behinderung sind angemessen zu berücksichtigen.

ABSCHNITT 2 Allgemeine Anforderungen an die Bauausführung

§ 11 Baustelle

(1) Baustellen sind so einzurichten, dass bauliche Anlagen ordnungsgemäß errichtet, geändert, instand gehalten oder beseitigt werden können und Gefahren oder vermeidbare Belästigungen nicht entstehen.

(2) [1]Bei Bauarbeiten, durch die unbeteiligte Personen gefährdet werden können, ist die Gefahrenzone abzugrenzen oder durch Warnzeichen zu kennzeichnen. [2]Soweit erforderlich, sind Baustellen mit einem Bauzaun abzugrenzen, mit Schutzvorrichtungen gegen herabfallende Gegenstände zu versehen und zu beleuchten.

(3) Bei der Ausführung nicht genehmigungsfreier Bauvorhaben hat die Bauherrin oder der Bauherr an der Baustelle ein Schild, das die Bezeichnung des Bauvorhabens sowie die Namen und Anschriften der am Bau Beteiligten (§§ 53 bis 56) enthalten muss, dauerhaft und von der öffentlichen Verkehrsfläche aus sichtbar anzubringen.

(4) Bäume, Hecken und sonstige Bepflanzungen, die aufgrund anderer Rechtsvorschriften zu erhalten sind, müssen während der Bauausführung geschützt werden.

§ 12 Standsicherheit

(1) [1]Jede bauliche Anlage muss im Ganzen und in ihren einzelnen Teilen für sich allein standsicher sein. [2]Die Standsicherheit anderer baulicher Anlagen und die Tragfähigkeit des Baugrundes der Nachbargrundstücke dürfen nicht gefährdet werden.

(2) Die Verwendung gemeinsamer Bauteile für mehrere bauliche Anlagen ist zulässig, wenn öffentlich-rechtlich gesichert ist, dass die gemeinsamen Bauteile bei der Beseitigung einer der baulichen Anlagen bestehen bleiben können.

§ 13 Schutz gegen schädliche Einflüsse

[1]Bauliche Anlagen müssen so angeordnet, beschaffen und gebrauchstauglich sein, dass durch Wasser, Feuchtigkeit, pflanzliche und tierische Schädlinge sowie andere chemische, physikalische oder biologische Einflüsse Gefahren oder unzumutbare Belästigungen nicht entstehen. [2]Baugrundstücke müssen für bauliche Anlagen geeignet sein.

§ 14 Brandschutz

Bauliche Anlagen sind so anzuordnen, zu errichten, zu ändern und instand zu halten, dass der Entstehung eines Brandes und der Ausbreitung von Feuer und Rauch (Brandausbreitung) vorgebeugt wird und bei einem Brand die Rettung von Menschen und Tieren sowie eine Entrauchung von Räumen und wirksame Löscharbeiten möglich sind.

§ 15 Wärme-, Schall-, Erschütterungsschutz

(1) Gebäude müssen einen ihrer Nutzung und den klimatischen Verhältnissen entsprechenden Wärmeschutz haben.

(2) [1]Gebäude müssen einen ihrer Nutzung entsprechenden Schallschutz haben. [2]Geräusche, die von ortsfesten Einrichtungen in baulichen Anlagen oder auf Baugrundstücken ausgehen, sind so zu dämmen, dass Gefahren oder unzumutbare Belästigungen nicht entstehen.

(3) Erschütterungen oder Schwingungen, die von ortsfesten Einrichtungen in baulichen Anlagen oder auf Baugrundstücken ausgehen, sind so zu dämmen, dass Gefahren oder unzumutbare Belästigungen nicht entstehen.

(4) Die Einhaltung der Anforderungen an Gebäude nach den Vorschriften der Energieeinsparung sowie zur Nutzung erneuerbarer Energien ist nach näherer Maßgabe der Verordnung aufgrund § 86 Absatz 3 Satz 1 Nummer 6 nachzuweisen.

§ 16
Verkehrssicherheit

(1) Bauliche Anlagen und die dem Verkehr dienenden nicht überbauten Flächen von bebauten Grundstücken müssen verkehrssicher sein.
(2) Die Sicherheit und Leichtigkeit des öffentlichen Verkehrs darf durch bauliche Anlagen oder deren Nutzung nicht gefährdet werden.

§ 16a
Bauarten

(1) Bauarten dürfen nur angewendet werden, wenn bei ihrer Anwendung die baulichen Anlagen bei ordnungsgemäßer Instandhaltung während einer dem Zweck entsprechenden angemessenen Zeitdauer die Anforderungen dieses Gesetzes oder aufgrund dieses Gesetzes erfüllen und für ihren Anwendungszweck tauglich sind.
(2) [1]Bauarten, die von Technischen Baubestimmungen nach § 86a Absatz 2 Nummer 2 oder Nummer 3 Buchstabe a wesentlich abweichen oder für die es allgemein anerkannte Regeln der Technik nicht gibt, dürfen bei der Errichtung, Änderung und Instandhaltung baulicher Anlagen nur angewendet werden, wenn für sie

1. eine allgemeine Bauartgenehmigung durch das Deutsche Institut für Bautechnik oder
2. eine vorhabenbezogene Bauartgenehmigung durch die oberste Bauaufsichtsbehörde

erteilt worden ist. [2]§ 18 Absatz 2 bis 7 gilt entsprechend.
(3) [1]Anstelle einer allgemeinen Bauartgenehmigung genügt ein allgemeines bauaufsichtliches Prüfzeugnis für Bauarten, wenn die Bauart nach allgemein anerkannten Prüfverfahren beurteilt werden kann. [2]In der Verwaltungsvorschrift nach § 86a werden diese Bauarten mit der Angabe der maßgebenden technischen Regeln bekannt gemacht. [3]§ 19 Absatz 2 gilt entsprechend.
(4) Wenn Gefahren im Sinne des § 3 Satz 1 nicht zu erwarten sind, kann die oberste Bauaufsichtsbehörde im Einzelfall oder für genau begrenzte Fälle allgemein festlegen, dass eine Bauartgenehmigung nicht erforderlich ist.
(5) [1]Bauarten bedürfen einer Bestätigung ihrer Übereinstimmung mit den Technischen Baubestimmungen nach § 86a Absatz 2, den allgemeinen Bauartgenehmigungen, den allgemeinen bauaufsichtlichen Prüfzeugnissen für Bauarten oder den vorhabenbezogenen Bauartgenehmigungen; als Übereinstimmung gilt auch eine Abweichung, die nicht wesentlich ist. [2]§ 21 Absatz 2 gilt für die Anwenderin oder den Anwender der Bauart entsprechend.
(6) [1]Bei Bauarten, deren Anwendung in außergewöhnlichem Maß von der Sachkunde und Erfahrung der damit betrauten Personen oder von einer Ausstattung mit besonderen Vorrichtungen abhängt, kann in der Bauartgenehmigung oder durch Rechtsverordnung der obersten Bauaufsichtsbehörde vorgeschrieben werden, dass die Anwenderin oder der Anwender über solche Fachkräfte und Vorrichtungen verfügt und den Nachweis hierüber gegenüber einer Prüfstelle nach § 24 Satz 1 Nummer 6 zu erbringen hat. [2]In der Rechtsverordnung können Mindestanforderungen an die Ausbildung, die durch Prüfung nachzuweisende Befähigung und die Ausbildungsstätten einschließlich der Anerkennungsvoraussetzungen gestellt werden.
(7) Für Bauarten, die einer außergewöhnlichen Sorgfalt bei Ausführung oder Instandhaltung bedürfen, kann in der Bauartgenehmigung oder durch Rechtsverordnung der obersten Bauaufsichtsbehörde die Überwachung dieser Tätigkeiten durch eine Überwachungsstelle nach § 24 Satz 1 Nummer 5 vorgeschrieben werden.

ABSCHNITT 3
Bauprodukte

§ 16b
Allgemeine Anforderungen für die Verwendung von Bauprodukten

(1) Bauprodukte dürfen nur verwendet werden, wenn bei ihrer Verwendung die baulichen Anlagen bei ordnungsgemäßer

Instandhaltung während einer dem Zweck entsprechenden angemessenen Zeitdauer die Anforderungen dieses Gesetzes oder aufgrund dieses Gesetzes erfüllen und gebrauchstauglich sind.

(2) Bauprodukte, die in Vorschriften der Mitgliedstaaten der Europäischen Union und anderer Vertragsstaaten des Abkommens über den europäischen Wirtschaftsraum genannten technischen Anforderungen entsprechen, dürfen verwendet werden, wenn das geforderte Schutzniveau gemäß § 3 Satz 1 gleichermaßen dauerhaft erreicht wird.

§ 16c
Anforderungen für die Verwendung von CE-gekennzeichneten Bauprodukten

[1]Ein Bauprodukt, das die CE-Kennzeichnung trägt, darf verwendet werden, wenn die erklärten Leistungen den in diesem Gesetz oder aufgrund dieses Gesetzes festgelegten Anforderungen für diese Verwendung entsprechen. [2]Die §§ 17 bis 25 Absatz 1 gelten nicht für Bauprodukte, die die CE-Kennzeichnung aufgrund der Verordnung (EU) Nr. 305/2011 tragen.

§ 17
Verwendbarkeitsnachweise

(1) Ein Verwendbarkeitsnachweis nach den §§ 18 bis 20 ist für ein Bauprodukt erforderlich, wenn

1. es für dieses keine Technische Baubestimmung und keine allgemein anerkannte Regel der Technik gibt,
2. das Bauprodukt von einer Technischen Baubestimmung nach § 86a Absatz 2 Nummer 3 wesentlich abweicht oder
3. eine Verordnung nach § 86 Absatz 4a es vorsieht.

(2) Ein Verwendbarkeitsnachweis ist nicht erforderlich für ein Bauprodukt,

1. das von einer allgemein anerkannten Regel der Technik abweicht oder
2. das für die Erfüllung der Anforderungen dieses Gesetzes oder aufgrund dieses Gesetzes nur eine untergeordnete Bedeutung hat.

(3) Die Technischen Baubestimmungen nach § 86a enthalten eine nicht abschließende Liste von Bauprodukten, die keines Verwendbarkeitsnachweises nach Absatz 1 bedürfen.

§ 18
Allgemeine bauaufsichtliche Zulassung

(1) Das Deutsche Institut für Bautechnik erteilt in den Fällen des § 17 Absatz 1 eine allgemeine bauaufsichtliche Zulassung für Bauprodukte, wenn deren Verwendbarkeit im Sinne des § 16b Absatz 1 nachgewiesen ist.

(2) [1]Die zur Begründung des Antrags erforderlichen Unterlagen sind beizufügen. [2]Soweit erforderlich, sind Probestücke vom Antragsteller zur Verfügung zu stellen oder durch Sachverständige, die das Deutsche Institut für Bautechnik bestimmen kann, zu entnehmen oder Probeausführungen unter Aufsicht der Sachverständigen herzustellen. [3]§ 69 Absatz 2 gilt entsprechend.

(3) Das Deutsche Institut für Bautechnik kann für die Durchführung der Prüfung die sachverständige Stelle und für Probeausführungen die Ausführungsstelle und die Ausführungszeit vorschreiben.

(4) [1]Die allgemeine bauaufsichtliche Zulassung wird widerruflich und für eine bestimmte Frist erteilt, die in der Regel fünf Jahre beträgt. [2]Die Zulassung kann mit Nebenbestimmungen erteilt werden. [3]Sie kann auf Antrag in Textform in der Regel um fünf Jahre verlängert werden. [4]Sie kann auch rückwirkend verlängert werden, wenn der Antrag vor Fristablauf beim Deutschen Institut für Bautechnik eingegangen ist.

(5) Die Zulassung wird unbeschadet der privaten Rechte Dritter erteilt.

(6) Das Deutsche Institut für Bautechnik macht die von ihm erteilten allgemeinen bauaufsichtlichen Zulassungen nach Gegenstand und wesentlichem Inhalt öffentlich bekannt.

(7) Allgemeine bauaufsichtliche Zulassungen nach dem Recht anderer Länder der Bundesrepublik Deutschland gelten auch im Land Brandenburg.

§ 19
Allgemeines bauaufsichtliches Prüfzeugnis

(1) [1]Bauprodukte, die nach allgemein anerkannten Prüfverfahren beurteilt werden, bedürfen anstelle einer allgemeinen bauaufsichtlichen Zulassung nur eines allgemeinen bauaufsichtlichen Prüfzeugnisses. [2]Dies wird mit der Angabe der maßgebenden technischen Regeln in den Technischen Baubestimmungen nach § 86a bekannt gemacht.
(2) [1]Ein allgemeines bauaufsichtliches Prüfzeugnis wird von einer Prüfstelle nach § 24 Satz 1 Nummer 1 für Bauprodukte nach Absatz 1 erteilt, wenn deren Verwendbarkeit im Sinne des § 16b Absatz 1 nachgewiesen ist. [2]§ 18 Absatz 2, 4 bis 7 gilt entsprechend. [3]Die Anerkennungsbehörde für Stellen nach § 24 Satz 1 Nummer 1, § 86 Absatz 4 Nummer 2 kann allgemeine bauaufsichtliche Prüfzeugnisse zurücknehmen oder widerrufen; die §§ 48 und 49 des Verwaltungsverfahrensgesetzes in Verbindung mit § 1 Absatz 1 Satz 1 des Verwaltungsverfahrensgesetzes für das Land Brandenburg finden Anwendung.

§ 20
Nachweis der Verwendbarkeit von Bauprodukten im Einzelfall

[1]Mit Zustimmung der obersten Bauaufsichtsbehörde dürfen in den Fällen des § 17 Absatz 1 im Einzelfall Bauprodukte verwendet werden, wenn ihre Verwendbarkeit im Sinne des § 16b Absatz 1 nachgewiesen ist. [2]Wenn Gefahren im Sinne des § 3 Satz 1 nicht zu erwarten sind, kann die oberste Bauaufsichtsbehörde im Einzelfall erklären, dass ihre Zustimmung nicht erforderlich ist.

§ 21
Übereinstimmungsbestätigung

(1) Bauprodukte bedürfen einer Bestätigung ihrer Übereinstimmung mit den Technischen Baubestimmungen nach § 86a Absatz 2, den allgemeinen bauaufsichtlichen Zulassungen, den allgemeinen bauaufsichtlichen Prüfzeugnissen oder den Zustimmungen im Einzelfall; als Übereinstimmung gilt auch eine Abweichung, die nicht wesentlich ist.
(2) Die Bestätigung der Übereinstimmung erfolgt durch Übereinstimmungserklärung der Herstellerin oder des Herstellers (§ 22).
(3) Die Übereinstimmungserklärung hat die Herstellerin oder der Hersteller durch Kennzeichnung der Bauprodukte mit dem Übereinstimmungszeichen (Ü-Zeichen) unter Hinweis auf den Verwendungszweck abzugeben.
(4) Das Ü-Zeichen ist auf dem Bauprodukt, auf einem Beipackzettel oder auf seiner Verpackung oder, wenn dies Schwierigkeiten bereitet, auf dem Lieferschein oder auf einer Anlage zum Lieferschein anzubringen.
(5) Ü-Zeichen aus anderen Ländern der Bundesrepublik Deutschland, aus anderen Mitgliedstaaten der Europäischen Union und anderen Vertragsstaaten des Abkommens über den Europäischen Wirtschaftsraum gelten auch im Land Brandenburg.

§ 22
Übereinstimmungserklärung der Herstellerin oder des Herstellers

(1) Die Herstellerin oder der Hersteller darf eine Übereinstimmungserklärung nur abgeben, wenn sie oder er durch werkseigene Produktionskontrolle sichergestellt hat, dass das von ihr oder ihm hergestellte Bauprodukt den maßgebenden technischen Regeln, der allgemeinen bauaufsichtlichen Zulassung, dem allgemeinen bauaufsichtlichen Prüfzeugnis oder der Zustimmung im Einzelfall entspricht.
(2) [1]In den Technischen Baubestimmungen nach § 86a, in den allgemeinen bauaufsichtlichen Zulassungen, in den allgemeinen bauaufsichtlichen Prüfzeugnissen oder in den Zustimmungen im Einzelfall kann eine Prüfung der Bauprodukte durch eine Prüfstelle nach § 24 Satz 1 Nummer 2 vor Abgabe der Übereinstimmungserklärung vorgeschrieben werden, wenn dies zur Sicherung einer ordnungsgemäßen Herstellung erforderlich ist. [2]In diesen Fällen hat die Prüfstelle das Bauprodukt daraufhin zu überprüfen, ob es den Technischen Baubestimmungen nach § 86a Absatz 2, der allgemeinen bauaufsichtlichen

Zulassung, dem allgemeinen bauaufsichtlichen Prüfzeugnis oder der Zustimmung im Einzelfall entspricht.

(3) [1]In den Technischen Baubestimmungen nach § 86a, in den allgemeinen bauaufsichtlichen Zulassungen oder in den Zustimmungen im Einzelfall kann eine Zertifizierung vor Abgabe der Übereinstimmungserklärung vorgeschrieben werden, wenn dies zum Nachweis einer ordnungsgemäßen Herstellung eines Bauproduktes erforderlich ist. [2]Die oberste Bauaufsichtsbehörde kann im Einzelfall die Verwendung von Bauprodukten ohne Zertifizierung gestatten, wenn nachgewiesen ist, dass diese Bauprodukte den technischen Regeln, Zulassungen, Prüfzeugnissen oder Zustimmungen im Einzelfall entsprechen.

(4) Bauprodukte, die nicht in Serie hergestellt werden, bedürfen nur einer Übereinstimmungserklärung nach Absatz 1, sofern nichts anderes bestimmt ist.

§ 23 Zertifizierung

(1) Der Herstellerin oder dem Hersteller ist ein Übereinstimmungszertifikat von einer Zertifizierungsstelle nach § 24 Satz 1 Nummer 3 zu erteilen, wenn das Bauprodukt

1. den Technischen Baubestimmungen nach § 86a Absatz 2, der allgemeinen bauaufsichtlichen Zulassung, dem allgemeinen bauaufsichtlichen Prüfzeugnis oder der Zustimmung im Einzelfall entspricht und
2. einer werkseigenen Produktionskontrolle sowie einer Fremdüberwachung nach Maßgabe des Absatzes 2 unterliegt.

(2) [1]Die Fremdüberwachung ist von Überwachungsstellen nach § 24 Satz 1 Nummer 4 durchzuführen. [2]Die Fremdüberwachung hat regelmäßig zu überprüfen, ob das Bauprodukt den Technischen Baubestimmungen nach § 86a Absatz 2, der allgemeinen bauaufsichtlichen Zulassung, dem allgemeinen bauaufsichtlichen Prüfzeugnis oder Zustimmung im Einzelfall entspricht.

§ 24 Prüf-, Zertifizierungs-, Überwachungsstellen

[1]Das Deutsche Institut für Bautechnik kann im Einvernehmen mit der obersten Bauaufsichtsbehörde eine natürliche oder juristische Person als

1. Prüfstelle für die Erteilung allgemeiner bauaufsichtlicher Prüfzeugnisse (§ 19),
2. Prüfstelle für die Überprüfung von Bauprodukten vor Bestätigung der Übereinstimmung (§ 22 Absatz 2),
3. Zertifizierungsstelle (§ 23 Absatz 1),
4. Überwachungsstelle für die Fremdüberwachung (§ 23 Absatz 2),
5. Überwachungsstelle für die Überwachung nach § 16a Absatz 7 und § 25 Absatz 2 oder
6. Prüfstelle für die Überprüfung nach § 16a Absatz 6 Satz 1 und § 25 Absatz 1 Satz 1

anerkennen, wenn sie oder die bei ihr Beschäftigten nach ihrer Ausbildung, Fachkenntnis, persönlichen Zuverlässigkeit, ihrer Unparteilichkeit und ihren Leistungen die Gewähr dafür bieten, dass diese Aufgaben den öffentlich-rechtlichen Vorschriften entsprechend wahrgenommen werden, und wenn sie über die erforderlichen Vorrichtungen verfügen. [2]Satz 1 ist entsprechend auf Behörden anzuwenden, wenn sie ausreichend mit geeigneten Fachkräften besetzt und mit den erforderlichen Vorrichtungen ausgestattet sind. [3]Die Anerkennung von Prüf-, Zertifizierungs- und Überwachungsstellen anderer Länder der Bundesrepublik Deutschland gilt auch im Land Brandenburg.

§ 25 Besondere Sachkunde- und Sorgfaltsanforderungen

(1) [1]Bei Bauprodukten, deren Herstellung in außergewöhnlichem Maß von der Sachkunde und Erfahrung der damit betrauten Personen oder von einer Ausstattung mit besonderen Vorrichtungen abhängt, kann in der allgemeinen bauaufsichtlichen Zulassung, in der Zustimmung im Einzelfall oder durch Rechtsverordnung der obersten

Bauaufsichtsbehörde vorgeschrieben werden, dass die Herstellerin oder der Hersteller über solche Fachkräfte und Vorrichtungen verfügt und den Nachweis hierüber gegenüber einer Prüfstelle nach § 24 Satz 1 Nummer 6 zu erbringen hat. [2]In der Rechtsverordnung können Mindestanforderungen an die Ausbildung, die durch Prüfung nachzuweisende Befähigung und die Ausbildungsstätten einschließlich der Anerkennungsvoraussetzungen gestellt werden.

(2) Für Bauprodukte, die wegen ihrer besonderen Eigenschaften oder ihres besonderen Verwendungszwecks einer außergewöhnlichen Sorgfalt bei Einbau, Transport, Instandhaltung oder Reinigung bedürfen, kann in der allgemeinen bauaufsichtlichen Zulassung, in der Zustimmung im Einzelfall oder durch Rechtsverordnung der obersten Bauaufsichtsbehörde die Überwachung dieser Tätigkeiten durch eine Überwachungsstelle nach § 24 Satz 1 Nummer 5 vorgeschrieben werden, soweit diese Tätigkeiten nicht bereits durch die Verordnung (EU) Nr. 305/2011 erfasst sind.

ABSCHNITT 4
Brandverhalten von Baustoffen und Bauteilen; Wände, Decken, Dächer

§ 26
Allgemeine Anforderungen an das Brandverhalten von Baustoffen und Bauteilen

(1) [1]Baustoffe werden nach den Anforderungen an ihr Brandverhalten unterschieden in
1. nichtbrennbare,
2. schwerentflammbare,
3. normalentflammbare.

[2]Baustoffe, die nicht mindestens normalentflammbar sind (leichtentflammbare Baustoffe), dürfen nicht verwendet werden; dies gilt nicht, wenn sie in Verbindung mit anderen Baustoffen nicht leichtentflammbar sind.

(2) [1]Bauteile werden nach den Anforderungen an ihre Feuerwiderstandsfähigkeit unterschieden in
1. feuerbeständige,
2. hochfeuerhemmende,
3. feuerhemmende;

die Feuerwiderstandsfähigkeit bezieht sich bei tragenden und aussteifenden Bauteilen auf deren Standsicherheit im Brandfall, bei raumabschließenden Bauteilen auf deren Widerstand gegen die Brandausbreitung. [2]Bauteile werden zusätzlich nach dem Brandverhalten ihrer Baustoffe unterschieden in
1. Bauteile aus nichtbrennbaren Baustoffen,
2. Bauteile, deren tragende und aussteifende Teile aus nichtbrennbaren Baustoffen bestehen und die bei raumabschließenden Bauteilen zusätzlich eine in Bauteilebene durchgehende Schicht aus nichtbrennbaren Baustoffen haben,
3. Bauteile, deren tragende und aussteifende Teile aus brennbaren Baustoffen bestehen und die allseitig eine brandschutztechnisch wirksame Bekleidung aus nichtbrennbaren Baustoffen (Brandschutzbekleidung) und Dämmstoffe aus nichtbrennbaren Baustoffen haben,
4. Bauteile aus brennbaren Baustoffen.

[3]Soweit in diesem Gesetz oder in Vorschriften aufgrund dieses Gesetzes nichts anderes bestimmt ist, müssen
1. Bauteile, die feuerbeständig sein müssen, mindestens den Anforderungen des Satzes 2 Nummer 2,
2. Bauteile, die hochfeuerhemmend sein müssen, mindestens den Anforderungen des Satzes 2 Nummer 3

entsprechen.

[4]Abweichend von Satz 3 sind andere Bauteile, die feuerbeständig oder hochfeuerhemmend sein müssen, aus brennbaren Baustoffen zulässig, sofern sie den Technischen Baubestimmungen nach § 86a entsprechen. [5]Satz 4 gilt nicht für Wände nach § 30 Absatz 3 Satz 1 und Wände nach § 35 Absatz 4 Satz 1 Nummer 1.

§ 27
Tragende Wände, Stützen

(1) [1]Tragende und aussteifende Wände und Stützen müssen im Brandfall ausreichend lang standsicher sein. [2]Sie müssen
1. in Gebäuden der Gebäudeklasse 5 feuerbeständig,

2. in Gebäuden der Gebäudeklasse 4 hochfeuerhemmend,
3. in Gebäuden der Gebäudeklassen 2 und 3 feuerhemmend

sein. [3]Satz 2 gilt

1. für Geschosse im Dachraum nur, wenn darüber noch Aufenthaltsräume möglich sind; § 29 Absatz 4 bleibt unberührt,
2. für Balkone nur, wenn sie Teil des Rettungsweges sind,
3. für offene Gänge nur, wenn sie als notwendige Flure dienen.

(2) Im Kellergeschoss müssen tragende und aussteifende Wände und Stützen

1. in Gebäuden der Gebäudeklassen 3 bis 5 feuerbeständig,
2. in Gebäuden der Gebäudeklassen 1 und 2 feuerhemmend

sein.

§ 28
Außenwände

(1) Außenwände und Außenwandteile wie Brüstungen und Schürzen sind so auszubilden, dass eine Brandausbreitung auf und in diesen Bauteilen ausreichend lang begrenzt ist.

(2) [1]Nichttragende Außenwände und nichttragende Teile tragender Außenwände müssen aus nichtbrennbaren Baustoffen bestehen; sie sind aus brennbaren Baustoffen zulässig, wenn sie als raumabschließende Bauteile feuerhemmend sind. [2]Satz 1 gilt nicht für

1. Türen und Fenster,
2. Fugendichtungen und
3. brennbare Dämmstoffe in nichtbrennbaren geschlossenen Profilen der Außenwandkonstruktionen.

(3) [1]Oberflächen von Außenwänden sowie Außenwandbekleidungen müssen einschließlich der Dämmstoffe und Unterkonstruktionen schwerentflammbar sein; Unterkonstruktionen aus normalentflammbaren Baustoffen sind zulässig, wenn die Anforderungen nach Absatz 1 erfüllt sind. [2]Balkonbekleidungen, die über die erforderliche Umwehrungshöhe hinaus hochgeführt werden, und mehr als zwei Geschosse überbrückende Solaranlagen an Außenwänden müssen schwerentflammbar sein. [3]Baustoffe, die schwerentflammbar sein müssen, in Bauteilen nach Satz 1 Halbsatz 1 und Satz 2 dürfen nicht brennend abfallen oder abtropfen.

(4) [1]Bei Außenwandkonstruktionen mit geschossübergreifenden Hohl- oder Lufträumen wie hinterlüfteten Außenwandbekleidungen sind gegen die Brandausbreitung besondere Vorkehrungen zu treffen. [2]Satz 1 gilt für Doppelfassaden entsprechend.

(5) [1]Die Absätze 2, 3 und 4 Satz 1 gelten nicht für Gebäude der Gebäudeklassen 1 bis 3; Absatz 4 Satz 2 gilt nicht für Gebäude der Gebäudeklassen 1 und 2.
[2]Abweichend von Absatz 3 sind hinterlüftete Außenwandbekleidungen, die den Technischen Baubestimmungen nach § 86a entsprechen, mit Ausnahme der Dämmstoffe, aus normalentflammbaren Baustoffen zulässig.

§ 29
Trennwände

(1) Trennwände nach Absatz 2 müssen als raumabschließende Bauteile von Räumen oder Nutzungseinheiten innerhalb von Geschossen ausreichend lang widerstandsfähig gegen die Brandausbreitung sein.

(2) Trennwände sind erforderlich

1. zwischen Nutzungseinheiten sowie zwischen Nutzungseinheiten und anders genutzten Räumen, ausgenommen notwendigen Fluren,
2. zum Abschluss von Räumen mit Explosions- oder erhöhter Brandgefahr,
3. zwischen Aufenthaltsräumen und anders genutzten Räumen im Kellergeschoss.

(3) [1]Trennwände nach Absatz 2 Nummer 1 und 3 müssen die Feuerwiderstandsfähigkeit der tragenden und aussteifenden Bauteile des Geschosses haben, jedoch mindestens feuerhemmend sein. [2]Trennwände nach Absatz 2 Nummer 2 müssen feuerbeständig sein.

(4) Die Trennwände nach Absatz 2 sind bis zur Rohdecke, im Dachraum bis unter die Dachhaut zu führen; werden in Dachräumen Trennwände nur bis zur Rohdecke geführt, ist diese Decke als raumabschließendes Bauteil einschließlich der sie tragenden und aussteifenden Bauteile feuerhemmend herzustellen.

(5) Öffnungen in Trennwänden nach Absatz 2 sind nur zulässig, wenn sie auf die für die Nutzung erforderliche Zahl und Größe beschränkt sind; sie müssen feuerhemmende, dicht- und selbstschließende Abschlüsse haben.
(6) Die Absätze 1 bis 5 gelten nicht für Wohngebäude der Gebäudeklassen 1 und 2.

§ 30
Brandwände

(1) Brandwände müssen als raumabschließende Bauteile zum Abschluss von Gebäuden (Gebäudeabschlusswand) oder zur Unterteilung von Gebäuden in Brandabschnitte (innere Brandwand) ausreichend lang die Brandausbreitung auf andere Gebäude oder Brandabschnitte verhindern.
(2) Brandwände sind erforderlich
1. als Gebäudeabschlusswand, ausgenommen von Gebäuden ohne Aufenthaltsräume und ohne Feuerstätten mit nicht mehr als 50 Kubikmeter Brutto-Rauminhalt, wenn diese Abschlusswände an oder mit einem Abstand von weniger als 2,50 Meter gegenüber der Grundstücksgrenze errichtet werden, es sei denn, dass ein Abstand von mindestens 5 Meter zu bestehenden oder nach den baurechtlichen Vorschriften zulässigen künftigen Gebäuden gesichert ist,
2. als innere Brandwand zur Unterteilung ausgedehnter Gebäude in Abständen von nicht mehr als 40 Meter,
3. als innere Brandwand zur Unterteilung landwirtschaftlich genutzter Gebäude sowie sonstiger Gebäude zur Tierhaltung, ausgenommen überdachte Tierhaltungsflächen, in Brandabschnitte von nicht mehr als 10 000 Kubikmeter Brutto-Rauminhalt,
4. als Gebäudeabschlusswand zwischen Wohngebäuden und angebauten landwirtschaftlich genutzten Gebäuden sowie als innere Brandwand zwischen dem Wohnteil und dem landwirtschaftlich genutzten Teil eines Gebäudes.

(3) [1]Brandwände müssen auch unter zusätzlicher mechanischer Beanspruchung feuerbeständig sein und aus nichtbrennbaren Baustoffen bestehen. [2]Anstelle von Brandwänden sind in den Fällen des Absatzes 2 Nummer 1 bis 3 zulässig
1. für Gebäude der Gebäudeklasse 4 Wände, die auch unter zusätzlicher mechanischer Beanspruchung hochfeuerhemmend sind,
2. für Gebäude der Gebäudeklassen 1 bis 3 hochfeuerhemmende Wände,
3. für Gebäude der Gebäudeklassen 1 bis 3 Gebäudeabschlusswände, die jeweils von innen nach außen die Feuerwiderstandsfähigkeit der tragenden und aussteifenden Teile des Gebäudes, mindestens jedoch feuerhemmende Bauteile, und von außen nach innen die Feuerwiderstandsfähigkeit feuerbeständiger Bauteile haben.

[3]In den Fällen des Absatzes 2 Nummer 4 sind anstelle von Brandwänden feuerbeständige Wände zulässig, wenn der Brutto-Rauminhalt des landwirtschaftlich genutzten Gebäudes oder Gebäudeteils nicht größer als 2 000 Kubikmeter ist.
(4) [1]Brandwände müssen bis zur Bedachung durchgehen und in allen Geschossen übereinander angeordnet sein. [2]Abweichend davon dürfen anstelle innerer Brandwände Wände geschossweise versetzt angeordnet werden, wenn
1. die Wände im Übrigen Absatz 3 Satz 1 entsprechen,
2. die Decken, soweit sie in Verbindung mit diesen Wänden stehen, feuerbeständig sind, aus nichtbrennbaren Baustoffen bestehen und keine Öffnungen haben,
3. die Bauteile, die diese Wände und Decken unterstützen, feuerbeständig sind und aus nichtbrennbaren Baustoffen bestehen,
4. die Außenwände in der Breite des Versatzes in dem Geschoss oberhalb oder unterhalb des Versatzes feuerbeständig sind und
5. Öffnungen in den Außenwänden im Bereich des Versatzes so angeordnet oder andere Vorkehrungen so getroffen sind, dass eine Brandausbreitung in andere Brandabschnitte nicht zu befürchten ist.

(5) [1]Brandwände sind 0,30 Meter über die Bedachung zu führen oder in Höhe der Dachhaut mit einer beiderseits 0,50 Meter auskragenden feuerbeständigen Platte aus nichtbrennbaren Baustoffen abzuschließen; darüber dürfen brennbare Teile des Daches nicht hinweggeführt werden. [2]Bei Gebäuden der Gebäudeklassen 1 bis 3 sind Brandwände mindestens bis unter die Dachhaut zu führen. [3]Verbleibende Hohlräume sind vollständig mit nichtbrennbaren Baustoffen auszufüllen.

(6) Müssen Gebäude oder Gebäudeteile, die über Eck zusammenstoßen, durch eine Brandwand getrennt werden, so muss der Abstand dieser Wand von der inneren Ecke mindestens 5 Meter betragen; das gilt nicht, wenn der Winkel der inneren Ecke mehr als 120 Grad beträgt oder mindestens eine Außenwand auf 5 Meter Länge als öffnungslose feuerbeständige Wand aus nichtbrennbaren Baustoffen, bei Gebäuden der Gebäudeklassen 1 bis 4 als öffnungslose hochfeuerhemmende Wand ausgebildet ist.

(7) [1]Bauteile mit brennbaren Baustoffen dürfen über Brandwände nicht hinweggeführt werden. [2]Bei Außenwandkonstruktionen, die eine seitliche Brandausbreitung begünstigen können, wie hinterlüftete Außenwandbekleidungen oder Doppelfassaden, sind gegen die Brandausbreitung im Bereich der Brandwände besondere Vorkehrungen zu treffen. [3]Außenwandbekleidungen von Gebäudeabschlusswänden müssen einschließlich der Dämmstoffe und Unterkonstruktionen nichtbrennbar sein. [4]Bauteile dürfen in Brandwände nur soweit eingreifen, dass deren Feuerwiderstandsfähigkeit nicht beeinträchtigt wird; für Leitungen, Leitungsschlitze und Schornsteine gilt dies entsprechend.

(8) [1]Öffnungen in Brandwänden sind unzulässig. [2]Sie sind in inneren Brandwänden nur zulässig, wenn sie auf die für die Nutzung erforderliche Zahl und Größe beschränkt sind; die Öffnungen müssen feuerbeständige, dicht- und selbstschließende Abschlüsse haben.

(9) In inneren Brandwänden sind feuerbeständige Verglasungen nur zulässig, wenn sie auf die für die Nutzung erforderliche Zahl und Größe beschränkt sind.

(10) Absatz 2 Nummer 1 gilt nicht für seitliche Wände von Vorbauten im Sinne des § 6 Absatz 6, wenn sie von dem Nachbargebäude oder der Nachbargrenze einen Abstand einhalten, der ihrer eigenen Ausladung entspricht, mindestens jedoch 1 Meter beträgt.

(11) Die Absätze 4 bis 10 gelten entsprechend auch für Wände, die nach Absatz 3 Satz 2 und 3 anstelle von Brandwänden zulässig sind.

§ 31
Decken

(1) [1]Decken müssen als tragende und raumabschließende Bauteile zwischen Geschossen im Brandfall ausreichend lang standsicher und widerstandsfähig gegen die Brandausbreitung sein. [2]Sie müssen

1. in Gebäuden der Gebäudeklasse 5 feuerbeständig,
2. in Gebäuden der Gebäudeklasse 4 hochfeuerhemmend,
3. in Gebäuden der Gebäudeklassen 2 und 3 feuerhemmend

sein. [3]Satz 2 gilt

1. für Geschosse im Dachraum nur, wenn darüber Aufenthaltsräume möglich sind; § 29 Absatz 4 bleibt unberührt,
2. für Balkone nur, wenn sie Teil des Rettungsweges sind,
3. für offene Gänge nur, wenn sie als notwendige Flure dienen.

(2) [1]Im Kellergeschoss müssen Decken

1. in Gebäuden der Gebäudeklassen 3 bis 5 feuerbeständig,
2. in Gebäuden der Gebäudeklassen 1 und 2 feuerhemmend

sein. [2]Decken müssen feuerbeständig sein

1. unter und über Räumen mit Explosions- oder erhöhter Brandgefahr, ausgenommen in Wohngebäuden der Gebäudeklassen 1 und 2,
2. zwischen dem landwirtschaftlich genutzten Teil und dem Wohnteil eines Gebäudes.

(3) Der Anschluss der Decken an die Außenwand ist so herzustellen, dass er den Anforderungen aus Absatz 1 Satz 1 genügt.

(4) Öffnungen in Decken, für die eine Feuerwiderstandsfähigkeit vorgeschrieben ist, sind nur zulässig

1. in Gebäuden der Gebäudeklassen 1 und 2,
2. innerhalb derselben Nutzungseinheit mit nicht mehr als insgesamt 400 Quadratmeter Grundfläche in nicht mehr als zwei Geschossen,
3. im Übrigen, wenn sie auf die für die Nutzung erforderliche Zahl und Größe beschränkt sind und Abschlüsse mit der Feuerwiderstandsfähigkeit der Decke haben.

§ 32
Dächer

(1) Bedachungen müssen gegen eine Brandbeanspruchung von außen durch Flugfeuer und strahlende Wärme ausreichend lang widerstandsfähig sein (harte Bedachung).

(2) [1]Bedachungen, die die Anforderungen nach Absatz 1 nicht erfüllen, sind zulässig bei Gebäuden der Gebäudeklassen 1 bis 3, wenn die Gebäude

1. einen Abstand von der Grundstücksgrenze von mindestens 12 Meter,
2. von Gebäuden auf demselben Grundstück mit harter Bedachung einen Abstand von mindestens 15 Meter,
3. von Gebäuden auf demselben Grundstück mit Bedachungen, die die Anforderungen nach Absatz 1 nicht erfüllen, einen Abstand von mindestens 24 Meter,
4. von Gebäuden auf demselben Grundstück ohne Aufenthaltsräume und ohne Feuerstätten mit nicht mehr als 50 Kubikmeter Brutto-Rauminhalt einen Abstand von mindestens 5 Meter

einhalten. [2]Soweit Gebäude nach Satz 1 Abstand halten müssen, genügt bei Wohngebäuden der Gebäudeklassen 1 und 2 in den Fällen

1. der Nummer 1 ein Abstand von mindestens 6 Meter,
2. der Nummer 2 ein Abstand von mindestens 9 Meter,
3. der Nummer 3 ein Abstand von mindestens 12 Meter.

(3) Die Absätze 1 und 2 gelten nicht für

1. Gebäude ohne Aufenthaltsräume und ohne Feuerstätten mit nicht mehr als 50 Kubikmeter Brutto-Rauminhalt,
2. lichtdurchlässige Bedachungen aus nichtbrennbaren Baustoffen; brennbare Fugendichtungen und brennbare Dämmstoffe in nichtbrennbaren Profilen sind zulässig,
3. Dachflächenfenster, Oberlichte und Lichtkuppeln von Wohngebäuden,
4. Eingangsüberdachungen und Vordächer aus nichtbrennbaren Baustoffen,
5. Eingangsüberdachungen aus brennbaren Baustoffen, wenn die Eingänge nur zu Wohnungen führen.

(4) Abweichend von den Absätzen 1 und 2 sind

1. lichtdurchlässige Teilflächen aus brennbaren Baustoffen in Bedachungen nach Absatz 1 und
2. begrünte Bedachungen

zulässig, wenn eine Brandentstehung bei einer Brandbeanspruchung von außen durch Flugfeuer und strahlende Wärme nicht zu befürchten ist oder Vorkehrungen hiergegen getroffen werden.

(5) [1]Dachüberstände, Dachgesimse und Dachaufbauten, lichtdurchlässige Bedachungen, Dachflächenfenster, Lichtkuppeln, Oberlichte und Solaranlagen sind so anzuordnen und herzustellen, dass Feuer nicht auf andere Gebäudeteile und Nachbargrundstücke übertragen werden kann. [2]Von Brandwänden und von Wänden, die anstelle von Brandwänden zulässig sind, müssen folgende Abstände eingehalten werden:

1. ohne Abstand
   a) Dachflächenfenster, Oberlichte, Lichtkuppeln und Öffnungen in der Bedachung, wenn die Wände nach Halbsatz 1 mindestens 30 Zentimeter über die Bedachung geführt sind,
   b) Solaranlagen, Dachgauben und ähnliche Dachaufbauten aus brennbaren Baustoffen, wenn sie durch die Wände nach Halbsatz 1 gegen Brandübertragung geschützt sind,
2. mindestens 0,50 Meter
   Solaranlagen, die mit maximal 30 Zentimeter Höhe über der Dachhaut installiert

oder im Dach integriert sind, wenn sie nicht unter Nummer 1 Buchstabe b fallen,
3. mindestens 1,25 Meter
   a) Dachflächenfenster, Oberlichte, Lichtkuppeln und Öffnungen in der Bedachung, die nicht unter Nummer 1 Buchstabe a fallen,
   b) Dachgauben und ähnliche Dachaufbauten, wenn sie nicht unter Nummer 1 Buchstabe b fallen,
   c) Solaranlagen, die nicht unter Nummer 1 Buchstabe b und Nummer 2 fallen.

(6) [1]Dächer von traufseitig aneinandergebauten Gebäuden müssen als raumabschließende Bauteile für eine Brandbeanspruchung von innen nach außen einschließlich der sie tragenden und aussteifenden Bauteile feuerhemmend sein. [2]Öffnungen in diesen Dachflächen müssen waagerecht gemessen mindestens 2 Meter von der Brandwand oder der Wand, die anstelle der Brandwand zulässig ist, entfernt sein.

(7) [1]Dächer von Anbauten, die an Außenwände mit Öffnungen oder ohne Feuerwiderstandsfähigkeit anschließen, müssen innerhalb eines Abstands von 5 Meter von diesen Wänden als raumabschließende Bauteile für eine Brandbeanspruchung von innen nach außen einschließlich der sie tragenden und aussteifenden Bauteile die Feuerwiderstandsfähigkeit der Decken des Gebäudeteils haben, an den sie angebaut werden. [2]Dies gilt nicht für Anbauten an Wohngebäude der Gebäudeklassen 1 bis 3.

(8) Für vom Dach aus vorzunehmende Arbeiten sind sicher benutzbare Vorrichtungen anzubringen.

(9) Soweit geneigte Dächer an Verkehrsflächen angrenzen, müssen sie Vorrichtungen zum Schutz gegen das Herabfallen von Schnee und Eis haben.

§ 32a
Photovoltaikanlagen für die Stromerzeugung auf Dächern

(1) [1]Bei der Errichtung von Gebäuden, die mindestens eine Dachfläche von 50 Quadratmeter aufweisen, sind mindestens 50 Prozent der Dachfläche mit Photovoltaikanlagen auszustatten. [2]Die Verpflichtung nach Satz 1 besteht ab dem 1. Juni 2024 auch bei vollständiger Erneuerung der Dachhaut. [3]Satz 1 gilt, wenn der Antrag auf Baugenehmigung
1. bei Gebäuden, die überwiegend öffentlich genutzt werden, ab dem 1. Juni 2024 und
2. bei Gebäuden, die überwiegend gewerblich genutzt werden, ab dem 1. Juni 2024

bei der Bauaufsichtsbehörde eingeht.

(2) [1]Bei der Errichtung einer für eine Solarnutzung geeigneten offenen Stellplatzanlage, welche einem Gebäude dient, bei dem es sich nicht um ein Wohngebäude handelt, mit mehr als 35 Stellplätzen für Kraftfahrzeuge ist über der für eine Solarnutzung geeigneten offenen Stellplatzfläche eine Photovoltaikanlage zu installieren, wenn der Antrag auf Baugenehmigung ab dem 1. Juni 2024 bei der Bauaufsichtsbehörde eingeht. [2]Die Installation einer solarthermischen Anlage zur Wärmeerzeugung steht der Erfüllung nach Satz 1 gleich.

(3) [1]Die Pflichten nach den Absätzen 1 und 2 entfallen,
1. wenn ihre Erfüllung im Einzelfall
   a) anderen öffentlich-rechtlichen Pflichten widerspricht,
   b) technisch unmöglich ist oder
   c) wirtschaftlich nicht vertretbar ist

oder

2. soweit auf der Dachfläche solarthermische Anlagen errichtet werden sollen.

[2]Die Bauaufsichtsbehörde kann für Parkplätze, insbesondere aus städtebaulichen Gründen, Ausnahmen oder Befreiungen von den Anforderungen nach den Absätzen 1 und 2 erteilen.

ABSCHNITT 5
Rettungswege, Öffnungen, Umwehrungen

§ 33
Erster und zweiter Rettungsweg

(1) Für Nutzungseinheiten mit mindestens einem Aufenthaltsraum, wie Wohnungen, Pra-

xen, selbstständige Betriebsstätten, müssen in jedem Geschoss mindestens zwei voneinander unabhängige Rettungswege ins Freie vorhanden sein; beide Rettungswege dürfen jedoch innerhalb des Geschosses über denselben notwendigen Flur führen.

(2) [1]Für Nutzungseinheiten nach Absatz 1, die nicht zu ebener Erde liegen, muss der erste Rettungsweg über eine notwendige Treppe führen. [2]Der zweite Rettungsweg kann eine weitere notwendige Treppe oder eine mit Rettungsgeräten der Feuerwehr erreichbare Stelle der Nutzungseinheit sein. [3]Ein zweiter Rettungsweg ist nicht erforderlich, wenn die Rettung über einen sicher erreichbaren Treppenraum möglich ist, in den Feuer und Rauch nicht eindringen können (Sicherheitstreppenraum).

(3) [1]Gebäude, deren zweiter Rettungsweg über Rettungsgeräte der Feuerwehr führt und bei denen die Oberkante der Brüstung von zum Anleitern bestimmten Fenstern oder Stellen mehr als 8 Meter über der Geländeoberfläche liegt, dürfen nur errichtet werden, wenn die Feuerwehr über die erforderlichen Rettungsgeräte wie Hubrettungsfahrzeuge verfügt. [2]Bei Sonderbauten ist der zweite Rettungsweg über Rettungsgeräte der Feuerwehr nur zulässig, wenn keine Bedenken wegen der Personenrettung bestehen.

§ 34
Treppen

(1) [1]Jedes nicht zu ebener Erde liegende Geschoss und der benutzbare Dachraum eines Gebäudes müssen über mindestens eine Treppe zugänglich sein (notwendige Treppe). [2]Statt notwendiger Treppen sind Rampen mit flacher Neigung zulässig.

(2) [1]Einschiebbare Treppen und Rolltreppen sind als notwendige Treppen unzulässig. [2]In Gebäuden der Gebäudeklassen 1 und 2 sind einschiebbare Treppen und Leitern als Zugang zu einem Dachraum ohne Aufenthaltsraum zulässig.

(3) [1]Notwendige Treppen sind in einem Zuge zu allen angeschlossenen Geschossen zu führen; sie müssen mit den Treppen zum Dachraum unmittelbar verbunden sein. [2]Dies gilt nicht für Treppen

1. in Gebäuden der Gebäudeklassen 1 bis 3,
2. nach § 35 Absatz 1 Satz 3 Nummer 2.

(4) [1]Die tragenden Teile notwendiger Treppen müssen

1. in Gebäuden der Gebäudeklasse 5 feuerhemmend und aus nichtbrennbaren Baustoffen,
2. in Gebäuden der Gebäudeklasse 4 aus nichtbrennbaren Baustoffen,
3. in Gebäuden der Gebäudeklasse 3 aus nichtbrennbaren Baustoffen oder feuerhemmend

sein. [2]Tragende Teile von Außentreppen nach § 35 Absatz 1 Satz 3 Nummer 3 für Gebäude der Gebäudeklassen 3 bis 5 müssen aus nichtbrennbaren Baustoffen bestehen.

(5) Die nutzbare Breite der Treppenläufe und Treppenabsätze notwendiger Treppen muss für den größten zu erwartenden Verkehr ausreichen.

(6) [1]Treppen müssen einen festen und griffsicheren Handlauf haben. [2]Für Treppen sind Handläufe auf beiden Seiten und Zwischenhandläufe vorzusehen, soweit die Verkehrssicherheit dies erfordert.

(7) Eine Treppe darf nicht unmittelbar hinter einer Tür beginnen, die in Richtung der Treppe aufschlägt; zwischen Treppe und Tür ist ein ausreichender Treppenabsatz anzuordnen.

§ 35
Notwendige Treppenräume, Ausgänge

(1) [1]Jede notwendige Treppe muss zur Sicherstellung der Rettungswege aus den Geschossen ins Freie in einem eigenen, durchgehenden Treppenraum liegen (notwendiger Treppenraum). [2]Notwendige Treppenräume müssen so angeordnet und ausgebildet sein, dass die Nutzung der notwendigen Treppen im Brandfall ausreichend lang möglich ist. [3]Notwendige Treppen sind ohne eigenen Treppenraum zulässig

1. in Gebäuden der Gebäudeklassen 1 und 2,
2. für die Verbindung von höchstens zwei Geschossen innerhalb derselben Nutzungseinheit von insgesamt nicht mehr

als 200 Quadratmeter Grundfläche, wenn in jedem Geschoss ein anderer Rettungsweg erreicht werden kann,
3. als Außentreppe, wenn ihre Nutzung ausreichend sicher ist und im Brandfall nicht gefährdet werden kann.

(2) [1]Von jeder Stelle eines Aufenthaltsraumes sowie eines Kellergeschosses muss mindestens ein Ausgang in einen notwendigen Treppenraum oder ins Freie in höchstens 35 Meter Entfernung erreichbar sein. [2]Übereinanderliegende Kellergeschosse müssen jeweils mindestens zwei Ausgänge in notwendige Treppenräume oder ins Freie haben. [3]Sind mehrere notwendige Treppenräume erforderlich, müssen sie so verteilt sein, dass sie möglichst entgegengesetzt liegen und dass die Rettungswege möglichst kurz sind.

(3) [1]Jeder notwendige Treppenraum muss einen unmittelbaren Ausgang ins Freie haben. [2]Sofern der Ausgang eines notwendigen Treppenraumes nicht unmittelbar ins Freie führt, muss der Raum zwischen dem notwendigen Treppenraum und dem Ausgang ins Freie

1. mindestens so breit sein wie die dazugehörigen Treppenläufe,
2. Wände haben, die die Anforderungen an die Wände des Treppenraumes erfüllen,
3. rauchdichte und selbstschließende Abschlüsse zu notwendigen Fluren haben und
4. ohne Öffnungen zu anderen Räumen, ausgenommen zu notwendigen Fluren, sein.

(4) [1]Die Wände notwendiger Treppenräume müssen als raumabschließende Bauteile

1. in Gebäuden der Gebäudeklasse 5 die Bauart von Brandwänden haben,
2. in Gebäuden der Gebäudeklasse 4 auch unter zusätzlicher mechanischer Beanspruchung hochfeuerhemmend und
3. in Gebäuden der Gebäudeklasse 3 feuerhemmend sein.

[2]Dies ist nicht erforderlich für Außenwände von Treppenräumen, die aus nichtbrennbaren Baustoffen bestehen und durch andere an diese Außenwände anschließende Gebäudeteile im Brandfall nicht gefährdet werden können. [3]Der obere Abschluss notwendiger Treppenräume muss als raumabschließendes Bauteil die Feuerwiderstandsfähigkeit der Decken des Gebäudes haben; dies gilt nicht, wenn der obere Abschluss das Dach ist und die Treppenraumwände bis unter die Dachhaut reichen.

(5) In notwendigen Treppenräumen und in Räumen nach Absatz 3 Satz 2 müssen

1. Bekleidungen, Putze, Dämmstoffe, Unterdecken und Einbauten aus nichtbrennbaren Baustoffen bestehen,
2. Wände und Decken aus brennbaren Baustoffen eine Bekleidung aus nichtbrennbaren Baustoffen in ausreichender Dicke haben,
3. Bodenbeläge, ausgenommen Gleitschutzprofile, aus mindestens schwerentflammbaren Baustoffen bestehen.

(6) [1]In notwendigen Treppenräumen müssen Öffnungen

1. zu Kellergeschossen, zu nicht ausgebauten Dachräumen, Werkstätten, Läden, Lager- und ähnlichen Räumen sowie zu sonstigen Räumen und Nutzungseinheiten mit einer Fläche von mehr als 200 Quadratmeter Grundfläche, ausgenommen Wohnungen, mindestens feuerhemmende, rauchdichte und selbstschließende Abschlüsse,
2. zu notwendigen Fluren rauchdichte und selbstschließende Abschlüsse,
3. zu sonstigen Räumen und Nutzungseinheiten mindestens dicht- und selbstschließende Abschlüsse

haben. [2]Die Feuerschutz- und Rauchschutzabschlüsse dürfen lichtdurchlässige Seitenteile und Oberlichte enthalten, wenn der Abschluss insgesamt nicht breiter als 2,50 Meter ist.

(7) [1]Notwendige Treppenräume müssen zu beleuchten sein. [2]Notwendige Treppenräume ohne Fenster müssen in Gebäuden mit einer Höhe nach § 2 Absatz 3 Satz 2 von mehr als 13 Meter eine Sicherheitsbeleuchtung haben.

(8) [1]Notwendige Treppenräume müssen belüftet und zur Unterstützung wirksamer Löscharbeiten entraucht werden können. [2]Sie müssen

1. in jedem oberirdischen Geschoss unmittelbar ins Freie führende Fenster mit einem freien Querschnitt von mindestens

0,50 Quadratmeter haben, die geöffnet werden können, oder
2. an der obersten Stelle eine Öffnung zur Rauchableitung haben.

[3]In den Fällen des Satzes 2 Nummer 1 ist in Gebäuden der Gebäudeklasse 5 an der obersten Stelle eine Öffnung zur Rauchableitung erforderlich; in den Fällen des Satzes 2 Nummer 2 sind in Gebäuden der Gebäudeklassen 4 und 5, soweit dies zur Erfüllung der Anforderungen nach Satz 1 erforderlich ist, besondere Vorkehrungen zu treffen. [4]Öffnungen zur Rauchableitung nach den Sätzen 2 und 3 müssen in jedem Treppenraum einen freien Querschnitt von mindestens 1 Quadratmeter und Vorrichtungen zum Öffnen ihrer Abschlüsse haben, die vom Erdgeschoss sowie vom obersten Treppenabsatz aus bedient werden können.

§ 36
Notwendige Flure, offene Gänge

(1) [1]Flure, über die Rettungswege aus Aufenthaltsräumen oder aus Nutzungseinheiten mit Aufenthaltsräumen zu Ausgängen in notwendige Treppenräume oder ins Freie führen (notwendige Flure), müssen so angeordnet und ausgebildet sein, dass die Nutzung im Brandfall ausreichend lang möglich ist. [2]Notwendige Flure sind nicht erforderlich
1. in Wohngebäuden der Gebäudeklassen 1 und 2,
2. in sonstigen Gebäuden der Gebäudeklassen 1 und 2, ausgenommen in Kellergeschossen,
3. innerhalb von Nutzungseinheiten mit nicht mehr als 200 Quadratmeter Grundfläche und innerhalb von Wohnungen,
4. innerhalb von Nutzungseinheiten, die einer Büro- oder Verwaltungsnutzung dienen, mit nicht mehr als 400 Quadratmeter Grundfläche; das gilt auch für Teile größerer Nutzungseinheiten, wenn diese Teile nicht größer als 400 Quadratmeter Grundfläche sind, Trennwände nach § 29 Absatz 2 Nummer 1 haben und jeder Teil unabhängig von anderen Teilen Rettungswege nach § 33 Absatz 1 hat.

(2) [1]Notwendige Flure müssen so breit sein, dass sie für den größten zu erwartenden Verkehr ausreichen. [2]In den Fluren ist eine Folge von weniger als drei Stufen unzulässig.

(3) [1]Notwendige Flure sind durch nichtabschließbare, rauchdichte und selbstschließende Abschlüsse in Rauchabschnitte zu unterteilen. [2]Die Rauchabschnitte sollen nicht länger als 30 Meter sein. [3]Die Abschlüsse sind bis an die Rohdecke zu führen; sie dürfen bis an die Unterdecke der Flure geführt werden, wenn die Unterdecke feuerhemmend ist. [4]Notwendige Flure mit nur einer Fluchtrichtung, die zu einem Sicherheitstreppenraum führen, dürfen nicht länger als 15 Meter sein. [5]Die Sätze 1 bis 4 gelten nicht für offene Gänge nach Absatz 5.

(4) [1]Die Wände notwendiger Flure müssen als raumabschließende Bauteile feuerhemmend sein. [2]In Kellergeschossen, deren tragende und aussteifende Bauteile feuerbeständig sein müssen, müssen die Wände notwendiger Flure als raumabschließende Bauteile feuerbeständig sein. [3]Die Wände sind bis an die Rohdecke zu führen. [4]Sie dürfen bis an die Unterdecke der Flure geführt werden, wenn die Unterdecke feuerhemmend und ein demjenigen nach Satz 1 vergleichbarer Raumabschluss sichergestellt ist. [5]Türen in diesen Wänden müssen dicht schließen; Öffnungen zu Lagerbereichen im Kellergeschoss müssen feuerhemmende, dicht- und selbstschließende Abschlüsse haben.

(5) [1]Für Wände und Brüstungen notwendiger Flure mit nur einer Fluchtrichtung, die als offene Gänge vor den Außenwänden angeordnet sind, gilt Absatz 4 entsprechend. [2]Fenster sind in diesen Außenwänden ab einer Brüstungshöhe von 0,90 Meter zulässig.

(6) In notwendigen Fluren sowie in offenen Gängen nach Absatz 5 müssen
1. Bekleidungen, Putze, Unterdecken und Dämmstoffe aus nichtbrennbaren Baustoffen bestehen,
2. Wände und Decken aus brennbaren Baustoffen eine Bekleidung aus nichtbrennbaren Baustoffen in ausreichender Dicke haben.

§ 37
Fenster, Türen, sonstige Öffnungen

(1) Können die Fensterflächen nicht gefahrlos vom Erdboden, vom Innern des Gebäudes, von Loggien oder Balkonen aus gereinigt werden, so sind Vorrichtungen wie Aufzüge, Halterungen oder Stangen anzubringen, die eine Reinigung von außen ermöglichen.

(2) [1]Glastüren und andere Glasflächen, die bis zum Fußboden allgemein zugänglicher Verkehrsflächen herabreichen, sind so zu kennzeichnen, dass sie leicht erkannt werden können. [2]Weitere Schutzmaßnahmen sind für größere Glasflächen vorzusehen, wenn dies die Verkehrssicherheit erfordert.

(3) Eingangstüren von Wohnungen, die über Aufzüge erreichbar sein müssen, müssen eine lichte Durchgangsbreite von mindestens 0,90 Meter haben.

(4) [1]Jedes Kellergeschoss ohne Fenster muss mindestens eine Öffnung ins Freie haben, um eine Rauchableitung zu ermöglichen. [2]Gemeinsame Kellerlichtschächte für übereinanderliegende Kellergeschosse sind unzulässig.

(5) [1]Fenster, die als Rettungswege nach § 33 Absatz 2 Satz 2 dienen, müssen im Lichten mindestens 0,90 Meter x 1,20 Meter groß und nicht höher als 1,20 Meter über der Fußbodenoberkante angeordnet sein. [2]Liegen diese Fenster in Dachschrägen oder Dachaufbauten, so darf ihre Unterkante oder ein davor liegender Austritt von der Traufkante horizontal gemessen nicht mehr als 1 Meter entfernt sein.

§ 38
Umwehrungen

(1) In, an und auf baulichen Anlagen sind zu umwehren oder mit Brüstungen zu versehen:

1. Flächen, die im Allgemeinen zum Begehen bestimmt sind und unmittelbar an mehr als 1 Meter tiefer liegende Flächen angrenzen; dies gilt nicht, wenn die Umwehrung dem Zweck der Flächen widerspricht,
2. nicht begehbare Oberlichte und Glasabdeckungen in Flächen, die im Allgemeinen zum Begehen bestimmt sind, wenn sie weniger als 0,50 Meter aus diesen Flächen herausragen,
3. Dächer oder Dachteile, die zum auch nur zeitweiligen Aufenthalt von Menschen bestimmt sind,
4. Öffnungen in begehbaren Decken sowie in Dächern oder Dachteilen nach Nummer 3, wenn sie nicht sicher abgedeckt sind,
5. nicht begehbare Glasflächen in Decken sowie in Dächern oder Dachteilen nach Nummer 3,
6. die freien Seiten von Treppenläufen, Treppenabsätzen und Treppenöffnungen (Treppenaugen),
7. Kellerlichtschächte und Betriebsschächte, die an Verkehrsflächen liegen, wenn sie nicht verkehrssicher abgedeckt sind.

(2) [1]In Verkehrsflächen liegende Kellerlichtschächte und Betriebsschächte sind in Höhe der Verkehrsfläche verkehrssicher abzudecken. [2]An und in Verkehrsflächen liegende Abdeckungen müssen gegen unbefugtes Abheben gesichert sein. [3]Fenster, die unmittelbar an Treppen liegen und deren Brüstungen unter der notwendigen Umwehrungshöhe liegen, sind zu sichern.

(3) [1]Fensterbrüstungen von Flächen mit einer Absturzhöhe bis zu 12 Meter müssen mindestens 0,80 Meter, von Flächen mit mehr als 12 Meter Absturzhöhe mindestens 0,90 Meter hoch sein. [2]Geringere Brüstungshöhen sind zulässig, wenn durch andere Vorrichtungen wie Geländer die nach Absatz 4 vorgeschriebenen Mindesthöhen eingehalten werden.

(4) Andere notwendige Umwehrungen müssen folgende Mindesthöhen haben:

1. Umwehrungen zur Sicherung von Öffnungen in begehbaren Decken und Dächern sowie Umwehrungen von Flächen mit einer Absturzhöhe von 1 Meter bis zu 12 Meter 0,90 Meter,
2. Umwehrungen von Flächen mit mehr als 12 Meter Absturzhöhe 1,10 Meter.

ABSCHNITT 6
Technische Gebäudeausrüstung

§ 39
Aufzüge

(1) [1]Aufzüge im Innern von Gebäuden müssen eigene Fahrschächte haben, um eine Brandausbreitung in andere Geschosse ausreichend lang zu verhindern. [2]In einem Fahrschacht dürfen bis zu drei Aufzüge liegen. [3]Aufzüge ohne eigene Fahrschächte sind zulässig
1. innerhalb eines notwendigen Treppenraumes, ausgenommen in Hochhäusern,
2. innerhalb von Räumen, die Geschosse überbrücken,
3. zur Verbindung von Geschossen, die offen miteinander in Verbindung stehen dürfen,
4. in Gebäuden der Gebäudeklassen 1 und 2;

sie müssen sicher umkleidet sein.

(2) [1]Die Fahrschachtwände müssen als raumabschließende Bauteile
1. in Gebäuden der Gebäudeklasse 5 feuerbeständig und aus nichtbrennbaren Baustoffen,
2. in Gebäuden der Gebäudeklasse 4 hochfeuerhemmend,
3. in Gebäuden der Gebäudeklasse 3 feuerhemmend

sein; Fahrschachtwände aus brennbaren Baustoffen müssen schachtseitig eine Bekleidung aus nichtbrennbaren Baustoffen in ausreichender Dicke haben. [2]Fahrschachttüren und andere Öffnungen in Fahrschachtwänden mit erforderlicher Feuerwiderstandsfähigkeit sind so herzustellen, dass die Anforderungen nach Absatz 1 Satz 1 nicht beeinträchtigt werden.

(3) [1]Fahrschächte müssen zu lüften sein und eine Öffnung zur Rauchableitung mit einem freien Querschnitt von mindestens 2,5 Prozent der Fahrschachtgrundfläche, mindestens jedoch 0,10 Quadratmeter haben. [2]Diese Öffnung darf einen Abschluss haben, der im Brandfall selbsttätig öffnet und von mindestens einer geeigneten Stelle aus bedient werden kann. [3]Die Lage der Rauchaustrittsöffnungen muss so gewählt werden, dass der Rauchaustritt durch Windeinfluss nicht beeinträchtigt wird.

(4) [1]Gebäude mit einer Höhe nach § 2 Absatz 3 Satz 2 von mehr als 13 Meter müssen Aufzüge in ausreichender Zahl haben; dies gilt nicht beim nachträglichen Ausbau und der Nutzungsänderung des obersten Geschosses oder bei der Aufstockung um bis zu zwei Geschosse. [2]Aufenthaltsräume im obersten Geschoss, die eine Nutzungseinheit mit Aufenthaltsräumen im darunterliegenden Geschoss bilden, sind nicht zu berücksichtigen. [3]Von diesen Aufzügen muss mindestens ein Aufzug Kinderwagen, Rollstühle, Krankentragen und Lasten aufnehmen können und Haltestellen in allen Geschossen haben. [4]Dieser Aufzug muss von der öffentlichen Verkehrsfläche und von allen Nutzungseinheiten in dem Gebäude aus stufenlos erreichbar sein. [5]Satz 1 Halbsatz 1 gilt nicht, wenn das Dach bestehender Gebäude nachträglich ausgebaut wird.

(5) [1]Fahrkörbe zur Aufnahme einer Krankentrage müssen eine nutzbare Grundfläche von mindestens 1,10 Meter x 2,10 Meter, zur Aufnahme eines Rollstuhls von mindestens 1,10 Meter x 1,40 Meter haben; Türen müssen eine lichte Durchgangsbreite von mindestens 0,90 Meter haben. [2]In einem Aufzug für Rollstühle und Krankentragen darf der für Rollstühle nicht erforderliche Teil der Fahrkorbgrundfläche durch eine verschließbare Tür abgesperrt werden. [3]Vor den Aufzügen muss eine ausreichende Bewegungsfläche vorhanden sein.

§ 40
Leitungsanlagen, Installationsschächte und Installationskanäle

(1) Leitungen dürfen durch raumabschließende Bauteile, für die eine Feuerwiderstandsfähigkeit vorgeschrieben ist, nur hindurchgeführt werden, wenn eine Brandausbreitung ausreichend lang nicht zu befürchten ist oder Vorkehrungen hiergegen getroffen sind; dies gilt nicht
1. für Gebäude der Gebäudeklassen 1 und 2,
2. innerhalb von Wohnungen,

3. innerhalb derselben Nutzungseinheit mit nicht mehr als insgesamt 400 Quadratmeter in nicht mehr als zwei Geschossen.

(2) In notwendigen Treppenräumen, in Räumen nach § 35 Absatz 3 Satz 2 und in notwendigen Fluren sind Leitungsanlagen nur zulässig, wenn eine Nutzung als Rettungsweg im Brandfall ausreichend lang möglich ist.

(3) Für Installationsschächte und -kanäle gelten Absatz 1 sowie § 41 Absatz 2 Satz 1 und Absatz 3 entsprechend.

§ 41
Lüftungsanlagen

(1) Lüftungsanlagen müssen betriebssicher und brandsicher sein; sie dürfen den ordnungsgemäßen Betrieb von Feuerungsanlagen nicht beeinträchtigen.

(2) [1]Lüftungsleitungen sowie deren Bekleidungen und Dämmstoffe müssen aus nichtbrennbaren Baustoffen bestehen; brennbare Baustoffe sind zulässig, wenn ein Beitrag der Lüftungsleitung zur Brandentstehung und Brandweiterleitung nicht zu befürchten ist. [2]Lüftungsleitungen dürfen raumabschließende Bauteile, für die eine Feuerwiderstandsfähigkeit vorgeschrieben ist, nur überbrücken, wenn eine Brandausbreitung ausreichend lang nicht zu befürchten ist oder wenn Vorkehrungen hiergegen getroffen sind.

(3) Lüftungsanlagen sind so herzustellen, dass sie Gerüche und Staub nicht in andere Räume übertragen.

(4) [1]Lüftungsanlagen dürfen nicht in Abgasanlagen eingeführt werden; die gemeinsame Nutzung von Lüftungsleitungen zur Lüftung und zur Ableitung der Abgase von Feuerstätten ist zulässig, wenn keine Bedenken wegen der Betriebssicherheit und des Brandschutzes bestehen. [2]Die Abluft ist ins Freie zu führen. [3]Nicht zur Lüftungsanlage gehörende Einrichtungen sind in Lüftungsleitungen unzulässig.

(5) Die Absätze 2 und 3 gelten nicht
1. für Gebäude der Gebäudeklassen 1 und 2,
2. innerhalb von Wohnungen,
3. innerhalb derselben Nutzungseinheit mit nicht mehr als 400 Quadratmeter in nicht mehr als zwei Geschossen.

(6) Für raumlufttechnische Anlagen und Warmluftheizungen gelten die Absätze 1 bis 5 entsprechend.

§ 42
Feuerungsanlagen, sonstige Anlagen zur Wärmeerzeugung, Brennstoffversorgung

(1) Feuerstätten und Abgasanlagen (Feuerungsanlagen) müssen betriebssicher und brandsicher sein.

(2) Feuerstätten dürfen in Räumen nur aufgestellt werden, wenn nach der Art der Feuerstätte und nach Lage, Größe, baulicher Beschaffenheit und Nutzung der Räume Gefahren nicht entstehen.

(3) [1]Abgase von Feuerstätten sind durch Abgasleitungen, Schornsteine und Verbindungsstücke (Abgasanlagen) so abzuführen, dass keine Gefahren oder unzumutbaren Belästigungen entstehen. [2]Abgasanlagen sind in solcher Zahl und Lage und so herzustellen, dass die Feuerstätten des Gebäudes ordnungsgemäß angeschlossen werden können. [3]Sie müssen leicht gereinigt werden können.

(4) [1]Behälter und Rohrleitungen für brennbare Gase und Flüssigkeiten müssen betriebssicher und brandsicher sein. [2]Diese Behälter sowie feste Brennstoffe sind so aufzustellen oder zu lagern, dass keine Gefahren oder unzumutbaren Belästigungen entstehen.

(5) Für die Aufstellung von ortsfesten Verbrennungsmotoren, Blockheizkraftwerken, Brennstoffzellen und Verdichtern sowie die Ableitung ihrer Verbrennungsgase gelten die Absätze 1 bis 3 entsprechend.

§ 43
Sanitäre Anlagen

Fensterlose Bäder und Toiletten sind nur zulässig, wenn eine wirksame Lüftung gewährleistet ist.

§ 44
Kleinkläranlagen, Gruben

[1]Kleinkläranlagen und Gruben müssen wasserdicht und ausreichend groß sein. [2]Sie müssen eine dichte und sichere Abdeckung sowie

Reinigungs- und Entleerungsöffnungen haben. [3]Diese Öffnungen dürfen nur vom Freien aus zugänglich sein. [4]Die Anlagen sind so zu entlüften, dass Gesundheitsschäden oder unzumutbare Belästigungen nicht entstehen. [5]Die Zuleitungen zu Abwasserentsorgungsanlagen müssen geschlossen, dicht, und, soweit erforderlich, zum Reinigen eingerichtet sein.

§ 45
Aufbewahrung fester Abfallstoffe

Feste Abfallstoffe dürfen innerhalb von Gebäuden vorübergehend aufbewahrt werden, in Gebäuden der Gebäudeklassen 3 bis 5 jedoch nur, wenn die dafür bestimmten Räume

1. Trennwände und Decken als raumabschließende Bauteile mit der Feuerwiderstandsfähigkeit der tragenden Wände und
2. Öffnungen vom Gebäudeinnern zum Aufstellraum mit feuerhemmenden, dicht und selbstschließenden Abschlüssen haben,
3. unmittelbar vom Freien entleert werden können und
4. eine ständig wirksame Lüftung haben.

§ 46
Blitzschutzanlagen

Bauliche Anlagen, bei denen nach Lage, Bauart oder Nutzung Blitzschlag leicht eintreten oder zu schweren Folgen führen kann, sind mit dauernd wirksamen Blitzschutzanlagen zu versehen.

ABSCHNITT 7
Nutzungsbedingte Anforderungen

§ 47
Aufenthaltsräume

(1) [1]Aufenthaltsräume müssen eine lichte Raumhöhe von mindestens 2,40 Meter haben. [2]Dies gilt nicht für Aufenthaltsräume in Wohngebäuden der Gebäudeklassen 1 und 2 sowie für Aufenthaltsräume im Dachraum.

(2) [1]Aufenthaltsräume müssen ausreichend belüftet und mit Tageslicht beleuchtet werden können. [2]Sie müssen Fenster mit einem Rohbaumaß der Fensteröffnungen von mindestens ein Achtel der Netto-Grundfläche des Raumes einschließlich der Netto-Grundfläche verglaster Vorbauten und Loggien haben.

(3) [1]Aufenthaltsräume, deren Nutzung eine Beleuchtung mit Tageslicht verbietet, sind ohne Belichtungsöffnungen zulässig. [2]Aufenthaltsräume ohne Belichtungsöffnungen müssen durch technische Einrichtungen ausreichend beleuchtet und belüftet werden können.

§ 48
Wohnungen

(1) [1]Innerhalb jeder Wohnung müssen die technischen Voraussetzungen für den Einbau einer Küche vorhanden sein. [2]§ 43 findet entsprechende Anwendung.

(2) In Wohngebäuden der Gebäudeklassen 3 bis 5 sind leicht erreichbare und barrierefrei zugängliche Abstellräume für Rollstühle, Kinderwagen, Mobilitätshilfsmittel und Fahrräder sowie für jede Wohnung ein ausreichend großer Abstellraum herzustellen.

(3) Jede Wohnung muss ein Bad mit Badewanne oder Dusche und eine Toilette haben.

(4) [1]In Wohnungen müssen

1. Aufenthaltsräume, ausgenommen Küchen, und
2. Flure, über die Rettungswege von Aufenthaltsräumen führen,

jeweils mindestens einen Rauchwarnmelder haben. [2]Die Rauchwarnmelder müssen so eingebaut oder angebracht und betrieben werden, dass Brandrauch frühzeitig erkannt und gemeldet wird. [3]Bestehende Wohnungen sind bis zum 31. Dezember 2020 entsprechend auszustatten.

(5) Werden Nutzungseinheiten mit Aufenthaltsräumen in rechtmäßig bestehenden Gebäuden in Wohnraum umgenutzt, sind auf bestehende Bauteile die §§ 6, 27, 28, 30, 31 und 32 nicht anzuwenden.

§ 49
Notwendige Stellplätze und notwendige Abstellplätze für Fahrräder

(1) Bei der Errichtung, Änderung oder Nutzungsänderung von baulichen Anlagen sowie anderen Anlagen, bei denen ein Zu- oder Abgangsverkehr mittels Kraftfahrzeugen oder mittels Fahrrädern zu erwarten ist, müssen die durch die Gemeinde in einer örtlichen Bauvorschrift nach § 87 festgesetzten notwendigen Stellplätze oder notwendige Abstellplätze für Fahrräder hergestellt werden.

(2) Die notwendigen Stellplätze sowie die notwendigen Abstellplätze für Fahrräder sind auf dem Baugrundstück oder in zumutbarer Entfernung davon auf einem geeigneten Grundstück herzustellen, dessen Benutzung für diesen Zweck öffentlich-rechtlich gesichert wird.

(3) [1]Soweit die Bauherrin oder der Bauherr durch örtliche Bauvorschrift zur Herstellung von notwendigen Stellplätzen oder notwendigen Abstellplätzen für Fahrräder verpflichtet ist, kann die Gemeinde durch öffentlich-rechtlichen Vertrag mit der Bauherrin oder dem Bauherrn vereinbaren, dass die Bauherrin oder der Bauherr ihre oder seine Verpflichtung ganz oder teilweise durch Zahlung eines Geldbetrages an die Gemeinde ablöst (Stellplatzablösevertrag). [2]Der Anspruch der Gemeinde auf Zahlung des im Stellplatzablösevertrag vereinbarten Geldbetrages entsteht mit Baubeginn.

(4) Die Gemeinde hat den Geldbetrag für die Ablösung von notwendigen Stellplätzen oder von notwendigen Abstellplätzen für Fahrräder zu verwenden für

1. die Herstellung zusätzlicher oder die Instandhaltung, die Instandsetzung oder die Modernisierung bestehender Parkeinrichtungen oder die Herstellung von Ladeinfrastruktur für Elektrofahrzeuge,
2. sonstige Maßnahmen zur Entlastung der Straßen vom ruhenden Verkehr einschließlich investiver Maßnahmen des öffentlichen Personennahverkehrs und Maßnahmen zur Verbesserung des Fahrradverkehrs,
3. die Herstellung von Parkeinrichtungen für die gemeinschaftliche Nutzung von Kraftfahrzeugen (Carsharing).

(5) [1]Die Bauaufsichtsbehörde kann zulassen, dass notwendige Stellplätze oder notwendige Abstellplätze für Fahrräder erst innerhalb eines angemessenen Zeitraums nach Fertigstellung der Anlage hergestellt werden. [2]Sie hat die Herstellung auszusetzen, solange und soweit nachweislich ein Bedarf an notwendigen Stellplätzen oder notwendigen Abstellplätzen für Fahrräder nicht besteht und die für die Herstellung erforderlichen Flächen für diesen Zweck durch Baulast gesichert sind.

§ 50
Barrierefreies Bauen

(1) [1]In Gebäuden mit mehr als zwei Wohnungen müssen die Wohnungen eines Geschosses barrierefrei erreichbar sein; diese Verpflichtung kann auch durch barrierefrei erreichbare Wohnungen in mehreren Geschossen erfüllt werden. [2]In diesen Wohnungen müssen die Aufenthaltsräume, eine Toilette, ein Bad, der Raum mit den technischen Voraussetzungen für den Einbau einer Küche oder einer Kochnische und, soweit vorhanden, ein Freisitz, wie eine Terrasse, eine Loggia oder ein Balkon, barrierefrei sein. [3]§ 39 Absatz 4 bleibt unberührt. [4]Die Sätze 1 und 2 gelten nicht, wenn durch nachträglichen Ausbau des Dachgeschosses, durch Aufstockung um bis zu zwei Geschosse oder durch Teilung von Wohnungen zusätzliche Wohnungen entstehen.

(2) Bauliche Anlagen, die überwiegend oder ausschließlich von Menschen mit Behinderungen oder aufgrund von Alter oder Krankheit beeinträchtigten Menschen genutzt werden oder ihrer Betreuung dienen, müssen barrierefrei sein.

(3) [1]Bauliche Anlagen, die öffentlich zugänglich sind, müssen in den dem allgemeinen Besucher- und Benutzerverkehr dienenden Teilen barrierefrei sein. [2]Dies gilt insbesondere für

1. Einrichtungen der Kultur und des Bildungs- und Erziehungswesens,
2. Sport- und Freizeitstätten,
3. Einrichtungen des Gesundheitswesens,

4. Büro-, Verwaltungs- und Gerichtsgebäude,
5. Verkaufs-, Gast- und Beherbergungsstätten,
6. Stellplätze, Garagen und Toilettenanlagen.

[3]Für die der zweckentsprechenden Nutzung dienenden Räume und Anlagen genügt es, wenn sie in dem erforderlichen Umfang barrierefrei sind. [4]Toilettenräume für Besucher und Benutzer müssen in der erforderlichen Anzahl barrierefrei sein.

(4) Abweichungen nach § 67 von den Absätzen 1 bis 3 können auch zugelassen werden, soweit die Anforderungen nur mit einem unverhältnismäßigen Mehraufwand erfüllt werden können, insbesondere
1. wegen schwieriger Geländeverhältnisse,
2. wegen des Einbaus eines sonst nicht erforderlichen Aufzugs,
3. wegen ungünstiger vorhandener Bebauung oder
4. im Hinblick auf die Sicherheit der Menschen mit Behinderung.

(5) Für bauliche Anlagen, die überwiegend von Menschen mit Behinderungen oder aufgrund von Alter oder Krankheit beeinträchtigten Menschen genutzt werden oder ihrer Betreuung dienen, gilt Absatz 3 Satz 3 und 4 entsprechend.

(6) Bauliche Anlagen nach den Absätzen 2 und 3 müssen eine ausreichende Zahl von Stellplätzen für die Kraftfahrzeuge behinderter Menschen haben.

§ 51
Sonderbauten

(1) [1]An Sonderbauten können im Einzelfall zur Verwirklichung der allgemeinen Anforderungen nach § 3 Satz 1 besondere Anforderungen gestellt werden. [2]Erleichterungen können gestattet werden, soweit es der Einhaltung von Vorschriften wegen der besonderen Art oder Nutzung baulicher Anlagen oder Räume oder wegen besonderer Anforderungen nicht bedarf. [3]Die Anforderungen und Erleichterungen nach den Sätzen 1 und 2 können sich insbesondere erstrecken auf
1. die Anordnung der baulichen Anlagen auf dem Grundstück,
2. die Abstände von Nachbargrenzen, von anderen baulichen Anlagen auf dem Grundstück und von öffentlichen Verkehrsflächen sowie auf die Größe der freizuhaltenden Flächen der Grundstücke,
3. die Öffnungen nach öffentlichen Verkehrsflächen und nach angrenzenden Grundstücken,
4. die Anlage von Zu- und Abfahrten,
5. die Anlage von Grünstreifen, Baumpflanzungen und anderen Pflanzungen sowie die Begrünung oder Beseitigung von Halden und Gruben,
6. die Bauart und Anordnung aller für die Stand- und Verkehrssicherheit, den Brand-, Wärme-, Schall- oder Gesundheitsschutz wesentlichen Bauteile und die Verwendung von Baustoffen,
7. Brandschutzanlagen, -einrichtungen und -vorkehrungen,
8. die Löschwasserrückhaltung,
9. die Anordnung und Herstellung von Aufzügen, Treppen, Treppenräumen, Fluren, Ausgängen und sonstigen Rettungswegen,
10. die Beleuchtung und Energieversorgung,
11. die Lüftung und Rauchableitung,
12. die Feuerungsanlagen und Heizräume,
13. die Wasserversorgung,
14. die Aufbewahrung und Entsorgung von Abwasser und festen Abfallstoffen,
15. die notwendigen Stellplätze und notwendigen Abstellplätze für Fahrräder,
16. die barrierefreie Nutzbarkeit,
17. die zulässige Zahl der Benutzer, Anordnung und Zahl der zulässigen Sitz- und Stehplätze bei Versammlungsstätten, Tribünen und Fliegenden Bauten,
18. die Zahl der Toiletten für Besucher,
19. Umfang, Inhalt und Zahl besonderer Bauvorlagen, insbesondere eines Brandschutzkonzepts,
20. weitere zu erbringende Bescheinigungen,
21. die Bestellung und Qualifikation der Bauleiterin oder des Bauleiters und der Fachbauleiterinnen oder der Fachbauleiter,
22. den Betrieb und die Nutzung einschließlich der Bestellung und der Qualifikation

einer oder eines Brandschutzbeauftragten,
23. Erst-, Wiederholungs- und Nachprüfungen und die Bescheinigungen, die hierüber zu erbringen sind.

(2) Bei Sonderbauten ist die Richtigkeit der Nachweise der Energieeinsparung sowie zur Nutzung erneuerbarer Energien durch eine Prüfsachverständige oder einen Prüfsachverständigen für energetische Gebäudeplanung zu bescheinigen.

TEIL 4
Die am Bau Beteiligten

§ 52
Grundpflichten

Bei der Errichtung, Änderung, Nutzungsänderung und der Beseitigung von Anlagen sind die Bauherrin oder der Bauherr und im Rahmen ihres Wirkungskreises die anderen am Bau Beteiligten dafür verantwortlich, dass die öffentlich-rechtlichen Vorschriften eingehalten werden.

§ 53
Bauherrin und Bauherr

(1) [1]Die Bauherrin oder der Bauherr hat zur Vorbereitung, Überwachung und Ausführung eines nicht genehmigungsfreien Bauvorhabens sowie der Beseitigung von Anlagen geeignete Beteiligte nach Maßgabe der §§ 54 bis 56 zu bestellen, soweit sie oder er nicht selbst zur Erfüllung der Verpflichtungen nach diesen Vorschriften geeignet ist. [2]Der Bauherrin oder dem Bauherrn obliegen außerdem die nach den öffentlich-rechtlichen Vorschriften erforderlichen Anträge, Anzeigen und Nachweise, soweit sie nicht von der Konzentrationswirkung der Baugenehmigung erfasst werden. [3]Sie oder er hat die zur Erfüllung der Anforderungen dieses Gesetzes oder aufgrund dieses Gesetzes erforderlichen Nachweise und Unterlagen zu den verwendeten Bauprodukten und den angewandten Bauarten bereitzuhalten. [4]Werden Bauprodukte verwendet, die die CE-Kennzeichnung nach der Verordnung (EU) Nr. 305/2011 tragen, ist die Leistungserklärung nach der Verordnung (EU) Nr. 305/2011 bereitzuhalten. [5]Sie oder er hat vor Baubeginn den Namen der Bauleiterin oder des Bauleiters und während der Bauausführung einen Wechsel dieser Person unverzüglich der Bauaufsichtsbehörde in Textform mitzuteilen. [6]Wechselt die Bauherrin oder der Bauherr, hat die neue Bauherrin oder der neue Bauherr dies der Bauaufsichtsbehörde unverzüglich in Textform mitzuteilen.

(2) [1]Treten bei einem Bauvorhaben mehrere Personen als Bauherrin oder Bauherr auf, so kann die Bauaufsichtsbehörde verlangen, dass ihr gegenüber eine Vertreterin oder ein Vertreter bestellt wird, die oder der die der Bauherrin oder dem Bauherrn nach den öffentlich-rechtlichen Vorschriften obliegenden Verpflichtungen zu erfüllen hat. [2]Im Übrigen findet § 18 Absatz 1 Satz 2 und 3 sowie Absatz 2 des Verwaltungsverfahrensgesetzes in Verbindung mit § 1 Absatz 1 Satz 1 des Verwaltungsverfahrensgesetzes für das Land Brandenburg entsprechende Anwendung mit der Maßgabe, dass eine Erklärung in Textform ausreichend ist.

§ 54
Entwurfsverfasserin und Entwurfsverfasser

(1) [1]Die Entwurfsverfasserin oder der Entwurfsverfasser muss nach Sachkunde und Erfahrung zur Vorbereitung des jeweiligen Bauvorhabens geeignet sein. [2]Sie oder er ist für die Vollständigkeit und Brauchbarkeit ihres oder seines Entwurfs verantwortlich. [3]Die Entwurfsverfasserin oder der Entwurfsverfasser hat dafür zu sorgen, dass die für die Ausführung notwendigen Einzelzeichnungen, Einzelberechnungen und Anweisungen den öffentlich-rechtlichen Vorschriften entsprechen.

(2) [1]Hat die Entwurfsverfasserin oder der Entwurfsverfasser auf einzelnen Fachgebieten nicht die erforderliche Sachkunde und Erfahrung, so sind geeignete Fachplanerinnen oder Fachplaner heranzuziehen. [2]Diese sind für die von ihnen gefertigten Unterlagen

verantwortlich. [3]Für das ordnungsgemäße Ineinandergreifen aller Fachplanungen bleibt die Entwurfsverfasserin oder der Entwurfsverfasser verantwortlich.

§ 55
Unternehmerin und Unternehmer

(1) [1]Jede Unternehmerin und jeder Unternehmer ist für die mit den öffentlich-rechtlichen Anforderungen übereinstimmende Ausführung der von ihr oder ihm übernommenen Arbeiten und insoweit für die ordnungsgemäße Einrichtung und den sicheren Betrieb der Baustelle verantwortlich. [2]Sie oder er hat die zur Erfüllung der Anforderungen dieses Gesetzes oder aufgrund dieses Gesetzes erforderlichen Nachweise und Unterlagen zu den verwendeten Bauprodukten und den angewandten Bauarten zu erbringen und auf der Baustelle bereitzuhalten. [3]Bei Bauprodukten, die die CE-Kennzeichnung nach der Verordnung (EU) Nr. 305/2011 tragen, ist die Leistungserklärung nach der Verordnung (EU) Nr. 305/2011 bereitzuhalten.
(2) Jede Unternehmerin oder jeder Unternehmer hat auf Verlangen der Bauaufsichtsbehörde für Arbeiten, bei denen die Sicherheit der Anlage in außergewöhnlichem Maße von der besonderen Sachkenntnis und Erfahrung der Unternehmerin oder des Unternehmers oder von einer Ausstattung des Unternehmens mit besonderen Vorrichtungen abhängt, nachzuweisen, dass sie oder er für diese Arbeiten geeignet ist und über die erforderlichen Vorrichtungen verfügt.

§ 56
Bauleiterin und Bauleiter

(1) [1]Die Bauleiterin oder der Bauleiter hat darüber zu wachen, dass die Baumaßnahme entsprechend den öffentlich-rechtlichen Anforderungen durchgeführt wird und die dafür erforderlichen Weisungen zu erteilen. [2]Sie oder er hat im Rahmen dieser Aufgabe auf den sicheren bautechnischen Betrieb der Baustelle, insbesondere auf das gefahrlose Ineinandergreifen der Arbeiten der Unternehmer zu achten. [3]Die Verantwortlichkeit der Unternehmerin oder des Unternehmers bleibt unberührt.
(2) [1]Die Bauleiterin oder der Bauleiter muss über die für ihre oder seine Aufgabe erforderliche Sachkunde und Erfahrung verfügen. [2]Verfügt sie oder er auf einzelnen Teilgebieten nicht über die erforderliche Sachkunde, so sind geeignete Fachbauleiterinnen oder Fachbauleiter heranzuziehen. [3]Diese treten insoweit an die Stelle der Bauleiterin oder des Bauleiters. [4]Die Bauleiterin oder der Bauleiter hat die Tätigkeit der Fachbauleiterin oder des Fachbauleiters und ihre oder seine Tätigkeit aufeinander abzustimmen.

TEIL 5
Bauaufsichtsbehörden, Verfahren

Abschnitt 1
Bauaufsichtsbehörden

§ 57
Aufbau und Zuständigkeit der Bauaufsichtsbehörden

(1) [1]Die unteren Bauaufsichtsbehörden sind Sonderordnungsbehörden. [2]Die Landkreise, die kreisfreien Städte sowie die Großen kreisangehörigen Städte, denen diese Aufgabe übertragen ist, nehmen die Aufgaben der unteren Bauaufsichtsbehörde wahr. [3]Die Übertragung der Aufgaben der unteren Bauaufsichtsbehörde auf eine Große kreisangehörige Stadt sowie der Widerruf der Übertragung richten sich nach den kommunalrechtlichen Vorschriften.
(2) [1]Die Landrätin oder der Landrat als allgemeine untere Landesbehörde ist Sonderaufsichtsbehörde über
1. die Großen kreisangehörigen Städte als untere Bauaufsichtsbehörden,
2. die amtsfreien Gemeinden, die Ämter, die Verbandsgemeinden, die mitverwalteten Gemeinden und mitverwaltenden Gemeinden als Sonderordnungsbehörden, soweit diese nach § 58 Absatz 6 und 7 zuständig sind.

[2]Für die nach § 132 Absatz 5 Satz 1 der Kommunalverfassung des Landes Brandenburg

von den Landkreisen zur Verfügung zu stellenden Dienstkräfte gilt Absatz 4 entsprechend.

(3) [1]Oberste Bauaufsichtsbehörde ist das für die Bauaufsicht zuständige Mitglied der Landesregierung. [2]Es ist Sonderaufsichtsbehörde über die Landkreise und kreisfreien Städte als untere Bauaufsichtsbehörden sowie oberste Sonderaufsichtsbehörde über die Großen kreisangehörigen Städte als untere Bauaufsichtsbehörden und über die amtsfreien Gemeinden, Ämter, Verbandsgemeinden, mitverwalteten Gemeinden und mitverwaltenden Gemeinden als Sonderordnungsbehörden, soweit diese nach § 58 zuständig sind.

(4) [1]Die Bauaufsichtsbehörden sind zur Durchführung ihrer Aufgaben ausreichend mit geeigneten Fachkräften zu besetzen und mit den erforderlichen Vorrichtungen auszustatten. [2]Den unteren Bauaufsichtsbehörden sollen Bedienstete mit der Befähigung für den höheren technischen Verwaltungsdienst, die die erforderlichen Kenntnisse der Bautechnik, der Baugestaltung und des öffentlichen Baurechts haben, sowie Bedienstete mit der Befähigung zum Richteramt oder zum höheren nichttechnischen Verwaltungsdienst angehören. [3]Die oberste Bauaufsichtsbehörde kann Ausnahmen zulassen.

(5) [1]Die Befugnis der Sonderaufsichtsbehörde, besondere Weisungen zu erteilen, ist nicht auf den Bereich der Gefahrenabwehr beschränkt. [2]Für die Sonderaufsichtsbehörde gilt § 121 der Kommunalverfassung des Landes Brandenburg entsprechend.

(6) Die Bestimmungen des Staatshaftungsgesetzes und des § 38 Absatz 1 Buchstabe b des Ordnungsbehördengesetzes finden keine Anwendung.

§ 58 Aufgaben und Befugnisse der Bauaufsichtsbehörden sowie der amtsfreien Gemeinden, der Ämter, der Verbandsgemeinden, mitverwalteten Gemeinden und mitverwaltenden Gemeinden als Sonderordnungsbehörden

(1) [1]Die Landkreise, die kreisfreien Städte und die Großen kreisangehörigen Städte nehmen die Aufgaben nach diesem Gesetz als Pflichtaufgaben zur Erfüllung nach Weisung wahr. [2]Für den Vollzug dieses Gesetzes sowie anderer öffentlich-rechtlicher Vorschriften für die Errichtung, die Änderung, die Instandhaltung, die Nutzung oder die Beseitigung baulicher Anlagen sowie anderer Anlagen und Einrichtungen sind die unteren Bauaufsichtsbehörden zuständig, soweit nichts anderes bestimmt ist.

(2) [1]Die Bauaufsichtsbehörde hat bei der Errichtung, der Änderung, der Beseitigung, der Instandhaltung und der Nutzung baulicher Anlagen sowie anderer Anlagen und Einrichtungen darüber zu wachen, dass die öffentlich-rechtlichen Vorschriften und die aufgrund dieser Vorschriften erlassenen Anordnungen eingehalten werden. [2]Sie haben in Wahrnehmung dieser Aufgaben die erforderlichen Maßnahmen zu treffen und die am Bau Beteiligten zu beraten. [3]Die Bauaufsichtsbehörde hat nicht die Befugnisse zum Erlass ordnungsbehördlicher Verordnungen nach den §§ 24 bis 37 des Ordnungsbehördengesetzes.

(3) [1]Die Bauaufsichtsbehörde kann im Einvernehmen mit der Bauherrin oder dem Bauherrn zur Erfüllung ihrer Aufgaben Sachverständige und sachverständige Stellen heranziehen. [2]Sind natürlichen und juristischen Personen des Privatrechts hoheitliche Aufgaben nach diesem Gesetz zur Erledigung in den Handlungsformen des öffentlichen Rechts durch Beleihung nach § 16 des Landesorganisationsgesetzes übertragen, so besteht keine Haftung des Landes oder des Rechtsträgers der Bauaufsichtsbehörde anstelle der natürlichen und juristischen Personen des Privatrechts.

(4) [1]Die mit dem Vollzug dieses Gesetzes beauftragten Personen sind berechtigt, in Ausübung ihres Amtes Grundstücke und bauliche Anlagen einschließlich der Wohnungen zu betreten. [2]Das Betreten einer Wohnung ist nur zulässig, wenn dies zur Verhütung dringender Gefahren für die öffentliche Sicherheit oder Ordnung erforderlich ist. [3]Das Grundrecht der Unverletzlichkeit der Wohnung aus Artikel 13 des Grundgesetzes und aus Artikel 15 der Verfassung des Landes Brandenburg wird insoweit eingeschränkt.

(5) Anordnungen der Bauaufsichtsbehörden sind auch gegenüber den Rechtsnachfolgern wirksam.

(6) [1]Die amtsfreien Gemeinden, die Ämter, die Verbandsgemeinden, die mitverwalteten Gemeinden und mitverwaltenden Gemeinden sind als Sonderordnungsbehörden für den Vollzug der örtlichen Bauvorschriften und der planungsrechtlichen Festsetzungen bei genehmigungsfreien Vorhaben zuständig. [2]Dies gilt insbesondere für die Zulassung von Abweichungen von örtlichen Bauvorschriften sowie die Zulassung von Ausnahmen und Befreiungen nach § 31 des Baugesetzbuchs, die sonderordnungsbehördliche Erlaubnis von Werbeanlagen, die Einstellung von Bauarbeiten, die Nutzungsuntersagung sowie die Beseitigung rechtswidrig errichteter baulicher Anlagen unter entsprechender Anwendung der §§ 78 bis 80, die vorläufige Untersagung nach § 15 Absatz 1 Satz 2 des Baugesetzbuchs binnen einer Frist von einem Monat ab Kenntnis des Vorhabens, und Ordnungswidrigkeitenverfahren. [3]Bei Vorhaben, die nach § 61 keiner Genehmigung bedürfen, entscheidet die amtsfreie Gemeinde, das Amt, die Verbandsgemeinde, die mitverwaltete Gemeinde oder die mitverwaltende Gemeinde als Sonderordnungsbehörde in einem Erlaubnisverfahren. [4]Die Erlaubnis ist bei der amtsfreien Gemeinde, dem Amt, der Verbandsgemeinde, der mitverwalteten Gemeinde oder der mitverwaltenden Gemeinde zu beantragen. [5]Im Übrigen gelten § 67 Absatz 1 Satz 1 und die Verfahrensvorschriften dieses Gesetzes entsprechend.

(7) Die Absätze 2, 4 und 5 gelten für die von den amtsfreien Gemeinden, den Ämtern, den Verbandsgemeinden, den mitverwalteten Gemeinden und den mitverwaltenden Gemeinden als Sonderordnungsbehörden nach diesem Gesetz wahrgenommenen Aufgaben entsprechend.

ABSCHNITT 2
Genehmigungspflicht, Genehmigungsfreiheit

§ 59
Grundsatz

(1) Die Errichtung, die Änderung und die Nutzungsänderung baulicher Anlagen sowie anderer Anlagen und Einrichtungen, an die in diesem Gesetz oder in Vorschriften aufgrund dieses Gesetzes Anforderungen gestellt sind, bedürfen der Baugenehmigung, soweit in den §§ 60 bis 62, 76 und 77 nichts anderes bestimmt ist.

(2) Die Genehmigungsfreiheit nach Absatz 1, den §§ 60 bis 62, 76 und 77 Absatz 1 Satz 3 sowie die Beschränkung der bauaufsichtlichen Prüfung nach den §§ 63, 64, 66 Absatz 4 und § 77 Absatz 3 entbinden nicht von der Verpflichtung zur Einhaltung der Anforderungen, die durch öffentlich-rechtliche Vorschriften an Anlagen gestellt werden, und lassen die bauaufsichtlichen Eingriffsbefugnisse unberührt.

§ 60
Vorrang anderer Gestattungsverfahren

[1]Keiner Baugenehmigung, Bauanzeige, Zulassungen von Abweichungen, Zustimmung, Bauzustandsanzeige und Bauüberwachung nach diesem Gesetz bedürfen

1. Anlagen, die einer Genehmigung nach dem Atomgesetz bedürfen,
2. Werbeanlagen, soweit sie einer Ausnahmegenehmigung oder einer Zulassung nach Landesstraßenrecht bedürfen.

[2]Für Anlagen, die nach Satz 1 keiner Baugenehmigung, Abweichung oder Zustimmung bedürfen, nimmt die für den Vollzug der entsprechenden Rechtsvorschriften zuständige

Behörde die Aufgaben und Befugnisse der Bauaufsichtsbehörde wahr.

§ 61
Genehmigungsfreie Vorhaben

(1) Baugenehmigungsfrei sind:

1. folgende Gebäude oder bauliche Anlagen:
   a) Gebäude ohne Aufenthaltsräume, Toiletten oder Feuerstätten mit nicht mehr als 75 Kubikmeter Brutto-Rauminhalt, die nicht im Außenbereich liegen; dies gilt nicht für Garagen, Ställe sowie Gebäude, die Verkaufs- oder Ausstellungszwecken dienen,
   b) Gebäude ohne Feuerstätten im Außenbereich, die einem land- oder forstwirtschaftlichen Betrieb dienen, nur zum vorübergehenden Schutz von Tieren oder zur Unterbringung von Ernteerzeugnissen oder land- und forstwirtschaftlichen Geräten bestimmt sind, nicht unterkellert sind und nicht mehr als 150 Quadratmeter Grundfläche und nicht mehr als 5 Meter Höhe haben,
   c) oberirdische Garagen und überdachte Abstellplätze für Fahrräder jeweils mit nicht mehr als einem Geschoss und nicht mehr als 100 Quadratmeter Grundfläche, im Geltungsbereich eines Bebauungsplans nach § 30 Absatz 1 oder Absatz 2 des Baugesetzbuchs,
   d) Garagen einschließlich überdachter Stellplätze und überdachter Abstellplätze für Fahrräder mit einer mittleren Wandhöhe bis zu 3 Meter und einer Brutto-Grundfläche bis zu insgesamt 50 Quadratmeter je Baugrundstück, außer im Außenbereich,
   e) Gewächshäuser ohne Ausstellungs- und Verkaufsflächen und Folientunnel im Außenbereich mit einer Grundfläche von bis zu 1 600 Quadratmeter, in Landschaftsschutzgebieten bis zu 150 Quadratmeter, und einer Firsthöhe von bis zu 5 Meter, die einem land- oder forstwirtschaftlichen Betrieb oder einem Betrieb der gartenbaulichen Erzeugung im Sinne des § 35 Absatz 1 Nummer 1 und 2 sowie § 201 des Baugesetzbuchs dienen; bei einer Grundfläche von mehr als 150 Quadratmeter sind sie der Gemeinde in Textform zur Kenntnis zu geben; die Gemeinde kann innerhalb einer Frist von vier Wochen erklären, dass ein Baugenehmigungsverfahren durchgeführt werden soll oder eine vorläufige Untersagung gemäß § 15 Absatz 1 Satz 2 des Baugesetzbuchs beantragen; mit der Ausführung des Vorhabens darf bereits vor Ablauf der Frist begonnen werden, wenn die Gemeinde in Textform mitteilt, dass sie von dieser Möglichkeit keinen Gebrauch machen wird,
   f) Gewächshäuser mit nicht mehr als 50 Kubikmeter Brutto-Rauminhalt, ausgenommen im Außenbereich,
   g) Wochenendhäuser mit nicht mehr als 50 Quadratmeter Grundfläche und 4 Meter Höhe in durch Bebauungsplan nach § 30 Absatz 1 oder Absatz 2 des Baugesetzbuchs festgesetzten Wochenendhausgebieten oder auf bauaufsichtlich genehmigten Wochenendplätzen,
   h) Gartenlauben einschließlich überdachten Freisitz mit nicht mehr als 24 Quadratmeter Grundfläche in Dauerkleingartenanlagen nach dem Bundeskleingartengesetz oder bauaufsichtlich genehmigten Kleingartenanlagen,
   i) einzelne Aufenthaltsräume zu Wohnzwecken im Dachgeschoss von Wohngebäuden der Gebäudeklassen 1 bis 2 mit nicht mehr als zwei Wohnungen, wenn die Konstruktion und die äußere Gestalt des Dachgeschosses nicht verändert werden,
   j) Terrassenüberdachungen mit einer Fläche bis zu 30 Quadratmeter und einer Tiefe bis zu 4 Meter, außer im Außenbereich,

k) vor der Außenwand eines Wohngebäudes aus lichtdurchlässigen Baustoffen errichtete unbeheizte Wintergärten mit nicht mehr als 20 Quadratmeter Grundfläche und 75 Kubikmeter Brutto-Rauminhalt,
l) Fahrgastunterstände, die dem öffentlichen Personennahverkehr oder der Schülerbeförderung dienen,
m) Schutzhütten, wenn die Hütten jedermann jederzeit zugänglich sind und keine Aufenthaltsräume haben,

2. Anlagen der technischen Gebäudeausrüstung, ausgenommen freistehende Abgasanlagen mit einer Höhe von mehr als 10 Meter sowie Anlagen der sicherheitstechnischen Gebäudeausrüstung, sofern eine Rechtsverordnung nach § 86 Absatz 1 Nummer 5 eine Prüfpflicht für diese Anlagen vorschreibt,
3. folgende Anlagen zur Nutzung erneuerbarer Energien
   a) Solaranlagen in, an und auf Dach- und Außenwandflächen und Umwehrungen, ausgenommen bei Hochhäusern, sowie die damit verbundene Änderung der Nutzung oder der äußeren Gestalt des Gebäudes,
   b) gebäudeunabhängige Solaranlagen mit einer Höhe bis zu 3 Meter und einer Gesamtlänge bis zu 9 Meter,
   c) Windenergieanlagen bis zu 10 Meter Höhe gemessen von der Geländeoberfläche bis zum höchsten Punkt der vom Rotor bestrichenen Fläche und einem Rotordurchmesser bis zu 3 Meter außer in reinen Wohngebieten,
4. folgende Anlagen der Ver- und Entsorgung:
   a) Brunnen,
   b) Anlagen, die der Telekommunikation, der öffentlichen Versorgung mit Elektrizität, Gas, Öl oder Wärme dienen, mit einer Höhe bis zu 5 Meter und einer Brutto-Grundfläche bis zu 10 Quadratmeter,
5. folgende Masten, Antennen und ähnliche Anlagen:
   a) unbeschadet der Nummer 4 Buchstabe b Antennen einschließlich der Masten mit einer Höhe bis zu 15 Meter auf Gebäuden gemessen ab dem Schnittpunkt der Anlage mit der Dachhaut, im Außenbereich freistehend mit einer Höhe bis zu 20 Meter und zugehöriger Versorgungseinheiten mit einem Brutto-Rauminhalt bis zu 10 Kubikmeter sowie, soweit sie in, auf oder an einer bestehenden baulichen Anlage errichtet werden, die damit verbundene Änderung der Nutzung oder der äußeren Gestalt der Anlage,
   b) mobile Antennen einschließlich Masten, die zur Verbesserung der Mobilfunknetzabdeckung, im Innenbereich mit einer Höhe bis zu 15 Meter, im Außenbereich bis zu 20 Meter, mit einer maximalen Standzeit von 24 Monaten errichtet werden,
   c) Masten und Unterstützungen für Fernsprechleitungen, für Leitungen zur Versorgung mit Elektrizität, für Leitungen sonstiger Verkehrsmittel, für Sirenen und für Fahnen,
   d) Masten, die aus Gründen des Brauchtums errichtet werden,
   e) Signalhochbauten für die Landesvermessung,
   f) Flutlichtmasten mit einer Höhe bis zu 10 Meter,
6. folgende Anlagen, Behälter und Becken:
   a) Behälter für verflüssigte und nicht verflüssigte Gase mit nicht mehr als 10 Kubikmeter Behälterinhalt,
   b) Gärfutterbehälter mit nicht mehr als 10 Kubikmeter Behälterinhalt,
   c) Behälter zur Lagerung von Abwasser, Jauche und Gülle sowie wassergefährdender Stoffe im Sinne von § 62 des Wasserhaushaltsgesetzes mit nicht mehr als 10 Kubikmeter Behälterinhalt,
   d) Kleinkläranlagen mit einem Abwasseranfall von nicht mehr als 8 Kubikmeter täglich,

e) Klärteiche bis zu 100 Quadratmeter Grundfläche und bewachsene Bodenfilter,
f) sonstige drucklose Behälter mit nicht mehr als 30 Kubikmeter Behälterinhalt,
g) Wasserbecken mit nicht mehr als 100 Kubikmeter Beckeninhalt als Nebenanlage zu einem Wohngebäude,
h) Wasserbecken mit nicht mehr als 100 Kubikmeter Beckeninhalt auf bauaufsichtlich genehmigten Camping- und Wochenendplätzen und in festgesetzten Wochenendhausgebieten,
i) bauliche Anlagen mit nicht mehr als 20 Quadratmeter Grundfläche und nicht mehr als 4 Meter Höhe, die ausschließlich der Wasserwirtschaft dienen,

7. folgende Mauern und Einfriedungen:
   a) Mauern, einschließlich Stützmauern, und Einfriedungen mit einer Höhe bis zu 2 Meter, außer im Außenbereich,
   b) offene sockellose Einfriedungen für Grundstücke, die einem land- oder forstwirtschaftlichen Betrieb dienen,
   c) Wildzäune und andere zum Schutz von Gehölzen und landwirtschaftlichen Kulturen oder Nutztieren vor Schäden durch wildlebende Tiere errichtete Zäune,
   d) offene sockellose Einfriedungen für Grundstücke mit nicht mehr als 5 000 Quadratmeter Grundfläche, die der Schaf- oder Ziegenhaltung dienen,
8. private Verkehrsanlagen einschließlich Brücken und Durchlässen mit einer lichten Weite (Fahrbahnbreite) bis zu 5 Meter und Untertunnelungen mit einem Durchmesser bis zu 3 Meter, ausgenommen Wege und Straßen, die nach Anlage 1 des Brandenburgischen Gesetzes über die Umweltverträglichkeitsprüfung einer Vorprüfung oder Umweltverträglichkeitsprüfung bedürfen,
9. Aufschüttungen und Abgrabungen mit einer Höhe oder Tiefe bis zu 2 Meter und einer Grundfläche bis zu 30 Quadratmeter, im Außenbereich bis zu 300 Quadratmeter,
10. folgende Anlagen auf Camping- oder Wochenendplätzen, in Gärten und zur Freizeitgestaltung:
    a) Wohnwagen und Zelte auf bauaufsichtlich genehmigten Campingplätzen,
    b) bauliche Anlagen, die keine Gebäude sind, auf bauaufsichtlich genehmigten Wochenendplätzen,
    c) bauliche Anlagen, die der Gartennutzung, der Gartengestaltung oder der zweckentsprechenden Einrichtung von Gärten dienen, wie Bänke, Sitzgruppen, Pergolen oder nicht überdachte Terrassen, ausgenommen Gebäude,
    d) bauliche Anlagen, die der zweckentsprechenden Einrichtung von Sport- und Spielplätzen dienen, wie Tore für Ballspiele, Schaukeln und Klettergerüste, ausgenommen Gebäude und Tribünen,
    e) bauliche Anlagen ohne Aufenthaltsräume auf Abenteuerspielplätzen,
    f) Sprungtürme und Rutschbahnen mit nicht mehr als 10 Meter Höhe in genehmigten Schwimmbädern,
    g) Schwimmbeckenabdeckungen mit nicht mehr als 100 Quadratmeter Grundfläche,
    h) Stege in Gewässern, wie Boots- oder Badestege,
11. folgende tragende und nichttragende Bauteile:
    a) nichttragende und nichtaussteifende Bauteile in baulichen Anlagen,
    b) die Änderung tragender oder aussteifender Bauteile innerhalb von Wohngebäuden der Gebäudeklassen 1 und 2, § 66 Absatz 3 Satz 3 bleibt unberührt,
    c) Fenster und Türen sowie die dafür bestimmten Öffnungen,
    d) Außenwandbekleidungen einschließlich Maßnahmen der Wärmedämmung, ausgenommen bei Hochhäusern, Verblendungen und Verputz baulicher Anlagen,

e) Bedachung einschließlich Maßnahmen der Wärmedämmung, ausgenommen bei Hochhäusern,

12. folgende Werbeanlagen:
    a) Werbeanlagen mit einer Ansichtsfläche bis zu 2,5 Quadratmeter,
    b) Werbeanlagen, die nach ihrem erkennbaren Zweck nur vorübergehend für höchstens zwei Monate angebracht werden, außer im Außenbereich,
    c) Schilder, die Inhaber und Art gewerblicher Betriebe kennzeichnen (Hinweisschilder), wenn sie vor Ortsdurchfahrten auf einer einzigen Tafel zusammengefasst sind,
    d) Werbeanlagen in durch Bebauungsplan festgesetzten Gewerbe-, Industrie- und vergleichbaren Sondergebieten an der Stätte der Leistung mit einer Höhe bis zu 10 Meter

    sowie, soweit sie in, auf oder an einer bestehenden baulichen Anlage errichtet werden, die damit verbundene Änderung der Nutzung oder der äußeren Gestalt der Anlage,

13. folgende vorübergehend aufgestellte oder benutzbare Anlagen:
    a) Baustelleneinrichtungen einschließlich der Lagerhallen, Schutzhallen und Unterkünfte,
    b) Gerüste,
    c) Toilettenwagen,
    d) Behelfsbauten, die der Landesverteidigung, dem Katastrophenschutz oder der Unfallhilfe dienen,
    e) bauliche Anlagen, die für höchstens drei Monate auf genehmigtem Messe- und Ausstellungsgelände errichtet werden, ausgenommen Fliegende Bauten,
    f) Verkaufsstände und andere bauliche Anlagen auf Straßenfesten, Volksfesten, Märkten sowie Musik-, Kunst- und Kulturfestivals, die nur für kurze Zeit aufgestellt oder benutzt werden und die keine fliegenden Bauten oder Sonderbauten sind,
    g) ortsveränderlich genutzte Geflügelställe zum Zweck der Freilandhaltung oder der ökologisch-biologischen Geflügelhaltung, wenn diese einem landwirtschaftlichen Betrieb dienen und jeweils nicht mehr als 500 Kubikmeter Brutto-Rauminhalt sowie eine Auslauffläche haben, die mindestens 7 Quadratmeter je Kubikmeter Brutto-Rauminhalt beträgt,
    h) Mobile Anlagen, die zur Bewässerung von landwirtschaftlich und gärtnerisch genutzten Flächen dienen, mit allen dazugehörigen ober- und unterirdischen Infrastrukturelementen, einschließlich Pumpen- oder Brunneneinhausungen, Maschinen, nicht auf Dauer angelegten Fundamenten, Leitungen zur Wasserentnahme, Wasserverteilung und Wasserausbringung,

14. folgende Plätze:
    a) unbefestigte Lager- und Abstellplätze, die einem land- oder forstwirtschaftlichen Betrieb im Sinne des § 35 Absatz 1 Nummer 1 und 2 sowie § 201 des Baugesetzbuchs dienen,
    b) nicht überdachte Stellplätze und Abstellplätze für Fahrräder mit einer Fläche bis zu 100 Quadratmeter und deren Zufahrten,
    c) Kinderspielplätze,
    d) Ausstellungsplätze und Lagerplätze mit nicht mehr als 200 Quadratmeter Grundfläche, ausgenommen im Außenbereich,

15. folgende sonstige Anlagen:
    a) Zapfsäulen und Tankautomaten genehmigter Tankstellen sowie Ladestationen für Elektromobilität und die damit verbundene Änderung der Nutzung,
    b) Regale mit einer Höhe bis zu 7,50 Meter Oberkante Lagergut,
    c) Denkmäler und sonstige Kunstwerke jeweils mit einer Höhe bis zu 4 Meter,
    d) andere unbedeutende Anlagen oder unbedeutende Teile von Anlagen wie Hauseingangsüberdachungen, Markisen, Rollläden, Terrassen, Maschinenfundamente, Straßenfahrzeugwaagen, Pergolen, Jägerstände,

Wildfütterungen, Bienenfreistände, Taubenhäuser, Hofeinfahrten und Teppichstangen.

(2) Genehmigungsfrei ist die Änderung der Nutzung von Anlagen, wenn

1. für die neue Nutzung keine anderen öffentlich-rechtlichen Anforderungen nach § 64 in Verbindung mit § 66 als für die bisherige Nutzung in Betracht kommen,
2. die Errichtung oder Änderung nach Absatz 1 genehmigungsfrei wäre.

(3) Keiner Baugenehmigung bedürfen Instandhaltungsarbeiten.

§ 62
Bauanzeigeverfahren

(1) Für die Errichtung und Änderung von Wohngebäuden der Gebäudeklassen 1 und 2, einschließlich der zugehörigen notwendigen Stellplätze, notwendigen Abstellplätze für Fahrräder, Garagen, Nebengebäude und Nebenanlagen im Geltungsbereich eines rechtswirksamen Bebauungsplans nach § 30 Absatz 1 oder Absatz 2 des Baugesetzbuchs wird abweichend von den §§ 63 und 64 auf Wunsch der Bauherrin oder des Bauherrn ein Bauanzeigeverfahren durchgeführt, wenn das Vorhaben den Festsetzungen des Bebauungsplans nicht widerspricht und die Erschließung gesichert ist.

(2) Die Bauaufsichtsbehörde hat der Bauherrin oder dem Bauherrn binnen einer Woche den Tag des Eingangs der Bauanzeige bei der Bauaufsichtsbehörde zu bestätigen.

(3) [1]Mit der Bauausführung darf nach Ablauf eines Monats nach Eingang der Bauanzeige bei der Bauaufsichtsbehörde begonnen werden, sofern die Bauaufsichtsbehörde die Bauausführung nicht untersagt oder vorher freigegeben hat. [2]Die Berechtigung zur Bauausführung erlischt nach vier Jahren. [3]Die Berechtigung zur Bauausführung erlischt nicht, wenn das Vorhaben innerhalb der Frist nach Satz 2 begonnen worden und spätestens ein Jahr nach Ablauf der Frist fertig gestellt ist.

(4) [1]Die Bauausführung ist zu untersagen, wenn

1. die Voraussetzungen des Absatzes 1 nicht vorliegen,
2. die Bauanzeige, die Bauvorlagen oder Nachweise nicht vollständig oder unrichtig sind,
3. die Voraussetzungen des § 14 oder § 15 des Baugesetzbuchs vorliegen.

[2]Die Untersagungsgründe sind im Einzelnen zu benennen und der Bauherrin oder dem Bauherrn innerhalb der Frist nach Absatz 3 Satz 1 bekannt zu geben. [3]Widerspruch und Anfechtungsklage gegen die Untersagung haben keine aufschiebende Wirkung.

(5) Im Übrigen gelten § 63 Absatz 2 und die Verfahrensvorschriften dieses Gesetzes entsprechend.

ABSCHNITT 3
Genehmigungsverfahren

§ 63
Vereinfachtes Baugenehmigungsverfahren

(1) Für die Errichtung und Änderung von Wohngebäuden der Gebäudeklasse 1 bis 3 einschließlich der zugehörigen notwendigen Stellplätze, notwendigen Abstellplätze für Fahrräder, ihrer Garagen, Nebengebäude und Nebenanlagen, im Geltungsbereich eines rechtswirksamen Bebauungsplans nach § 30 Absatz 1 oder Absatz 2 des Baugesetzbuchs wird abweichend von § 64 auf Antrag der Bauherrin oder des Bauherrn ein vereinfachtes Baugenehmigungsverfahren durchgeführt, wenn das Vorhaben den Festsetzungen des Bebauungsplans nicht widerspricht und die Erschließung gesichert ist.

(2) Die Bauherrin oder der Bauherr hat mit dem vollständigen Bauantrag die Erklärung der Entwurfsverfasserin oder des Entwurfsverfassers vorzulegen, dass für das Vorhaben die Zulassung von Ausnahmen oder Befreiungen nach § 31 des Baugesetzbuchs sowie von Abweichungen nach § 67 nicht erforderlich ist und das Vorhaben im Übrigen den öffentlich-rechtlichen Vorschriften entspricht.

(3) Die Bauaufsichtsbehörde prüft die Beachtung

1. der Festsetzungen des Bebauungsplans,

2. anderer öffentlich-rechtlicher Vorschriften, soweit diese für das Vorhaben beachtlich sind.

(4) [1]Über den Bauantrag ist innerhalb von drei Monaten nach Vorlage der vollständigen Antragsunterlagen zu entscheiden; die Bauaufsichtsbehörde kann diese Frist gegenüber der Bauherrin oder dem Bauherrn aus wichtigem Grund um bis zu zwei Monate verlängern. [2]Der Antrag gilt als genehmigt, wenn über ihn nicht innerhalb der nach Satz 1 maßgeblichen Frist entschieden worden ist.

§ 64
Baugenehmigungsverfahren

Bei genehmigungspflichtigen Anlagen prüft die Bauaufsichtsbehörde die Zulässigkeit nach

1. den Vorschriften des Baugesetzbuchs,
2. den Vorschriften dieses Gesetzes und aufgrund dieses Gesetzes,
3. anderen öffentlich-rechtlichen Vorschriften, soweit diese für das Vorhaben beachtlich sind.

§ 65
Bauvorlageberechtigung

(1) [1]Bauvorlagen für die nicht genehmigungsfreie Errichtung und Änderung von Gebäuden müssen von einer Entwurfsverfasserin oder einem Entwurfsverfasser erstellt sein, die oder der bauvorlageberechtigt ist. [2]Dies gilt nicht für:

1. Bauvorlagen, die üblicherweise von Fachkräften mit anderer Ausbildung als nach Absatz 2, insbesondere Handwerksmeisterinnen und Handwerksmeister des Maurer-, Betonbauer- und Zimmererfachs sowie staatlich geprüfter Technikerinnen und Technikern der Fachrichtung Bautechnik mit dem Schwerpunkt Hochbau, verfasst werden und
2. geringfügige oder technisch einfache Bauvorhaben, wie:
   a) freistehende Gebäude bis 100 Quadratmeter Grundfläche und mit nicht mehr als zwei Geschossen,
   b) Gebäude ohne Aufenthaltsräume bis 150 Quadratmeter Grundfläche und mit nicht mehr als zwei Geschossen, zum Beispiel Nebengebäude, Garagen und Carports,
   c) land- und forstwirtschaftlich genutzte Gebäude mit bis zu zwei oberirdischen Geschossen und bis 250 Quadratmeter Grundfläche,
   d) einfache Änderungen an sonstigen Gebäuden, zum Beispiel der Anbau von Wintergärten sowie Terrassen- und Balkonüberdachungen bis 50 Quadratmeter Grundfläche,
   e) bei Gebäuden der Gebäudeklassen 1 und 2 die Errichtung von Dachgauben oder Änderungen an der Dachkonstruktion im Rahmen von Sanierungs- und Instandhaltungsmaßnahmen.

(2) Bauvorlageberechtigt ist, wer

1. die Berufsbezeichnung „Architektin" oder „Architekt" führen darf,
2. in die von der Brandenburgischen Ingenieurkammer geführte Liste der Bauvorlageberechtigten eingetragen ist oder, ohne eine solche Listeneintragung, gemäß § 65d bauvorlageberechtigt ist.

(3) Bauvorlageberechtigt sind ferner,

1. Berufsangehörige, welche über einen der in § 65a genannten inländischen oder auswärtigen Hochschulabschlüsse verfügen, für die in Absatz 1 Satz 2 genannten
   a) freistehenden oder nur einseitig angebauten oder anbaubaren Wohngebäude der Gebäudeklassen 1 bis 3,
   b) eingeschossigen gewerblich genutzten Gebäude, die keine Sonderbauten sind,
   c) land- und forstwirtschaftlich genutzten Gebäude,
2. Berufsangehörige, welche die Berufsbezeichnung „Innenarchitektin" oder „Innenarchitekt" führen dürfen, für die mit der Berufsaufgabe der Innenarchitektin oder des Innenarchitekten verbundenen baulichen Änderungen von Gebäuden sowie
3. Berufsangehörige, welche einen berufsqualifizierenden Hochschulabschluss

eines Studiums der Fachrichtung Bauingenieurwesen gemäß den in der Anlage geregelten Leitlinien oder der Fachrichtung Architektur nachweisen können, danach mindestens zwei Jahre auf dem Gebiet der Entwurfsplanung von Gebäuden praktisch tätig gewesen und Bedienstete einer juristischen Person des öffentlichen Rechts sind, für die dienstliche Tätigkeit.

(4) [1]Die Bauvorlageberechtigen nach Absatz 3 Nummer 1 sind in ein von der Brandenburgischen Ingenieurkammer zu führendes Verzeichnis einzutragen. [2]§ 65a Absatz 1 Satz 2 gilt entsprechend.

(5) Das Grundrecht auf Berufsfreiheit (Artikel 49 der Verfassung des Landes Brandenburg) wird insoweit eingeschränkt.

§ 65a Voraussetzung für die Eintragung in die Liste der Bauvorlageberechtigten

(1) [1]In die Liste der Bauvorlageberechtigten ist auf Antrag von der Brandenburgischen Ingenieurkammer einzutragen, wer

1. einen berufsqualifizierenden Hochschulabschluss eines Studiums der Fachrichtung Bauingenieurwesen gemäß den in der Anlage geregelten Leitlinien an einer deutschen Hochschule nachweist und
2. danach mindestens zwei Jahre auf dem Gebiet der Entwurfsplanung von Gebäuden praktisch tätig gewesen ist.

[2]Dem Antrag sind die zur Beurteilung erforderlichen Unterlagen beizufügen. [3]Die Brandenburgische Ingenieurkammer bestätigt unverzüglich den Eingang der Unterlagen und teilt gegebenenfalls mit, welche Unterlagen fehlen. [4]Die Eingangsbestätigung muss folgende Angaben enthalten:

1. die in Satz 5 genannte Frist,
2. die verfügbaren Rechtsbehelfe,
3. die Erklärung, dass der Antrag als genehmigt gilt, wenn über ihn nicht rechtzeitig entschieden wird, und
4. im Fall der Nachforderung von Unterlagen die Mitteilung, dass die Frist nach Satz 5 erst beginnt, wenn die Unterlagen vollständig sind.

[5]Über den Antrag ist innerhalb von drei Monaten nach Vorlage der vollständigen Unterlagen zu entscheiden; die Brandenburgische Ingenieurkammer kann die Frist gegenüber der Antragstellerin oder dem Antragsteller einmal um bis zu einen Monat verlängern. [6]Die Fristverlängerung und deren Ende sind ausreichend zu begründen und der Antragstellerin oder dem Antragsteller vor Ablauf der ursprünglichen Frist mitzuteilen. [7]Der Antrag gilt als genehmigt, wenn über ihn nicht innerhalb der nach Satz 5 maßgeblichen Frist entschieden worden ist.

(2) Auf Antrag ist in die Liste der Bauvorlageberechtigten einzutragen, wer über einen auswärtigen Hochschulabschluss verfügt, der den in Absatz 1 Satz 1 Nummer 1 genannten Anforderungen gleichwertig ist, und die Anforderung des Absatzes 1 Satz 1 Nummer 2 erfüllt.

(3) [1]Eine Antragstellerin oder ein Antragsteller wird in die Liste nach Absatz 1 auch eingetragen, wenn

1. sie oder er in Bezug auf die Studienanforderungen einen Ausbildungsnachweis nach Artikel 11 der Richtlinie 2005/36/EG des Europäischen Parlaments und des Rates vom 7. September 2005 über die Anerkennung von Berufsqualifikationen (ABl. L 255 vom 30.9.2005, S. 22, L 271 vom 16.10.2007, S. 18, L 93 vom 4.4.2008, S. 28, L 33 vom 3.2.2009, S. 49, L 305 vom 24.10.2014, S. 115, L 177 vom 8.7.2015, S. 60, L 268 vom 15.10.2015, S. 35, L 095 vom 9.4.2016, S. 20), die zuletzt durch den Delegierten Beschluss (EU) 2021/2183 (ABl. L 444 vom 10.12.2021, S. 16) geändert worden ist, besitzt, soweit diese in einem Mitgliedstaat der Europäischen Union oder einem diesem durch Abkommen gleichgestellten Staat erforderlich sind, um in dessen Hoheitsgebiet die Erlaubnis zur Aufnahme und Ausübung dieses Berufes zu erhalten,
2. der Ausbildungsnachweis den Anforderungen nach Artikel 13 Absatz 2 Satz 2 der Richtlinie 2005/36/EG genügt und
3. die berufspraktische Tätigkeit mit den Anforderungen nach Absatz 1 Satz 1 Nummer 2 vergleichbar ist.

[2]Satz 1 gilt auch für eine Antragstellerin oder einen Antragsteller, der nachweist, dass sie oder er

1. diesen Beruf ein Jahr lang vollzeitbeschäftigt oder während einer entsprechenden Gesamtdauer in Teilzeit während der vorhergehenden zehn Jahre in Mitgliedstaaten der Europäischen Union oder einem gleichgestellten Staatausgeübt hat, sofern der Beruf im Niederlassungsmitgliedstaat nicht reglementiert ist,
2. im Besitz eines Befähigungs- oder Ausbildungsnachweises ist, der den Anforderungen nach Artikel 13 Absatz 2 Satz 2 der Richtlinie 2005/36/EG genügt, und
3. keine wesentlichen Unterschiede gemäß Absatz 1 Satz 1 Nummer 1 bestehen.

(4) Einer Eintragung nach Absatz 1 oder Absatz 2 bedarf es nicht, wenn die Antragstellerin oder der Antragsteller aufgrund einer Regelung eines anderen Landes bauvorlageberechtigt ist.

(5) § 17 des Brandenburgischen Berufsqualifikationsfeststellungsgesetzes vom 5. Dezember 2013 (GVBl. I Nr. 37), das zuletzt durch das Gesetz vom 8. Juni 2021 (GVBl. I Nr. 14) geändert worden ist, ist anzuwenden.

§ 65b Eintragungsverfahren für Antragstellende aus anderen Mitgliedstaaten der Europäischen Union

(1) Für die Form des Antrags auf Eintragung, die einzureichenden Unterlagen sowie das diesbezügliche Verfahren gelten die §§ 12 und 13 des Brandenburgischen Berufsqualifikationsfeststellungsgesetzes.

(2) [1]Antragsteller haben Unterlagen nach Artikel 50 Absatz 1 der Richtlinie 2005/36/EG in Verbindung mit deren Anhang VII Nummer 1 Buchstabe a und Buchstabe b Satz 1 sowie auf Anforderung nach Anhang VII Nummer 1 Buchstabe b Satz 2 dieser Richtlinie vorzulegen. [2]Gibt die Antragstellerin oder der Antragsteller an, hierzu nicht in der Lage zu sein, wendet sich die Brandenburgische Ingenieurkammer zur Beschaffung der erforderlichen Unterlagen an die Kontaktstelle, die zuständige Behörde oder eine Ausbildungsstelle. [3]Bei Ausbildungsnachweisen gemäß Artikel 50 Absatz 3 der Richtlinie 2005/36/EG kann die Brandenburgische Ingenieurkammer bei berechtigten Zweifeln von der zuständigen Stelle des Ausstellungsstaates die Überprüfung der Kriterien gemäß Artikel 50 Absatz 3 Buchstabe a bis c der Richtlinie verlangen. [4]War die Antragstellerin oder der Antragsteller bereits in einem anderen Mitgliedstaat der Europäischen Union oder einem gleichgestellten Staat tätig, kann die Brandenburgische Ingenieurkammer im Fall berechtigter Zweifel von der im Herkunftsstaat zuständigen Behörde eine Bestätigung der Tatsache verlangen, dass die Ausübung dieses Berufes durch die Antragstellerin oder den Antragsteller nicht aufgrund schwerwiegenden standeswidrigen Verhaltens oder einer Verurteilung wegen strafbarer Handlungen untersagt worden ist. [5]Im Übrigen finden die Vorschriften des Artikels 50 Absatz 1 der Richtlinie 2005/36/EG in Verbindung mit deren Anhang VII Nummer 1 Buchstabe d bis g Anwendung. [6]Die auf Verlangen übermittelten Unterlagen und Bescheinigungen dürfen bei ihrer Vorlage nicht älter als drei Monate sein. [7]Der Informationsaustausch erfolgt über das Binnenmarkt-Informationssystem.

(3) [1]Über die Eintragung in die Liste nach § 65a Absatz 1 ist eine Bescheinigung auszustellen. [2]Die Liste enthält folgende Angaben:

1. Zeitpunkt der Eintragung,
2. Familienname, Geburtsname und Vornamen,
3. Geburtsdatum und Geburtsort,
4. akademische Grade und Titel,
5. ladungsfähige Adresse.

[3]Die Liste enthält darüber hinaus Angaben über die Staatsangehörigkeit der Antragstellerin oder des Antragstellers und den Staat, in dem sie oder er seine Berufsqualifikation erworben hat. [4]Wesentliche Änderungen gegenüber der nach Satz 2 bescheinigten Situation hat die Antragstellerin oder der Antragsteller der Brandenburgischen Ingenieurkammer unverzüglich mitzuteilen. [5]Die für die Löschung aus Listen geltenden Regelungen des Brandenburgischen Ingenieurgesetzes in

der jeweils geltenden Fassung gelten auch für diese Liste.

(4) Kann eine Eintragung in die Liste nicht erfolgen, weil die Antragstellerin oder der Antragsteller die Voraussetzungen des § 65a Absatz 3 nicht erfüllt, ist dies durch Bescheid nach § 10 des Brandenburgischen Berufsqualifikationsfeststellungsgesetzes festzustellen.

§ 65c Ausgleichsmaßnahmen

(1) [1]Antragsteller, die nicht in die Liste nach § 65a Absatz 2 und 3 eingetragen werden können, weil sie aufgrund von wesentlichen Unterschieden nicht über eine gleichwertige Berufsqualifikation verfügen und die über einen Ausbildungsnachweis verfügen, der dem Berufsqualifikationsniveau nach Artikel 11 Buchstabe b bis e der Richtlinie 2005/36/EG entspricht, können einen höchstens dreijährigen Anpassungslehrgang absolvieren oder eine Eignungsprüfung ablegen. [2]Beantragt eine Inhaberin oder ein Inhaber einer Berufsqualifikation gemäß Artikel 11 Buchstabe a der Richtlinie 2005/36/EG die Anerkennung ihrer oder seiner Berufsqualifikationen und ist die erforderliche Berufsqualifikation unter Artikel 11 Buchstabe d der Richtlinie eingestuft, so kann die Brandenburgische Ingenieurkammer sowohl einen Anpassungslehrgang als auch eine Eignungsprüfung vorschreiben.

(2) Die Einzelheiten zur Durchführung von Ausgleichsmaßnahmen werden durch Satzung der Brandenburgischen Ingenieurkammer festgelegt.

(3) [1]Die Brandenburgische Ingenieurkammer kann mit anderen zuständigen Stellen innerhalb der Bundesrepublik Deutschland landesübergreifende Vereinbarungen zur Durchführung von Ausgleichsmaßnahmen schließen. [2]Die Vereinbarung bedarf der Genehmigung des für das Bauordnungsrecht zuständigen Mitglieds der Landesregierung.

§ 65d Vorübergehende und gelegentliche Dienstleistungserbringung von bauvorlageberechtigten Ingenieuren, Anzeigeverfahren

(1) Ein Dienstleister ist zur vorübergehenden und gelegentlichen Erstellung von Bauvorlagen berechtigt, wenn er in ein entsprechendes Verzeichnis bei der Brandenburgischen Ingenieurkammer eingetragen ist.

(2) [1]Ein Dienstleister nach Absatz 1 hat das erstmalige Erbringen von Dienstleistungen zuvor der Brandenburgischen Ingenieurkammer in Textform anzuzeigen. [2]Einer Anzeige nach Satz 1 bedarf es nicht, wenn der Dienstleister bereits aufgrund einer Regelung eines anderen Landes zur Dienstleistungserbringung berechtigt ist. [3]Zusammen mit der Anzeige sind folgende Unterlagen vorzulegen:

1. ein Identitätsnachweis,
2. eine Bescheinigung, dass er in einem Mitgliedstaat der Europäischen Union oder einem diesem durch Abkommen gleichgestellten Staat rechtmäßig zur Ausübung der betreffenden Tätigkeit niedergelassen ist und ihm die Ausübung dieser Tätigkeit zum Zeitpunkt der Vorlage der Bescheinigung nicht, auch nicht vorübergehend, untersagt ist,
3. ein Berufsqualifikationsnachweis,
4. in den in § 65a Absatz 3 Satz 2 genannten Fällen ein Nachweis in beliebiger Form darüber, dass der Dienstleister die betreffende Tätigkeit mindestens ein Jahr während der vorhergehenden zehn Jahre ausgeübt hat, sofern der Beruf im Niederlassungsmitgliedstaat nicht reglementiert ist,
5. ein Nachweis über den Versicherungsschutz.

[4]Die §§ 12 und 13 des Brandenburgischen Berufsqualifikationsfeststellungsgesetzes sind anzuwenden.

(3) [1]Die Vorlage der Anzeige nach Absatz 2 berechtigt den Dienstleister zur Erstellung von Bauvorlagen. [2]Der Brandenburgischen Ingenieurkammer steht es frei, die Unterlagen nach Absatz 2 Satz 3 nachzuprüfen. [3]Die Erstellung von Bauvorlagen ist dem

Dienstleister zu untersagen, wenn der Dienstleister nicht zur Ausübung desselben Berufs rechtmäßig in einem Mitgliedstaat niedergelassen ist, ihm die Ausübung dieser Tätigkeit nach der Anzeige untersagt wird oder die Voraussetzungen des § 65a Absatz 3 Satz 2 nicht erfüllt. [4]In diesem Fall ist dem Dienstleister die Möglichkeit einzuräumen, fehlende Kenntnisse, Fähigkeiten und Kompetenzen durch einen Anpassungslehrgang zu erwerben oder durch eine Eignungsprüfung nachzuweisen. [5]Ist der Dienstleister zur Ausübung desselben Berufs rechtmäßig in einem Mitgliedstaat niedergelassen oder erfüllt er die Voraussetzungen des § 65a Absatz 3 Satz 2, so darf er hinsichtlich der Erstellung von Bauvorlagen nicht aufgrund seiner Berufsqualifikation beschränkt werden. [6]Für die Bestimmung desselben Berufs im Sinne dieses Absatzes gilt das gestufte System des § 65.

(4) [1]Das Recht zur Führung der Berufsbezeichnung des Niederlassungsstaats nach Artikel 7 Absatz 3 der Richtlinie 2005/36/EG bleibt unberührt. [2]Die Berufsbezeichnung ist dann so zu führen, dass keine Verwechslung mit einer inländischen Berufsbezeichnung möglich ist.

(5) [1]Auswärtige bauvorlageberechtigte Ingenieure haben die Berufspflichten zu beachten. [2]Sie sind hierfür wie Mitglieder der Brandenburgischen Ingenieurkammer zu behandeln. [3]Die Brandenburgische Ingenieurkammer stellt über die Eintragung in das Verzeichnis nach Absatz 1 eine auf fünf Jahre befristete Bescheinigung aus, die auf Antrag verlängert werden kann. [4]Durch die Eintragung in das Verzeichnis nach Absatz 1 darf die Erbringung der Dienstleistungen in keiner Weise verzögert oder erschwert werden und für den Dienstleister keine zusätzlichen Kosten verursachen.

(6) § 17 des Brandenburgischen Berufsqualifikationsfeststellungsgesetzes ist anzuwenden.

§ 66
Bautechnische Nachweise

(1) [1]Die Einhaltung der Anforderungen an die Standsicherheit, den Brand-, Schall- und Erschütterungsschutz ist nach näherer Maßgabe der Verordnung aufgrund § 86 Absatz 3 nachzuweisen (bautechnische Nachweise); dies gilt nicht für genehmigungsfreie Bauvorhaben, einschließlich der Beseitigung von Anlagen, soweit nicht in diesem Gesetz oder in der Rechtsverordnung aufgrund § 86 Absatz 3 anderes bestimmt ist. [2]Die Bauvorlageberechtigung nach § 65 Absatz 2 Nummer 1 und 2 und Absatz 3 Nummer 3 schließt die Berechtigung zur Erstellung der bautechnischen Nachweise ein, soweit nicht nachfolgend Abweichendes bestimmt ist.

(2) [1]Bei

1. Gebäuden der Gebäudeklassen 1 bis 3,
2. sonstigen baulichen Anlagen, die keine Gebäude sind,

muss der Standsicherheitsnachweis von einer Person mit einem berufsqualifizierenden Hochschulabschluss eines Studiums der Fachrichtung Architektur, Hochbau oder des Bauingenieurwesens mit einer mindestens dreijährigen Berufserfahrung in der Tragwerksplanung, die oder der unter Beachtung des § 65a Absatz 1 Satz 2 bis 7 in eine Liste mit dem Zusatz Tragwerksplanung eingetragen ist; oder einer Prüfingenieurin oder einem Prüfingenieur für Standsicherheit erstellt sein; Eintragungen anderer Länder der Bundesrepublik Deutschland gelten auch im Land Brandenburg. [2]Auch bei anderen Bauvorhaben darf der Standsicherheitsnachweis von einer Tragwerksplanerin oder einem Tragwerksplaner nach Satz 1 erstellt werden. [3]Bei Bauvorhaben der Gebäudeklasse 4, ausgenommen Sonderbauten sowie Mittel- und Großgaragen im Sinne der Verordnung nach § 86 Absatz 1 Nummer 3, muss der Brandschutznachweis erstellt sein von

1. einer oder einem für das Bauvorhaben Bauvorlageberechtigten, die oder der die erforderlichen Kenntnisse des Brandschutzes nachgewiesen hat,
2. einer Angehörigen oder einem Angehörigen der Fachrichtung Architektur, Hochbau, Bauingenieurwesen oder eines Studiengangs mit Schwerpunkt Brandschutz, die oder der ein Studium an einer deutschen Hochschule oder ein gleichwertiges Studium an einer ausländischen Hochschule abgeschlossen hat und nach

Abschluss der Ausbildung mindestens zwei Jahre auf dem Gebiet der brandschutztechnischen Planung und Ausführung von Gebäuden oder deren Prüfung praktisch tätig gewesen ist und die erforderlichen Kenntnisse des Brandschutzes nachgewiesen hat,
3. einer Absolventin oder einem Absolventen einer Ausbildung für mindestens den gehobenen feuerwehrtechnischen Dienst, die oder der nach Abschluss der Ausbildung mindestens zwei Jahre auf dem Gebiet der brandschutztechnischen Planung und Ausführung von Gebäuden oder deren Prüfung praktisch tätig gewesen ist und die erforderlichen Kenntnisse des Brandschutzes nachgewiesen hat, oder
4. einer Prüfingenieurin oder einem Prüfingenieur für Brandschutz.

[4]Die oder der Nachweisberechtigte nach Satz 3 Nummer 1 bis 3 muss unter Beachtung des § 65a Absatz 1 Satz 2 bis 7 in eine Liste mit dem Zusatz Brandschutzplanung eingetragen sein; Eintragungen anderer Länder der Bundesrepublik Deutschland gelten auch im Land Brandenburg. [5]Auch bei anderen Bauvorhaben darf der Brandschutznachweis von einer Brandschutzplanerin oder einem Brandschutzplaner nach Satz 3 erstellt werden. [6]Für Personen, die in einem anderen Mitgliedstaat der Europäischen Union oder einem nach dem Recht der Europäischen Gemeinschaften gleichgestellten Staat zur Erstellung von Standsicherheits- oder Brandschutznachweisen niedergelassen sind, gilt § 65a Absatz 2 bis 4 und § 65d Absatz 5 mit der Maßgabe entsprechend, dass die Anzeige oder der Antrag auf Erteilung einer Bescheinigung bei der nach Absatz 5 zuständigen Stelle einzureichen ist. [7]Bei Bediensteten einer juristischen Person des öffentlichen Rechts ist für die dienstliche Tätigkeit eine Eintragung in die Listen abweichend von den Sätzen 1 und 3 nicht erforderlich, wenn sie ansonsten die Voraussetzungen nach diesem Absatz erfüllen.

(3) [1]Bei
1. Gebäuden der Gebäudeklassen 4 und 5,
2. wenn dies nach Maßgabe eines in der Rechtsverordnung nach § 86 Absatz 3 geregelten Kriterienkatalogs erforderlich ist, bei
   a) Gebäuden der Gebäudeklassen 1 bis 3,
   b) Behältern, Brücken, Stützmauern, Tribünen,
   c) sonstigen baulichen Anlagen, die keine Gebäude sind, mit einer Höhe von mehr als 10 Meter

muss der Standsicherheitsnachweis bauaufsichtlich geprüft sein; das gilt nicht für Wohngebäude der Gebäudeklassen 1 und 2.

[2]Bei
1. Sonderbauten,
2. Mittel- und Großgaragen im Sinne der Verordnung nach § 86 Absatz 1 Nummer 3,
3. Gebäuden der Gebäudeklasse 5

muss der Brandschutznachweis bauaufsichtlich geprüft sein. [3]Soweit abweichend von Absatz 2 Satz 1 und 3 die Erstellerin oder der Ersteller eines Standsicherheits- oder Brandschutznachweises nicht in die Liste nach Absatz 5 eingetragen ist, müssen diese bautechnischen Nachweise bauaufsichtlich geprüft sein. [4]Die Vollständigkeit und Richtigkeit der bautechnischen Nachweise ist durch einen Prüfbericht zu bestätigen. [5]Die Prüfberichte über die Prüfung der Brandschutznachweise müssen der Bauaufsichtsbehörde vor Erteilung der Baugenehmigung vorliegen. [6]Die übrigen Prüfberichte müssen der Bauaufsichtsbehörde vor Baubeginn vorliegen.

(4) [1]Außer in den Fällen des Absatzes 3 werden bautechnische Nachweise nicht geprüft; § 67 bleibt unberührt. [2]Werden bautechnische Nachweise durch eine Prüfingenieurin oder einen Prüfingenieur geprüft, werden die entsprechenden Anforderungen auch in den Fällen des § 67 bauaufsichtlich nicht mehr geprüft. [3]Einer bauaufsichtlichen Prüfung oder einer Prüfung durch eine Prüfingenieurin oder einen Prüfingenieur bedarf es ferner nicht, soweit für das Bauvorhaben Standsicherheitsnachweise vorliegen, die von einem Prüfamt für Standsicherheit allgemein geprüft sind (Typenprüfung); Typenprüfungen anderer Länder der Bundesrepublik Deutschland gelten auch im Land Brandenburg.

(5) [1]Die in Absatz 2 genannten Listen mit den entsprechenden Zusätzen werden von der Brandenburgischen Architektenkammer und der Brandenburgischen Ingenieurkammer gemeinsam geführt. [2]Die §§ 5 und 6 des Brandenburgischen Architektengesetzes und die §§ 5 und 6 des Brandenburgischen Ingenieurgesetzes gelten entsprechend.
(6) Das Grundrecht auf Berufsfreiheit (Artikel 49 der Verfassung des Landes Brandenburg) wird insoweit eingeschränkt.

§ 67 Abweichungen

(1) [1]Die Bauaufsichtsbehörde soll Abweichungen von Anforderungen dieses Gesetzes und aufgrund dieses Gesetzes erlassener Vorschriften zulassen, wenn sie unter Berücksichtigung des Zwecks der jeweiligen Anforderung und unter Würdigung der öffentlich-rechtlich geschützten nachbarlichen Belange mit den öffentlichen Belangen, insbesondere den Anforderungen des § 3 Satz 1, vereinbar sind. [2]§ 86a Absatz 1 Satz 3 bleibt unberührt; der Zulassung einer Abweichung bedarf es auch nicht, wenn bautechnische Nachweise durch eine Prüfingenieurin oder einen Prüfingenieur geprüft werden, es sei denn, öffentlich-rechtlich geschützte nachbarliche Belange werden berührt.
(2) [1]Die Zulassung von Abweichungen nach Absatz 1, von Ausnahmen und Befreiungen von den Festsetzungen eines Bebauungsplans oder einer sonstigen städtebaulichen Satzung oder von Regelungen der Baunutzungsverordnung ist gesondert in Textform zu beantragen; der Antrag ist zu begründen. [2]Für Anlagen, die keiner Genehmigung bedürfen, sowie für Abweichungen von Vorschriften, die im Genehmigungsverfahren nicht geprüft werden, gilt Satz 1 entsprechend.
(3) [1]Zu Abweichungen von örtlichen Bauvorschriften nach § 87 ist das Einvernehmen der Gemeinde erforderlich. [2]§ 36 Absatz 2 Satz 2 des Baugesetzbuchs gilt entsprechend.
(4) Über Abweichungen nach Absatz 1 Satz 1 von örtlichen Bauvorschriften sowie über Ausnahmen und Befreiungen nach Absatz 2 Satz 1 entscheidet bei genehmigungsfreien Bauvorhaben die amtsfreie Gemeinde oder das Amt als Sonderordnungsbehörde nach Maßgabe der Absätze 1 und 2.

§ 68 Bauantrag, Bauvorlagen

(1) [1]Die Bauaufsichtsbehörde entscheidet in allen bauaufsichtlichen Genehmigungsverfahren nur auf Antrag der Bauherrin oder des Bauherrn (Bauantrag). [2]Der Bauantrag ist bei der Bauaufsichtsbehörde einzureichen.
(2) [1]Mit dem Bauantrag sind alle für die Beurteilung des Bauvorhabens und die Bearbeitung des Bauantrags erforderlichen Unterlagen (Bauvorlagen) einzureichen. [2]Die Bauaufsichtsbehörde kann gestatten, dass einzelne Bauvorlagen nachgereicht werden.
(3) In besonderen Fällen kann zur Beurteilung der Einwirkung der baulichen Anlagen auf die Umgebung verlangt werden, dass die bauliche Anlage in geeigneter Weise auf dem Grundstück dargestellt wird.
(4) Ist die Bauherrin oder der Bauherr nicht Grundstückseigentümerin oder Grundstückseigentümer, so kann die Zustimmung der Grundstückseigentümerin oder des Grundstückseigentümers zu dem Bauvorhaben gefordert werden.

§ 69 Behandlung des Bauantrags

(1) Die Bauaufsichtsbehörde hat binnen zwei Wochen nach Eingang des Bauantrags zu prüfen, ob die Bauvorlagen vollständig sind und den Eingang des Bauantrags zu bestätigen.
(2) [1]Ist der Bauantrag unvollständig oder weist er sonstige erhebliche Mängel auf, fordert die Bauaufsichtsbehörde die Bauherrin oder den Bauherrn mit der Eingangsbestätigung zur Behebung der Mängel innerhalb einer angemessenen Frist auf. [2]Werden die Mängel nicht innerhalb der Frist behoben, gilt der Antrag als zurückgenommen.
(3) [1]Sind die Bauvorlagen vollständig, holt die Bauaufsichtsbehörde unverzüglich die Stellungnahmen der Behörden und Stellen ein, deren Zustimmung, Einvernehmen oder Benehmen zur Baugenehmigung erforderlich

ist oder deren Aufgabenbereich durch das Vorhaben berührt wird. [2]Soweit die Baugenehmigung die Entscheidung einer anderen Behörde einschließt, ist, vorbehaltlich einer anderen gesetzlichen Regelung, deren Benehmen zur Erteilung der Baugenehmigung erforderlich.

(4) [1]Soweit bundesrechtliche Vorschriften keine längeren Fristen vorsehen, sind die Stellungnahmen der beteiligten Behörden und Stellen innerhalb eines Monats, in den Fällen der §§ 62 und 63 innerhalb von zwei Wochen, nach Zugang des Ersuchens abzugeben. [2]Geht die Stellungnahme nicht innerhalb dieser Frist ein, so soll die Bauaufsichtsbehörde davon ausgehen, dass die von den Behörden und Stellen wahrzunehmenden öffentlichen Belange der Erteilung der Baugenehmigung nicht entgegenstehen. [3]Dies gilt entsprechend, wenn die nach bundesrechtlichen Vorschriften zu beachtende Frist nicht eingehalten wird. [4]Die Frist nach Satz 1 geht anderen landesrechtlich geregelten Fristen vor.

(5) Eine gemeinsame Besprechung mit den am Verfahren zu beteiligenden Behörden und Stellen soll durchgeführt werden, wenn dies der beschleunigten Abwicklung des Verfahrens dienlich ist.

(6) Die Bauaufsichtsbehörde entscheidet über den Bauantrag innerhalb einer Frist von einem Monat nach Eingang aller Stellungnahmen.

§ 70
Beteiligung der Nachbarn und der Öffentlichkeit

(1) Nachbarn sind die Eigentümer oder die Erbbauberechtigten der an das Baugrundstück angrenzenden Grundstücke.

(2) [1]Vor der Zulassung von Abweichungen nach § 67 und vor der Erteilung von Befreiungen nach § 31 Absatz 2 des Baugesetzbuchs, die öffentlich-rechtlich geschützte nachbarliche Belange berühren können, hat die Bauaufsichtsbehörde die betroffenen Nachbarn von dem Vorhaben durch Zustellung zu benachrichtigen und ihnen Gelegenheit zur Stellungnahme innerhalb von einem Monat zu geben. [2]Die Bauherrin oder der Bauherr hat auf Verlangen der Bauaufsichtsbehörde Unterlagen zu deren Beteiligung zur Verfügung zu stellen.

(3) [1]Die Benachrichtigung entfällt, wenn die Nachbarin oder der Nachbar dem Vorhaben, der Zulassung der Abweichung oder der Erteilung der Befreiung in Textform zugestimmt oder die Zustimmung bereits in Textform gegenüber der Bauaufsichtsbehörde verweigert hat. [2]Haben die Nachbarn dem Bauvorhaben nicht zugestimmt, ist ihnen die Baugenehmigung zuzustellen.

(4) Die Nachbarin oder der Nachbar hat das Recht, die von der Bauherrin oder vom Bauherrn eingereichten Bauvorlagen bei der Bauaufsichtsbehörde einzusehen.

(5) Hat eine Nachbarin oder ein Nachbar oder eine von der Bauaufsichtsbehörde hinzugezogene Verfahrensbeteiligte oder ein von der Bauaufsichtsbehörde hinzugezogener Verfahrensbeteiligter nicht Stellung genommen oder wird deren Einwendungen nicht entsprochen, so ist ihnen eine Ausfertigung der Baugenehmigung oder der Entscheidung über die Abweichung oder Befreiung zuzustellen.

(6) Bei baulichen Anlagen, die aufgrund ihrer Beschaffenheit oder ihres Betriebs geeignet sind, die Allgemeinheit oder die Nachbarschaft zu gefährden, zu benachteiligen oder zu belästigen, kann die Bauaufsichtsbehörde auf Antrag der Bauherrin oder des Bauherrn das Bauvorhaben ortsüblich bekannt machen.

(7) [1]Bei der Errichtung, Änderung oder Nutzungsänderung

1. eines oder mehrerer Gebäude, wenn dadurch dem Wohnen dienende Nutzungseinheiten mit einer Größe von insgesamt mehr als 5 000 Quadratmeter Brutto-Grundfläche geschaffen werden,
2. baulicher Anlagen, die öffentlich zugänglich sind, wenn dadurch die gleichzeitige Nutzung durch mehr als 100 zusätzliche Besucher ermöglicht wird, und
3. baulicher Anlagen, die nach Durchführung des Bauvorhabens Sonderbauten nach § 2 Absatz 4 Nummer 9 Buchstabe c, Nummer 10 bis 13, 15 und 16 sind,

ist eine Öffentlichkeitsbeteiligung nach den hierfür geltenden immissionsschutzrechtlichen Bestimmungen durchzuführen, wenn sie innerhalb eines angemessenen Sicherheitsabstands eines Betriebsbereichs im Sinne des § 3 Absatz 5a des Bundes-Immissionsschutzgesetzes liegen, es sei denn, die Immissionsschutzbehörde hat bestätigt, dass sich das Vorhaben außerhalb des angemessenen Sicherheitsabstands des Betriebsbereichs befindet. 2Ist der angemessene Sicherheitsabstand nicht bekannt, ist maßgeblich, ob sich das Vorhaben innerhalb des Achtungsabstands des Betriebsbereichs befindet. 3Satz 1 gilt nicht, wenn

1. die Bauaufsichtsbehörde zu dem Ergebnis kommt, dass dem Gebot, den angemessenen Sicherheitsabstand zu wahren, bereits in einem Bebauungsplan Rechnung getragen ist, oder
2. bei der Änderung von Vorhaben nach Satz 1 Nummer 3 sich die Zahl der gleichzeitig anwesenden Personen nicht erhöht.

4Verfährt die Bauaufsichtsbehörde nach Absatz 6 oder Absatz 7 Satz 1, finden die Absätze 2 und 3 keine Anwendung.

(8) 1In der Bekanntmachung nach den Absätzen 6 und 7 ist über Folgendes zu informieren:

1. über den Gegenstand des Vorhabens,
2. über die für die Genehmigung zuständige Behörde, bei der der Antrag nebst Unterlagen zur Einsicht ausgelegt wird sowie wo und wann Einsicht genommen werden kann,
3. darüber, dass Personen, deren Belange berührt sind, und Vereinigungen, welche die Anforderungen von § 3 Absatz 1 oder § 2 Absatz 2 des Umwelt-Rechtsbehelfsgesetzes erfüllen (betroffene Öffentlichkeit), Einwendungen bei einer in der Bekanntmachung bezeichneten Stelle bis zu zwei Wochen nach Ablauf der Auslegungsfrist erheben können; dabei ist darauf hinzuweisen, dass mit Ablauf der Frist alle öffentlich-rechtlichen Einwendungen ausgeschlossen sind und der Ausschluss von umweltbezogenen Einwendungen nur für das Genehmigungsverfahren gilt,
4. dass die Zustellung der Entscheidung über die Einwendungen durch öffentliche Bekanntmachung ersetzt werden kann.

2Bei der Bekanntmachung nach Absatz 7 ist zusätzlich über Folgendes zu informieren:

1. gegebenenfalls die Feststellung der Pflicht zur Durchführung einer Umweltverträglichkeitsprüfung des Vorhabens nach § 5 des Umweltverträglichkeitsprüfungsgesetzes sowie erforderlichenfalls die Durchführung einer grenzüberschreitenden Beteiligung nach den §§ 55 und 56 des Umweltverträglichkeitsprüfungsgesetzes,
2. die Art möglicher Entscheidungen oder, soweit vorhanden, den Entscheidungsentwurf,
3. gegebenenfalls weitere Einzelheiten des Verfahrens zur Unterrichtung der Öffentlichkeit und Anhörung der betroffenen Öffentlichkeit.

(9) 1Nach der Bekanntmachung sind der Antrag und die Bauvorlagen sowie die entscheidungserheblichen Berichte und Empfehlungen, die der Bauaufsichtsbehörde im Zeitpunkt der Bekanntmachung vorliegen, einen Monat zur Einsicht auszulegen. 2Bauvorlagen, die Geschäfts- oder Betriebsgeheimnisse enthalten, sind nicht auszulegen; für sie gilt § 10 Absatz 2 des Bundes-Immissionsschutzgesetzes entsprechend. 3Bis zwei Wochen nach Ablauf der Auslegungsfrist kann die Öffentlichkeit gegenüber der zuständigen Behörde schriftlich Einwendungen erheben; mit Ablauf dieser Frist sind alle öffentlich-rechtlichen Einwendungen ausgeschlossen. 4Hinsichtlich umweltbezogener Einwendungen gilt Satz 3 nur für das Genehmigungsverfahren.

(10) 1Bei mehr als 20 Nachbarn, denen die Baugenehmigung nach Absatz 3 Satz 2 zuzustellen ist, kann die Zustellung durch öffentliche Bekanntmachung ersetzt werden; wurde eine Öffentlichkeitsbeteiligung nach Absatz 8 durchgeführt, ist der Genehmigungsbescheid öffentlich bekannt zu machen. 2Die öffentliche Bekanntmachung wird dadurch bewirkt, dass der verfügende Teil des Bescheides und die Rechtsbehelfsbelehrung in

entsprechender Anwendung des Absatzes 6 Satz 1 bekannt gemacht werden; auf Auflagen ist hinzuweisen. [3]Eine Ausfertigung des gesamten Genehmigungsbescheides ist vom Tage nach der Bekanntmachung an zwei Wochen zur Einsicht auszulegen. [4]Ist eine Öffentlichkeitsbeteiligung nach Absatz 7 erfolgt, sind in die Begründung die wesentlichen tatsächlichen und rechtlichen Gründe, die die Behörde zu ihrer Entscheidung bewogen haben, die Behandlung der Einwendungen sowie Angaben über das Verfahren zur Beteiligung der Öffentlichkeit aufzunehmen. [5]In der öffentlichen Bekanntmachung ist anzugeben, wo und wann der Bescheid und seine Begründung eingesehen und nach Satz 7 angefordert werden können. [6]Mit dem Ende der Auslegungsfrist gilt der Bescheid auch Dritten gegenüber, die keine Einwendungen erhoben haben, als zugestellt; darauf ist in der Bekanntmachung hinzuweisen. [7]Nach der öffentlichen Bekanntmachung können der Bescheid und seine Begründung bis zum Ablauf der Widerspruchsfrist von den Personen, die Einwendungen erhoben haben, schriftlich angefordert werden.

(11) Im Übrigen gelten für die Beteiligung im bauaufsichtlichen Verfahren die Vorschriften des Verwaltungsverfahrensgesetzes in Verbindung mit den Vorschriften des Verwaltungsverfahrensgesetzes für das Land Brandenburg.

§ 71
Ersetzung des gemeindlichen Einvernehmens

(1) [1]Hat eine Gemeinde ihr nach den Vorschriften dieses Gesetzes oder des Baugesetzbuchs erforderliches Einvernehmen rechtswidrig versagt, soll die Bauaufsichtsbehörde das fehlende Einvernehmen der Gemeinde ersetzen; in den Fällen des § 36 Absatz 1 Satz 1 und 2 des Baugesetzbuchs ist das fehlende Einvernehmen zu ersetzen. [2]Wird in einem anderen Genehmigungsverfahren über die Zulässigkeit des Vorhabens entschieden, so tritt die für dieses Verfahren zuständige Behörde an die Stelle der Bauaufsichtsbehörde.

(2) [1]Die Gemeinde ist vor Ersetzung des Einvernehmens anzuhören. [2]Dabei ist ihr Gelegenheit zu geben, binnen einer Frist von einem Monat erneut über das gemeindliche Einvernehmen zu entscheiden.

(3) [1]Die Genehmigung, mit der die Zulässigkeit des Vorhabens festgestellt wird, gilt zugleich als Ersatzvornahme im Sinne des § 116 der Kommunalverfassung des Landes Brandenburg. [2]Sie ist insoweit zu begründen. [3]Widerspruch und Anfechtungsklage der Gemeinde haben auch insoweit keine aufschiebende Wirkung, als die Genehmigung als Ersatzvornahme gilt.

(4) Abweichend von § 119 der Kommunalverfassung des Landes Brandenburg kann die Gemeinde die Ersetzung des Einvernehmens durch Widerspruch gegen die Genehmigung anfechten.

(5) Die Absätze 1 bis 3 gelten entsprechend für das Widerspruchsverfahren.

§ 72
Baugenehmigung, Baubeginn

(1) [1]Die Baugenehmigung ist zu erteilen, wenn dem Vorhaben keine öffentlich-rechtlichen Vorschriften entgegenstehen. [2]Die Baugenehmigung schließt die für das Vorhaben erforderlichen weiteren behördlichen Entscheidungen ein. [3]Die Erlaubnis nach § 18 der Betriebssicherheitsverordnung und die Genehmigung der oberen Wasserbehörde zum Bau und Betrieb von Abwasserbehandlungsanlagen schließen eine Baugenehmigung mit ein. [4]Satz 2 gilt nicht für wasserrechtliche Entscheidungen über betriebsbedingte Gewässerbenutzungen, für Entscheidungen in Selbstverwaltungsangelegenheiten der Gemeinden und Gemeindeverbände sowie für Entscheidungen in Planfeststellungs- oder Plangenehmigungsverfahren. [5]Die durch eine Umweltverträglichkeitsprüfung ermittelten, beschriebenen und bewerteten Umweltauswirkungen sind nach Maßgabe der hierfür geltenden Vorschriften zu berücksichtigen.

(2) [1]Wird die Baugenehmigung unter Auflagen, Bedingungen oder befristet erteilt, kann eine Sicherheitsleistung verlangt werden. [2]Befristet genehmigte Vorhaben müssen

spätestens sechs Monate nach Fristablauf beseitigt sein. [3]In den Fällen des § 35 Absatz 1 Nummer 2 bis 6 des Baugesetzbuchs wird die Baugenehmigung erst erteilt, wenn der Bauaufsichtsbehörde die Verpflichtungserklärung nach § 35 Absatz 5 Satz 2 des Baugesetzbuchs vorliegt und ihr für die Einhaltung der Rückbauverpflichtung Sicherheit in Höhe der Kosten der Beseitigung der baulichen Anlage oder gleichwertige Sicherheit geleistet ist. [4]Dies gilt auch, soweit andere behördliche Gestattungen die Baugenehmigung einschließen oder ersetzen.

(3) [1]In der Baugenehmigung ist anzugeben, welche weiteren behördlichen Entscheidungen sie einschließt. [2]Der Bauherrin oder dem Bauherrn ist die Baugenehmigung mit den genehmigten Bauvorlagen zu übermitteln.

(4) Die Baugenehmigung gilt auch für und gegen die Rechtsnachfolgerin oder den Rechtsnachfolger der Bauherrin oder des Bauherrn.

(5) Die Baugenehmigung wird unbeschadet der privaten Rechte Dritter erteilt.

(6) Der amtsfreien Gemeinde, dem Amt, der Verbandsgemeinde, der mitverwalteten Gemeinde oder mitverwaltenden Gemeinde und der Entwurfsverfasserin oder dem Entwurfsverfasser ist die Entscheidung der Bauaufsichtsbehörde im bauaufsichtlichen Genehmigungsverfahren durch eine Übermittlung des Bescheides zur Kenntnis zu geben.

(7) [1]Mit der Bauausführung darf erst begonnen werden, wenn

1. eine erforderliche Baugenehmigung vorliegt oder die Voraussetzung des § 62 Absatz 3 Satz 1 erfüllt ist,
2. nach anderen Rechtsvorschriften erforderliche Genehmigungen vorliegen,
3. die erforderlichen Prüfberichte oder Bescheinigungen über die Prüfung der bautechnischen Nachweise vorliegen.

[2]Die Bauaufsichtsbehörde kann sich die Freigabe der Bauarbeiten für die Baugrube, für einzelne Bauabschnitte oder für das gesamte Bauvorhaben vorbehalten.

(8) Die Bauherrin oder der Bauherr hat den Zeitpunkt des Baubeginns genehmigungs- oder anzeigepflichtiger Vorhaben spätestens eine Woche vor Baubeginn der Bauaufsichtsbehörde unter Vorlage der nach Absatz 7 Satz 1 Nummer 2 und 3 erforderlichen Nachweise mitzuteilen (Baubeginnsanzeige).

(9) [1]Vor Baubeginn muss die Grundfläche der baulichen Anlage abgesteckt und ihre Höhenlage festgelegt sein. [2]Die Einhaltung der festgelegten Grundfläche und Höhenlage ist der Bauaufsichtsbehörde binnen zwei Wochen nach Baubeginn durch Vorlage einer Einmessungsbescheinigung einer Vermessungsingenieurin oder eines Vermessungsingenieurs nachzuweisen. [3]Der Nachweis nach Satz 2 kann auch durch eine Einmessungsbescheinigung erfolgen, die auf einer nach § 23 des Brandenburgischen Vermessungsgesetzes durchgeführten Einmessung beruht.

(10) Baugenehmigung, Bauvorlagen, Ausführungszeichnungen und Baufreigabeschein müssen an der Baustelle von Baubeginn an vorliegen.

§ 72a
Typengenehmigung

(1) [1]Für bauliche Anlagen, die in derselben Ausführung an mehreren Stellen errichtet werden sollen, wird auf Antrag durch die oberste Bauaufsichtsbehörde eine Typengenehmigung erteilt, wenn die baulichen Anlagen oder Teile von baulichen Anlagen den Anforderungen nach diesem Gesetz oder aufgrund dieses Gesetzes erlassenen Vorschriften entsprechen. [2]Eine Typengenehmigung kann auch für bauliche Anlagen erteilt werden, die in unterschiedlicher Ausführung, aber nach einem bestimmten System und aus bestimmten Bauteilen an mehreren Stellen errichtet werden sollen; in der Typengenehmigung ist die zulässige Veränderbarkeit festzulegen. [3]Für Fliegende Bauten wird eine Typengenehmigung nicht erteilt.

(2) [1]Die Typengenehmigung gilt fünf Jahre. [2]Die Frist kann auf Antrag jeweils um bis zu fünf Jahren verlängert werden; § 68 Absatz 2 und § 69 gelten entsprechend.

(3) [1]Typengenehmigungen anderer Länder gelten auch im Land Brandenburg, soweit die nach Absatz 1 zuständige Behörde die Anwendbarkeit bestätigt hat. [2]Die Bestätigung

kann mit Auflagen und Nebenbestimmungen versehen werden.

(4) [1]Eine Typengenehmigung entbindet nicht von der Verpflichtung, ein bauaufsichtliches Verfahren durchzuführen. [2]Die in der Typengenehmigung entschiedenen Fragen sind von der Bauaufsichtsbehörde nicht mehr zu prüfen.

(5) [1]Die Prüfberichte der Prüfingenieurin oder des Prüfingenieurs über die Prüfung der Standsicherheits- und Brandschutznachweise müssen der obersten Bauaufsichtsbehörde abweichend von § 66 Absatz 3 Satz 5 und 6 vor Erteilung der Typengenehmigung vorliegen. [2]Abweichend von § 66 Absatz 4 und § 67 Absatz 1 Satz 2 werden bautechnische Nachweise hinsichtlich der örtlichen Gegebenheiten und der Leistungsfähigkeit der örtlichen Feuerwehr, insbesondere nach den §§ 5, 33 Absatz 2 und 3 sowie § 37 Absatz 5, im bauaufsichtlichen Verfahren abschließend geprüft.

§ 73
Geltungsdauer der Baugenehmigung und des Vorbescheides

(1) [1]Die Geltungsdauer der Baugenehmigung, der Teilbaugenehmigung und des Vorbescheides beträgt sechs Jahre. [2]Die Baugenehmigung und die Teilbaugenehmigung erlöschen nicht, wenn das Vorhaben innerhalb der Frist nach Satz 1 begonnen worden und spätestens ein Jahr nach Ablauf der Frist die Aufnahme der Nutzung angezeigt worden ist.

(2) [1]Abweichend von Absatz 1 richtet sich die Geltungsdauer der Baugenehmigung, der Teilbaugenehmigung und des Vorbescheides für bauliche Anlagen, deren Zulässigkeit sich auch nach einem Planfeststellungsbeschluss oder einer Plangenehmigung richtet, nach der Geltungsdauer des Planfeststellungsbeschlusses oder der Plangenehmigung. [2]§ 81 gilt entsprechend.

§ 74
Teilbaugenehmigung

[1]Ist ein Bauantrag eingereicht, kann der Beginn der Bauarbeiten für die Baugrube und für einzelne Bauteile oder Bauabschnitte auf Antrag schon vor Erteilung der Baugenehmigung gestattet werden (Teilbaugenehmigung). [2]§ 72 gilt entsprechend.

§ 75
Vorbescheid

(1) [1]Vor Einreichung des Bauantrags sind auf Antrag der Bauherrin oder des Bauherrn einzelne der selbstständigen Beurteilung zugängliche Fragen zu einem Bauvorhaben durch Vorbescheid von der Bauaufsichtsbehörde zu beantworten. [2]Soweit sich die Fragen auf behördliche Entscheidungen beziehen, die nach § 72 Absatz 1 Satz 2 in eine Baugenehmigung eingeschlossen sind, hat die Bauaufsichtsbehörde diese Fragen im Benehmen mit den betroffenen Behörden mit Bindungswirkung auch für diese Behörden zu beantworten.

(2) [1]Die zur Beurteilung der Fragen erforderlichen Zeichnungen oder Pläne müssen den Anforderungen an Bauvorlagen entsprechen. [2]Im Fall des Absatzes 1 Satz 2 sind dem Antrag ferner die Unterlagen beizufügen, die für die Beurteilung nach den für die weiteren behördlichen Entscheidungen geltenden Vorschriften erforderlich sind.

(3) Im Fall des Absatzes 1 Satz 2 beträgt die Geltungsdauer des Vorbescheides abweichend von § 73 Absatz 1 drei Jahre.

§ 76
Genehmigung Fliegender Bauten

(1) [1]Fliegende Bauten sind bauliche Anlagen, die geeignet und bestimmt sind, an verschiedenen Orten wiederholt aufgestellt und zerlegt zu werden. [2]Baustelleneinrichtungen und Baugerüste sind keine Fliegenden Bauten.

(2) [1]Fliegende Bauten bedürfen, bevor sie erstmals aufgestellt und in Gebrauch genommen

werden, einer Ausführungsgenehmigung. [2]Dies gilt nicht für

1. Fliegende Bauten mit einer Höhe bis zu 5 Meter, die nicht dazu bestimmt sind, von Besuchern betreten zu werden,
2. Fliegende Bauten mit einer Höhe bis zu 5 Meter, die für Kinder betrieben werden und eine Geschwindigkeit von höchstens 1 Meter pro Sekunde haben,
3. Bühnen, die Fliegende Bauten sind, einschließlich Überdachungen und sonstige Aufbauten mit einer Höhe bis zu 5 Meter, einer Grundfläche bis zu 100 Quadratmeter und einer Fußbodenhöhe bis zu 1,50 Meter,
4. erdgeschossige Zelte und erdgeschossige betretbare Verkaufsstände, die Fliegende Bauten sind, jeweils mit einer Grundfläche bis zu 75 Quadratmeter,
5. aufblasbare Spielgeräte mit einer Höhe des betretbaren Bereichs von bis zu 5 Meter oder mit überdachten Bereichen, bei denen die Entfernung zum Ausgang nicht mehr als 3 Meter, sofern ein Absinken der Überdachung konstruktiv verhindert wird, nicht mehr als 10 Meter, beträgt.

(3) [1]Die Ausführungsgenehmigung wird von der obersten Bauaufsichtsbehörde erteilt. [2]Hat die Antragstellerin oder der Antragsteller im Land Brandenburg keine Hauptwohnung oder keine gewerbliche Niederlassung, so ist die oberste Bauaufsichtsbehörde nur zuständig, wenn der Fliegende Bau im Land Brandenburg erstmals aufgestellt und in Gebrauch genommen werden soll.

(4) [1]Die Genehmigung wird für eine bestimmte Frist erteilt, die höchstens fünf Jahre betragen soll; sie kann auf Antrag in Textform von der für die Erteilung der Ausführungsgenehmigung zuständigen Behörde jeweils bis zu fünf Jahre verlängert werden, wenn der Antrag vor Ablauf der Geltungsdauer bei der Behörde eingegangen ist. [2]Die Genehmigungen werden in ein Prüfbuch eingetragen, dem eine Ausfertigung der mit einem Genehmigungsvermerk zu versehenden Bauvorlagen beizufügen ist. [3]Ausführungsgenehmigungen anderer Länder der Bundesrepublik Deutschland gelten auch im Land Brandenburg.

(5) [1]Die Inhaberin oder der Inhaber der Ausführungsgenehmigung hat den Wechsel ihres oder seines Wohnsitzes oder ihrer oder seiner gewerblichen Niederlassung oder die Übertragung eines Fliegenden Baus an Dritte der obersten Bauaufsichtsbehörde anzuzeigen. [2]Die oberste Bauaufsichtsbehörde hat die Änderungen in das Prüfbuch einzutragen und sie, wenn mit den Änderungen ein Wechsel der Zuständigkeit verbunden ist, der nunmehr zuständigen Behörde mitzuteilen.

(6) [1]Fliegende Bauten, die nach Absatz 2 Satz 1 einer Ausführungsgenehmigung bedürfen, dürfen unbeschadet anderer Vorschriften nur in Gebrauch genommen werden, wenn ihre Aufstellung der unteren Bauaufsichtsbehörde des Aufstellungsortes unter Vorlage des Prüfbuchs angezeigt ist. [2]Die Bauaufsichtsbehörde kann die Inbetriebnahme dieser Fliegenden Bauten von einer Gebrauchsabnahme abhängig machen. [3]Das Ergebnis der Abnahme ist in das Prüfbuch einzutragen. [4]In der Ausführungsgenehmigung kann bestimmt werden, dass Anzeigen nach Satz 1 nicht erforderlich sind, wenn eine Gefährdung im Sinne des § 3 Satz 1 nicht zu erwarten ist.

(7) [1]Die für die Erteilung der Gebrauchsabnahme zuständige untere Bauaufsichtsbehörde kann Auflagen machen oder die Aufstellung oder den Gebrauch Fliegender Bauten untersagen, soweit dies nach den örtlichen Verhältnissen oder zur Abwehr von Gefahren erforderlich ist, insbesondere weil die Betriebssicherheit oder Standsicherheit nicht oder nicht mehr gewährleistet ist oder weil von der Ausführungsgenehmigung abgewichen wird. [2]Wird die Aufstellung oder der Gebrauch aufgrund von Mängeln am Fliegenden Bau untersagt, ist dies in das Prüfbuch einzutragen. [3]Die ausstellende Behörde ist zu benachrichtigen, das Prüfbuch ist einzuziehen und der ausstellenden Behörde zuzuleiten, wenn die Herstellung ordnungsgemäßer Zustände innerhalb angemessener Frist nicht zu erwarten ist.

(8) [1]Bei Fliegenden Bauten, die von Besuchern betreten und längere Zeit an einem Aufstellungsort betrieben werden, kann die für die Gebrauchsabnahme zuständige untere Bauaufsichtsbehörde aus Gründen der Sicherheit

Nachabnahmen durchführen. [2]Das Ergebnis der Nachabnahme ist in das Prüfbuch einzutragen.

(9) § 68 Absatz 1, 2 und 4 und § 82 Absatz 1 und 4 gelten entsprechend.

§ 77 Bauaufsichtliche Zustimmung

(1) [1]Nicht genehmigungsfreie Bauvorhaben bedürfen keiner Genehmigung und Bauüberwachung, wenn

1. die Leitung der Entwurfsarbeiten und die Bauüberwachung einer Baudienststelle des Bundes oder eines Landes übertragen ist und
2. die Baudienststelle mindestens mit einer Bediensteten oder einem Bediensteten mit der Befähigung zum höheren bautechnischen Verwaltungsdienst und mit sonstigen geeigneten Fachkräften ausreichend besetzt ist.

[2]Solche baulichen Anlagen bedürfen jedoch der Zustimmung der obersten Bauaufsichtsbehörde. [3]Die Zustimmung entfällt, wenn die Gemeinde nicht widerspricht und, soweit ihre öffentlich-rechtlich geschützten Belange von Abweichungen, Ausnahmen und Befreiungen berührt sein können, die Nachbarn dem Bauvorhaben zustimmen. [4]Keiner Genehmigung oder Zustimmung bedürfen unter den Voraussetzungen des Satzes 1 Baumaßnahmen in oder an bestehenden Gebäuden, soweit sie nicht zu einer Erweiterung des Bauvolumens oder zu einer nicht genehmigungsfreien Nutzungsänderung führen, sowie die Beseitigung baulicher Anlagen. [5]Satz 3 gilt nicht für bauliche Anlagen, für die nach § 70 Absatz 7 eine Öffentlichkeitsbeteiligung durchzuführen ist. [6]Der öffentliche Bauherr trägt die Verantwortung dafür, dass Entwurf, Ausführung und Zustand der baulichen Anlagen sowie anderer Anlagen und Einrichtungen den öffentlich-rechtlichen Vorschriften entsprechen. [7]Die Baudienststelle nimmt insoweit die Aufgaben und Befugnisse einer unteren Bauaufsichtsbehörde nach § 58 Absatz 2 und 3 wahr.

(2) Der Antrag auf Zustimmung ist bei der obersten Bauaufsichtsbehörde einzureichen.

(3) [1]Die oberste Bauaufsichtsbehörde prüft

1. die Übereinstimmung mit den Vorschriften über die Zulässigkeit der baulichen Anlagen nach den §§ 29 bis 38 des Baugesetzbuchs und
2. andere öffentlich-rechtliche Anforderungen, soweit wegen der Zustimmung eine Entscheidung nach anderen öffentlich-rechtlichen Vorschriften entfällt oder ersetzt wird.

[2]Sie führt bei den in Absatz 1 Satz 5 genannten Anlagen die Öffentlichkeitsbeteiligung nach § 70 Absatz 6 durch. [3]Die oberste Bauaufsichtsbehörde entscheidet über Ausnahmen, Befreiungen und Abweichungen von den nach Satz 1 zu prüfenden sowie von anderen Vorschriften, soweit sie nachbarschützend sind und die Nachbarn nicht zugestimmt haben. [4]Im Übrigen bedarf die Zulässigkeit von Ausnahmen, Befreiungen und Abweichungen keiner bauaufsichtlichen Entscheidung.

(4) [1]Die Gemeinde ist vor Erteilung der Zustimmung zu hören. [2]§ 36 Absatz 2 Satz 2 Halbsatz 1 des Baugesetzbuchs gilt entsprechend. [3]Für die Entscheidung nach § 37 Absatz 1 des Baugesetzbuchs ist die oberste Bauaufsichtsbehörde zuständig; vor der Entscheidung ist die Gemeinde zu hören. [4]Im Übrigen sind die Vorschriften über das Baugenehmigungsverfahren entsprechend anzuwenden.

(5) [1]Anlagen, die der Landesverteidigung, dienstlichen Zwecken der Bundespolizei oder dem zivilen Bevölkerungsschutz dienen, sind abweichend von den Absätzen 1 bis 4 der obersten Bauaufsichtsbehörde vor Baubeginn in geeigneter Weise zur Kenntnis zu bringen; Absatz 1 Satz 3 Halbsatz 1 gilt entsprechend. [2]Im Übrigen wirken die Bauaufsichtsbehörden nicht mit. [3]§ 76 Absatz 2 bis 9 findet auf Fliegende Bauten, die der Landesverteidigung, dienstlichen Zwecken der Bundespolizei oder dem zivilen Bevölkerungsschutz dienen, keine Anwendung.

ABSCHNITT 4 Bauaufsichtliche Maßnahmen

§ 78 Verbot unrechtmäßig gekennzeichneter Bauprodukte

Sind Bauprodukte entgegen § 21 Absatz 3 bis 5 mit dem Ü-Zeichen gekennzeichnet, kann die Bauaufsichtsbehörde die Verwendung dieser Bauprodukte untersagen und deren Kennzeichnung entwerten oder beseitigen lassen.

§ 79 Einstellung von Arbeiten

(1) [1]Werden Anlagen im Widerspruch zu öffentlich-rechtlichen Vorschriften errichtet, geändert oder beseitigt, kann die Bauaufsichtsbehörde die Einstellung der Arbeiten anordnen. [2]Dies gilt auch dann, wenn

1. die Ausführung eines Vorhabens entgegen der Vorschrift des § 72 Absatz 7 bis 9 begonnen wurde, oder
2. bei der Ausführung eines genehmigungsbedürftigen Bauvorhabens von den genehmigten oder angezeigten Bauvorlagen abgewichen wird,
3. Bauprodukte verwendet werden, die entgegen der Verordnung (EU) Nr. 305/2011 keine CE-Kennzeichnung oder entgegen § 21 Absatz 3 bis 5 kein Ü-Zeichen tragen,
4. Bauprodukte verwendet werden, die unberechtigt mit der CE-Kennzeichnung oder dem Ü-Zeichen (§ 21 Absatz 3 bis 5) gekennzeichnet sind.

(2) Werden unzulässige Arbeiten trotz einer verfügten Einstellung fortgesetzt, kann die Bauaufsichtsbehörde die Baustelle versiegeln oder die an der Baustelle vorhandenen Bauprodukte, Geräte, Maschinen und Bauhilfsmittel in amtlichen Gewahrsam bringen.

§ 80 Beseitigung von Anlagen, Nutzungsuntersagung

(1) [1]Werden Anlagen im Widerspruch zu öffentlich-rechtlichen Vorschriften errichtet oder geändert, kann die Bauaufsichtsbehörde die teilweise oder vollständige Beseitigung der Anlagen anordnen, wenn nicht auf andere Weise rechtmäßige Zustände hergestellt werden können. [2]Werden Anlagen im Widerspruch zu öffentlich-rechtlichen Vorschriften genutzt, kann diese Nutzung untersagt werden. [3]Wird diese Nutzung trotz bestandskräftiger oder sofort vollziehbarer Nutzungsuntersagung fortgesetzt, kann die Bauaufsichtsbehörde die bauliche Anlage versiegeln.

(2) Die Bauaufsichtsbehörde kann die Beseitigung einer baulichen Anlage auch dann anordnen, wenn diese nicht genutzt wird und zu verfallen droht und ein öffentliches oder schutzwürdiges privates Interesse an ihrer Erhaltung nicht besteht.

§ 81 Anpassung bestehender baulicher Anlagen

(1) Wenn es zur Abwehr von erheblichen Gefahren für Leben oder Gesundheit erforderlich ist, können die Bauaufsichtsbehörden die Vorschriften dieses Gesetzes oder die aufgrund dieses Gesetzes erlassenen Vorschriften auch auf bestehende bauliche Anlagen und andere Anlagen und Einrichtungen anwenden.

(2) Sollen bauliche Anlagen wesentlich geändert werden, so kann gefordert werden, dass auch die nicht unmittelbar berührten Teile der baulichen Anlage mit diesem Gesetz oder den aufgrund dieses Gesetzes erlassenen Vorschriften in Einklang gebracht werden, wenn

1. die Bauteile, die diesen Vorschriften nicht mehr entsprechen, mit den beabsichtigten Arbeiten in einem konstruktiven Zusammenhang stehen und
2. die Durchführung dieser Vorschriften bei den von den Arbeiten nicht berührten Teilen der baulichen Anlage keine unzumutbaren Mehrkosten verursacht.

ABSCHNITT 5
Bauüberwachung

§ 82
Bauüberwachung

(1) [1]Die Bauaufsichtsbehörde kann die Einhaltung der öffentlich-rechtlichen Vorschriften und Anforderungen und die ordnungsgemäße Erfüllung der Pflichten der am Bau Beteiligten überprüfen. [2]Soweit die Baugenehmigung die Entscheidung einer anderen Behörde einschließt, bleibt deren Zuständigkeit unberührt.

(2) [1]Die Bauaufsichtsbehörde oder die Prüfingenieurin oder der Prüfingenieur überwacht nach näherer Maßgabe der Rechtsverordnung nach § 86 Absatz 2 die Bauausführung bei baulichen Anlagen

1. nach § 66 Absatz 3 Satz 1 und 3 hinsichtlich des bauaufsichtlich geprüften Standsicherheitsnachweises,
2. nach § 66 Absatz 3 Satz 2 und 3 hinsichtlich des bauaufsichtlich geprüften Brandschutznachweises.

[2]Bei Gebäuden der Gebäudeklasse 4, ausgenommen Sonderbauten sowie Mittel- und Großgaragen im Sinne der Verordnung nach § 86 Absatz 1 Nummer 3, ist die mit dem Brandschutznachweis übereinstimmende Bauausführung von der Nachweiserstellerin oder dem Nachweisersteller oder einer anderen Nachweisberechtigten oder einem anderen Nachweisberechtigten im Sinne des § 66 Absatz 2 Satz 3 zu bestätigen. [3]Wird die Bauausführung durch eine Prüfingenieurin oder einen Prüfingenieur geprüft oder nach Satz 2 bestätigt, findet insoweit eine bauaufsichtsbehördliche Überwachung nicht statt.

(3) Im Rahmen der Bauüberwachung können Proben von Bauprodukten, soweit erforderlich, auch aus fertigen Bauteilen zu Prüfzwecken entnommen werden.

(4) Im Rahmen der Bauüberwachung ist jederzeit Einblick in die Genehmigungen, Zulassungen, Prüfzeugnisse, Übereinstimmungszertifikate, Zeugnisse und Aufzeichnungen über die Prüfungen von Bauprodukten, in die CE-Kennzeichnungen und Leistungserklärungen nach der Verordnung (EU) Nr. 305/2011, in die Bautagebücher und andere vorgeschriebene Aufzeichnungen zu gewähren.

(5) Die Bauaufsichtsbehörde oder die Prüfingenieurin oder der Prüfingenieur soll, soweit sie oder er im Rahmen der Bauüberwachung Erkenntnisse über systematische Rechtsverstöße gegen die Verordnung (EU) 305/2011 erlangen, diese der für die Marktüberwachung zuständigen Stelle mitteilen.

§ 83
Bauzustandsanzeigen, Aufnahme der Nutzung

(1) [1]Die Bauaufsichtsbehörde oder die Prüfingenieurin oder der Prüfingenieur können verlangen, dass ihr oder ihm Beginn und Beendigung bestimmter Bauarbeiten angezeigt werden. [2]Die Bauarbeiten dürfen erst fortgesetzt werden, wenn die Bauaufsichtsbehörde oder die Prüfingenieurin oder der Prüfingenieur der Fortführung der Bauarbeiten zugestimmt haben.

(2) [1]Die Bauherrin oder der Bauherr hat die beabsichtigte Aufnahme der Nutzung einer nicht genehmigungsfreien baulichen Anlage mindestens zwei Wochen vorher der Bauaufsichtsbehörde anzuzeigen. [2]Mit der Anzeige nach Satz 1 sind vorzulegen

1. bei Bauvorhaben nach § 66 Absatz 3 Satz 1 eine Bescheinigung der Prüfingenieurin oder des Prüfingenieurs über die ordnungsgemäße Bauausführung hinsichtlich der Standsicherheit,
2. bei Bauvorhaben nach § 66 Absatz 3 Satz 2 eine Bescheinigung der Prüfingenieurin oder des Prüfingenieurs über die ordnungsgemäße Bauausführung hinsichtlich des Brandschutzes (§ 82 Absatz 2 Satz 1),
3. in den Fällen des § 82 Absatz 2 Satz 2 die jeweilige Bestätigung,
4. bei Sonderbauten die nach § 51 Absatz 2 erforderliche Bescheinigung der Prüfsachverständigen oder des Prüfsachverständigen für energetische Gebäudeplanung.

[3]Eine bauliche Anlage darf erst benutzt werden, wenn sie selbst, Zufahrtswege, Was-

serversorgungs- und Abwasserentsorgungs- sowie Gemeinschaftsanlagen in dem erforderlichen Umfang sicher benutzbar sind, nicht jedoch vor dem in Satz 1 bezeichneten Zeitpunkt. [4]Feuerstätten dürfen erst in Betrieb genommen werden, wenn die bevollmächtigte Bezirksschornsteinfegerin oder der bevollmächtigte Bezirksschornsteinfeger den sicheren Anschluss der Feuerstätte sowie die Tauglichkeit und die sichere Benutzbarkeit der Abgasanlagen bescheinigt hat; Verbrennungsmotoren und Blockheizkraftwerke dürfen erst dann in Betrieb genommen werden, wenn sie oder er den sicheren Anschluss sowie die Tauglichkeit und die sichere Benutzbarkeit der Leitungen zur Abführung von Verbrennungsgasen bescheinigt hat. [5]Die Anforderungen des § 42 Absatz 1 bis 3 und 5 müssen erfüllt sein.

ABSCHNITT 6 Baulasten

§ 84 Baulasten, Baulastenverzeichnis

(1) [1]Durch Erklärung gegenüber der Bauaufsichtsbehörde können Grundstückseigentümerinnen und Grundstückseigentümer öffentlich-rechtliche Verpflichtungen zu einem ihre Grundstücke betreffenden Tun, Dulden oder Unterlassen übernehmen, die sich nicht schon aus öffentlich-rechtlichen Vorschriften ergeben. [2]Erbbauberechtigte können ihr Erbbaurecht in entsprechender Weise belasten. [3]Baulasten werden unbeschadet der Rechte Dritter mit der Eintragung in das Baulastenverzeichnis wirksam und wirken auch gegenüber Rechtsnachfolgerinnen und Rechtsnachfolgern.

(2) Die Erklärung nach Absatz 1 bedarf der Schriftform; die Unterschrift muss öffentlich beglaubigt oder von einer Öffentlich bestellten Vermessungsingenieurin oder einem Öffentlich bestellten Vermessungsingenieur oder von der Katasterbehörde beglaubigt sein, wenn sie nicht vor der Bauaufsichtsbehörde geleistet oder vor ihr anerkannt wird.

(3) [1]Die Baulast geht durch Verzicht der Bauaufsichtsbehörde unter. [2]Der Verzicht ist zu erklären, wenn ein öffentliches Interesse an der Baulast nicht mehr besteht. [3]Vor dem Verzicht sollen die oder der Verpflichtete und die durch die Baulast Begünstigten angehört werden. [4]Der Verzicht wird mit der Löschung der Baulast im Baulastenverzeichnis wirksam.

(4) [1]Das Baulastenverzeichnis wird von der Bauaufsichtsbehörde geführt. [2]In das Baulastenverzeichnis können auch eingetragen werden

1. andere baurechtliche Verpflichtungen des Grundstückseigentümers zu einem sein Grundstück betreffendes Tun, Dulden oder Unterlassen,
2. Auflagen, Bedingungen, Befristungen und Widerrufsvorbehalte.

(5) [1]Wer ein berechtigtes Interesse darlegt, kann in das Baulastenverzeichnis Einsicht nehmen oder sich einen Auszug erstellen lassen. [2]Öffentlich bestellte Vermessungsingenieurinnen und Öffentlich bestellte Vermessungsingenieure sowie Notarinnen und Notare sind befugt, das Baulastenverzeichnis einzusehen, ohne dass es der Darlegung eines berechtigten Interesses bedarf.

(6) Die bestehenden rechtlichen Sicherungen durch beschränkte persönliche Dienstbarkeiten behalten ihre Gültigkeit, soweit sie nicht durch Baulasten nach Absatz 1 ersetzt und die Eintragungen im Grundbuch gelöscht wurden.

TEIL 6 Ordnungswidrigkeiten, Rechtsvorschriften, Übergangsvorschriften

§ 85 Ordnungswidrigkeiten

(1) [1]Ordnungswidrig handelt, wer vorsätzlich oder fahrlässig

1. einer nach § 86 Absatz 1 bis 3 erlassenen Rechtsverordnung oder einer nach § 87 Absatz 1 und 2 erlassenen Satzung zuwiderhandelt, sofern die Rechtsverordnung

oder die örtliche Bauvorschrift für einen bestimmten Tatbestand auf diese Bußgeldvorschrift verweist,
2. einer vollziehbaren Anordnung der Bauaufsichtsbehörde zuwiderhandelt, die aufgrund dieses Gesetzes oder aufgrund einer nach diesem Gesetz zulässigen Rechtsverordnung oder Satzung erlassen worden ist, sofern die Anordnung auf die Bußgeldvorschrift verweist,
3. ohne die erforderliche Baugenehmigung (§ 59 Absatz 1), Teilbaugenehmigung (§ 74) oder Abweichung (§ 67) oder abweichend davon bauliche Anlagen errichtet, ändert oder benutzt,
4. entgegen der Vorschrift des § 62 Absatz 3 Satz 1 mit der Ausführung eines Bauvorhabens beginnt,
5. Fliegende Bauten ohne Ausführungsgenehmigung (§ 76 Absatz 2) in Gebrauch nimmt oder ohne Anzeige und Abnahme (§ 76 Absatz 6) in Gebrauch nimmt,
6. entgegen der Vorschrift des § 72 Absatz 7 mit den Bauarbeiten beginnt, entgegen der Vorschrift des § 83 Absatz 1 Bauarbeiten fortsetzt oder entgegen der Vorschrift des § 83 Absatz 2 Satz 1 und 2 bauliche Anlagen nutzt,
7. die Baubeginnsanzeige (§ 72 Absatz 8) nicht oder nicht fristgerecht erstattet,
8. Bauprodukte mit dem Ü-Zeichen kennzeichnet, ohne dass dafür die Voraussetzungen nach § 21 Absatz 3 bis 5 vorliegen,
9. Bauprodukte entgegen § 21 Absatz 3 bis 5 ohne das Ü-Zeichen verwendet,
10. Bauarten entgegen § 16a ohne Bauartgenehmigung oder allgemeines bauaufsichtliches Prüfzeugnis für Bauarten anwendet,
11. als Bauherrin oder Bauherr, Entwurfsverfasserin oder Entwurfsverfasser, Unternehmerin oder Unternehmer, Bauleiterin oder Bauleiter oder als deren Vertreter den Vorschriften der § 53 Absatz 1 Satz 1 bis 3, 5 und 6, § 54 Absatz 1 Satz 3, § 55 Absatz 1 Satz 1 und 2 oder § 56 Absatz 1 zuwiderhandelt,
12. entgegen § 83 Absatz 2 Satz 4 eine Feuerstätte, einen ortsfesten Verbrennungsmotor oder ein Blockheizkraftwerk in Betrieb nimmt.

[2]Ist eine Ordnungswidrigkeit nach Satz 1 Nummer 8 bis 10 begangen worden, können Gegenstände, auf die sich die Ordnungswidrigkeit bezieht, eingezogen werden; § 22 des Gesetzes über Ordnungswidrigkeiten ist anzuwenden.

(2) Ordnungswidrig handelt auch, wer wider besseres Wissen
1. unrichtige Angaben macht oder unrichtige Pläne oder Unterlagen vorlegt, um einen nach diesem Gesetz vorgesehenen Verwaltungsakt zu erwirken oder zu verhindern,
2. als Prüfingenieurin oder Prüfingenieur unrichtige Prüfberichte erstellt,
3. unrichtige Angaben aufgrund des Kriterienkatalogs nach § 66 Absatz 3 Satz 1 Nummer 2 macht.

(3) Die Ordnungswidrigkeit kann mit einer Geldbuße bis zu 500 000 Euro geahndet werden.

(4) [1]Verwaltungsbehörde im Sinne des § 36 Absatz 1 Nummer 1 des Gesetzes über Ordnungswidrigkeiten ist die untere Bauaufsichtsbehörde. [2]Ist die amtsfreie Gemeinde, das Amt, die Verbandsgemeinde, die mitverwaltete Gemeinde oder die mitverwaltende Gemeinde nach § 58 Absatz 6 und 7 als Sonderordnungsbehörde zuständig, so ist diese Verwaltungsbehörde im Sinne des § 36 Absatz 1 Nummer 1 des Gesetzes über Ordnungswidrigkeiten.

§ 86
Rechtsvorschriften

(1) Zur Verwirklichung der in § 3 Satz 1, § 16a Absatz 1 und § 16b Absatz 1 bezeichneten Anordnungen wird das für die Bauaufsicht zuständige Mitglied der Landesregierung ermächtigt, durch Rechtsverordnung Vorschriften zu erlassen über
1. die nähere Bestimmung allgemeiner Anforderungen der §§ 4 bis 48,
2. Anforderungen an Feuerungsanlagen (§ 42),
3. Anforderungen an Garagen (§ 49),

4. besondere Anforderungen oder Erleichterungen, die sich aus der besonderen Art oder Nutzung der baulichen Anlagen für Errichtung, Änderung, Unterhaltung, Betrieb und Nutzung ergeben (§ 51), sowie über die Anwendung solcher Anforderungen auf bestehende bauliche Anlagen dieser Art,
5. Erst-, Wiederholungs- und Nachprüfung von Anlagen, die zur Verhütung erheblicher Gefahren oder Nachteile ständig ordnungsgemäß unterhalten werden müssen, und die Erstreckung dieser Nachprüfungspflicht auf bestehende Anlagen,
6. die Anwesenheit fachkundiger Personen beim Betrieb technisch schwieriger baulicher Anlagen und Einrichtungen wie Bühnenbetriebe und technisch schwierige Fliegende Bauten einschließlich des Nachweises der Befähigung dieser Personen.

(2) [1]Das für die Bauaufsicht zuständige Mitglied der Landesregierung wird ermächtigt, durch Rechtsverordnung Vorschriften zu erlassen über

1. Prüfingenieurinnen und Prüfingenieure, denen bauaufsichtliche Prüfaufgaben einschließlich der Bauüberwachung und der Bauzustandsbesichtigung durch die Bauherrin oder den Bauherrn übertragen werden, sowie
2. Prüfsachverständige, die im Auftrag der Bauherrin oder des Bauherrn oder der sonstigen nach Bauordnungsrecht Verantwortlichen die Einhaltung bauordnungsrechtlicher Anforderungen prüfen und bescheinigen.

[2]Die Rechtsverordnungen nach Satz 1 regeln, soweit erforderlich,

1. die Fachbereiche und die Fachrichtungen, in denen Prüfingenieurinnen und Prüfingenieure und Prüfsachverständige tätig werden,
2. die Anerkennungsvoraussetzungen und das Anerkennungsverfahren,
3. Erlöschen, Rücknahme und Widerruf der Anerkennung einschließlich der Festlegung einer Altersgrenze,
4. die Aufgabenerledigung,
5. die Vergütung,
6. das Erfordernis einer ausreichenden Haftpflichtversicherung,
7. die Anforderungen an die Prüfingenieurinnen und Prüfingenieure und Prüfsachverständigen, insbesondere in Bezug auf deren Ausbildung, Fachkenntnisse, Berufserfahrung, persönliche Zuverlässigkeit sowie Fort- und Weiterbildung,
8. die Einrichtung von Stellen zur gemeinsamen und einheitlichen Bewertung, Berechnung und Erhebung der Kosten der Prüfingenieurinnen und Prüfingenieure und die Aufsicht über diese Stelle,
9. die Übertragung der Aufgaben einer Widerspruchsbehörde für Entscheidungen über Widersprüche gegen Kostenentscheidungen auf eine nach Nummer 8 eingerichtete Stelle oder einen bei dieser Stelle gebildeten Widerspruchsausschuss,
10. die Übertragung der Zuständigkeit für die Beitreibung der Gebühren im Verwaltungszwangsverfahren auf die nach Nummer 8 eingerichtete Stelle,
11. die Übertragung der Befugnis zur Anerkennung und zur Überwachung oder Aufsicht auf eine der obersten Bauaufsichtsbehörde nachgeordnete Behörde oder auf Dritte,
12. die Überwachung der Prüfsachverständigen und die Aufsicht über die Prüfingenieurinnen und Prüfingenieure.

[3]Die Zuständigkeiten für die Erledigung der Aufgaben nach Satz 2 Nummer 8 bis 11 können durch Beleihung nach § 16 des Landesorganisationsgesetzes übertragen werden. [4]Das für die Bauaufsicht zuständige Mitglied der Landesregierung kann durch Rechtsverordnung ferner

1. den Leiterinnen und Leitern und den stellvertretenden Leiterinnen und Leitern von Brandschutzdienststellen die Stellung einer Prüfsachverständigen oder eines Prüfsachverständigen nach Satz 1 Nummer 2 zuweisen,
2. soweit für bestimmte Fachbereiche und Fachrichtungen Prüfsachverständige nach Satz 1 Nummer 2 nicht in ausreichendem Umfang anerkannt sind, an-

ordnen, dass die von solchen Prüfsachverständigen zu prüfenden und zu bescheinigenden bauordnungsrechtlichen Anforderungen bauaufsichtlich geprüft werden können,
3. soweit Tragwerksplanerinnen und Tragwerksplaner nach § 66 Absatz 2 Satz 1 oder Brandschutzplanerinnen und Brandschutzplaner nach § 66 Absatz 2 Satz 3 noch nicht in ausreichendem Umfang eingetragen sind, anordnen, dass die Standsicherheit- oder Brandschutznachweise bauaufsichtlich geprüft werden und die Bauausführung bauaufsichtlich überwacht wird.

(3) [1]Das für die Bauaufsicht zuständige Mitglied der Landesregierung wird ermächtigt, durch Rechtsverordnung Vorschriften zu erlassen über
1. Umfang, Inhalt, Zahl, Form sowie Art der Übermittlung der erforderlichen Unterlagen einschließlich der Vorlagen bei der Anzeige der beabsichtigten Beseitigung von Anlagen und beim Bauanzeigeverfahren nach § 62,
2. Umfang, Inhalt und Zahl der Bauvorlagen und deren Prüfung, die für die in die Baugenehmigung nach § 72 Absatz 1 Satz 2 eingeschlossenen Entscheidungen erforderlich sind,
3. die erforderlichen Anträge, Anzeigen, Nachweise, Bescheinigungen und Bestätigungen, auch bei genehmigungsfreien Bauvorhaben,
4. das Verfahren im Einzelnen,
5. die von den am Bau Beteiligten, insbesondere zum Nachweis einer ordnungsgemäßen Bauausführung vorzulegenden Anzeigen, Bescheinigungen oder Nachweise, sowie Prüfzeugnisse oder Bescheinigungen von Sachverständigen, sachverständigen Stellen oder Behörden,
6. die erforderlichen Unterlagen und Nachweise zur Einhaltung der Anforderungen an die Energieeinsparung sowie zur Nutzung erneuerbarer Energien (§ 15 Absatz 4),
7. die zu erhebenden personenbezogenen Daten der am Verfahren Beteiligten, der Nachbarn und des Eigentümers des Baugrundstücks,
8. eine Anzeige- und Vorerkundungspflicht für Vorhaben zur Beseitigung baulicher Anlagen.

[2]Es kann dabei für verschiedene Arten von Bauvorhaben unterschiedliche Anforderungen und Verfahren festlegen und den Gebrauch der von der obersten Bauaufsichtsbehörde veröffentlichten Vordrucke vorschreiben.

(4) [1]Das für die Bauaufsicht zuständige Mitglied der Landesregierung wird ermächtigt, durch Rechtsverordnung
1. die Zuständigkeit für die vorhabenbezogene Bauartgenehmigung nach § 16a Absatz 2 Satz 1 Nummer 2 und den Verzicht darauf im Einzelfall nach § 16a Absatz 4 sowie die Zustimmung und den Verzicht auf Zustimmung im Einzelfall (§ 20) zu übertragen,
2. die Zuständigkeit für die Anerkennung von Prüf-, Zertifizierungs- und Überwachungsstellen (§ 24) auf andere Behörden zu übertragen; die Zuständigkeit kann auch auf eine Behörde eines anderen Landes der Bundesrepublik Deutschland übertragen werden, die der Aufsicht einer obersten Bauaufsichtsbehörde untersteht oder an deren Willensbildung die oberste Bauaufsichtsbehörde mitwirkt,
3. das Ü-Zeichen festzulegen und zu diesem Zeichen zusätzliche Angaben zu verlangen,
4. das Anerkennungsverfahren nach § 24, die Voraussetzungen für die Anerkennung, ihre Rücknahme, ihren Widerruf und ihr Erlöschen zu regeln, insbesondere auch Altersgrenzen festzulegen, sowie eine ausreichende Haftpflichtversicherung zu fordern,
5. die Erteilung von Typenprüfungen (§ 66 Absatz 4 Satz 3),
6. die Genehmigung Fliegender Bauten (§ 76),
7. die Prüfung bautechnischer Nachweise besonderen Schwierigkeitsgrades, einschließlich der Überprüfung der Bauausführung,

8. die Zustimmung zu Vorhaben öffentlicher Bauherrn (§ 77),
9. die Beratung der unteren Bauaufsichtsbehörden in bauaufsichtlichen Angelegenheiten,
10. die Erteilung und Bestätigung der Anwendung von Typengenehmigungen (§ 72a),

zur landesweit einheitlichen Wahrnehmung auf eine der obersten Bauaufsichtsbehörde nachgeordnete Behörde zu übertragen. [2]Die Zuständigkeiten für die Erledigung der Aufgaben nach Satz 1 Nummer 5 bis 7 und der Aufgaben nach § 76 sowie für die Erledigung dieser Aufgaben erforderlichen Befugnisse können durch Beleihung nach § 16 des Landesorganisationsgesetzes übertragen werden.

(4a) Die oberste Bauaufsichtsbehörde kann durch Rechtsverordnung regeln, dass für bestimmte Bauprodukte und Bauarten, auch soweit sie Anforderungen nach anderen Rechtsvorschriften unterliegen, hinsichtlich dieser Anforderungen § 16a Absatz 2, die §§ 17 bis 25 ganz oder teilweise anwendbar sind, wenn die anderen Rechtsvorschriften dies verlangen oder zulassen.

(5) [1]Das für die Bauaufsicht zuständige Mitglied der Landesregierung wird ermächtigt, durch Rechtsverordnung zu bestimmen, dass die Anforderungen der aufgrund des § 31 des Gesetzes über überwachungsbedürftige Anlagen und des § 49 Absatz 4 des Energiewirtschaftsgesetzes erlassenen Rechtsverordnungen entsprechend für Anlagen gelten, die weder gewerblichen noch wirtschaftlichen Zwecken dienen und in deren Gefahrenbereich auch keine Arbeitnehmerinnen oder Arbeitnehmer beschäftigt werden. [2]Sie kann auch die Verfahrensvorschriften dieser Verordnungen für anwendbar erklären oder selbst das Verfahren bestimmen sowie Zuständigkeiten und Gebühren regeln. [3]Dabei kann sie auch vorschreiben, dass danach zu erteilende Erlaubnisse die Baugenehmigung oder die Zustimmung nach § 77 einschließlich der zugehörigen Abweichungen einschließen sowie dass § 27 Absatz 5 des Gesetzes über überwachungsbedürftige Anlagen insoweit Anwendung findet.

(6) Das für die Bauaufsicht zuständige Mitglied der Landesregierung wird ermächtigt, im Benehmen mit dem für Umwelt und Naturschutz zuständigen Mitglied der Landesregierung durch Rechtsverordnung

1. über Absatz 3 hinaus Vorschriften über Umfang, Inhalt und Zahl der Bauvorlagen für Aufschüttungen oder Abgrabungen zu erlassen; dabei kann insbesondere ein Aufschüttungs- oder Abgrabungsplan mit Zeichnungen, Zeitplan und Erläuterungen vorgeschrieben werden, aus dem die Einzelheiten des Vorhabens, sein Anlass, die vom Vorhaben betroffenen Grundstücke und Anlagen, seine Auswirkungen und die Maßnahmen der Rekultivierung oder Renaturierung hervorgehen,
2. die Verpflichtung der Unternehmerin oder des Unternehmers oder der Eigentümerin oder des Eigentümers zur Rekultivierung oder Renaturierung und zu einer Sicherheitsleistung zu bestimmen und die Höhe der Sicherheitsleistung zu regeln.

(7) Das für die Bauaufsicht zuständige Mitglied der Landesregierung wird ermächtigt, durch Rechtsverordnung Vorschriften über Umfang, Inhalt und Form des Baulastenverzeichnisses zu regeln.

§ 86a
Technische Baubestimmungen

(1) [1]Die Anforderungen nach § 3 können durch Technische Baubestimmungen konkretisiert werden. [2]Die Technischen Baubestimmungen sind zu beachten. [3]Von den in den Technischen Baubestimmungen enthaltenen Planungs-, Bemessungs- und Ausführungsregelungen kann abgewichen werden, wenn mit einer anderen Lösung in gleichem Maße die Anforderungen erfüllt werden und in der Technischen Baubestimmung eine Abweichung nicht ausgeschlossen ist; § 16a Absatz 2, § 17 Absatz 1 und § 67 Absatz 1 bleiben unberührt.

(2) Die Konkretisierungen können durch Bezugnahmen auf technische Regeln und deren

Fundstellen oder auf andere Weise erfolgen, insbesondere in Bezug auf:
1. bestimmte bauliche Anlagen oder ihre Teile,
2. die Planung, Bemessung und Ausführung baulicher Anlagen und ihrer Teile,
3. die Leistung von Bauprodukten in bestimmten baulichen Anlagen oder ihren Teilen, insbesondere
   a) Planung, Bemessung und Ausführung baulicher Anlagen bei Einbau eines Bauprodukts,
   b) Merkmale von Bauprodukten, die sich für einen Verwendungszweck auf die Erfüllung der Anforderungen nach § 3 Satz 1 auswirken,
   c) Verfahren für die Feststellung der Leistung eines Bauproduktes im Hinblick auf Merkmale, die sich für einen Verwendungszweck auf die Erfüllung der Anforderungen nach § 3 Satz 1 auswirken,
   d) zulässige oder unzulässige besondere Verwendungszwecke,
   e) die Festlegung von Klassen und Stufen in Bezug auf bestimmte Verwendungszwecke,
   f) die für einen bestimmten Verwendungszweck anzugebende oder erforderliche und anzugebende Leistung in Bezug auf ein Merkmal, das sich für einen Verwendungszweck auf die Erfüllung der Anforderungen nach § 3 Satz 1 auswirkt, soweit vorgesehen in Klassen und Stufen,
4. die Bauarten und die Bauprodukte, die nur eines allgemeinen bauaufsichtlichen Prüfzeugnisses nach § 16a Absatz 3 oder nach § 19 Absatz 1 bedürfen,
5. Voraussetzungen zur Abgabe der Übereinstimmungserklärung für ein Bauprodukt nach § 22,
6. die Art, den Inhalt und die Form technischer Dokumentation.

(3) Die Technischen Baubestimmungen sollen nach den Grundanforderungen gemäß Anhang I der Verordnung (EU) Nr. 305/2011 gegliedert sein.

(4) Die Technischen Baubestimmungen enthalten die in § 17 Absatz 3 genannte Liste.

(5) [1]Das Deutsche Institut für Bautechnik macht nach Anhörung der beteiligten Kreise im Einvernehmen mit der obersten Bauaufsichtsbehörde zur Durchführung dieses Gesetzes und der aufgrund dieses Gesetzes erlassenen Rechtsverordnungen die Technischen Baubestimmungen nach Absatz 1 als Verwaltungsvorschrift bekannt. [2]Die nach Satz 1 bekannt gemachte Verwaltungsvorschrift gilt als Verwaltungsvorschrift des Landes Brandenburg, soweit die oberste Bauaufsichtsbehörde keine abweichende Verwaltungsvorschrift im Amtsblatt für Brandenburg bekannt macht. [3]Die Fundstelle der Bekanntmachung der Verwaltungsvorschrift nach Satz 1 wird im Amtsblatt für Brandenburg bekannt gemacht.

§ 87
Örtliche Bauvorschriften

(1) [1]Die Gemeinden können örtliche Bauvorschriften erlassen über
1. besondere Anforderungen an die äußere Gestaltung baulicher Anlagen und anderer Anlagen und Einrichtungen sowie die Notwendigkeit oder das Verbot von Einfriedungen und das Verbot von Schottergärten,
2. besondere Anforderungen an die Art, die Größe, die Gestaltung, die Farbe und den Anbringungsort von Werbeanlagen,
3. den Ausschluss von Werbeanlagen an bestimmten baulichen Anlagen,
4. eine besondere Erlaubnispflicht für Werbeanlagen, die ohne Baugenehmigung errichtet werden dürfen, soweit für diese Werbeanlagen besondere Anforderungen nach Nummer 2 bestehen,
5. die Begrünung baulicher Anlagen.

[2]Die Gemeinde kann die örtlichen Bauvorschriften nach Satz 1 Nummer 1 und 2 erlassen, soweit dies zur Verwirklichung baugestalterischer und städtebaulicher Absichten oder zum Schutz bestimmter Bauten, Straßen, Plätze oder Ortsteile von geschichtlicher, künstlerischer oder städtebaulicher Bedeutung sowie von Baudenkmälern und Naturdenkmälern erforderlich ist.

(2) [1]Die Gemeinde kann durch örtliche Bauvorschriften andere als die nach § 6 Absatz 5 vorgeschriebenen Abstandsflächen festsetzen. [2]Die Festsetzungen über die überbaubaren Grundstücksflächen und die Höhe der baulichen Anlagen müssen so bestimmt sein, dass die nach § 6 zu berücksichtigenden nachbarlichen Belange abgewogen werden können. [3]Eine geringere Tiefe der Abstandsflächen darf insbesondere zur Wahrung der erhaltenswerten Eigenart und zur städtebaulichen Gestaltung eines bestimmten Ortsteiles festgesetzt werden.

(3) [1]Die Gemeinde kann örtliche Bauvorschriften über Kinderspielplätze erlassen. [2]Sie kann dabei

1. die Größe, Art und Ausstattung der Kinderspielplätze nach Art und Maß der Nutzung festsetzen,
2. die Anforderungen für den Zugang und die sichere Benutzbarkeit der Kinderspielplätze festsetzen,
3. die nachträgliche Anlage eines Kinderspielplatzes festsetzen, wenn dies die Gesundheit und der Schutz der Kinder erfordern,
4. die Geldbeträge für die Ablösung der Kinderspielplätze bestimmen.

(4) [1]Die Gemeinde kann örtliche Bauvorschriften über notwendige Stellplätze erlassen. [2]Sie kann dabei

1. die Zahl der erforderlichen notwendigen Stellplätze nach Art und Maß der Nutzung unter Berücksichtigung der verkehrlichen, wirtschaftspolitischen oder städtebaulichen Gründe unterschiedlich festsetzen und insoweit besondere Maßnahmen, wie Mobilitätskonzepte und Maßnahmen des Mobilitätsmanagements, die die Pflicht zur Herstellung der notwendigen Stellplätze verringern, bestimmen,
2. die Herstellung von Stellplätzen und Garagen für Kraftfahrzeuge untersagen oder einschränken, wenn verkehrliche, wirtschaftspolitische oder städtebauliche Gründe dies rechtfertigen; insbesondere bei guter Erschließung durch Einrichtungen des öffentlichen Personennahverkehrs,
3. die Geldbeträge für die Ablösung notwendiger Stellplätze bestimmen.

[3]Bis zu einem Fünftel der notwendigen Stellplätze können durch Abstellplätze für Fahrräder ersetzt werden. [4]Dabei sind für einen notwendigen Stellplatz vier Abstellplätze für Fahrräder herzustellen; diese werden zur Hälfte auf die Verpflichtung nach Absatz 5 angerechnet. [5]Die Ermächtigung des Satzes 2 erstreckt sich nicht auf die nach § 50 Absatz 4 notwendigen Stellplätze.

(5) [1]Die Gemeinde kann örtliche Bauvorschriften über notwendige Abstellplätze für Fahrräder erlassen. [2]Sie kann dabei

1. die Zahl der erforderlichen Fahrradabstellplätze nach Art und Maß der Nutzung festsetzen,
2. die Größe, die Lage und die Ausstattung dieser Abstellplätze festlegen,
3. die Geldbeträge für die Ablösung der notwendigen Abstellplätze für Fahrräder bestimmen.

(6) Die Gemeinde kann durch örtliche Bauvorschriften die Art, die Gestaltung und die Bauausführung der für die Errichtung und den Betrieb baulicher Anlagen erforderlichen Erschließungsanlagen bestimmen sowie nach anderen landesrechtlichen Vorschriften zulässige Festsetzungen über die Errichtung und den Betrieb baulicher Anlagen in gemeindlichen Satzungen auch in örtlichen Bauvorschriften festsetzen.

(7) Die Gemeinde kann, soweit die Voraussetzungen des § 15 Absatz 1 Satz 2 des Baugesetzbuchs vorliegen, durch örtliche Bauvorschrift bestimmen, welche der nach § 61 genehmigungsfreien Vorhaben spätestens einen Monat vor Durchführung des Vorhabens der Gemeinde anzuzeigen sind.

(8) [1]Die Gemeinde erlässt die örtlichen Bauvorschriften als Satzung für das Gemeindegebiet oder Teile des Gemeindegebietes. [2]Für den Außenbereich dürfen örtliche Bauvorschriften nach Absatz 1 Satz 1 Nummer 2 nicht erlassen werden. [3]Vor dem Erlass der Satzung ist den betroffenen Bürgern und den berührten Trägern öffentlicher Belange Gelegenheit zur Stellungnahme innerhalb einer Frist von einem Monat zu geben.

(9) [1]Örtliche Bauvorschriften nach Absatz 1 bis 6 können auch in

1. einen Bebauungsplan nach § 30 Absatz 1 bis 3 des Baugesetzbuchs oder
2. eine Satzung nach § 34 Absatz 4 Satz 1 Nummer 2 und 3 des Baugesetzbuchs

als Festsetzungen aufgenommen werden. [2]Für diese Festsetzungen sind die Verfahrensvorschriften des Baugesetzbuchs entsprechend anzuwenden.

(10) [1]Festsetzungen in örtlichen Bauvorschriften können auch in Form zeichnerischer Darstellungen erfolgen. [2]Ihre Bekanntgabe kann dadurch ersetzt werden, dass dieser Teil der örtlichen Bauvorschriften bei der Gemeinde zur Einsicht ausgelegt wird; hierauf ist in den örtlichen Bauvorschriften hinzuweisen.

§ 88 Übergangsvorschriften

(1) § 73 Absatz 2 ist auf alle Baugenehmigungen und Vorbescheide anwendbar, deren Geltungsdauer bei Inkrafttreten dieses Gesetzes noch nicht abgelaufen war.

(2) [1]Solange § 20 Absatz 1 der Baunutzungsverordnung zur Begriffsbestimmung des Vollgeschosses auf Landesrecht verweist, gilt insoweit § 2 Absatz 4 der Brandenburgischen Bauordnung in der Fassung der Bekanntmachung vom 17. September 2008 (GVBl. I S. 226) fort. [2]Auf Satzungen nach dem Baugesetzbuch, die bis zum Inkrafttreten dieses Gesetzes Rechtswirksamkeit erlangt haben, ist der zum Zeitpunkt des jeweiligen Satzungsbeschlusses geltende Begriff des Vollgeschosses weiter anzuwenden.

(3) Die bisher erfolgten Eintragungen der Brandenburgischen Ingenieurkammer in die Liste der Bauvorlageberechtigten behalten ihre Gültigkeit, soweit sie nicht durch Eintragungen in die Liste mit dem Zusatz Bauvorlageberechtigung nach § 65 Absatz 2 Nummer 2 ersetzt wurden.

(4) Die vor dem Inkrafttreten dieses Gesetzes eingeleiteten Verfahren sind nach den bis zum Inkrafttreten geltenden Vorschriften fortzuführen; die materiellen Vorschriften dieses Gesetzes sind jedoch anzuwenden, soweit diese für die Bauherrin oder den Bauherrn günstiger sind.

(5) [1]Die Verwendung des Ü-Zeichens auf Bauprodukten, die die CE-Kennzeichnung aufgrund der Verordnung (EU) Nr. 305/2011 tragen, ist nicht mehr zulässig. [2]Ab dem 16. Oktober 2018 verliert das Ü-Zeichen seine Gültigkeit bei bereits in Verkehr gebrachten Bauprodukten, die die CE-Kennzeichnung aufgrund der Verordnung (EU) Nr. 305/2011 tragen und mit dem Ü-Zeichen gekennzeichnet sind.

(6) Bis zum Ablauf des 15. Oktober 2018 für Bauarten erteilte allgemeine bauaufsichtliche Zulassungen oder Zustimmungen im Einzelfall gelten als Bauartgenehmigung fort.

(7) [1]Die bis zum Ablauf des 15. Oktober 2018 erteilten Anerkennungen als Prüf-, Überwachungs- und Zertifizierungsstellen bleiben wirksam. [2]Für Anträge auf Anerkennung von Prüf-, Überwachungs- und Zertifizierungsstellen, die bis zum Ablauf des 15. Oktober 2018 gestellt worden sind, gilt dieses Gesetz in der ab dem 16. Oktober 2018 geltenden Fassung.

(8) [1]Die in der Anlage bestimmten Ausbildungsanforderungen finden keine Anwendung auf Personen, die ihr Studium bis zum 31. Dezember 2023 begonnen haben. [2]Für diese Personen gelten die Ausbildungsanforderungen des § 65 gemäß der ab dem 16. Oktober 2018 geltenden Fassung dieses Gesetzes.

Anlage
(zu § 65 Absatz 3 Nummer 3 und § 65a Absatz 1 Nummer 1)

Leitlinien zu Ausbildungsinhalten

Allgemeines
Die theoretischen und praktischen Inhalte des Studiums müssen auf die umfassenden Berufsaufgaben sowie auf die beruflichen Fähigkeiten und Tätigkeiten von Bauingenieuren ausgerichtet sein. Die Tätigkeit von Bauingenieuren umfasst im Wesentlichen die Planung, den Entwurf, die Konstruktion, die Ausführung, die Instandhaltung, den Betrieb und den Rückbau von Gebäuden und baulichen Anlagen jeder Art, insbesondere in den Bereichen des Hoch-, Verkehrs-, Tief- und Wasserbaus.

Inhaltliche Anforderungen an das Studium des Bauingenieurwesens
Im Rahmen eines hauptsächlich auf das Bauingenieurwesen ausgerichteten Studiengangs mit der Bezeichnung „Bauingenieurwesen“ oder entsprechenden Studiengängen von mit mindestens drei Studienjahren (entspricht 180 Leistungspunkten gemäß dem Europäischen System zur Übertragung und Akkumulierung von Studienleistungen) müssen mindestens 135 Leistungspunkte in Studienfächern erworben werden, die dem Bauwesen zugeordnet werden können.
Hierzu gehören:
1. Studienfächer, die ein fundiertes Grundlagenwissen im thematisch-naturwissenschaftlichen Bereich vermitteln, insbesondere Höhere Mathematik, technische Mechanik, Bauphysik, Bauchemie, und Baustoffkunde und Technisches Darstellen,
2. Studienfächer, die allgemeine fachspezifische Grundlagen des Bauingenieurwesens vermitteln, insbesondere Baukonstruktion/Objektplanung Gebäude, Tragwerkslehreplanung, Bauinformatik/Geoinformatik, Digitales Bauen, numerische Modellierung, Geotechnik, Bodenmechanik und Geodäsie,
3. Studienfächer, die spezifische Kenntnisse des konstruktiven Ingenieurbaus vermitteln, insbesondere Baustatik, Massivbau (Beton-, Stahlbeton- und Mauerwerksbau), Stahl- und Metallbau, Holzbau, Verbundbau, Glasbau und Kunststoffe, Brückenbau,
4. Studienfächer, die vertiefte Kenntnisse in bauingenieurspezifischen Spezialbereichen vermitteln, insbesondere Wasserwirtschaft, Wasserbau, Siedlungswasserwirtschaft, Abfallwirtschaft und Altlasten, Verkehrsplanung, öffentliche Verkehrssysteme und Verkehrswege (Straße, Schiene), Straßenwesen,
5. Studienfächer, die vertiefte Kenntnisse des Baumanagements vermitteln, insbesondere Bauprojektmanagement, Bauprozessmanagement und Baubetriebswirtschaft, Bauplanungsmanagement,
6. Studieninhalte, die weitere allgemeine Grundlagen vermitteln, insbesondere Baurecht [Planungsrecht, Ordnungsrecht, Zivilrecht (Verträge, Haftung)], Bauen im Bestand, Ökologie, Fremdsprachen (Fachwortschatz) und technische Gebäudeausrüstung.

Der Anteil der in den Nummern 1 bis 4 genannten Studienfächer muss dabei mindestens 110 Leistungspunkte betragen.

Teil 2. Zuständigkeiten, Bauvorlagen und Baugebühren

2.1 Verordnung
über die Übertragung bauaufsichtlicher Zuständigkeiten im Land Brandenburg
(Brandenburgische Bauzuständigkeitsverordnung – BbgBauZV)

Vom 31. Januar 2020 (GVBl. II Nr. 6), die zuletzt durch Artikel 2 der Verordnung vom 26. April 2024 (GVBl. II Nr. 25) geändert worden ist

– Fassung ab 30. April 2024 –

Auf Grund des § 86 Absatz 2 und Absatz 4 der Brandenburgischen Bauordnung in der Fassung der Bekanntmachung vom 15. November 2018 (GVBl. I Nr. 39) verordnet der Minister für Infrastruktur und Landesplanung:

§ 1
Übertragung von Zuständigkeiten auf das Bautechnische Prüfamt

(1) Bautechnisches Prüfamt ist das Landesamt für Bauen und Verkehr.

(2) Dem Bautechnischen Prüfamt wird die Zuständigkeit für folgende Aufgaben zur landesweit einheitlichen Wahrnehmung übertragen:

1. die Erteilung einer vorhabenbezogenen Bauartgenehmigung nach § 16a Absatz 2 Satz 1 Nummer 2 der Brandenburgischen Bauordnung in der jeweils geltenden Fassung,
2. die Festlegung des Verzichts einer vorhabenbezogenen Bauartgenehmigung nach § 16a Absatz 4 der Brandenburgischen Bauordnung in der jeweils geltenden Fassung,
3. die Erteilung einer Zustimmung zur Verwendung von Bauprodukten im Einzelfall nach § 20 der Brandenburgischen Bauordnung in der jeweils geltenden Fassung,
4. die Erklärung des Verzichts einer Zustimmung zur Verwendbarkeit von Bauprodukten im Einzelfall nach § 20 der Brandenburgischen Bauordnung in der jeweils geltenden Fassung,
5. die Erteilung von Typenprüfungen nach § 66 Absatz 4 der Brandenburgischen Bauordnung in der jeweils geltenden Fassung,
6. die Beratung der unteren Bauaufsichtsbehörden in Fragen der Bautechnik sowie der Bauprodukte und Bauarten,
7. die Anerkennung und Überwachung der Prüfingenieurinnen und Prüfingenieure sowie die Aufsicht über die Prüfingenieurinnen und Prüfingenieure,
8. die Erteilung von Typengenehmigungen nach § 72a Absatz 1 der Brandenburgischen Bauordnung in der jeweils geltenden Fassung,
9. die Verfolgung und Ahndung von Ordnungswidrigkeiten hinsichtlich der Ordnungswidrigkeiten im Bereich der Marktüberwachung für harmonisierte Bauprodukte nach § 36 Absatz 1 Nummer 2 Buchstabe a des Gesetzes über Ordnungswidrigkeiten in der Fassung der Bekanntmachung vom 19. Februar 1987 (BGBl. I S. 602), das zuletzt durch Artikel 5 des Gesetzes vom 14. März 2023 (BGBl. 2023 I Nr. 73) geändert worden ist, in Verbindung mit § 1 Absatz 2 des Brandenburgischen Marktüberwachungsdurchführungsgesetzes für harmonisierte Bauprodukte vom 1. April 2019 (GVBl. I Nr. 4), das durch das Gesetz vom 7. Dezember 2023 (GVBl. I Nr. 26) geändert worden ist.

§ 2
(Inkrafttreten, Außerkrafttreten)

2.2 Verordnung
über Zuständigkeiten nach dem Baugesetzbuch (Baugesetzbuchzuständigkeitsverordnung – BauGBZV)

Vom 15. Oktober 1997 (GVBl. II S. 821), die zuletzt durch Verordnung vom 31. Juli 2018 (GVBl. II Nr. 51) geändert worden ist

– Fassung ab 18. August 2018 –

Auf Grund des § 203 Abs. 3 des Baugesetzbuches in der Fassung der Bekanntmachung vom 8. Dezember 1986 (BGBl. I S. 2253), der durch Artikel 1 Nr. 19 des Gesetzes vom 22. April 1993 (BGBl. I S. 466, 470) geändert worden ist, verordnet die Landesregierung:

§ 1

(1) [1]Höhere Verwaltungsbehörde nach dem Baugesetzbuch sind für die kreisfreien Städte das für das Bauwesen zuständige Ministerium und im Übrigen die Landkreise, soweit in den Sätzen 2 und 3 nichts anderes bestimmt ist. [2]Das für das Bauwesen zuständige Ministerium ist höhere Verwaltungsbehörde auch für Landkreise, soweit denen durch Rechtsverordnung gemäß § 203 Absatz 1 des Baugesetzbuches die kommunale Planungshoheit übertragen wurde. [3]Höhere Verwaltungsbehörde nach § 104 des Baugesetzbuches ist das Ministerium des Innern.

(2) [1]Die Landkreise erfüllen die Aufgaben nach Absatz 1 Satz 1 als Pflichtaufgabe zur Erfüllung nach Weisung. [2]Sie unterliegen der Sonderaufsicht des für das Bauwesen zuständigen Ministeriums nach § 131 Abs. 1 der Kommunalverfassung des Landes Brandenburg in Verbindung mit den § 121 der Kommunalverfassung des Landes Brandenburg.

§ 2
(Inkrafttreten)

2.3 Verordnung über Vorlagen und Nachweise in bauaufsichtlichen Verfahren im Land Brandenburg (Brandenburgische Bauvorlagenverordnung – BbgBauVorlV)

Vom 7. November 2016 (GVBl. II. Nr. 60), die zuletzt durch Artikel 3 der Verordnung vom 31. März 2021 (GVBl. II Nr. 33) geändert worden ist

– Fassung ab 9. April 2021 –

Auf Grund des § 66 Absatz 1 Satz 1, des § 86 Absatz 2 Satz 4 Nummer 3 und Absatz 3 der Brandenburgischen Bauordnung vom 19. Mai 2016 (GVBl. I Nr. 14) verordnet die Ministerin für Infrastruktur und Landesplanung:

INHALTSÜBERSICHT

ABSCHNITT 1
Allgemeines

§ 1
Begriff, Beschaffenheit

(1) [1]Bauvorlagen sind die einzureichenden Unterlagen, die für die Beurteilung des Bauvorhabens und die Bearbeitung eines Antrages oder einer Anzeige in den Verfahren nach der Brandenburgischen Bauordnung sowie für die Anzeige der beabsichtigten

Beseitigung gemäß § 6 erforderlich sind. [2]Zu den Bauvorlagen zählen auch die besonderen Bauvorlagen für eingeschlossene Entscheidungen gemäß Anlage 3. [3]Bautechnische Nachweise nach den §§ 10 und 11 sowie die Nachweise für die Energieeinsparung und zur Nutzung Erneuerbarer Energien nach § 12 gelten auch dann als Bauvorlagen, wenn sie der Bauaufsichtsbehörde nicht vorzulegen sind.

(2) Bauvorlagen müssen aus alterungsbeständigem Papier oder gleichwertigem Material lichtbeständig hergestellt sein und dem Format DIN A4 entsprechen oder auf diese Größe gefaltet sein.

(3) Hat die oberste Bauaufsichtsbehörde Vordrucke veröffentlicht, sind diese zu verwenden.

(4) Die Bauaufsichtsbehörde darf ein Modell oder weitere Nachweise verlangen, wenn dies zur Beurteilung des Bauvorhabens erforderlich ist.

(5) Die Bauaufsichtsbehörde soll auf Bauvorlagen verzichten, wenn diese zur Beurteilung des Bauvorhabens nicht erforderlich sind.

(6) Lage- oder Höhenangaben sind im geodätischen Bezugssystem des amtlichen Vermessungswesens anzugeben.

§ 2
Einreichung des Antrages oder der Anzeige

(1) [1]Der Antrag oder die Anzeige ist schriftlich bei der zuständigen Bauaufsichtsbehörde einzureichen. [2]§ 1 Absatz 1 Satz 1 des Verwaltungsverfahrensgesetzes für das Land Brandenburg in Verbindung mit § 3a des Verwaltungsverfahrensgesetzes bleibt unberührt. [3]Die untere Bauaufsichtsbehörde kann eine elektronische Einreichung des Antrags oder der Anzeige sowie der Bauvorlagen in Textform zulassen und Vorgaben zur elektronischen Einreichung machen.

(2) [1]Der Antrag oder die Anzeige ist mit den erforderlichen Bauvorlagen in dreifacher Ausfertigung bei der zuständigen Bauaufsichtsbehörde einzureichen. [2]Die Bauaufsichtsbehörde kann weitere Ausfertigungen verlangen, soweit dies zur gleichzeitigen Beteiligung von Stellen nach § 69 Absatz 3 der Brandenburgischen Bauordnung erforderlich ist. [3]Der Antrag oder die Anzeige muss von der Bauherrin oder dem Bauherrn unterschrieben sein. [4]Ist die Bauherrin oder der Bauherr nicht Grundstückseigentümerin oder Grundstückseigentümer, so kann die schriftliche Zustimmung der Grundstückseigentümerin oder des Grundstückseigentümers zu dem Bauvorhaben gefordert werden. [5]Die Bauvorlagen müssen eine Angabe über die Entwurfsverfasserin oder den Entwurfsverfasser enthalten, die Bauvorlageberechtigung ist anzugeben, soweit diese gemäß § 65 Absatz 1 der Brandenburgischen Bauordnung erforderlich ist. [6]Bauvorlagen gemäß § 54 Absatz 2 der Brandenburgischen Bauordnung müssen eine Angabe über die Fachplanerinnen oder den Fachplaner enthalten.

(3) [1]Zusätzlich sind die Bauvorlagen in elektronischer Form im Portable Document Format (PDF oder PDF/A) vorzulegen. [2]Dateianlagen innerhalb der PDF-Dateien sind unzulässig.

(4) [1]Mit dem Antrag auf Prüfung der bautechnischen Nachweise durch die Bauaufsichtsbehörde oder einer Prüfingenieurin oder einen Prüfingenieur sind die bautechnischen Nachweise in zweifacher Ausfertigung einzureichen. [2]Bei Einreichung als elektronisches Dokument kann die Bauaufsichtsbehörde oder die Prüfingenieurin oder der Prüfingenieur eine § 1 Absatz 2 entsprechende Ausfertigung verlangen.

(5) [1]Ist die amtsfreie Gemeinde, das Amt oder die Verbandsgemeinde, die mitverwaltete oder die mitverwaltende Gemeinde als Sonderordnungsbehörde zuständig, so ist der Antrag oder die Anzeige mit den erforderlichen Bauvorlagen in zweifacher Ausfertigung bei der amtsfreien Gemeinde, dem Amt oder der Verbandsgemeinde, der mitverwalteten oder der mitverwaltenden Gemeinde einzureichen. [2]Absatz 1 Satz 3 gilt entsprechend.

(6) [1]Anträge auf Erteilung einer Ausführungsgenehmigung für Fliegende Bauten gemäß § 76 der Brandenburgischen Bauordnung sind bei der Prüfstelle für Fliegende Bauten einzureichen. [2]Dem Antrag sind die

Bauvorlagen beizufügen, die in der Verwaltungsvorschrift über Ausführungsgenehmigungen für Fliegende Bauten und deren Gebrauchsabnahmen aufgeführt sind. [3]Die Prüfstelle kann zusätzliche Bauvorlagen verlangen, wenn dies zur Beurteilung des Antrages erforderlich ist. [4]Absatz 1 Satz 3 gilt entsprechend.

(7) [1]Der Antrag auf Erteilung einer Typenprüfung gemäß § 66 Absatz 4 Satz 3 der Brandenburgischen Bauordnung sowie der Antrag auf Erteilung einer Typengenehmigung gemäß § 72a der Brandenburgischen Bauordnung ist mit den Bauvorlagen nach § 3 Absatz 3 bei der nach § 1 Absatz 2 der Brandenburgischen Bauzuständigkeitsverordnung zuständigen Stelle einzureichen. [2]Die von der nach § 1 Absatz 2 der Brandenburgischen Bauzuständigkeitsverordnung zuständigen Stelle veröffentlichten Anforderungen und Hinweise für einen Antrag auf Erteilung einer Typenprüfung und einer Typengenehmigung sind zu beachten. [3]Absatz 1 Satz 3 gilt entsprechend.

ABSCHNITT 2
Vorzulegende Bauvorlagen

§ 3
Bauliche Anlagen

(1) Vorzulegen sind:

1. ein Auszug aus der Liegenschaftskarte,
2. ein amtlicher Lageplan gemäß § 7 Absatz 3, soweit erforderlich,
3. ein objektbezogener Lageplan gemäß § 7 Absatz 6,
4. die Bauzeichnungen gemäß § 8,
5. die Baubeschreibung gemäß § 9,
6. der Nachweis der Standsicherheit gemäß § 10, soweit er bauaufsichtlich geprüft wird,
7. der Nachweis des Brandschutzes gemäß § 11, soweit er bauaufsichtlich geprüft wird, oder, im Fall des § 66 Absatz 2 Satz 3 der Brandenburgischen Bauordnung, die Erklärung zum Brandschutznachweis,
8. die erforderlichen Angaben über die gesicherte Erschließung hinsichtlich der Versorgung mit Wasser und Energie sowie der Entsorgung von Schmutz- und Niederschlagswasser und der verkehrsmäßigen Erschließung, soweit das Bauvorhaben nicht an eine öffentliche Wasser- oder Energieversorgung oder eine öffentliche Abwasserentsorgungsanlage angeschlossen werden kann oder nicht in ausreichender Breite an einer öffentlichen Verkehrsfläche liegt,
9. bei Bauvorhaben im Geltungsbereich eines Bebauungsplanes, der Festsetzungen zum Maß der baulichen Nutzung enthält, eine Berechnung des zulässigen, des vorhandenen und des geplanten Maßes der baulichen Nutzung,
10. bei Gebäuden der Erhebungsbogen für die Bautätigkeitsstatistik gemäß Hochbaustatistikgesetz.

(2) [1]Bei gewerblichen Betrieben und Anlagen sowie bei landwirtschaftlichen Betrieben ist dem Bauantrag eine Betriebsbeschreibung gemäß § 9 beizufügen. [2]Bei Sonderbauten sind dem Bauantrag die zusätzlichen Bauvorlagen beizufügen, die durch eine für den Sonderbau geltende Rechtsverordnung vorgeschrieben sind.

(3) [1]Mit dem Antrag nach § 2 Absatz 7 auf Erteilung einer Typengenehmigung sind insbesondere die Bauvorlagen nach Absatz 1 Nummer 4 bis 7 und, soweit es für die Beurteilung erforderlich ist, die Bauvorlagen nach Absatz 2 vorzulegen. [2]Ist eine Typengenehmigung nach § 72a der Brandenburgischen Bauordnung erteilt worden und gemäß § 72a Absatz 4 der Brandenburgischen Bauordnung Gegenstand des Verfahrens in der unteren Bauaufsichtsbehörde, ist die Typengenehmigung dem Antrag auf Baugenehmigung beizufügen.

§ 4
Werbeanlagen

(1) Vorzulegen sind:

1. ein Auszug aus der Liegenschaftskarte mit Einzeichnung des Standortes,
2. eine Zeichnung gemäß Absatz 2 und Beschreibung gemäß Absatz 3 oder eine andere geeignete Darstellung der

Werbeanlage, wie ein farbiges Lichtbild oder eine farbige Lichtbildmontage,
3. der Nachweis der Standsicherheit gemäß § 10, soweit er bauaufsichtlich geprüft wird, andernfalls die Erklärung der Tragwerksplanerin oder des Tragwerksplaners nach Maßgabe des Kriterienkataloges der Anlage 2.

(2) Die Zeichnung muss die Darstellung der Werbeanlage und ihre Maße, auch bezogen auf den Standort und auf Anlagen, an denen die Werbeanlage angebracht oder in deren Nähe sie aufgestellt werden soll, sowie Angaben über die Farbgestaltung enthalten.

(3) In der Beschreibung sind die Art und die Beschaffenheit der Werbeanlage, sowie, soweit erforderlich, die Abstände zu öffentlichen Verkehrsflächen anzugeben.

§ 5
Vorbescheid

Vorzulegen sind diejenigen Bauvorlagen, die zur Beurteilung der durch den Vorbescheid zu entscheidenden Fragen des Bauvorhabens erforderlich sind.

§ 6
Beseitigung von Anlagen

(1) [1]Vorhaben zur Beseitigung baulicher Anlagen sind der Bauaufsichtsbehörde spätestens einen Monat vor Beginn der Bauarbeiten unter Verwendung des veröffentlichten Vordrucks anzuzeigen. [2]Eine Anzeigepflicht besteht nicht für die Beseitigung von

1. baulichen Anlagen sowie anderen Anlagen und Einrichtungen, deren Errichtung nach § 61 der Brandenburgischen Bauordnung genehmigungsfrei ist,
2. Gebäuden mit nicht mehr als 500 Kubikmeter umbautem Raum und Wohngebäuden mit nicht mehr als 1 000 Kubikmeter umbautem Raum,
3. ortsfesten Behältern mit nicht mehr als 300 Kubikmeter Behälterinhalt, ausgenommen Behälter zur Lagerung wassergefährdender Stoffe im Sinne des § 62 des Wasserhaushaltsgesetzes.

[3]Satz 2 gilt nicht für Baudenkmäler und für bauliche Anlagen, die unter Verwendung gesundheitsgefährdender Baustoffe errichtet worden sind.

(2) Der Anzeige sind folgende Bauvorlagen beizufügen:

1. ein aktueller Auszug aus der Liegenschaftskarte im Maßstab 1 : 1 000 mit Kennzeichnung der zu beseitigenden baulichen Anlage,
2. der Erhebungsbogen für die Bautätigkeitsstatistik gemäß Hochbaustatistikgesetz.

ABSCHNITT 3
Inhalt der Bauvorlagen

§ 7
Auszug aus der Liegenschaftskarte, Lageplan

(1) [1]Der aktuelle Auszug aus der Liegenschaftskarte muss das Baugrundstück und die benachbarten Grundstücke im Umkreis von mindestens 50 Metern darstellen. [2]Das Baugrundstück ist zu kennzeichnen.

(2) [1]Der Lageplan ist auf der Grundlage der Liegenschaftskarte zu erstellen. [2]Dabei ist ein Maßstab von mindestens 1 : 500 zu verwenden. [3]Ein anderer Maßstab ist zu wählen, wenn es für die Beurteilung des Vorhabens erforderlich ist.

(3) [1]Der amtliche Lageplan enthält Tatbestände an Grund und Boden, die durch vermessungstechnische Ermittlungen festgestellt worden sind oder auf solche Ermittlungen zurückgehen und die mit öffentlichem Glauben beurkundet sind. [2]Der amtliche Lageplan ist von einer Katasterbehörde oder von im Land Brandenburg zugelassenen Öffentlich bestellten Vermessungsingenieuren anzufertigen. [3]Er muss folgende Angaben enthalten:

1. Maßstab, Maßstabsleiste und Lage des Grundstücks zur Nordrichtung,
2. im Grundbuch geführte Bezeichnung des Baugrundstücks und der benachbarten Grundstücke mit den Eigentümerangaben zum Baugrundstück,

3. katastermäßige Flächengrößen, Flurstücksnummern und die Flurstücksgrenzen des Baugrundstücks und der benachbarten Grundstücke,
4. Angaben zu nicht festgestellten Grenzen nach dem Liegenschaftskataster,
5. Höhenlage der Grenzpunkte des Baugrundstücks und bei größeren Grundstücken die Höhenlage des engeren Baufeldes,
6. angrenzende öffentliche Verkehrsflächen mit Angabe der Breite, der Straßengruppe und der Höhenlage,
7. Festsetzungen eines Bebauungsplanes oder einer Satzung für das Baugrundstück über Art und Maß der baulichen Nutzung sowie die überbaubaren und nicht überbaubaren Grundstücksflächen,
8. Flächen auf dem Baugrundstück, die von Dienstbarkeiten oder Baulasten betroffen sind,
9. durch Rechtsverordnung oder Satzung geschützte Landschaftsbestandteile sowie Wald auf dem Baugrundstück,
10. vorhandene bauliche Anlagen auf dem Baugrundstück und deren Abstandsflächen sowie die für die Beurteilung des Vorhabens bedeutsamen vorhandenen baulichen Anlagen auf den Nachbargrundstücken und deren Abstandsflächen.

[4]In den amtlichen Lageplan können die geplanten baulichen Anlagen und weitere Angaben aus dem objektbezogenen Lageplan nach Absatz 5 aufgenommen werden. [5]Diese Eintragungen nehmen an der Beurkundung mit öffentlichem Glauben nicht teil. [6]Enthält der amtliche Lageplan die zur Beurteilung des Bauvorhabens erforderlichen Angaben, ist ein objektbezogener Lageplan nicht erforderlich.

(4) [1]Für die Angaben nach Absatz 3 Satz 3 Nummer 3 und 10 ist eine örtliche Vermessung nicht erforderlich, wenn die für die Beurteilung des Vorhabens erheblichen

1. Grundstücksgrenzen im Liegenschaftskataster zuverlässig nachgewiesen sind und
2. die baulichen Anlagen auf dem Baugrundstück und den benachbarten Grundstücken im Liegenschaftskataster zuverlässig nachgewiesen sind.

[2]Grundstücksgrenzen sind im Liegenschaftskataster in der Regel zuverlässig nachgewiesen, wenn die Grenzen festgestellt sind oder als festgestellt gelten und ihre Grenzpunkte mit der erforderlichen Genauigkeit im geodätischen Bezugssystem des amtlichen Vermessungswesens vorliegen. [3]Sind die für die bauaufsichtliche Beurteilung erheblichen Grundstücksgrenzen im Liegenschaftskataster nicht zuverlässig nachgewiesen, sind ergänzende vermessungstechnische Untersuchungen erforderlich. [4]Im amtlichen Lageplan ist das Ergebnis der Grenzuntersuchung darzustellen.

(5) Ein amtlicher Lageplan ist nicht erforderlich, wenn

1. durch das Vorhaben die Lage und die äußeren Abmessungen eines vorhandenen Gebäudes und die Abstandsflächen nicht geändert werden,
2. der Eigentümer eines Nachbargrundstücks dem Vorhaben zur Errichtung einer Grenzbebauung nach § 6 Absatz 8 der Brandenburgischen Bauordnung in weniger als 3 Meter Abstand zur Grundstücksgrenze zugestimmt hat.

(6) [1]Der objektbezogene Lageplan ist auf der Grundlage des amtlichen Lageplanes anzufertigen. [2]Ist ein amtlicher Lageplan nicht erforderlich oder wurde auf ihn nach § 1 Absatz 5 verzichtet, ist der objektbezogene Lageplan auf der Grundlage der Liegenschaftskarte anzufertigen. [3]Er muss folgende Angaben enthalten, soweit dies für die Beurteilung des Vorhabens erforderlich ist:

1. Maßstab, Maßstabsleiste und Lage des Grundstücks zur Nordrichtung,
2. Flurstücksnummern und Flurstücksgrenzen des Baugrundstücks und der benachbarten Grundstücke,
3. vorhandene bauliche Anlagen auf dem Baugrundstück und den benachbarten Grundstücken mit Angabe der Nutzung, First- und Außenwandhöhe, Dachform und der Art der Außenwände und der Bedachung,
4. Grundrisse der geplanten baulichen Anlagen unter Angabe der Außenmaße, der

Dachform, der Höhenlage des Erdgeschossfußbodens zur Straße,
5. Aufteilung der nicht überbauten oder bepflanzten Flächen unter Angabe der Lage und Breite der Zu- und Abfahrten, der Anzahl, Lage und Größe der Kinderspielplätze, der Stellplätze, der Abstellplätze für Fahrräder und der Flächen für die Feuerwehr,
6. Abstände der geplanten baulichen Anlage zu anderen baulichen Anlagen auf dem Baugrundstück und auf den benachbarten Grundstücken, zu den Nachbargrenzen sowie die Abstandsflächen,
7. Denkmäler auf dem Baugrundstück und den benachbarten Grundstücken,
8. Flächen auf dem Baugrundstück, für die durch Gesetz, Rechtsverordnung oder Satzung ein Bauverbot, eine Baubeschränkung oder ein Genehmigungs- oder Zustimmungsvorbehalt geregelt ist,
9. Leitungen, die der öffentlichen Versorgung mit Wasser, Gas, Elektrizität, Wärme, der öffentlichen Abwasserentsorgung, der Telekommunikation und Rohrleitungen, die dem Ferntransport von Stoffen dienen sowie deren Abstände zu der geplanten baulichen Anlage,
10. Hydranten und andere Wasserentnahmestellen für die Feuerwehr,
11. Leitungen bis zum Anschluss an die Sammelkanalisation, Kleinkläranlagen und sonstige Abwasserbehandlungsanlagen sowie deren Leitungen, abflusslose Sammelgruben, Ausdehnung und Gefälle befestigter Flächen, Versickerungsanlagen einschließlich Vorreinigungsanlagen, Schächte und Abscheider, Angabe der Gefälle und Leitungsquerschnitte,
12. Abstände der geplanten baulichen Anlage zur Uferlinie oberirdischer Gewässer.

[4]Wird der objektbezogene Lageplan auf der Grundlage der Liegenschaftskarte angefertigt, muss er ferner die Angaben nach Absatz 3 Satz 3 Nummer 2, 3, 5 bis 9 enthalten, soweit dies für die Beurteilung des Vorhabens erforderlich ist.

(7) Die Angaben nach Absatz 6 Satz 3 Nummer 1 bis 5 sind in einem Außenanlagenplan darzustellen, wenn der Lageplan sonst unübersichtlich würde.

(8) Die Angaben nach Absatz 6 Satz 3 Nummer 1, 2, 10 und 11 sind in einem Grundstücksentwässerungsplan darzustellen, wenn der Lageplan sonst unübersichtlich würde.

(9) [1]Im Lageplan sind die Zeichen und Farben der Anlage 1 zu verwenden; im Übrigen ist die Planzeichenverordnung anzuwenden. [2]Sonstige Darstellungen sind zu erläutern.

§ 8
Bauzeichnungen

(1) [1]Für die Bauzeichnungen ist ein Maßstab von mindestens 1 : 100 zu verwenden. [2]Ein größerer Maßstab ist zu wählen, wenn er zur Darstellung der erforderlichen Eintragung notwendig ist; ein kleinerer Maßstab kann gewählt werden, wenn er dafür ausreicht.

(2) In den Bauzeichnungen sind darzustellen:
1. die Grundrisse aller Geschosse mit Angabe der vorgesehenen Nutzung der Räume und mit Einzeichnung
   a) Treppen,
   b) lichten Öffnungsmaße der Türen sowie deren Art und Anordnung an und in Rettungswegen,
   c) Abgasanlagen,
   d) Räume für die Aufstellung von Feuerstätten unter Angabe der Nennleistung sowie der Räume für die Brennstofflagerung unter Angabe der vorgesehenen Art und Menge des Brennstoffes,
   e) Aufzugsschächte, Aufzüge einschließlich der nutzbaren Grundflächen der Fahrkörbe von Personenaufzügen,
   f) Installationsschächte, -kanäle und Lüftungsleitungen, soweit sie raumabschließende Bauteile durchdringen,
   g) Räume für die Aufstellung von Lüftungsanlagen,
   h) bei Wohngebäuden die barrierefrei nutzbaren Wohnungen;

2. die Schnitte, aus denen auch ersichtlich sind
   a) die Gründung der geplanten baulichen Anlage und, soweit erforderlich, die Gründungen benachbarter baulicher Anlagen,
   b) der Anschnitt der vorhandenen und der geplanten Geländeoberfläche,
   c) der höchste gemessene Grundwasserstand (HGW) oder der höchste zu erwartende Grundwasserstand (zeHGW) über NHN,
   d) die Höhenlage des Erdgeschossfußbodens mit Bezug auf das Höhenbezugssystem gemäß § 1 Absatz 6,
   e) die Höhe der Fußbodenoberkante des höchstgelegenen Geschosses, in dem ein Aufenthaltsraum möglich ist, über der geplanten Geländeoberfläche im Mittel,
   f) die lichten Raumhöhen,
   g) der Verlauf der Treppen und Rampen mit ihrem Steigungsverhältnis,
   h) die Wandhöhe im Sinne des § 6 Absatz 4 Satz 2 der Brandenburgischen Bauordnung,
   i) die Dachneigungen;
3. die Ansichten der geplanten baulichen Anlage mit dem Anschluss an Nachbargebäude unter Angabe von Baustoffen und Farben sowie der vorhandenen und geplanten Geländeoberfläche und des Straßengefälles.

(3) In den Bauzeichnungen sind anzugeben:
1. der Maßstab, die Maßstabsleiste und die Maße,
2. die wesentlichen Bauprodukte und Bauarten,
3. die Rohbaumaße der Fensteröffnungen in Aufenthaltsräumen,
4. bei Änderung baulicher Anlagen die zu beseitigenden und die geplanten Bauteile.

(4) In den Bauzeichnungen sind die Zeichen und Farben der Anlage 1 zu verwenden.

§ 9 Baubeschreibung, Betriebsbeschreibung

[1]In der Bau- und Betriebsbeschreibung sind das Bauvorhaben und seine Nutzung zu erläutern, soweit dies zur Beurteilung erforderlich ist und die notwendigen Angaben nicht in den Lageplan und die Bauzeichnungen aufgenommen werden können. [2]Anzugeben sind die Anzahl, die Brutto-Grundfläche der Nutzungseinheiten und die Gebäudeklasse. [3]Es sind die Maßnahmen des barrierefreien Bauens zu beschreiben, soweit dies zur Beurteilung erforderlich ist und die notwendigen Angaben nicht in den Lageplan und die Bauzeichnungen aufgenommen werden können.

§ 10 Standsicherheitsnachweis

(1) Für den Nachweis der Standsicherheit tragender Bauteile einschließlich ihrer Feuerwiderstandsfähigkeit nach § 26 Absatz 2 der Brandenburgischen Bauordnung sind eine Darstellung des gesamten statischen Systems sowie die erforderlichen Konstruktionszeichnungen, Berechnungen und Beschreibungen vorzulegen.

(2) [1]Die statischen Berechnungen müssen die Standsicherheit der baulichen Anlagen und ihrer Teile nachweisen. [2]Die Beschaffenheit des Baugrundes und seine Tragfähigkeit sowie die Grundwasserverhältnisse sind anzugeben. [3]Soweit erforderlich, ist nachzuweisen, dass die Standsicherheit anderer baulicher Anlagen und die Tragfähigkeit des Baugrundes der Nachbargrundstücke nicht gefährdet werden.

(3) Die Standsicherheit kann auf andere Weise als durch statische Berechnungen nachgewiesen werden, wenn hierdurch die Anforderungen an einen Standsicherheitsnachweis in gleichem Maße erfüllt werden.

§ 11 Brandschutznachweis

(1) Für den Nachweis des Brandschutzes sind im Lageplan, in den Bauzeichnungen und in

der Baubeschreibung, soweit erforderlich, insbesondere anzugeben:
1. das Brandverhalten der Baustoffe (Baustoffklasse) und die Feuerwiderstandsfähigkeit der Bauteile (Feuerwiderstandsklasse) entsprechend den Benennungen nach § 26 der Brandenburgischen Bauordnung oder entsprechend den Klassifizierungen nach den Anlagen zur Bauregelliste A Teil 1,
2. die Bauteile, Einrichtungen und Vorkehrungen, an die Anforderungen hinsichtlich des Brandschutzes gestellt werden, wie Brandwände und Decken, Trennwände, Unterdecken, Installationsschächte und -kanäle, Lüftungsanlagen, Feuerschutzabschlüsse und Rauchschutztüren, Öffnungen zur Rauchableitung, einschließlich der Fenster nach § 35 Absatz 8 Satz 2 Nummer 1 der Brandenburgischen Bauordnung,
3. die Nutzungseinheiten, die Brand- und Rauchabschnitte,
4. die aus Gründen des Brandschutzes erforderlichen Abstände innerhalb und außerhalb des Gebäudes,
5. der erste und zweite Rettungsweg nach § 33 der Brandenburgischen Bauordnung, insbesondere notwendige Treppenräume, Ausgänge, notwendige Flure, mit Rettungsgeräten der Feuerwehr erreichbare Stellen einschließlich der Fenster, die als Rettungswege nach § 33 Absatz 2 Satz 2 der Brandenburgischen Bauordnung dienen, unter Angabe der lichten Maße und Brüstungshöhen sowie die Höhe der Oberkante der Brüstung über Gelände,
6. die Flächen für die Feuerwehr, Zu- und Durchgänge, Zu- und Durchfahrten, Bewegungsflächen und die Aufstellflächen für Hubrettungsfahrzeuge,
7. die Löschwasserversorgung.

(2) [1]Bei Sonderbauten, Mittel- und Großgaragen müssen, soweit es für die Beurteilung erforderlich ist, zusätzlich Angaben gemacht werden insbesondere über:
1. brandschutzrelevante Einzelheiten der Nutzung, insbesondere auch die Anzahl und Art der die bauliche Anlage nutzenden Personen sowie Explosions- oder erhöhte Brandgefahren, Brandlasten, Gefahrstoffe und Risikoanalysen,
2. Rettungswegbreiten und -längen, Einzelheiten der Rettungswegführung und -ausbildung einschließlich Sicherheitsbeleuchtung und -kennzeichnung,
3. technische Anlagen und Einrichtungen zum Brandschutz, wie Branderkennung, Brandmeldung, Alarmierung, Brandbekämpfung, Rauchableitung, Rauchfreihaltung einschließlich des sicherheitstechnischen Steuerungskonzepts der Anlagen,
4. die Sicherheitsstromversorgung,
5. die Bemessung der Löschwasserversorgung, Einrichtungen zur Löschwasserentnahme sowie die Löschwasserrückhaltung,
6. betriebliche und organisatorische Maßnahmen zur Brandverhütung, Brandbekämpfung und Rettung von Menschen und Tieren wie Feuerwehrplan, Brandschutzordnung, Werkfeuerwehr, Bestellung von Brandschutzbeauftragten und Selbsthilfekräften.

[2]Anzugeben ist auch, weshalb es der Einhaltung von Vorschriften wegen der besonderen Art oder Nutzung baulicher Anlagen oder Räume oder wegen besonderer Anforderungen gemäß § 51 Absatz 1 Satz 2 der Brandenburgischen Bauordnung nicht bedarf. [3]Der Brandschutznachweis kann auch gesondert in Form eines objektbezogenen Brandschutzkonzeptes dargestellt werden.

(3) Abweichungen gemäß § 67 Absatz 1 und § 86a Absatz 1 Satz 3 der Brandenburgischen Bauordnung sind im Brandschutznachweis zu benennen und entsprechend zu begründen.

§ 12
Nachweise für Schall-, Erschütterungsschutz sowie für Energieeinsparung

(1) Die Einhaltung der Anforderungen an den Schall- und Erschütterungsschutz nach den bauordnungsrechtlichen Vorschriften ist nachzuweisen.

(2) Die Einhaltung der Anforderungen zur Einsparung von Energie in Gebäuden sowie die Nutzung erneuerbarer Energien müssen nach den Vorschriften des Gebäudeenergiegesetzes nachgewiesen werden.

§ 13
Übereinstimmungsgebot

Die Bauzeichnungen, Baubeschreibungen, Betriebsbeschreibungen, Berechnungen und Konstruktionszeichnungen sowie sonstige Zeichnungen, Beschreibungen und Belege, die den bautechnischen Nachweisen zugrunde liegen, müssen miteinander übereinstimmen und gleiche Positionsangaben haben.

ABSCHNITT 4
Bauzustandsanzeigen

§ 14
Baubeginnsanzeige

(1) [1]Soweit bautechnische Nachweise nicht bauaufsichtlich geprüft werden, ist eine Erklärung der jeweiligen Nachweiserstellerin oder des jeweiligen Nachweiserstellers nach § 66 Absatz 1 Satz 2 oder Absatz 2 der Brandenburgischen Bauordnung über die Erstellung des bautechnischen Nachweises spätestens mit der Baubeginnsanzeige gemäß § 72 Absatz 8 der Brandenburgischen Bauordnung vorzulegen. [2]Wird das Bauvorhaben abschnittsweise ausgeführt, muss die Erklärung spätestens bei Beginn der Ausführung des jeweiligen Bauabschnitts vorliegen.
(2) Für die nach § 72 Absatz 7 Satz 1 Nummer 3 der Brandenburgischen Bauordnung vorzulegenden Bescheinigungen nach § 66 Absatz 3 der Brandenburgischen Bauordnung gilt Absatz 1 Satz 2 entsprechend.
(3) Muss der Standsicherheitsnachweis bei Bauvorhaben nach § 66 Absatz 3 Satz 1 Nummer 2 der Brandenburgischen Bauordnung nicht bauaufsichtlich geprüft werden, ist spätestens mit der Baubeginnsanzeige eine Erklärung der Tragwerksplanerin oder des Tragwerksplaners hierüber nach Maßgabe des Kriterienkataloges der Anlage 2 vorzulegen.

§ 15
Anzeige der beabsichtigten Nutzungsaufnahme

Sind bei einem Bauvorhaben wiederkehrende bauaufsichtliche Prüfungen durch Rechtsverordnung nach § 86 Absatz 1 Nummer 5 der Brandenburgischen Bauordnung oder im Einzelfall vorgeschrieben, ist mit der Anzeige nach § 83 Absatz 2 Satz 1 der Brandenburgischen Bauordnung über die in § 83 Absatz 2 Satz 2 der Brandenburgischen Bauordnung benannten Bescheinigungen und Bestätigungen hinaus der Brandschutznachweis nach § 11 vorzulegen, soweit er nicht bauaufsichtlich geprüft ist.

ABSCHNITT 5
Aufbewahrungspflicht

§ 16
Aufbewahrungspflicht

[1]Die Bauherrin oder der Bauherr und deren Rechtsnachfolger sind verpflichtet,
1. bei baugenehmigungspflichtigen Bauvorhaben die Baugenehmigung und die Bauvorlagen,
2. die Bauvorlagen zu einer Bauanzeige,
3. die Prüfberichte von Prüfingenieurinnen oder Prüfingenieuren und Bauaufsichtsbehörden,
4. die Bescheinigungen von Prüfsachverständigen,
5. die Verwendbarkeitsnachweise für Bauprodukte und Bauarten, soweit sie Nebenbestimmungen für den Betrieb oder die Wartung enthalten,

und bis zur Beseitigung der baulichen Anlage oder einer die Genehmigungsfrage insgesamt neu aufwerfenden Änderung oder Nutzungsänderung aufzubewahren und auf Verlangen der Bauaufsichtsbehörde vorzulegen. [2]Die Bauherrin oder der Bauherr und deren Rechtsnachfolger sind verpflichtet, die Unterlagen nach Satz 1 bei einer rechtsgeschäftlichen Veräußerung des Bauvorhabens an den jeweiligen Rechtsnachfolger weiterzugeben.

ABSCHNITT 6
Prüfung bautechnischer Nachweise

§ 17
Prüfverzicht

Einer Prüfung der bautechnischen Nachweise für Gebäude der Gebäudeklassen 1 und 2 ohne Aufenthaltsräume mit nicht mehr als 150 Quadratmeter Grundfläche sowie sonstiger baulicher Anlagen mit nicht mehr als 10 Meter Bauhöhe bedarf es nicht.

§ 18
(außer Kraft)

ABSCHNITT 7
Schlussbestimmungen

§ 19
(Inkrafttreten, Außerkrafttreten)

Anlage 1

Zeichen und Farben für Bauvorlagen

		Zeichen (bei schwarz-weiß-Darstellung)	Farbe
1.	Grenzen des Grundstücks (Begleilinie)		Violett
2.	vorhandene bauliche Anlagen oder Bauteile	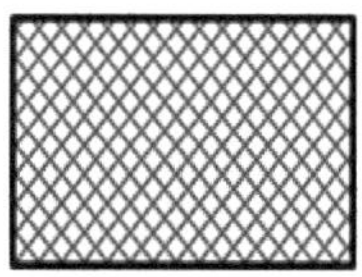	Grau
3.	geplante bauliche Anlagen oder Bauteile	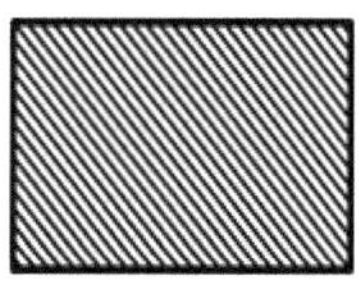	Rot
4.	zu beseitigende bauliche Anlagen oder Bauteile	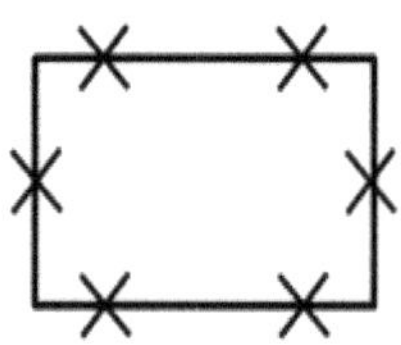	Gelb
5.	Flächen, die von Baulasten betroffen sind		Braun

Anlage 2

Kriterienkatalog

Sind die nachfolgenden Kriterien ausnahmslos erfüllt, ist eine Prüfung des Standsicherheitsnachweises nicht erforder-lich.

1. Die Baugrundverhältnisse sind eindeutig und erlauben eine übliche Flachgründung entsprechend der Geotech-nischen Kategorie 1 nach DIN 1054. Ausgenommen sind Gründungen auf setzungsempfindlichem Baugrund.
2. Bei erddruckbelasteten Gebäuden beträgt die Höhendifferenz zwischen Gründungssohle und Erdoberfläche maximal 4 Meter. Einwirkungen aus Wasserdruck müssen rechnerisch nicht berücksichtigt werden.
3. Angrenzende bauliche Anlagen oder öffentliche Verkehrsflächen werden nicht beeinträchtigt. Nachzuweisende Unterfangungen oder Baugrubensicherungen sind nicht erforderlich.
4. Die tragenden und aussteifenden Bauteile gehen im Wesentlichen bis zu den Fundamenten unversetzt durch. Ein rechnerischer Nachweis der Gebäudeaussteifung, auch für Teilbereiche, ist nicht erforderlich.
5. Die Geschossdecken sind linienförmig gelagert und dürfen für gleichmäßig verteilte Lasten (kN/m2) und Linienlasten aus nichttragenden Wänden (kN/m) bemessen werden. Geschossdecken ohne ausreichende Quer-verteilung erhalten keine Einzellasten.
6. Die Bauteile der baulichen Anlage oder die bauliche Anlage selbst können mit einfachen Verfahren der Bau-statik berechnet oder konstruktiv festgelegt werden. Räumliche Tragstrukturen müssen rechnerisch nicht nach-gewiesen werden. Besondere Stabilitäts-, Verformungs- und Schwingungsuntersuchungen sind nicht erforderlich.
7. Außergewöhnliche sowie dynamische Einwirkungen sind nicht vorhanden. Beanspruchungen aus Erdbeben müssen rechnerisch nicht verfolgt werden.
8. Besondere Bauarten wie Spannbetonbau, Verbundbau, Leimholzbau und geschweißte Aluminiumkonstruk-tionen werden nicht angewendet.
9. Allgemeine Rechenverfahren zur Bemessung von Bauteilen und Tragwerken unter Brandeinwirkung werden nicht angewendet.

Anlage 3

Besondere Bauvorlagen

Die in der Anlage aufgeführten besonderen Bauvorlagen sind regelmäßig erforderlich. Die Bauaufsichtsbehörde entscheidet im Einzelfall im Benehmen mit der beteiligten Fachbehörde, welche besonderen Bauvorlagen, Nachweise nach § 1 Absatz 4 zusätzlich erforderlich sind oder auf welche in dieser Anlage benannten besonderen Bauvorlagen gemäß § 1 Absatz 5 verzichtet wird. Die Bauherrin oder der Bauherr kann sich dazu bereits rechtzeitig vor Planungsbeginn über Art und Umfang der für die Beurteilung des Vorhabens erforderlichen besonderen Bauvorlagen mit den beteiligten Fachbehörden abstimmen. Für die in die Baugenehmigung eingeschlossenen weiteren behördlichen Entscheidungen kommen folgende besondere Bauvorlagen in Betracht, die mit dem Bauantrag vorzulegen sind:

1 Entscheidungen nach dem Bundesnaturschutzgesetz, dem Brandenburgischen Naturschutzausführungsgesetz oder den auf Grund dieser Gesetze erlassenen Rechtsvorschriften

Bei allen naturschutzrechtlich relevanten Vorhaben ist eine Fotodokumentation der betroffenen Flächen einzureichen.

1.1 Bei Vorhaben, die mit Eingriffen in Natur und Landschaft verbunden sind:

Beschreibung des Vorhabens und seiner Auswirkungen auf die Umwelt nach Art und Umfang, insbesondere die Angaben nach § 17 Absatz 4 des Bundesnaturschutzgesetzes.

1.2 Bei Vorhaben in Nationalparks, Naturschutzgebieten und Landschaftsschutzgebieten oder gesetzlich geschützten Biotopen gemäß § 18 des Brandenburgischen Naturschutzausführungsgesetzes in Verbindung mit § 30 des Bundesnaturschutzgesetzes:

Angaben nach Nummer 1.1 sowie Darlegung des Interesses an der Verwirklichung des Vorhabens.

1.3 Bei Vorhaben in Gebieten von gemeinschaftlicher Bedeutung und Europäischen Vogelschutzgebieten (§ 15 des Brandenburgischen Naturschutzausführungsgesetzes in Verbindung mit § 33 des Bundesnaturschutzgesetzes):

Angaben zur Verträglichkeit des Vorhabens mit dem jeweiligen Schutzzweck (§ 34 Absatz 1 Satz 3 des Bundesnaturschutzgesetzes).

1.4 Bei Vorhaben, die Europäische Vogelarten nach Anhang I der Richtlinie 79/409/EWG (Vogelschutzrichtlinie) oder Arten des Anhangs IV der Richtlinie 92/43/EWG (Fauna-Flora-Habitat-Richtlinie) beeinträchtigen können:

Erfassung der Arten nach Anzahl und Status der Individuen. Erfassung der Status der Lebensstätten der Arten (Nahrungs- oder Wanderungshabitat, Fortpflanzungs- und/oder Ruhestätte). Darlegung artspezifischer Maßnahmen zur Vermeidung und zum Erhalt der ökologischen Funktion vorgefundener Fortpflanzungs- und Ruhestätten im räumlichen Zusammenhang (§ 44 Absatz 5 des Bundesnaturschutzgesetzes).

1.5 Bei Vorhaben, die mit einer Beseitigung oder Beeinträchtigung von durch Rechtsverordnung oder Satzung geschützten Bäumen verbunden sind:

Standort, Baumart, Stammumfang und Kronendurchmesser der zu beseitigenden Bäume sowie eine Fotodokumentation des Baumbestandes und Angaben zu geplanten Standorten für Ersatzpflanzungen.

2 Entscheidungen nach dem Wasserhaushaltsgesetz, dem Brandenburgischen Wassergesetz oder den auf Grund dieser Gesetze erlassenen Rechtsvorschriften

Unterlagen gemäß § 35 des Brandenburgischen Wassergesetzes.

2.1 Bei Grundwasserabsenkungen der Baugruben:

Angaben über den Gesamtzeitraum der Absenkung, über die Entnahmemenge (tägliche und Gesamtmenge), den Ort der Entnahme und der Einleitung und die Qualität des einzuleitenden Wassers und die Art der

Anlage zur Absenkung (Antragsunterlagen nach Nummer 3.2 der Verwaltungsvorschrift über Grundwasserabsenkungen bei Baumaßnahmen vom 25. April 2000 [ABl. S. 246]).

2.2 Bei Einleitung von Niederschlagswasser:

Angaben über die Menge und die Qualität des anfallenden Niederschlagswassers, Flächenart und -größe, die Art der Vorreinigung und die Vorreinigungsanlage (Bewertungsverfahren nach Merkblatt DWA-M 153 – Handlungsempfehlungen zum Umgang mit Regenwasser).

2.2.1 Bei Einleitung ins Grundwasser:

Bemessung, Versickerungsnachweis, Grundwasserflurabstände, mittlerer höchster Grundwasserhochstand (mHGW) auf dem Baugrundstück an der Einleitungsstelle und Konstruktionszeichnungen.

Für Niederschlagswasser: Bemessung und Nachweis von Versickerungsanlagen nach Arbeitsblatt DWA-A 138 – Planung, Bau und Betrieb von Anlagen zur Versickerung von Niederschlagswasser.

2.2.2 Bei Einleitung ins Oberflächengewässer:

Ansicht, Schnitt des Einleitbauwerkes sowie Einordnung in die Gewässerböschung oder Uferbefestigung mit Höhenangaben, Vorgaben zur Einleitgeschwindigkeit. Zustimmung des Unterhaltungspflichtigen.

2.3 Bei Wärmepumpenanlagen (zum Beispiel Erdwärmesonden):

Angaben über die Art der Anlage und deren Leistung, den Wärmeträger, das Bohr- bzw. Aufschlussverfahren, die Anzahl, die Abstände und die Tiefe der Aufschlüsse, Eindichtung der Aufschlüsse (siehe Merkblatt über Anforderungen des Gewässerschutzes an geothermischen Anlagen vom 24. April 2008 und Rundschreiben vom 18. August 2010 über die Unzulässigkeit von Erdwärmesonden in Wasserschutzgebieten). Die Anzeige- und Antragsformulare des Ministeriums für Ländliche Entwicklung, Umwelt und Landwirtschaft können genutzt werden.

2.4 Bei Kleinkläranlagen:

Angaben über die Menge und Beschaffenheit des Abwassers, die Abwasserbehandlungsanlage und die Technologie der Abwasserbehandlung (Bauartzulassung), Einleitungsstelle/-ort (Angaben nach Nummer 2.2), Konstruktionszeichnungen.

2.5 Bei Grundwasserentnahmen (Brunnen):

Angaben über die Lage, Entnahmemenge (mittlere tägliche Menge und Jahresmenge), Art (zum Beispiel Brunnen) und Verwendungszweck (zum Beispiel

Trinkwasser, baubedingte Grundwasserabsenkung), technische Angaben.

2.6 Bei Umgang mit wassergefährdenden Stoffen:

Angaben zum Betreiber, zum Standort und zur Abgrenzung der Anlage, zu den wassergefährdenden Stoffen, mit denen in der Anlage umgegangen wird, zu bauaufsichtlichen Verwendbarkeitsnachweisen sowie zu den technischen und organisatorischen Maßnahmen, die für die Sicherheit der Anlage bedeutsam sind (Angaben nach § 28 der Verordnung über Anlagen zum Umgang mit wassergefährdenden Stoffen und über Fachbetriebe).

2.7 Bei Vorhaben in Überschwemmungsgebieten:

Angaben, die für die Entscheidung über die Ausnahmegenehmigung nach § 78 Absatz 3 des Wasserhaushaltsgesetzes erforderlich sind.

2.8 Bei Nutzung von Hochwasserschutzanlagen:

Zustimmung des Unterhaltspflichtigen gemäß § 98 Absatz 3 des Brandenburgischen Wassergesetzes.

2.9 Bei Vorhaben in Wasserschutzgebieten:

Unterlagen für die Ausnahmegenehmigung nach § 52 Absatz 1 Satz 2 des Wasserhaushaltsgesetzes.

3 Entscheidungen über Erlaubnisse nach § 20 in Verbindung mit § 9 und § 19 Absatz 1 des Brandenburgischen Denkmalschutzgesetzes

3.1 Bei Zerstörung, Beseitigung oder Änderung eines Denkmals (ohne Bodendenkmal):

3.1.1 Genaue Beschreibung des Denkmalbestandes und der Eingriffe unter Angabe von Materialien, Bauprodukten und Farben sowie eine schriftliche Begründung für die Erforderlichkeit der Maßnahme,

3.1.2 Zeichnungen des Denkmalbestandes und der Planung in einem zu bestimmenden Maßstab, gegebenenfalls Detailzeichnungen,

3.1.3 Fotos oder eine fotografische Erfassung des Denkmals mit Detailaufnahmen zu den vom Eingriff betroffenen Bestandteilen.

3.2 Bei Zerstörung, Beseitigung oder Änderung eines Bodendenkmals:

3.2.1 Beschreibung des Areals, des Zustands und des Eingriffs unter Angabe der Bautechnologie unter Beifügung einer schriftlichen Begründung für die Erforderlichkeit der Maßnahme,

3.2.2 Kartierung der Erdeingriffe, auch im Zuge möglicher Ersatzmaßnahmen und Baustelleneinrichtungen.

3.3 Bei Errichtung oder Veränderung einer baulichen Anlage in der Umgebung eines Denkmals:

Fotos des Denkmals sowie der näheren Umgebung des Denkmals.

4 Entscheidungen über Umwandlung von Wald in andere Nutzungsarten nach § 8 des Waldgesetzes des Landes Brandenburg

Beschreibung des Eingriffs sowie der Ausgleichs- und Ersatzmaßnahmen.

5 Entscheidungen über Zustimmungen nach § 12 oder § 17 des Luftverkehrsgesetzes bei Vorhaben im Bauschutzbereich oder beschränkten Bauschutzbereich

Koordinaten des Bauvorhabens und Gesamthöhe der baulichen Anlage.

6 Entscheidungen zur Einhaltung der immissionsschutzrechtlichen Anforderungen gemäß § 22 des Bundes-Immissionsschutzgesetzes bei der Errichtung von Luft-Wärmepumpen

6.1 Vollständige Beschreibung des Luft-Wärmepumpen-Vorhabens, welches im Rahmen des Bauvorhabens realisiert werden soll, einschließlich technischer Datenblätter des Herstellers sowie einer planzeichnerischen Darstellung der Hauptabstrahlrichtung des stationären Gerätes und Erläuterungen zu den Maßnahmen zur Vermeidung der Übertragung von tieffrequenten Schwingungen/Geräuschen.

6.2 Angabe von Lage und Abständen des Luft-Wärmepumpen-Vorhabens innerhalb des Bauvorhabens (Aufnahme in die Planzeichnungen) und zu schutzbedürftigen Nutzungen in der Nachbarschaft (Aufnahme in den objektbezogenen und den amtlichen Lageplan), gegebenenfalls Beschreibung der Art dieser schutzbedürftigen Nutzungen (schutzbedürftige Räume, wie Wohn- und Schlafräume, Kinderzimmer, Gästezimmer und – in der Regel mit Schutzbedürftigkeit nur am Tage – Arbeitsräume, Unterrichtsräume, Seminarräume, Büroräume einschließlich Terrassen/Balkone sowie unbebaute Flächen, auf denen nach dem Bau- und Planungsrecht Gebäude mit schutzbedürftigen Räumen errichtet werden dürfen).

6.3 Festlegungen zu Art und Maß der baulichen Nutzung des Gebietes, in dem das Bauvorhaben realisiert werden soll, sowie gegebenenfalls abweichende Festlegungen innerhalb des Einwirkbereiches des Luft-Wärmepumpen-Vorhabens, soweit nicht bereits im Rahmen der Bauvorlage nach Abschnitt 2 der Brandenburgischen Bauvorlagenverordnung vollständig dargestellt.

6.4 Beschreibung weiterer Geräuschquellen im Einwirkbereich des Luft-Wärmepumpen-Vorhabens (Vorbelastung durch Geräusche erzeugende Anlagen und stationäre Geräte und Maschinen, wie zum Beispiel Klimageräte, Kühlgeräte, Lüftungsgeräte oder Mini-Blockheizkraftwerke, einschließlich deren Lage und Abstände zum Luft-Wärmepumpen-Vorhaben).

Hinweis:

Der Einwirkbereich bei üblicherweise im Zusammenhang mit Einfamilienhaus-Bauvorhaben zu beurteilenden Luft-Wärmepumpen kann in Reinen Wohngebieten bis zu 60 Meter, in Allgemeinen Wohngebieten bis zu 40 Meter und in gemischten Bauflächen bis zu 25 Meter betragen. Soweit innerhalb des Einwirkbereichs konkrete Anhaltspunkte dafür vorliegen, dass Geräuschimmissionen weiterer ähnlicher stationärer Geräte (auch Klimageräte, Kühlgeräte, Lüftungsgeräte, Mini-Blockheizkraftwerke) oder weitere Anlagen, für die die TA Lärm gilt, vorhanden sind beziehungsweise hinzutreten, werden diese – wenn eine Überschreitung der Immissionsrichtwerte absehbar ist – der Vorbelastung zugerechnet.

Von der Vorlage von detaillierten Angaben durch den Antragsteller zur Ermittlung der Vor-, Zusatz- und Gesamtbelastung wird abgesehen, wenn das zu beurteilende stationäre Gerät nur insoweit zur Gesamtbelastung beiträgt, wie seine Zusatzbelastung in Bezug auf eine absehbare Überschreitung der Immissionsrichtwerte nach Nummer 6 TA Lärm als nicht relevant anzusehen ist. Nach Nummer 4.2 Buchstabe c in Verbindung mit Nummer 3.2.1 Absatz 2 der TA Lärm ist dies in der Regel der Fall, wenn die Zusatzbelastung die Immissionsrichtwerte um 6 Dezibel unterschreitet.

Die Einhaltung des dies gewährleistenden Mindestabstandes ist Gegenstand der immissionsschutzrechtlichen Prüfung des Luft-Wärmepumpen-Vorhabens. Wird dieser Mindestabstand im Einzelfall unterschritten, sind durch den Antragsteller für die abschließende Prüfung der immissionsschutzrechtlichen Anforderungen gemäß § 22 des Bundes-Immissionsschutzgesetzes detaillierte Angaben zur Ermittlung der Vor-, Zusatz- und Gesamtbelastung vorzulegen. Alternativ bleibt dem Antragsteller eine Modifizierung des Vorhabens unbenommen, so dass der oben erläuterte Mindestabstand eingehalten wird.

2.4 Verordnung
über die Gebühren in bauordnungsrechtlichen Angelegenheiten im Land Brandenburg (Brandenburgische Baugebührenordnung – BbgBauGebO)
Vom 20. August 2009 (GVBl. II S. 562), die zuletzt durch Verordnung vom 12. Mai 2021 (GVBl. II Nr. 50) geändert worden ist

– Fassung ab 1. Juni 2021 –

Auf Grund des § 3, des § 7 Absatz 1 Nummer 1 und des § 18 Absatz 2 des Gebührengesetzes für das Land Brandenburg vom 7. Juli 2009 (GVBl. I S. 246) sowie auf Grund des § 80 Absatz 3 Nummer 8, 10 und 11 der Brandenburgischen Bauordnung in der Fassung der Bekanntmachung vom 17. September 2008 (GVBl. I S. 226) verordnet der Minister für Infrastruktur und Raumordnung:

§ 1
Kosten für Amtshandlungen

(1) Die Bauaufsichtsbehörden, das Bautechnische Prüfamt, die Anerkennungsbehörde für Prüfsachverständige, die mit bauordnungsrechtlichen Angelegenheiten Beliehenen und die Bewertungs- und Verrechnungsstelle der Prüfingenieure erheben für ihre Amtshandlungen Gebühren und Auslagen nach dieser Verordnung.

(2) Die amtsfreien Gemeinden, die Ämter, die Verbandsgemeinden, die mitverwalteten Gemeinden und mitverwaltende Gemeinden erheben für die Amtshandlungen Gebühren und Auslagen, für die sie auf Grund des § 58 Absatz 6 und 7 und des § 67 der Brandenburgischen Bauordnung zuständig sind.

(3) [1]Gebühren und Auslagen für Amtshandlungen der mit bauordnungsrechtlichen Angelegenheiten Beliehenen schließen die von diesen zu entrichtende Umsatzsteuer mit ein. [2]Die Umsatzsteuer ist gesondert auszuweisen.

(4) Die unter § 8 Absatz 1 Nummer 6 des Gebührengesetzes für das Land Brandenburg fallenden juristischen Personen sind von den Gebühren für die Prüfung der bautechnischen Nachweise und von den Gebühren für Vorbescheide nicht befreit.

§ 2
Gebührenbemessung

(1) [1]Die Gebühren sind nach dem Gebührenverzeichnis (Anlage 1) zu bestimmen. [2]Für Amtshandlungen, für die keine Tarifstelle im Gebührenverzeichnis enthalten ist, wird die Gebühr als Zeitgebühr ermittelt. [3]Bei Rahmengebühren ist die Festsetzung der Gebührenhöhe zu begründen; bei der Bemessung ist insbesondere § 14 Absatz 1 des Gebührengesetzes für das Land Brandenburg zu beachten.

(2) [1]Der für die Bemessung der Gebühr maßgebliche anrechenbare Bauwert (§ 3) und die Bauwerksklasse (§ 4) werden von der Bauaufsichtsbehörde ermittelt. [2]Wird die Prüfung bautechnischer Nachweise bei einem Prüfingenieur beantragt, so werden der für die Bemessung der Gebühr maßgebliche anrechenbare Bauwert und die Bauwerksklasse von der Bewertungs- und Verrechnungsstelle der Prüfingenieure ermittelt.

(3) [1]Die Grundgebühr für die Prüfung der Standsicherheitsnachweise errechnet sich aus dem mit 0,8 potenzierten Tausendstel des jeweiligen anrechenbaren Bauwertes, vervielfältigt mit dem für die jeweilige Bauwerksklasse nachfolgend angegebenen Faktor f_{Bkl} nach der Formel

Grundgebühr = f_{Bkl} x (anrechenbarer Bauwert/1 000)^{0,8}.

Bauwerksklasse	1	2	3	4	5
f_{Bkl}	16	24	30	38	46

[2]Die Grundgebühr für die Prüfung der Brandschutznachweise beträgt 60 Prozent einer nach Satz 1 für die Bauwerksklasse 1 ermittelten Gebühr. [3]Die Grundgebühren sind auf volle Euro zu runden. [4]Anlage 5 weist die Grundgebühren für die dort genannten anrechenbaren Bauwerte aus.

(4) Soweit nach dem Gebührenverzeichnis ein Zuschlag zur Gebühr erhoben wird, ist der besondere Schwierigkeitsgrad oder der erweiterte Umfang der Amtshandlung zu dokumentieren.

(5) Sind Gebühren als Zeitgebühren zu bemessen, so werden je angefangene Stunde 97 Euro erhoben.

(6) [1]Zeitgebühren für die Prüfung bautechnischer Nachweise gemäß § 66 der Brandenburgischen Bauordnung werden mit einem Stundensatz von 1,54 Prozent des Monatsgrundgehalts eines Beamten des Landes Brandenburg in der Endstufe der Besoldungsgruppe A15 bemessen und werden je angefangene Stunde erhoben. [2]Die oberste Bauaufsichtsbehörde veröffentlicht den jeweils aktuellen und auf volle Euro gerundeten Stundensatz.

(7) [1]Bei der Ermittlung der Zeitgebühr ist die Zeit anzusetzen, die unter regelmäßigen Verhältnissen von einer entsprechend ausgebildeten Fachkraft benötigt wird. [2]Die Zeit für Ortsbesichtigungen, einschließlich der anteiligen An- und Abreise, ist einzurechnen. [3]Die Berechnung der Zeitgebühr ist zu dokumentieren.

§ 3
Anrechenbarer Bauwert

(1) [1]Für die in der Anlage 2 aufgeführten baulichen Anlagen sind die anrechenbaren Bauwerte aus dem Brutto-Rauminhalt der baulichen Anlage, vervielfältigt mit dem jeweils angegebenen Wert je Kubikmeter Brutto-Rauminhalt, zu berechnen. [2]Die anrechenbaren Bauwerte der Anlage 2 basieren auf der Indexzahl 1,000 für das Jahr 2015. [3]Für die folgenden Jahre sind die dort angegebenen anrechenbaren Bauwerte jährlich mit einer Indexzahl zu vervielfältigen, die sich aus dem arithmetischen Mittel der vom Statistischen Bundesamt ermittelten Preisindizes für Bauleistungen am Bauwerk für den Neubau von Wohngebäuden, Bürogebäuden und gewerblichen Betriebsgebäuden errechnet; maßgeblich sind die jeweiligen Baupreisindizes des Vorjahres ohne Umsatzsteuer. [4]Sie sind auf volle Euro ab- oder aufzurunden. [5]Die fortgeschriebenen anrechenbaren Bauwerte gelten jeweils ab dem 1. Juni jedes Jahres. [6]Die oberste Bauaufsichtsbehörde veröffentlicht jährlich den aktuellen Baupreisindex und die fortgeschriebenen anrechenbaren Bauwerte. [7]Der Brutto-Rauminhalt ist nach DIN 277-1:2005-2 (Anlage 3) zu berechnen. [8]Bei Gebäuden mit gemischter Nutzung sind für die Gebäudeteile mit verschiedenen Nutzungsarten die anrechenbaren Bauwerte anteilig zu ermitteln. [9]Bei baulichen Änderungen, wie Um- und Anbauten oder Aufstockungen, sind nur für die betroffenen Gebäudeteile die anrechenbaren Bauwerte zu ermitteln. [10]Traggerüste und Baugruben, für deren Sicherung Standsicherheitsnachweise zu prüfen sind, gelten als gesonderte bauliche Anlagen.

(2) [1]Für die nicht in der Tabelle der anrechenbaren Bauwerte genannten Gebäude, für Gebäude oder Gebäudeteile, deren anrechenbarer Bauwert nicht ermittelbar ist, und für Fliegende Bauten sind als fiktive anrechenbare Bauwerte 50 Prozent der Herstellungskosten anzusetzen. [2]Für sonstige bauliche Anlagen sind als fiktive anrechenbare Bauwerte 60 Prozent der Herstellungskosten anzusetzen. [3]Werden die Kosten einer sonstigen baulichen Anlage maßgeblich von einer maschinentechnischen Ausstattung bestimmt, die selbst keiner baurechtlichen Prüfung unterliegt, sind als fiktive anrechenbare Bauwerte 40 Prozent der Herstellungskosten anzusetzen.

(3) [1]Die Herstellungskosten einer baulichen Anlage umfassen die annähernd ermittelten Kosten sämtlicher Bauleistungen und Lieferungen einschließlich der Kosten für Architekten- und Ingenieurleistungen, der Umsatzsteuer sowie etwaiger Eigenleistungen, die voraussichtlich zum Zeitpunkt der Entscheidung über die Genehmigung für die Herstellung oder Änderung erforderlich sein werden. [2]Eigenleistungen sind mit

den ortsüblichen Löhnen, Eigenlieferungen mit den ortsüblichen Baustoffpreisen einschließlich der Umsatzsteuer anzusetzen. [3]Bei Umbauten sind auch die Kosten von Abbrucharbeiten zu berücksichtigen. [4]Die Herstellungskosten sind nach DIN 276:2018-12* zu ermitteln. [5]Der Kostenermittlung sind die Kostengruppen 300 Bauwerk – Baukonstruktionen, 400 Bauwerk – Technische Anlagen, 500 Außenanlagen und Freiflächen, 730 Objektplanung und 740 Fachplanung zugrunde zu legen.

(4) Der anrechenbare Bauwert ist jeweils auf volle 1 000 Euro aufzurunden.

§ 4
Bauwerksklasse

(1) Zur Berechnung der Gebühr für die Prüfung bautechnischer Nachweise ist die bauliche Anlage in die dem Schwierigkeitsgrad entsprechende Bauwerksklasse (Anlage 4) einzustufen.

(2) Besteht eine bauliche Anlage aus Bauteilen unterschiedlicher Schwierigkeitsgrade, so ist die bauliche Anlage in die Bauwerksklasse einzustufen, auf die sich der überwiegende Prüfaufwand erstreckt.

§ 5
Bewertungs- und Verrechnungsstelle der Prüfingenieure

[1]Die Prüfingenieure richten zum Zweck einer einheitlichen Bewertung, Berechnung und Erhebung der Kosten der Prüfingenieure eine gemeinsame Bewertungs- und Verrechnungsstelle ein. [2]Die Bewertungs- und Verrechnungsstelle bewertet die Grundlagen der Kostenerhebung und berechnet und erhebt die Kosten im Namen und im Auftrag des jeweiligen Prüfingenieurs. [3]Die Bewertungs- und Verrechnungsstelle leitet im Namen und im Auftrag für den jeweiligen Prüfingenieur die Vollstreckung nicht einziehbarer Kosten durch die örtlich zuständige Vollstreckungsbehörde ein.

§ 6
Übergangsvorschrift

Für Verfahren, die gemäß § 89 Absatz 4 der Brandenburgischen Bauordnung vom 19. Mai 2016 (GVBl. I Nr. 14) noch nach der Brandenburgischen Bauordnung in der Fassung der Bekanntmachung vom 17. September 2008 (GVBl. I S. 226) fortzuführen sind, ist zusätzlich die Anlage 1 der Brandenburgischen Baugebührenordnung vom 20. August 2009 (GVBl. II S. 562), die zuletzt durch Artikel 1 der Verordnung vom 3. August 2015 (GVBl. II Nr. 37) geändert worden ist, anwendbar.

§ 7
(Inkrafttreten, Außerkrafttreten)

* Bezugsquelle: Beuth Verlag GmbH, 10772 Berlin

Anlage 1
(zu § 2 Absatz 1)

Gebührenverzeichnis

Tarif-stelle	Gegenstand der Amtshandlung	Bemessungsgrund-lage	Gebühr in Euro
1	**Bauanzeigeverfahren und Baugenehmigungsverfahren (§§ 62, 63 und 64 BbgBO)**		
1.1	**Prüfung im Bauanzeigeverfahren, Erteilung der Baugenehmigung**		
1.1.1	Prüfung der Errichtung und Änderung von Wohngebäuden der Gebäudeklassen 1 und 2, einschließlich der zugehörigen Stellplätze, Garagen und Nebenanlagen, sowie für Gewächshäuser mit nicht mehr als 5 m Höhe im Bauanzeigeverfahren	0,7 Prozent des anrechenbaren Bauwertes	mindestens 100
1.1.2	Erteilung der Baugenehmigung bei der Errichtung und Änderung von Wohngebäuden der Gebäudeklassen 1 bis 3, einschließlich ihrer Garagen, Nebengebäude und Nebenanlagen im vereinfachten Baugenehmigungsverfahren	1,1 Prozent des anrechenbaren Bauwertes	mindestens 100
1.1.3	Erteilung der Baugenehmigung bei der Errichtung und Änderung von baulichen Anlagen sowie anderer Anlagen und Einrichtungen im Baugenehmigungsverfahren	1,4 Prozent des anrechenbaren Bauwertes	mindestens 100
1.1.4	Entscheidungen der Bauaufsichtsbehörde im Sinne von § 2 Absatz 2 Nummer 2 und 3 GebGBbg zu Vorhaben, bei denen ein anderes Gestattungsverfahren Vorrang hat (§ 60 BbgBO), in Verfahren nach BImSchG sowie in Planfeststellungsverfahren	wie Tarifstelle 1.1.3	
1.1.5	Ermäßigung für bauliche Anlagen und Gebäude, für die eine Typengenehmigung erteilt worden ist	50 Prozent der nach den Tarifstellen 1.1.1 bis 1.1.4 erhobenen Gebühr	
1.2	**Änderung einer Baugenehmigung**		
1.2.1	Änderung einer Baugenehmigung (§ 72 Absatz 1 BbgBO) auf Grund geringfügig geänderter Bauvorlagen (Tektur)		100 bis 3 000
1.2.2	Änderung einer Baugenehmigung (§ 72 Absatz 1 BbgBO) auf Grund geänderter Bauvorlagen	10 bis 40 Prozent der nach den Tarifstellen 1.1.2 bis 1.1.4 oder 1.3 erhobenen Gebühr	

Tarifstelle	Gegenstand der Amtshandlung	Bemessungsgrundlage	Gebühr in Euro
1.2.3	Änderung einer Baugenehmigung (§ 72 Absatz 1 BbgBO) auf Grund wesentlich geänderter Bauvorlagen	30 bis 80 Prozent der nach den Tarifstellen 1.1.2 bis 1.1.4 erhobenen Gebühr	
1.3	**Genehmigung einer Werbeanlage (§ 10 BbgBO)** Anmerkung: Für gleiche Werbeanlagen auf demselben Baugrundstück ermäßigen sich die Gebühren für die zweite und jede weitere Anlage auf ein Viertel, wenn die Bauanträge gleichzeitig zur Prüfung vorgelegt werden.		100 bis 7 000
1.4	**Genehmigung einer Nutzungsänderung (§ 59 BbgBO)**		
1.4.1	Genehmigung einer Nutzungsänderung einer baulichen Anlage, wenn die bauliche Anlage hinsichtlich der Konstruktion und des Erscheinungsbildes nicht wesentlich geändert wird		100 bis 15 000
1.4.2	Genehmigung einer Nutzungsänderung einer baulichen Anlage mit genehmigungspflichtigen baulichen Änderungen Anmerkung: § 3 Absatz 1 Satz 9 ist zu beachten.	Zuschlag zu der jeweiligen Gebühr nach Tarifstelle 1.1	100 bis 4 000
1.5	**Genehmigung von Aufschüttungen, Abgrabungen (§ 2 Absatz 1 Satz 2 Nummer 1 BbgBO)**		
1.5.1	Genehmigung von selbstständigen Aufschüttungen		100 bis 15 000
1.5.2	Genehmigung von Abgrabungen für die Gewinnung von Abbaugut in Sand-, Kiesgruben, Steinbrüchen oder ähnliche Abgrabungen		1 000 bis 50 000
1.5.3	Genehmigung von sonstigen selbstständigen Abgrabungen, die nicht der Gewinnung von Abbaugut dienen		100 bis 5 000
1.6	**Teilbaugenehmigung (§ 74 BbgBO)**		
1.6.1	Erteilung einer Teilbaugenehmigung Anmerkung: Die Gebühr für die Teilbaugenehmigung ist auf die Gebühr für die Baugenehmigung anzurechnen.	wie Tarifstelle 1.1.3	

Tarif-stelle	Gegenstand der Amtshandlung	Bemessungsgrund-lage	Gebühr in Euro
1.7	**Erteilung eines Vorbescheides (§ 75 BbgBO)**		
1.7.1	Beantwortung einzelner Fragen zu einem konkreten Bauvorhaben hinsichtlich einzelner Tatbestandsmerkmale einer Vorschrift der BbgBO, einer Vorschrift auf Grund der BbgBO oder einer fachgesetzlichen Vorschrift	jedoch nicht mehr als 80 Prozent einer für das Vorhaben nach Tarifstelle 1.1 ermittelten Gebühr	200 bis 3 000
1.7.2	Beantwortung einzelner Fragen zur planungsrechtlichen Zulässigkeit eines konkreten Bauvorhabens hinsichtlich der Tatbestandsmerkmale nach den §§ 34 oder 35 BauGB, der Voraussetzungen der §§ 31 oder 33 BauGB oder einzelner Festsetzungen eines Bebauungsplanes oder einer Satzung nach dem Baugesetzbuch	jedoch nicht mehr als 80 Prozent einer für das Vorhaben nach Tarifstelle 1.1 ermittelten Gebühr	400 bis 15 000
1.8	**Beteiligung Dritter am Genehmigungsverfahren**		
1.8.1	Anhörung Beteiligter nach § 28 VwVfG i. V. m. § 1 Absatz 1 des VwVfGBbg und Beteiligung von Nachbarn nach § 70 Absatz 2 BbgBO Anmerkung: Kostenschuldner der Gebühr ist der Veranlasser, nicht der Beteiligte.	je Beteiligter oder je Nachbar insgesamt	100 höchstens 3 000
1.8.2	Beteiligungen nach § 70 Absatz 6 und 7 BbgBO Anmerkung: Kostenschuldner der Gebühr ist der Veranlasser, nicht die Beteiligten.		100 bis 5 000
1.9	**Ausnahmen, Befreiungen und Abweichungen**		
1.9.1	Zulassung einer Abweichung von bauordnungsrechtlichen Vorschriften (§ 67 Absatz 1 BbgBO)	je Abweichung	100 bis 5 000
1.9.2	Zulassung einer Ausnahme von den Festsetzungen des Bebauungsplanes (§ 31 Absatz 1 BauGB) oder Ausnahme gemäß § 34 Absatz 2 letzter Halbsatz BauGB	je Ausnahme	100 bis 2 500
1.9.3	Erteilung einer Befreiung von den Festsetzungen des Bebauungsplanes (§ 31 Absatz 2 BauGB) oder Befreiung gemäß § 34 Absatz 2 letzter Halbsatz BauGB	je Befreiung	200 bis 5 000

Tarif-stelle	Gegenstand der Amtshandlung	Bemessungsgrund-lage	Gebühr in Euro
2	**Bautechnische Nachweise**		
2.1	**Prüfung der Standsicherheitsnachweise und der Konstruktionszeichnungen**		
2.1.1	Prüfung der Standsicherheitsnachweise Anmerkung: § 3 Absatz 1 Satz 9 ist zu beachten.	Grundgebühr nach § 2 Absatz 3 Satz 1	mindestens 100
2.1.2	Prüfung der zu den Standsicherheitsnachweisen gehörenden Konstruktionszeichnungen	50 Prozent der nach der Tarifstelle 2.1.1 ermittelten Gebühr	mindestens 100
2.1.3	nachträgliche Prüfung der Standsicherheitsnachweise einschließlich der erforderlichen örtlichen Überprüfungen für eine ohne Baugenehmigung begonnene oder ausgeführte bauliche Anlage	ein dem Bearbeitungsaufwand entsprechender Zuschlag zu der nach den Tarifstellen 2.1.1 oder 2.1.2 ermittelten Gebühr, jedoch nicht mehr als 50 Prozent der jeweiligen Gebühr	mindestens 100
2.1.4	örtliche Anpassung der Standsicherheitsnachweise bei Vorlage einer Typenprüfung	Zeitgebühr	mindestens 100
2.1.5	Prüfung der Standsicherheitsnachweise der tragenden und aussteifenden Bauteile bei Brandbeanspruchung	5 Prozent der jeweiligen nach den Tarifstellen 2.1.1 oder 2.1.3 ermittelten Gebühr	mindestens 100
2.1.6	Prüfung der rechnerischen Nachweise für bauliche Anlagen der Bauwerksklassen 3 bis 5, wenn diese nur durch besondere elektronische Vergleichsrechnungen an komplexen räumlichen Tragsystemen (Untersuchung am Gesamtsystem) geprüft werden können	ein dem Bearbeitungsaufwand entsprechender Zuschlag zu der nach der Tarifstelle 2.1.1 ermittelten Gebühr, jedoch nicht mehr als 25 Prozent der jeweiligen Gebühr	
2.2	**Prüfung der Brandschutznachweise (§ 66 Absatz 3 Satz 2 BbgBO)**		
2.2.1	Prüfung der Brandschutznachweise bei der Errichtung, Änderung und Nutzungsänderung	Grundgebühr nach § 2 Absatz 3 Satz 2	mindestens 500
2.3	**Besondere oder zusätzliche Prüfungen, Zuschläge**		
2.3.1	Prüfung der Standsicherheitsnachweise von Fassaden, Gerüsten oder Baugrubensicherungen	Zeitgebühr	mindestens 100

Tarif-stelle	Gegenstand der Amtshandlung	Bemessungsgrund-lage	Gebühr in Euro
2.3.2	Prüfung der Standsicherheitsnachweise für Umbauten und Aufstockungen sowie für Nutzungsänderungen, die zu anderen Lastannahmen führen	ein dem Bearbeitungsaufwand entsprechender Zuschlag zu der nach der Tarifstelle 2.1 ermittelten Gebühr, jedoch nicht mehr als 50 Prozent der jeweiligen Gebühr	mindestens 100
2.3.3	Prüfung der Brandschutznachweise für bauliche Änderungen, wie Um- und Anbauten oder Aufstockungen, sowie Nutzungsänderungen in Teilen des Gebäudes, die zu anderen Beurteilungen des vorbeugenden Brandschutzes für das Gebäude führen	ein dem Bearbeitungsaufwand entsprechender Zuschlag zu der nach der Tarifstelle 2.2.1 ermittelten Gebühr, jedoch nicht mehr als 50 Prozent der jeweiligen Gebühr	mindestens 100
2.3.4	Lastvorprüfungen und Prüfung zusätzlicher Nachweise für Montage- und Bauzustände, Militärlastenklassen, Sonderlasten, Erdbebenschutz, Bergsicherung, Setzungs- und Grundbruchberechnungen	Gebühr nach der Tarifstelle 2.3.2	
2.3.5	Prüfung von Elementplänen des Fertigteilbaus sowie Werkstattzeichnungen des Metall- und Holzbaus	Gebühr nach der Tarifstelle 2.3.2	
2.3.6	Prüfung von Nachträgen zu den bautechnischen Nachweisen sowie zu den Ausführungszeichnungen infolge von Änderungen oder Fehlern	ein dem Bearbeitungsaufwand entsprechender Zuschlag zu der nach den Tarifstellen 2.1 oder 2.2.1 ermittelten Gebühr, jedoch nicht mehr als die jeweilige Gebühr	mindestens 100
2.3.7	bei einem groben Missverhältnis einer nach der Tarifstelle 2.1.1 oder 2.2.1 ermittelten Gebühr zum gesamten Prüfungsaufwand	ein dem Bearbeitungsmehraufwand entsprechender Zuschlag zur Gebühr	
2.3.8	Zulassung einer Abweichung von bauordnungsrechtlichen Vorschriften (§ 67 Absatz 1 BbgBO)	je Abweichung Gebühr nach der Tarifstelle 1.9.1	

Tarif-stelle	Gegenstand der Amtshandlung	Bemessungsgrund-lage	Gebühr in Euro
2.3.9	Mehraufwand auf Grund der zeitlich verzögerten Vorlage von Teilen der bautechnischen Nachweise in größeren Zeitabständen im Rahmen von bauaufsichtlichen Prüfungen (mindestens drei Monate)	Zuschlag zu der nach Tarifstelle 2.1.1 oder 2.2.1 ermittelten Gebühr, höchstens 50 Prozent der jeweiligen Gebühr	mindestens 100
2.3.10	Prüfung zusätzlicher oder besonderer Nachweise des Brandschutzes	Zuschlag zur Tarifstelle 2.2.1, jedoch nicht mehr als die Gebühr nach Tarifstelle 2.2.1	mindestens 100
2.4	**Ermäßigungen**		
2.4.1	werden für gleiche bauliche Anlagen, die auf einem Grundstück oder auf benachbarten Grundstücken errichtet werden sollen, die bautechnischen Nachweise gleichzeitig zur Prüfung vorgelegt, so beträgt die Gebühr für jede bauliche Anlage	60 Prozent der jeweiligen nach den Tarifstellen 2.1 bis 2.3 ermittelten Gebühr	mindestens 100
2.5	**Überprüfung der Bauausführung entsprechend den geprüften bautechnischen Nachweisen (§ 82 Absatz 2 und 4 BbgBO)**		
2.5.1	Überprüfung der Bauausführung hinsichtlich der Übereinstimmung mit den geprüften Standsicherheitsnachweisen, insbesondere Abnahme bestimmter Bauteile oder Bauarbeiten	Zeitgebühr höchstens 100 Prozent der jeweiligen nach den Tarifstellen 2.1 und 2.3 ermittelten Gebühr	mindestens 100
2.5.2	Überprüfung der Bauausführung hinsichtlich der Übereinstimmung mit den geprüften Brandschutznachweisen	Zeitgebühr höchstens das Eineinhalbfache der nach der Tarifstelle 2.2.1 ermittelten Gebühr	mindestens 100
2.5.3	Überprüfung der Bauausführung wie Tarifstelle 2.5.1 oder 2.5.2, wenn wegen festgestellter Mängel eine erneute Überprüfung der Bauausführung erforderlich wurde	Zeitgebühr	mindestens 100
2.5.4	Undurchführbarkeit der Überprüfung der Bauausführung aus Gründen, die der Bauherr zu vertreten hat	Zeitgebühr	mindestens 100
2.5.5	Überprüfung eines Fliegenden Baues auf Übereinstimmung mit den geprüften bautechnischen Unterlagen	Zeitgebühr	mindestens 100

Tarif-stelle	Gegenstand der Amtshandlung	Bemessungsgrund-lage	Gebühr in Euro
2.5.6	Prüfung von Zulassungen, Prüfzeugnissen, Übereinstimmungszertifikaten, Zeugnissen und Aufzeichnungen über die Prüfung von Bauprodukten, CE-Kennzeichnungen und Leistungserklärungen nach der Verordnung (EU) Nr. 305/2011	Zeitgebühr	mindestens 100
2.6	**Prüfung der bautechnischen Nachweise bei einer Typenprüfung oder bei Fliegenden Bauten**		
2.6.1	Erteilung einer Typenprüfung (§ 66 Absatz 4 BbgBO)	Zeitgebühr mindestens das Doppelte der jeweiligen nach den Tarifstellen 2.1 bis 2.3 ermittelten Gebühr	
2.6.2	Verlängerung der Geltungsdauer einer Typenprüfung	Zeitgebühr	mindestens 100
2.6.3	Prüfung der bautechnischen Unterlagen im Zusammenhang mit der Erteilung oder Verlängerung der Ausführungsgenehmigung für Fliegende Bauten (§ 76 Absatz 2 und 4 BbgBO)	Zeitgebühr mindestens das Doppelte der jeweiligen nach den Tarifstellen 2.1 bis 2.3 ermittelten Gebühr	
2.7	**Typengenehmigung (§ 72a BbgBO)**		
2.7.1	Erteilung einer Typengenehmigung	bis zum zwanzigfachen der für die Erteilung einer Baugenehmigung ermittelten Gebühr	mindestens 250
2.7.2	Prüfung der Standsicherheitsnachweise und der Konstruktionszeichnungen, der Brandschutznachweise sowie besondere oder zusätzliche Prüfungen im Rahmen einer Typengenehmigung nach § 72a Absatz 1 BbgBO	bis zum fünffachen der nach den Tarifstellen 2.1 bis 2.3 ermittelten Gebühr	
2.7.3	Änderung oder Ergänzung einer Typengenehmigung	bis zu einem Viertel der für die Erteilung einer Typengenehmigung festgesetzten Gebühr	mindestens 250

Tarif-stelle	Gegenstand der Amtshandlung	Bemessungsgrund-lage	Gebühr in Euro
2.7.4	Verlängerung der Geltungsdauer einer Typengenehmigung	bis zum fünffachen der für die Erteilung einer Baugenehmigung ermittelten Gebühr	mindestens 250
2.7.5	Prüfung der Standsicherheitsnachweise und der Konstruktionszeichnungen, der Brandschutznachweise sowie besondere oder zusätzliche Prüfungen im Rahmen der Verlängerung einer Typengenehmigung	bis zum zweieinhalbfachen der nach den Tarifstellen 2.1 bis 2.3 ermittelten Gebühr	
2.7.6	Prüfung einer erteilten Typengenehmigung aus anderen Bundesländern	Zeitgebühr	mindestens 500
3	**Umweltverträglichkeitsprüfung im Rahmen eines Baugenehmigungsverfahrens**		
3.1	Durchführung einer Vorprüfung zur Feststellung der UVP-Pflicht (§ 2 Absatz 1 BbgUVPG in Verbindung mit den §§ 3c und 3d UVPG)	Zeitgebühr	mindestens 200
3.2	Durchführung einer Umweltverträglichkeitsprüfung (§ 2 Absatz 1 BbgUVPG in Verbindung mit den §§ 3c und 3d UVPG)		1 000 bis 10 000
4	**Bauüberwachung, Überprüfungen**		
4.1	**Bauüberwachung (§ 82 BbgBO)**		
4.1.1	Bauüberwachung (§ 82 Absatz 1 BbgBO) baulicher Anlagen, die nach anderen Rechtsvorschriften genehmigt wurden, wenn diese Genehmigung die Baugenehmigung mit einschließt	Zeitgebühr	mindestens 200
4.1.2	Bauüberwachung (§ 82 Absatz 1 BbgBO)	Zeitgebühr	mindestens 200
4.1.3	Probenentnahme (§ 82 Absatz 3 BbgBO) Anmerkung: Die Kosten für die Prüfung der Proben durch sachverständige Stellen sind als Auslagen zu ersetzen.	Zeitgebühr	mindestens 100
4.1.4	durch Rechtsverordnung vorgeschriebene Überprüfung von Sonderbauten oder Mitwirkung an der Brandverhütungsschau einschließlich Vorbereitung und Nachbereitung der Ortsbesichtigung	Zeitgebühr	mindestens 100

Tarif-stelle	Gegenstand der Amtshandlung	Bemessungsgrund-lage	Gebühr in Euro
4.2	**Aufnahme der Nutzung (§ 83 BbgBO)**		
4.2.1	Überprüfung und Bescheinigung des sicheren Anschlusses der Feuerstätte, des Verbrennungsmotors oder des Blockheizkraftwerkes und der Tauglichkeit und der sicheren Benutzbarkeit der Abgasanlage oder der Leitung zur Abführung von Verbrennungsgasen vor Inbetriebnahme (in Verbindung mit § 83 Absatz 2 Satz 4 BbgBO)	Zeitgebühr	mindestens 100
4.2.2	Überprüfung und Bescheinigung des sicheren Anschlusses der Feuerstätte oder der Tauglichkeit und der sicheren Benutzbarkeit der Abgasanlage vor Inbetriebnahme (in Verbindung mit § 83 Absatz 2 Satz 4 BbgBO)		50 bis 100
4.3	**Ordnungsbehördliche Maßnahmen**		
4.3.1	Beseitigungsanordnung für bauliche Anlagen (§ 80 Absatz 1 Satz 1 und Absatz 2 BbgBO), ggf. in Verbindung mit § 58 Absatz 6 BbgBO)		100 bis 3 000
4.3.2	Nutzungsuntersagung für bauliche Anlagen (§ 80 Absatz 1 Satz 2 BbgBO), ggf. in Verbindung mit § 58 Absatz 6 BbgBO)		100 bis 1 500
4.3.3	Einstellungsanordnung (§ 79 Absatz 1 BbgBO), ggf. in Verbindung mit § 58 Absatz 6 BbgBO)		100 bis 1 500
4.3.4	Versiegelung (§ 79 Absatz 2 oder § 80 Absatz 1 Satz 3 BbgBO), ggf. in Verbindung mit § 58 Absatz 6 BbgBO)		100 bis 700
4.3.5	Anordnungen zur Gefahrenabwehr (§ 3, § 58 Absatz 2 Satz 2 oder § 81 Absatz 1 BbgBO)		100 bis 1 500
4.3.6	Untersagung der Verwendung von Bauprodukten und Entwertung oder Beseitigung der Kennzeichnung (§ 78 Absatz 1 BbgBO), ggf. in Verbindung mit § 58 Absatz 6 BbgBO)	je Bauprodukt	1 000 bis 5 000
4.3.7	vorläufige Untersagung nach § 15 Absatz 1 Satz 2 BauGB		200

Tarif-stelle	Gegenstand der Amtshandlung	Bemessungsgrund-lage	Gebühr in Euro
4.3.8	sonderbehördliche Erlaubnis nach § 58 Absatz 6 Satz 3 in Verbindung mit § 87 Absatz 1 Satz 1 Nummer 4 BbgBO für die Errichtung von Werbeanlagen, die nach § 61 Absatz 1 Nummer 12 BbgBO keiner Genehmigung bedürfen	Gebühr nach der Tarifstelle 1.3	
4.4	**Sonstige Einzelanordnungen**		
4.4.1	Anordnung einer Mitteilungspflicht (§ 83 Absatz 1 BbgBO)		100
4.4.2	Überprüfung baulicher Anlagen, die von der bisherigen Nutzung abweichend befristet als Versammlungsstätte genutzt werden sollen, zum Beispiel für Ausstellungen, Messen, Filmvorführungen, Verkaufs- oder Sportveranstaltungen; Diskotheken	Zeitgebühr	mindestens 100
5	**Nachträgliche Prüfung von Bauvorlagen**		
5.1	nachträgliche Prüfung von Bauvorlagen, einschließlich der erforderlichen örtlichen Überprüfungen, für eine ohne erforderliche Baugenehmigung oder Bauanzeige ganz oder teilweise errichtete oder geänderte bauliche Anlage	das Doppelte der jeweiligen Gebühr nach den Tarifstellen 1.1, 1.2, 1.3 und 1.5	
5.2	nachträgliche Prüfung von Bauvorlagen, einschließlich der erforderlichen örtlichen Überprüfungen, für eine ohne erforderliche Baugenehmigung oder Bauanzeige durchgeführte Nutzungsänderung	das Doppelte der jeweiligen Gebühr nach der Tarifstelle 1.4	
6	**Genehmigung Fliegender Bauten**		
6.1	Erteilung der Ausführungsgenehmigung in Form eines Prüfbuches (§ 76 Absatz 2 bis 5 BbgBO) Anmerkung: Die Gebühren für die Prüfung bautechnischer Nachweise und die Kosten von Sachverständigen werden gesondert erhoben.	1,4 Prozent der Herstellungskosten	mindestens 100
6.2	Verlängerung der Geltungsdauer der Ausführungsgenehmigung von Fliegenden Bauten (§ 76 Absatz 4 BbgBO)	20 Prozent der bereits für die zu verlängernde Genehmigung erhobenen Gebühr	mindestens 100

Tarif-stelle	Gegenstand der Amtshandlung	Bemessungsgrund-lage	Gebühr in Euro
6.3	Genehmigung von Änderungen der Ausführungsgenehmigung (z. B. Änderung der Bestuhlung, technische Änderung) Anmerkung: Die Gebühren für die Prüfung bautechnischer Nachweise und die Kosten von Sachverständigen werden gesondert erhoben.	0,4 Prozent der Herstellungskosten	mindestens 100
6.4	Eintragung des Wechsels des Wohnsitzes, der Niederlassung oder der Übertragung an Dritte in das Prüfbuch (§ 76 Absatz 5 BbgBO)		50 bis 250
6.5	Gebrauchsabnahme (§ 76 Absatz 6 BbgBO) oder Nachabnahme (§ 76 Absatz 8 BbgBO) Anmerkung: Bei Gebrauchsabnahme mehrerer Fliegender Bauten bei einem Ortstermin auf einem Festplatz ist die Gebühr anteilig zu erheben.	Zeitgebühr	
6.6	Anordnung von Auflagen bei der Gebrauchsabnahme (§ 76 Absatz 7 BbgBO)		100 bis 250
6.7	Anordnung der Untersagung der Aufstellung oder des Gebrauchs (§ 76 Absatz 7 BbgBO)		100 bis 250
7	**Anerkennungen von Prüfingenieuren und Prüfsachverständigen (BbgBauPrüfV und BbgPrüfSV)**		
7.1	**Amtshandlungen der Anerkennungsbehörde für Prüfingenieure (BbgBauPrüfV)**		
7.1.1	Prüfung der formalen Anerkennungsvoraussetzungen als Prüfingenieur (§§ 6, 10 und 14 BbgBauPrüfV) und allgemeine Verwaltungsgebühr der Anerkennungsbehörde	eine Fachrichtung je weitere Fachrichtung	600 480
7.1.2	Genehmigung einer Zweitniederlassung eines Prüfingenieurs (§ 5 Absatz 8 BbgBauPrüfV)		200
7.1.3	Feststellung und Bescheinigung der Gleichwertigkeit der gegenseitigen Anerkennung (§ 9 Absatz 5 BbgBauPrüfV)		100
7.1.4	Änderung des Geschäftssitzes oder einer Zweitniederlassung (§ 6 Absatz 6 BbgBauPrüfV)		50

Tarif-stelle	Gegenstand der Amtshandlung	Bemessungsgrund-lage	Gebühr in Euro
7.1.5	Widerruf oder Zurücknahme der Anerkennung als Prüfingenieur (§ 7 BbgBauPrüfV)	je Fachrichtung	1 000
7.1.6	Anerkennungen von Prüfsachverständigen der Fachbereiche Standsicherheit und Brandschutz anderer Länder als Prüfingenieurinnen oder Prüfingenieure dieser Fachbereiche (§ 9 Absatz 2 BbgBauPrüfV)		50 bis 200
7.2	**Gutachten zur Feststellung der besonderen Sachkunde als Prüfingenieur für Standsicherheit (§ 11 BbgBauPrüfV)**		
7.2.1	Überprüfung des fachlichen Werdegangs	je Fachrichtung	800
7.2.2	Bewertung der schriftlich dargelegten Fachkenntnisse Anmerkung: Wenn mehr als eine Fachrichtung in einer Prüfung bewertet wird, verringert sich die Gebühr für jede weitere Fachrichtung.	je Fachrichtung je weitere Fachrichtung	1 400 700
7.3	**Gutachten zur Feststellung der besonderen Sachkunde als Prüfingenieur für Brandschutz (§ 15 BbgBauPrüfV)**		
7.3.1	Überprüfung des fachlichen Werdegangs		1 200
7.3.2	Bewertung der schriftlich dargelegten Fachkenntnisse		900
7.3.3	Bewertung der mündlich dargelegten Fachkenntnisse		800
7.4	**Amtshandlungen der Anerkennungsbehörde für Prüfsachverständige (BbgPrüfSV)**		
7.4.1	Prüfung der formalen Anerkennungsvoraussetzungen als Prüfsachverständiger (§§ 5 und 7 BbgPrüfSV) und allgemeine Verwaltungsgebühr der Anerkennungsbehörde	eine Fachrichtung je weitere Fachrichtung	500 400
7.4.2	allgemeine Verwaltungsgebühr der Geschäftsstelle des Prüfungsausschusses	je Fachrichtung	200
7.4.3	Feststellung und Bescheinigung der Gleichwertigkeit der gegenseitigen Anerkennung (§ 9 Absatz 3 BbgPrüfSV)		100
7.4.4	Änderung des Geschäftssitzes (§ 7 Absatz 6 BbgPrüfSV) oder einer Zweitniederlassung (§ 3 Absatz 8 BbgPrüfSV)		50

Tarif-stelle	Gegenstand der Amtshandlung	Bemessungsgrund-lage	Gebühr in Euro
7.4.5	Widerruf oder Zurücknahme der Anerkennung als Prüfsachverständiger (§ 8 BbgPrüfSV)	je Fachrichtung	1 000
8	**Widerspruchsentscheidungen**		
8.1	Zurückweisung eines Widerspruchs eines Dritten		50 bis 1 000
9	**Baulasten**		
9.1	Eintragung einer Baulast einschließlich der Entgegennahme der Baulasterklärung (§ 84 Absatz 1 BbgBO)		200 bis 2 000
9.2	Änderung, Korrektur oder Löschung einer Baulast	jeweils	50 bis 500
9.3	Auszug aus dem Baulastenverzeichnis einschließlich Prüfung des berechtigten Interesses (§ 84 Absatz 5)	je Grundstück	50 bis 200
9.4	Auskunft zu Baulasten einschließlich Prüfung des berechtigten Interesses sowie Negativauskunft	je Grundstück	50 bis 200
10	**Sonstige Amtshandlungen**		
10.1	zusätzlicher oder abweichender Bestuhlungs- und Rettungswegeplan, einschließlich Ortsbesichtigung		100 bis 700
10.2	Abnahme einer technischen Probe	Zeitgebühr	mindestens 100
10.3	Erteilung eines Gastspielprüfbuchs		200 bis 2 000
10.4	Verlängerung der Geltungsdauer eines Gastspielprüfbuchs		100
10.5	Untersagung der Bauausführung nach § 62 Absatz 4 BbgBO		100
10.6	Gestattung der Nachreichung von einzelnen Bauvorlagen gemäß § 68 Absatz 2 Satz 2	Zeitgebühr	
10.7	Zurückgabe eines Bauantrages wegen unvollständiger Bauvorlagen oder erheblicher Mängel (§ 69 Absatz 2 BbgBO)	Gebühr gemäß § 17 GebGBbg	
10.8	**Vorläufiger Rechtsschutz nach der Verwaltungsgerichtsordnung (VwGO)**		
10.8.1	Aussetzung der Vollziehung der Sachentscheidung nach § 80 Absatz 4 Satz 1 VwGO		100

Tarif-stelle	Gegenstand der Amtshandlung	Bemessungsgrund-lage	Gebühr in Euro
10.8.2	Aussetzung der Vollziehung öffentlicher Abgaben und Kosten nach § 80 Absatz 4 Satz 2 und 3 VwGO	kostenfrei	
10.8.3	Entscheidung nach § 80a Absatz 1 Nummer 1 VwGO		200 bis 2 000
10.8.4	Entscheidung nach § 80a Absatz 1 Nummer 2 oder Absatz 2 VwGO	kostenfrei	
10.9	Entscheidungen über Befreiungen nach dem Gebäudeenergiegesetz und der auf Grund dieses Gesetzes erlassenen Rechtsvorschriften		50 bis 500
10.10	Abgeschlossenheitsbescheinigung (§ 7 Absatz 4 Nummer 2 und § 32 Absatz 2 Nummer 2 des Wohnungseigentumsgesetzes [WoEigG])	je Sondereigentum (Wohnungseigentum nach § 1 Absatz 2 WoEigG und Teileigentum nach § 1 Absatz 3 WoEigG), je Wohnungserbbaurecht (§ 30 WoEigG), je Dauerwohnrecht (§ 31 Absatz 1 WoEigG), je Dauernutzungsrecht (§ 31 Absatz 2 WoEigG) eines Gebäudes	50 mindestens 100 höchstens 2 500
10.11	**Anfertigen und Überlassen von Zweitschriften, Kopien, Computerausdrucken und elektronischen Dateien**		
10.11.1	DIN A4 Schwarzweiß	je Seite	0,5
10.11.2	DIN A3 Schwarzweiß	je Seite	1,5
10.11.3	> DIN A3 Schwarzweiß	je Seite	2
10.11.4	DIN A4 Farbe	je Seite	1,5
10.11.5	DIN A3 Farbe	je Seite	2
10.11.6	> DIN A3 Farbe	je Seite	2,5
10.11.7	Überlassen von elektronischen Dateien	pro Datei je Vorgang	2,5 höchstens 50
10.12	Beglaubigung	je Seite	0,5 mindestens 5
10.13	Erteilung einer Bescheinigung		5 bis 100

Tarif-stelle	Gegenstand der Amtshandlung	Bemessungsgrund-lage	Gebühr in Euro
10.14	Erteilung einer Zweitschrift		5 bis 250
10.15	Erteilung einer Löschungsbewilligung oder Freigabeerklärung für eine Grunddienstbarkeit oder beschränkte persönliche Dienstbarkeit		100
10.16	auf Veranlassung Dritter und in deren Interesse durchgeführte Überprüfungen von baulichen Anlagen, Nutzungen oder Bauarbeiten, sofern ein Verstoß gegen baurechtliche Vorschriften nicht festgestellt wird		50 bis 2 500
10.17	Beratung in Bauangelegenheiten	eine Stunde kostenfrei, ab der zweiten Stunde Zeitgebühr	
10.18	ordnungsbehördliche Maßnahmen zum Vollzug des Schornsteinfegerhandwerksgesetzes oder des Schornsteinfegergesetzes		200
10.19	Bearbeitung der Anzeige der Beseitigung baulicher Anlagen		50
10.20	ordnungsbehördliche Maßnahmen zum Vollzug des Gebäudeenergiegesetzes und der auf Grund dieses Gesetzes erlassenen Rechtsvorschriften		200
10.21	ordnungsbehördliche Maßnahmen zum Vollzug des § 19 der 1. BImSchV sofern es sich um Feuerstätten im Sinne der BbgBO handelt	Zeitgebühr	
11	**vorhabenbezogene Bauartgenehmigung (§ 16a BbgBO) und bauaufsichtliche Zustimmungen zur Verwendung von Bauprodukten (§ 20 BbgBO) im Einzelfall**		
11.1	vorhabenbezogene Bauartgenehmigung und bauaufsichtliche Zustimmung zur Verwendung neuer Bauprodukte im Einzelfall (§ 16a Absatz 2 Nummer 2 und § 20 BbgBO)		250 bis 10 000
11.2	Verzicht auf vorhabenbezogene Bauartgenehmigung und bauaufsichtliche Zustimmung zur Verwendung neuer Bauprodukte im Einzelfall (§ 16a Absatz 4 und § 20 Satz 2 BbgBO)		200

Anlage 2
(zu § 3 Absatz 1)

Tabelle der anrechenbaren Bauwerte je Kubikmeter Brutto-Rauminhalt Bezugsjahr 2015 = Indexzahl 1,000**

Nr.	Gebäudeart	anrechenbare Bauwerte in Euro/m³
1	Wohngebäude	122
2	Wochenendhäuser	107
3	Büro- und Verwaltungsgebäude, Banken und Arztpraxen	165
4	Schulen	156
5	Kindertageseinrichtungen	140
6	Hotels, Pensionen, Wohnheime, Gebäude gem. § 2 Absatz 4 Nummer 9 BbgBO, Sanatorien bis jeweils 60 Betten, Gaststätten, Kantinen	140
7	Hotels, Wohnheime, Gebäude gem. § 2 Absatz 4 Nummer 9 BbgBO, Sanatorien über 60 Betten	163
8	Krankenhäuser	182
9	Versammlungsstätten, wie Mehrzweckhallen, soweit nicht nach den Nummern 11 und 12, Theater, Kinos	140
10	Hallenbäder	151
11	eingeschossige, hallenartige Gebäude, wie Verkaufsstätten, Fabrik-, Werkstatt- und Lagergebäude in einfachen Rahmen- oder Stiel-Riegel-Konstruktionen sowie einfache Sporthallen und landwirtschaftliche Betriebsgebäude, soweit nicht nach Nummer 19	
11.1	bis 5 000 m³ Brutto-Rauminhalt	
	Bauart schwer[1)] und mit nicht geringen Einbauten[2)]	68
	Bauart schwer[1)]	60
	sonstige Bauart	51
11.2	der 5 000 m³ übersteigende Brutto-Rauminhalt bis 20 000 m³	
	Bauart schwer[1)] und mit nicht geringen Einbauten[2)]	60
	Bauart schwer[1)]	51
	sonstige Bauart	42

** Die Baupreisindexzahl beträgt für 1. Juni
2016: 1,094 (ABl. S. 623)
2017: 1,115 (ABl. S. 473)
2018: 1,145 (ABl. S. 419)
2019: 1,178 (ABl. S. 460)
2020: 1,219 (ABl. S. 448)
2021: 1,142 (ABl. S. 491)
2022: 1,231 (ABl. S. 505)
2023: 1,415 (ABl. S. 399)
2024: 1,520 (ABl. S. 353)

Nr.	Gebäudeart	anrechenbare Bauwerte in Euro/m³
11.3	der 20 000 m³ übersteigende Brutto-Rauminhalt bis 50 000 m³	
	Bauart schwer[1)] und mit nicht geringen Einbauten[2)]	51
	Bauart schwer[1)]	42
	sonstige Bauart	33
11.4	der 50 000 m³ übersteigende Brutto-Rauminhalt	
	Bauart schwer[1)] und mit nicht geringen Einbauten[2)]	42
	Bauart schwer[1)]	33
	sonstige Bauart	24
12	andere eingeschossige Verkaufsstätten, Sportstätten	92
13	andere eingeschossige Fabrik, Werkstatt- und Lagergebäude	82
14	mehrgeschossige Verkaufsstätten	125
15	mehrgeschossige Fabrik-, Werkstatt- und Lagergebäude	108
16	eingeschossige Garagen, ausgenommen offene Kleingaragen	90
17	mehrgeschossige Mittel- und Großgaragen	108
18	Tiefgaragen	167
19	Schuppen, Kaltställe, Nebengebäude für Abstellräume, offene Feldscheunen, offene Kleingaragen sowie ähnliche Gebäude	43
20	Gewächshäuser	
20.1	bis 1 500 m³ Brutto-Rauminhalt	33
20.2	der 1 500 m³ übersteigende Brutto-Rauminhalt	18

1) Gebäude mit Tragwerken, die überwiegend in Massivbauart oder schwerem Stahlbau errichtet werden
2) Einbauten, wie Maschinenfundamente, Emporen, tragende Wände, Kranbahnen

Zuschläge auf die anrechenbaren Bauwerte:

- bei Gebäuden mit mehr als fünf Geschossen 5 Prozent,
- bei Hochhäusern und vergleichbar hohe Gebäude 10 Prozent,
- bei Gebäuden mit befahrbaren Decken (außer bei den Nummern 16 bis 18), die mit Gabelstaplern, Schwerlastwagen oder Schienenfahrzeugen befahren werden 10 Prozent,
- bei Hallenbauten mit Kränen, bei denen der Standsicherheitsnachweis für die Kranbahnen geprüft werden muss, für den von den Kranbahnen erfassten Hallenbereich, vervielfacht mit der Indexzahl nach § 3 Absatz 1 Satz 2 49 Euro/m².

Sonstiges:

- Die in der Tabelle angegebenen Bauwerte berücksichtigen nur eine einfache Bauausführung und Flachgründungen mit Streifen- oder Einzelfundamenten. Mehrkosten für andere Gründungen, wie Pfahlgründungen oder Schlitzwände, sind getrennt zu ermitteln und den anrechenbaren Bauwerten hinzuzurechnen. Bei Flächengründungen, für die rechnerische Nachweise zu prüfen sind (zum Beispiel bei elastisch gebetteten Sohlplatten), sind je Quadratmeter Sohlplatte 2 Kubikmeter je Quadratmeter zum Brutto-Rauminhalt hinzuzurechnen.

- Bei Gebäuden mit gemischter Nutzung ist für die Ermittlung der anrechenbaren Bauwerte die offensichtlich überwiegende Nutzung maßgebend. Liegt ein offensichtliches Überwiegen einer Nutzung nicht vor, sind für die Gebäudeteile mit verschiedenen Nutzungsarten, in der Regel geschossweise, die anrechenbaren Bauwerte anteilig zu ermitteln; dies gilt auch für Wohngebäude mit darunterliegender Tiefgarage.

Anlage 3
(zu § 3 Absatz 1)

Auszug aus DIN 277-1:2005-02

3 Begriffe

3.1 Brutto-Grundfläche (BGF)
Summe der Grundflächen aller Grundrissebenen eines Bauwerkes mit Nutzungen nach DIN 277-2:2005-02, Tabelle 1, Nr. 1 bis Nr. 9, und deren konstruktive Umschließungen.
Nicht zur Brutto-Grundfläche gehören Flächen, die ausschließlich der Wartung, Inspektion und Instandsetzung von Baukonstruktionen und technischen Anlagen dienen, z. B. nicht nutzbare Dachflächen, fest installierten Dachleitern und -stege, Wartungsstege in abgehängten Decken.
Die Brutto-Grundfläche gliedert sich in Netto-Grundfläche und Konstruktions-Grundfläche.

3.2 Brutto-Rauminhalt (BRI)
Summe der Rauminhalte des Bauwerkes über Brutto-Grundflächen.
Der Brutto-Rauminhalt wird von den äußeren Begrenzungsflächen der konstruktiven Bauwerkssohle, der Außenwände und der Dächer einschließlich Dachgauben und Dachoberlichter umschlossen.
Nicht zum Brutto-Rauminhalt gehören die Rauminhalte von
- Tief- und Flachgründungen,
- Lichtschächten,
- Außentreppen,
- Außenrampen,
- Eingangsüberdachungen,
- Dachüberständen, soweit sie nicht Überdeckungen für Bereich b nach Abschnitt 4.1.2 darstellen, auskragenden Sonnenschutzanlagen,
- über den Dachbelag aufgehenden Schornsteinköpfen, Lüftungsrohren und -schächten.

4 Ermittlungsgrundlagen

4.1 Allgemeines
4.1.1 Die Ermittlung der Grundflächen und Rauminhalte erfolgt in ihrer Genauigkeit entsprechend dem Planungsfortschritt z. B. von der Bedarfsplanung bis zur Dokumentation und anhand der jeweiligen Planungsunterlagen.
4.1.2 Grundflächen und Rauminhalte sind nach ihrer Zugehörigkeit zu folgenden Bereichen getrennt zu ermitteln:
- Bereich a: überdeckt und allseitig in voller Höhe umschlossen,
- Bereich b: überdeckt, jedoch nicht allseitig in voller Höhe umschlossen,
- Bereich c: nicht überdeckt.

Sie sind ferner getrennt nach Grundrissebenen, z. B. Geschossen und getrennt nach unterschiedlichen Höhen zu ermitteln. Dies gilt auch für Grundflächen unter oder über Schrägen.
4.1.3 Grundflächen von waagerechten Flächen sind aus ihren tatsächlichen Maßen, Grundflächen von schräg liegenden Flächen, z. B. Tribünen, Zuschauerräume, Treppen und Rampen, aus ihrer senkrechten Projektion zu ermitteln.
4.1.4 Grundflächen sind in Quadratmeter (m^2), Rauminhalte in Kubikmeter (m^3) anzugeben.

4.2 Ermittlung von Grundflächen
4.2.1 Brutto-Grundfläche
Für die Ermittlung der Brutto-Grundfläche (Summe aus Netto-Grundfläche und Konstruktions-Grundfläche) sind die äußeren Maße der Bauteile einschließlich Bekleidung, z. B. Putz, Außenschalen mehrschaliger Wandkonstruktionen, in Höhe der Boden- und Deckenbelagsoberkanten anzusetzen.
Brutto-Grundflächen des Bereiches b sind an Stellen, an denen sie nicht

umschlossen sind, bis zur vertikalen Projektion ihrer Überdeckung zu ermitteln. Brutto-Grundflächen von Bauteilen (Konstruktions-Grundflächen), die zwischen den Bereichen a und b liegen, sind zum Bereich a zuzuordnen.

4.3 Berechnung von Rauminhalten

4.3.1 Brutto-Rauminhalt

Der Brutto-Rauminhalt ist aus den nach Abschnitt 4.2.1 berechneten Brutto-Grundflächen und den dazugehörigen Höhen zu ermitteln. Als Höhen für die Ermittlung des Brutto-Rauminhaltes gelten die vertikalen Abstände zwischen den Deckenbelagsoberkanten der jeweiligen Grundrissebenen bzw. bei Dächern die Dachbelagsoberkanten.

Für die Höhen des Bereiches c sind die Oberkanten begrenzender Bauteile, z. B. Brüstungen, Attiken, Geländer, maßgebend.

Bei untersten Geschossen gilt als Höhe der Abstand von der Unterkante der konstruktiven Bauwerkssohle bis zur Deckenbelagsoberkante der darüber liegenden Grundrissebene.

Bei Bauwerken oder Bauwerksteilen, die von nicht vertikalen und/oder nicht waagerechten Flächen begrenzt werden, ist der Rauminhalt nach entsprechenden geometrischen Formeln zu ermitteln.

Anlage 4
(zu § 4 Absatz 1)

Bauwerksklassen

Bauwerksklasse 1
Tragwerke mit sehr geringem Schwierigkeitsgrad, insbesondere einfache statisch bestimmte ebene Tragwerke aus Holz, Stahl, Stein oder unbewehrtem Beton mit ruhenden Lasten, ohne Nachweis horizontaler Aussteifung;

Bauwerksklasse 2
Tragwerke mit geringem Schwierigkeitsgrad, insbesondere statisch bestimmte ebene Tragwerke in gebräuchlichen Bauarten ohne Vorspann- und Verbundkonstruktionen, mit vorwiegend ruhenden Lasten,
- einfache Dach- und Fachwerkbinder,
- Kehlbalkendächer,
- Deckenkonstruktionen mit vorwiegend ruhenden Flächenlasten, die sich mit gebräuchlichen Tabellen berechnen lassen,
- Mauerwerksbauten mit bis zur Gründung durchgehenden tragenden Wänden ohne Nachweis horizontaler Aussteifung,
- Stützwände einfacher Art,
- Flachgründungen einfacher Art (Einzel- und Streifenfundamente);

Bauwerksklasse 3
Tragwerke mit durchschnittlichem Schwierigkeitsgrad, insbesondere schwierige statisch bestimmte und statisch unbestimmte ebene Tragwerke in gebräuchlichen Bauarten ohne Vorspannkonstruktionen und ohne schwierige Stabilitätsuntersuchungen,
- einfache Verbundkonstruktionen des Hochbaus ohne Berücksichtigung des Einflusses von Kriechen und Schwinden,
- Tragwerke für Gebäude mit Abfangung von tragenden beziehungsweise aussteifenden Wänden,
- Tragwerke für Rahmen- und Skelettbauten, bei denen die Stabilität der einzelnen Bauteile mit Hilfe von einfachen Formeln oder Tabellen nachgewiesen werden kann,
- Behälter einfacher Konstruktion,
- Schornsteine ohne Schwingungsberechnung,
- Maste mit einfachen Abspannungen, bei denen der Seildurchhang vernachlässigt werden kann,
- ein- und zweiachsig gespannte mehrfeldrige Decken unter ruhenden Lasten, soweit sie nicht der Bauwerksklasse 2 zuzuordnen sind,
- Flächengründungen einfacher Art,
- Stützwände ohne Rückverankerung bei schwierigen Baugrund- und Belastungsverhältnissen und einfach verankerte Stützwände,
- ebene Pfahlrostgründungen;

Bauwerksklasse 4
Tragwerke mit überdurchschnittlichem Schwierigkeitsgrad, insbesondere statisch und konstruktiv schwierige Tragwerke in gebräuchlichen Bauarten und Tragwerke, für deren Standsicherheits- und Festigkeitsnachweis schwierig zu ermittelnde Einflüsse zu berücksichtigen sind,
- statisch bestimmte räumliche Fachwerke,
- weitgespannte Hallentragwerke in Ingenieurholzbaukonstruktion,
- mehrgeschossige Bauwerke mit unregelmäßiger Grundrissgestaltung und wiederholt im Grundriss verspringenden Aussteifungselementen, bei deren Schnittgrößenermittlung die Formänderungen zu berücksichtigen sind,
- Bauwerke, bei denen Aussteifung und Stabilität durch Zusammenwirken von Fertigteilen sichergestellt und nachgewiesen werden muss,
- unregelmäßige mehrgeschossige Rahmentragwerke und Skelettbauten, Kesselgerüste,
- einfache Trägerroste und einfache orthotrope Platten,
- Hallentragwerke mit Kranbahnen,
- vorgespannte Fertigteile,

- Tragwerke für schwierige Rahmen- und Skelettbauten sowie turmartige Bauten, bei denen der Nachweis der Stabilität und Aussteifung die Anwendung besonderer Berechnungsverfahren erfordert,
- einfache Faltwerke nach der Balkentheorie,
- statisch bestimmte und einfache statisch unbestimmte Tragwerke, deren Schnittkraftermittlung nach Theorie II. Ordnung erfolgen muss,
- statisch bestimmte und statisch unbestimmte Tragwerke des Hochbaus unter Einwirkung von Vorspannung, soweit sie nicht der Bauwerksklasse 5 zuzuordnen sind,
- Verbundkonstruktionen, soweit sie nicht den Bauwerksklassen 3 oder 5 zuzuordnen sind,
- einfache Tragwerke nach dem Traglastverfahren,
- einfache Rotationsschalen,
- Tankbauwerke aus Stahl mit einfachen Stabilitätsnachweisen,
- Behälter und Silos schwieriger Konstruktion, auch in Gruppenbauweise,
- Maste, Schornsteine, Maschinenfundamente mit einfachen Schwingungsuntersuchungen,
- schwierige Abspannungen von Einzelmasten oder Mastgruppen,
- Seilbahnkonstruktionen,
- schwierige verankerte Stützwände, schwierige statisch unbestimmte Flächengründungen, schwierige ebene oder räumliche Pfahlgründungen, besondere Gründungsverfahren, Unterfahrungen;

Bauwerksklasse 5
Tragwerke mit sehr hohem Schwierigkeitsgrad, insbesondere statisch und konstruktiv ungewöhnlich schwierige Tragwerke,
- räumliche Stabtragwerke,
- statisch unbestimmte räumliche Fachwerke,
- Faltwerke, Schalentragwerke, soweit sie nicht der Bauwerksklasse 4 zuzuordnen sind,
- statisch unbestimmte Tragwerke, die Schnittkraftermittlungen nach Theorie II. Ordnung unter Berücksichtigung des nichtlinearen Werkstoffverhaltens erfordern,
- Tragwerke mit Standsicherheitsnachweisen, die nur unter Zuhilfenahme modellstatischer Untersuchungen beurteilt werden können,
- Tragwerke mit Schwingungsuntersuchungen, soweit sie nicht der Bauwerksklasse 4 zuzuordnen sind,
- seilverspannte Zeltdachkonstruktionen und Traglufthallen bei Behandlung nach der Membrantheorie,
- mit Hochhäusern vergleichbar hohe Gebäude, bei denen ein Stabilitätsnachweis nach Theorie II. Ordnung erforderlich sowie das Schwingungsverhalten zu untersuchen ist,
- Verbundkonstruktionen nach der Plastizitätstheorie oder mit Vorspannung,
- schwierige Trägerroste und schwierige orthotrope Platten,
- Turbinenfundamente.

Anlage 5
(zu § 2 Absatz 3 und § 4 Absatz 1)

Gebührentafel

anrechenbarer Bauwert in Euro	Grundgebühr für die Prüfung der Standsicherheitsnachweise in Euro					Grundgebühr für die Prüfung der Brandschutznachweise in Euro
	Bauwerksklasse 1	Bauwerksklasse 2	Bauwerksklasse 3	Bauwerksklasse 4	Bauwerksklasse 5	
10 000	101	151	189	240	290	500
20 000	176	264	330	417	505	500
30 000	243	365	456	577	699	500
40 000	306	459	574	727	880	500
50 000	366	549	686	869	1 052	500
60 000	423	635	794	1 005	1 217	500
70 000	479	718	898	1 137	1 377	500
80 000	533	799	999	1 265	1 532	500
90 000	585	878	1 098	1 391	1 683	500
100 000	637	955	1 194	1 513	1 831	500
200 000	1 109	1 664	2 079	2 634	3 188	665
300 000	1 534	2 301	2 876	3 643	4 410	920
400 000	1 931	2 896	3 621	4 586	5 551	1 159
500 000	2 308	3 462	4 328	5 482	6 636	1 385
600 000	2 671	4 006	5 008	6 343	7 679	1 602
700 000	3 021	4 532	5 665	7 176	8 686	1 813
800 000	3 362	5 043	6 304	7 985	9 666	2 017
900 000	3 694	5 541	6 927	8 774	10 621	2 216
1 000 000	4 019	6 029	7 536	9 545	11 555	2 411
2 000 000	6 998	10 496	13 120	16 619	20 118	4 199
3 000 000	9 679	14 518	18 148	22 987	27 826	5 807
4 000 000	12 183	18 275	22 844	28 936	35 027	7 310
5 000 000	14 565	21 847	27 308	34 591	41 873	8 739
6 000 000	16 852	25 277	31 597	40 023	48 448	10 111
7 000 000	19 063	28 595	35 744	45 275	54 807	11 438
8 000 000	21 213	31 819	39 773	50 380	60 986	12 087
9 000 000	23 308	34 963	43 703	55 358	67 012	12 728
10 000 000	25 358	38 037	47 547	60 226	72 905	13 985
15 000 000	35 075	52 612	65 765	83 302	100 840	15 215
20 000 000	44 151	66 227	82 784	104 859	126 935	21 045
25 000 000	52 780	79 170	98 963	125 353	151 743	26 491
30 000 000	61 068	91 603	114 503	145 038	175 572	31 668

Teil 3. Bauaufsichtliche Anforderungen

3.1 Verordnung über bauaufsichtliche Anforderungen an Camping- und Wochenendhausplätze im Land Brandenburg (Brandenburgische Camping- und Wochenendhausplatz-Verordnung – BbgCWPV)

Vom 18. Mai 2005 (GVBl. II S. 254)

– in Kraft seit 24. Juni 2005 –

Auf Grund des § 80 Abs. 1 Nr. 1 und Abs. 2 Nr. 1 und des § 79 Abs. 3 der Brandenburgischen Bauordnung vom 16. Juli 2003 (GVBl. I S. 210) verordnet der Minister für Infrastruktur und Raumordnung:

INHALTSÜBERSICHT

§ 1
Anwendungsbereich, Begriffe

(1) Diese Verordnung gilt für Campingplätze und Wochenendhausplätze mit einer Grundfläche von mehr als 1 000 m² oder mit mehr als vier Campingzelten, Campingfahrzeugen oder Wochenendhäusern.
(2) Campingplätze sind Plätze, die ständig oder wiederkehrend während bestimmter Zeiten des Jahres betrieben werden und zum Aufstellen und Benutzen von Campingzelten oder Campingfahrzeugen bestimmt sind.
(3) Wochenendhausplätze sind Plätze, die ständig oder wiederkehrend während bestimmter Zeiten des Jahres betrieben werden und zum Aufstellen und Benutzen von Wochenendhäusern bestimmt sind.
(4) [1]Wochenendhäuser sind Gebäude mit einer Grundfläche von höchstens 50 m² und einer Gesamthöhe von höchstens 4 m, die dem vorübergehenden Aufenthalt dienen. [2]Bei der Ermittlung der Grundfläche bleiben ein überdachter Freisitz oder ein Vorzelt bis zu 10 m² Grundfläche unberücksichtigt. [3]Nicht jederzeit ortsveränderlich aufgestellte Campingfahrzeuge gelten als Wochenendhäuser.

§ 2
Allgemeine Anforderungen

(1) Camping- und Wochenendhausplätze sind so anzuordnen und zu gestalten, dass durch ihren Betrieb und den Zugangs- und Abgangsverkehr keine Störungen für die Umgebung verursacht und die Belange des Naturschutzes, der Landschaftspflege und des Wasserhaushaltes nicht beeinträchtigt oder gefährdet werden.
(2) Der Boden muss so beschaffen oder hergerichtet sein, dass auch bei länger anhaltendem Regen das Wasser sicher abgeleitet wird und die Oberfläche nicht verschlammt.
(3) Standplätze für Campingzelte oder Campingfahrzeuge sind von Aufstellplätzen für Wochenendhäuser räumlich zu trennen.
(4) Camping- und Wochenendhausplätze sind einzufrieden oder anderweitig von anderen Nutzungen abzugrenzen.

§ 3
Zufahrten, Fahrwege

(1) Camping- und Wochenendhausplätze müssen durch innere Fahrwege ausreichend erschlossen sein.
(2) [1]Zufahrten und Fahrwege müssen mindestens 5,50 m breit, befestigt und für Fahrzeuge der Feuerwehr befahrbar sein. [2]Geringere Zufahrtsbreiten sind zulässig, wenn ausreichende Ausweich- und Wendemöglichkeiten vorhanden sind. [3]Für Fahrwege mit vorgeschriebenem Richtungsverkehr und für Stichwege von höchstens 100 m Länge mit Wendemöglichkeit genügt eine Breite von 3 m.

§ 4
Brandschutz

(1) [1]Camping- und Wochenendhausplätze sind durch mindestens 5 m breite Brandschutzstreifen in einzelne Abschnitte von nicht mehr als 2 000 m² Grundfläche zu unterteilen. [2]Ein solcher Brandschutzstreifen muss zu angrenzenden Grundstücken angelegt werden, wenn diese baulich genutzt werden. [3]Die Brandschutzstreifen sind ständig von baulichen Anlagen, Gegenständen und Unterholz freizuhalten.
(2) Der Abstand zwischen Campingzelten, Campingfahrzeugen oder Wochenendhäusern muss mindestens 2 m betragen.
(3) [1]Camping- und Wochenendhausplätze müssen eine ausreichende Löschwasserversorgung mit an den Fahrwegen angeordneten Überflurhydranten oder anderen Einrichtungen für die Löschwasserentnahme sowie eine ausreichende Anzahl von Feuerlöschern haben. [2]Von jeder Stelle des Platzes müssen Einrichtungen für die Löschwasserentnahme in nicht mehr als 200 m Entfernung erreichbar sein.

§ 5
Sanitäre Einrichtungen

(1) Camping- und Wochenendhausplätze müssen eine Wasserversorgungsanlage haben, die eine ausreichende Versorgung mit einwandfreiem Trinkwasser dauernd sichert.
(2) [1]Camping- und Wochenendhausplätze müssen getrennte Räume für Wasch- und Duscheinrichtungen, Geschirrspüleinrichtungen, Wäschespüleinrichtungen und Toilettenanlagen haben. [2]Die Wände und Fußböden dieser Räume müssen leicht gereinigt werden können. [3]Die Einrichtungen müssen hygienisch einwandfrei benutzbar sein. [4]Trinkwasserzapfanlagen, Abwasserbeseitigungs- oder Abwasserbehandlungsanlagen sowie Anlagen für Wert- und Abfallstoffe müssen von den Räumen nach Satz 1 getrennt sein.
(3) [1]In nach Geschlechtern getrennten Räumen müssen eine ausreichende Zahl von Waschplätzen und Duschen und jeweils mindestens ein Waschplatz und eine Dusche in einer Einzelzelle vorhanden sein. [2]Für Rollstuhlbenutzer ist eine ausreichende Zahl von barrierefreien Einzelzellen mit Waschplatz und Dusche, mindestens jedoch eine, einzurichten.
(4) Es muss eine ausreichende Zahl von Geschirrspülbecken und Wäschespülbecken vorhanden sein.
(5) [1]Es muss eine ausreichende Zahl von Trinkwasserzapfstellen mit Schmutzwasserabläufen vorhanden sein. [2]Der Boden von Zapfstellen im Freien muss in einem Umkreis von mindestens 2 m befestigt sein. [3]Wasserzapfstellen, die kein Trinkwasser liefern, sind als solche zu kennzeichnen.
(6) [1]In nach Geschlechtern getrennten Räumen muss eine ausreichende Zahl von Toiletten in Einzelzellen vorhanden sein. [2]Toilettenräume müssen Vorräume mit Handwaschbecken haben. [3]Für Rollstuhlbenutzer ist eine ausreichende Zahl von barrierefreien Einzelzellen mit Toilette und Waschbecken, mindestens jedoch eine, einzurichten.
(7) [1]Camping- oder Wochenendhausplätze müssen an eine Sammelkanalisation, eine ausreichend bemessene Kleinkläranlage oder Sammelgrube angeschlossen sein. [2]Für die Entleerung von tragbaren Toiletten muss ein geeigneter Behälter vorhanden sein, wenn die Entsorgung der tragbaren Toiletten in die örtliche Sammelkanalisation nicht zulässig ist.
(8) [1]Abfallgruben sind nicht zulässig. [2]Kleinkläranlagen und Sammelgruben sowie Behälter für Wert- oder Abfallstoffe müssen von Stand- und Aufstellplätzen abgeschirmt und so weit entfernt sein, dass von ihnen keine Beeinträchtigungen ausgehen.

§ 6
Betriebsvorschriften

(1) Während des Betriebes des Camping- oder Wochenendhausplatzes muss der Betreiber oder die vom Betreiber mit der Leitung des Platzes beauftragte Person ständig erreichbar sein.

(2) Der Betreiber eines Camping- oder Wochenendhausplatzes ist dafür verantwortlich, dass

1. die Anlagen und Einrichtungen, die nach den Vorschriften dieser Verordnung erforderlich sind, in dem der Belegung des Platzes entsprechenden Umfang betriebsbereit bleiben,
2. die Brandschutzanforderungen nach § 4 Abs. 1 Satz 3 und Abs. 2 eingehalten werden,
3. ein Verbandskasten für Erste Hilfe bereitgehalten wird,
4. die Bestimmungen dieser Verordnung und die in der Platzordnung geregelten Betriebsvorschriften eingehalten werden.

(3) Der Betreiber eines Camping- oder Wochenendhausplatzes muss in einer Platzordnung mindestens regeln:

1. das Aufstellen von Kraftfahrzeugen, Wohnwagen und Zelten sowie von Wochenendhäusern,
2. das Benutzen und Sauberhalten der Plätze, der Anlagen und der Einrichtungen,
3. das Beseitigen von Wert- und Abfallstoffen und Abwasser,
4. den Umgang mit Feuer.

(4) [1]An den Eingängen zu den Camping- und Wochenendhausplätzen ist an gut sichtbarer, geschützter Stelle ein Lageplan der Platzanlage anzubringen. [2]Aus dem Lageplan müssen die Zufahrt, die Fahrwege, die Brandschutzstreifen, die Art und Lage der Hydranten und der besonderen Einrichtungen für die Löschwasserentnahme sowie die Standorte der Feuerlöscher, der Erste-Hilfe-Einrichtungen und der Fernsprechanschlüsse ersichtlich sein.

(5) An den Eingängen zu Camping- und Wochenendhausplätzen und bei größeren Plätzen auch an weiteren Stellen sind Hinweise anzubringen, die mindestens folgende Angaben enthalten müssen:

1. Name und Anschrift des Betreibers und der mit der Leitung des Platzes beauftragten Person,
2. Lage der Fernsprechanschlüsse,
3. Anschrift und Rufnummer der Polizei, der Feuerwehr und des Rettungsdienstes,
4. Name, Anschrift und Rufnummer des nächsten Arztes und der nächsten Apotheke,
5. Platzordnung.

§ 7
Zusätzliche Bauvorlagen

[1]Mit den Bauvorlagen ist ein Brandschutzkonzept vorzulegen. [2]Im Brandschutzkonzept ist auf der Grundlage einer Risikoanalyse eine Gesamtbewertung vorzunehmen und darzustellen, welche vorbeugenden baulichen, anlagentechnischen, organisatorischen (betrieblichen) und abwehrenden Maßnahmen zur Erfüllung der Schutzziele des Brandschutzes sowie der brandschutztechnischen Anforderungen erforderlich sind.

§ 8
Ordnungswidrigkeiten

[1]Ordnungswidrig gemäß § 79 Abs. 3 Nr. 1 und 3 der Brandenburgischen Bauordnung handelt, wer vorsätzlich oder fahrlässig entgegen dem Gebot

1. in § 6 Abs. 1 während des Betriebes nicht ständig erreichbar ist,
2. in § 6 Abs. 2 Nr. 1 die Anlagen und Einrichtungen nicht in dem der Belegung des Platzes entsprechenden Umfang betriebsbereit hält,
3. in § 6 Abs. 2 Nr. 2 die Brandschutzanforderungen nach § 4 Abs. 1 Satz 3 und Abs. 2 nicht einhält,
4. in § 6 Abs. 2 Nr. 3 keinen Verbandskasten für Erste Hilfe bereithält.

[2]Die Ordnungswidrigkeit kann gemäß § 79 Abs. 5 der Brandenburgischen Bauordnung mit einer Geldbuße bis zu 500 000 Euro geahndet werden.

§ 9
(Inkrafttreten, Außerkrafttreten)

3.2 Brandenburgische Verordnung
über den Bau von Garagen und Stellplätzen und den Betrieb von Garagen (Brandenburgische Garagen- und Stellplatzverordnung – BbgGStV)[1]
Vom 8. November 2017 (GVBl. II Nr. 61)
– in Kraft seit 17. November 2017 –

Auf Grund des § 86 Absatz 1 Nummer 1 bis 5, Absatz 3 Satz 1 Nummer 2 bis 5 und Absatz 3 Satz 2 in Verbindung mit § 85 Absatz 1 Satz 1 Nummer 1 der Brandenburgischen Bauordnung vom 19. Mai 2016 (GVBl. I Nr. 14) verordnet die Ministerin für Infrastruktur und Landesplanung:

INHALTSÜBERSICHT

ABSCHNITT 1
Allgemeine Vorschriften

§ 1
Begriffe und allgemeine Anforderungen

(1) [1]Offene Garagen sind Garagen, die unmittelbar ins Freie führende unverschließbare Öffnungen in einer Größe von insgesamt mindestens einem Drittel der Gesamtfläche der Umfassungswände haben, bei denen mindestens zwei sich gegenüberliegende

1 Diese Verordnung dient der Umsetzung der Richtlinie (EU) 2015/1535 des Europäischen Parlaments und des Rates vom 9. September 2015 über ein Informationsverfahren auf dem Gebiet der technischen Vorschriften und der Vorschriften für die Dienste der Informationsgesellschaft (ABl. L 241 vom 17.09.2015, S. 1).

Umfassungswände mit den ins Freie führenden Öffnungen nicht mehr als 70 Meter voneinander entfernt sind und bei denen eine ständige Querlüftung vorhanden ist. [2]Stellplätze mit Schutzdächern und ohne Wände (Carports) sind offene Garagen.

(2) Offene Kleingaragen sind Kleingaragen, die unmittelbar ins Freie führende unverschließbare Öffnungen in einer Größe von insgesamt mindestens einem Drittel der Gesamtfläche der Umfassungswände haben.

(3) Geschlossene Garagen sind Garagen, die die Voraussetzungen nach den Absätzen 1 und 2 nicht erfüllen.

(4) Oberirdische Garagen sind Garagen, deren Fußboden im Mittel nicht mehr als 1,50 Meter unter der Geländeoberfläche liegt.

(5) Automatische Garagen sind Garagen ohne Personen- und Fahrverkehr, in denen die Kraftfahrzeuge mit mechanischen Förderanlagen von der Garagenzufahrt zu den Garageneinstellplätzen befördert und ebenso zum Abholen an die Garagenausfahrt zurückbefördert werden.

(6) Ein Einstellplatz ist eine Fläche, die dem Abstellen eines Kraftfahrzeuges in einer Garage oder auf einem Stellplatz dient.

(7) [1]Die Nutzfläche einer Garage ist die Summe aller miteinander verbundenen Flächen der Garageneinstellplätze und der Verkehrsflächen. [2]Die Nutzfläche einer automatischen Garage ist die Summe der Flächen aller Garageneinstellplätze. [3]Einstellplätze auf Dächern (Dacheinstellplätze) und die dazugehörigen Verkehrsflächen werden der Nutzfläche nicht zugerechnet, soweit nichts anderes bestimmt ist.

(8) Es sind Garagen mit einer Nutzfläche

1. bis 100 Quadratmeter Kleingaragen,
2. über 100 Quadratmeter bis 1 000 Quadratmeter Mittelgaragen,
3. über 1 000 Quadratmeter Großgaragen.

(9) Soweit in dieser Verordnung nichts Abweichendes geregelt ist, sind auf tragende und aussteifende sowie auf raumabschließende Bauteile von Garagen die Anforderungen der Brandenburgischen Bauordnung an diese Bauteile in Gebäuden der Gebäudeklasse 5 anzuwenden; die Erleichterungen des § 30 Absatz 3 Satz 2, § 31 Absatz 4 Nummer 1 und 2, § 36 Absatz 1 Satz 2 Nummer 2, § 39 Absatz 1 Satz 3 Nummer 4, § 40 Absatz 1 Nummer 1 und 3 sowie des § 41 Absatz 5 Nummer 1 und 3 der Brandenburgischen Bauordnung sind nicht anzuwenden.

ABSCHNITT 2
Bauvorschriften

§ 2
Zu- und Abfahrten

(1) [1]Zwischen Garagen und öffentlichen Verkehrsflächen müssen Zu- und Abfahrten von mindestens 3 Meter Länge vorhanden sein. [2]Ausnahmen können gestattet werden, wenn wegen der Sicht auf die öffentliche Verkehrsfläche keine Bedenken bestehen.

(2) Vor den die freie Zufahrt zur Garage zeitweilig hindernden Anlagen, wie Schranken oder Tore, kann ein Stauraum für wartende Kraftfahrzeuge gefordert werden, wenn dies wegen der Sicherheit oder Leichtigkeit des Verkehrs erforderlich ist.

(3) [1]Die Fahrbahnen von Zu- und Abfahrten vor Mittel- und Großgaragen müssen mindestens 2,75 Meter breit sein; der Halbmesser des inneren Fahrbahnrandes muss mindestens 5 Meter betragen. [2]Für Fahrbahnen im Bereich von Zu- und Abfahrtssperren genügt eine Breite von 2,30 Meter. [3]Breitere Fahrbahnen können in Kurven mit Innenradien von weniger als 10 Meter verlangt werden, wenn dies wegen der Verkehrssicherheit erforderlich ist.

(4) Großgaragen müssen getrennte Fahrbahnen für Zu- und Abfahrten haben.

(5) [1]Bei Großgaragen ist neben den Fahrbahnen der Zu- und Abfahrten ein mindestens 0,80 Meter breiter Gehweg erforderlich. [2]Der Gehweg muss gegenüber der Fahrbahn erhöht oder verkehrssicher abgegrenzt werden.

(6) In den Fällen der Absätze 3 bis 5 sind die Dacheinstellplätze und die dazugehörigen Verkehrsflächen der Nutzfläche zuzurechnen.

(7) Für Zu- und Abfahrten von Stellplätzen gelten die Absätze 2 bis 5 singgemäß.

§ 3
Rampen

(1) [1]Rampen von Mittel- und Großgaragen dürfen nicht mehr als 15 Prozent geneigt sein. [2]Die Breite der Fahrbahnen auf diesen Rampen muss mindestens 2,75 Meter, in gewendelten Rampenbereichen mindestens 3,50 Meter betragen. [3]Gewendelte Rampenteile müssen eine Querneigung von mindestens 3 Prozent haben. [4]Der Halbmesser des inneren Fahrbahnrandes muss mindestens 5 Meter betragen.
(2) Zwischen öffentlicher Verkehrsfläche und einer Rampe mit mehr als 10 Prozent Neigung muss eine geringer geneigte Fläche von mindestens 3 Meter Länge liegen.
(3) [1]In Großgaragen müssen Rampen, die von Fußgängern benutzt werden, einen mindestens 0,80 Meter breiten Gehweg haben, der gegenüber der Fahrbahn erhöht oder verkehrssicher abgegrenzt ist. [2]An Rampen, die von Fußgängern nicht benutzt werden dürfen, ist auf das Verbot hinzuweisen.
(4) Für Rampen von Stellplätzen gelten die Absätze 1 bis 3 sinngemäß.
(5) Kraftbetriebene geneigte Hebebühnen sind keine Rampen.

§ 4
Einstellplätze und Fahrgassen

(1) [1]Ein notwendiger Einstellplatz muss mindestens 5 Meter lang sein. [2]Die Breite eines Einstellplatzes muss mindestens betragen
1. 2,30 Meter, wenn keine Längsseite,
2. 2,40 Meter, wenn eine Längsseite,
3. 2,50 Meter, wenn jede Längsseite

des Einstellplatzes im Abstand bis zu 0,10 Meter durch Wände, Stützen, andere Bauteile oder Einrichtungen begrenzt ist;
4. 3,50 Meter, wenn der Einstellplatz für Menschen mit Behinderung bestimmt ist.

[3]Einstellplätze auf kraftbetriebenen Hebebühnen brauchen in den Fällen des Satzes 2 Nummer 1 bis 3 nur 2,30 Meter breit zu sein. [4]Die Sätze 1 und 2 gelten nicht für Einstellplätze auf horizontal verschiebbaren Plattformen und für diese Plattformen.

(2) [1]Fahrgassen müssen, soweit sie unmittelbar der Zu- oder Abfahrt von Einstellplätzen dienen, hinsichtlich ihrer Breite mindestens die Anforderungen der folgenden Tabelle erfüllen; Zwischenwerte sind gradlinig einzuschalten:

Anordnung der Einstellplätze zur Fahrgasse	Erforderliche Fahrgassenbreite (in Meter) bei einer Einstellplatzbreite von		
	2,30 m	2,40 m	2,50 m
bis 90 °	6,50 m	6,00 m	5,50 m
bis 45 °	3,50 m	3,25 m	3,00 m.

[2]Vor kraftbetriebenen Hebebühnen müssen die Fahrgassen mindestens 8 Meter breit sein, wenn die Hebebühnen Fahrspuren haben oder beim Absenken in die Fahrgasse hineinragen.
(3) [1]Fahrgassen müssen, soweit sie nicht unmittelbar der Zu- oder Abfahrt von Einstellplätzen dienen, mindestens 2,75 Meter breit sein. [2]Fahrgassen mit Gegenverkehr müssen in Mittel- und Großgaragen mindestens 5 Meter breit sein.
(4) Einstellplätze auf horizontal verschiebbaren Plattformen sind in Fahrgassen zulässig, wenn
1. eine Breite der Fahrgassen von mindestens 2,75 Meter erhalten bleibt,
2. die Plattformen nicht vor kraftbetriebenen Hebebühnen angeordnet werden und
3. in Fahrgassen mit Gegenverkehr kein Durchgangsverkehr stattfindet.

(5) [1]Die einzelnen Einstellplätze und die Fahrgassen sind durch Markierungen am Boden leicht erkennbar und dauerhaft gegeneinander abzugrenzen. [2]Dies gilt nicht für
1. Kleingaragen ohne Fahrgassen,
2. Einstellplätze auf kraftbetriebenen Hebebühnen,
3. Einstellplätze auf horizontal verschiebbaren Plattformen.

[3]Mittel- und Großgaragen müssen in jedem Geschoss leicht erkennbare und dauerhafte Hinweise auf Fahrtrichtungen und Ausfahrten haben.

(6) Abschlüsse zwischen Fahrgasse und Einstellplätzen sind in Mittel- und Großgaragen nur zulässig, wenn wirksame Löscharbeiten möglich bleiben.
(7) Die Absätze 1 bis 5 gelten nicht für automatische Garagen.
(8) In Großgaragen müssen 5 Prozent der Einstellplätze, mindestens jedoch vier Einstellplätze, als Einstellplätze für die Kraftfahrzeuge behinderter Menschen errichtet und gekennzeichnet werden.
(9) In Großgaragen müssen mindestens 30 Prozent aller Einstellplätze als Einstellplätze für die Kraftfahrzeuge von Frauen gekennzeichnet werden.
(10) Mehrgeschossige Garagen müssen mit einem Aufzug ausgestattet sein, der auch zur Aufnahme von Lasten, Krankentragen und Rollstühlen geeignet ist.
(11) Die Einstellplätze nach den Absätzen 8 und 9 müssen in unmittelbarer Nähe zu den Zu- oder Abfahrten, den Ein- oder Ausgängen oder den Aufzügen gemäß Absatz 10 angeordnet sein.
(12) Abweichend von § 18 Absatz 1 muss die allgemeine elektrische Beleuchtung nach § 14 für die Einstellplätze nach den Absätzen 8 und 9 und die zugehörigen Fahrgassen während der Betriebszeit der Garage ständig in der zweiten Stufe eingeschaltet sein, sofern nicht Tageslicht mit einer entsprechenden Beleuchtungsstärke vorhanden ist.

§ 5
Lichte Höhe

[1]Mittel- und Großgaragen müssen in zum Begehen bestimmten Bereichen, auch unter Unterzügen, Lüftungsleitungen und sonstigen Bauteilen eine lichte Höhe von mindestens 2 Meter haben. [2]Dies gilt nicht für kraftbetriebene Hebebühnen.

§ 6
Tragende Wände, Decken, Dächer

(1) Tragende Wände von Garagen sowie Decken über und unter Garagen und zwischen Garagengeschossen müssen feuerbeständig sein.
(2) Liegen Einstellplätze nicht mehr als 22 Meter über der Geländeoberfläche, so brauchen Wände und Decken nach Absatz 1
1. bei oberirdischen Mittel- und Großgaragen nur feuerhemmend und aus nichtbrennbaren Baustoffen zu sein, soweit sich aus den §§ 27 und 31 der Brandenburgischen Bauordnung keine weitergehenden Anforderungen ergeben,
2. bei offenen Mittel- und Großgaragen in Gebäuden, die allein der Garagennutzung dienen, nur aus nichtbrennbaren Baustoffen zu bestehen.

(3) Wände und Decken nach Absatz 1 brauchen bei eingeschossigen oberirdischen Mittel- und Großgaragen auch mit Dacheinstellplätzen, wenn das Gebäude allein der Garagennutzung dient, nur feuerhemmend zu sein oder aus nichtbrennbaren Baustoffen zu bestehen.
(4) Wände und Decken nach Absatz 1 brauchen bei automatischen Garagen nur aus nichtbrennbaren Baustoffen zu bestehen, wenn das Gebäude allein als automatische Garage genutzt wird.
(5) Für befahrbare Dächer von Garagen gelten die Anforderungen an Decken.
(6) [1]Bekleidungen und Dämmschichten unter Decken und Dächern müssen
1. bei Großgaragen aus nichtbrennbaren,
2. bei Mittelgaragen aus mindestens schwerentflammbaren

Baustoffen bestehen. [2]Bei Großgaragen dürfen Bekleidungen aus mindestens schwerentflammbaren Baustoffen bestehen, wenn deren Bestandteile volumenmäßig überwiegend nichtbrennbar sind und deren Abstand zur Decke oder zum Dach höchstens 0,02 Meter beträgt.
(7) Für Pfeiler und Stützen gelten die Absätze 1 bis 6 sinngemäß.

§ 7
Außenwände

(1) Außenwände von Mittel- und Großgaragen müssen aus nichtbrennbaren Baustoffen bestehen.
(2) Absatz 1 gilt nicht für Außenwände von eingeschossigen oberirdischen Mittel- und

Großgaragen, wenn das Gebäude allein der Garagennutzung dient.

§ 8
Trennwände, sonstige Innenwände und Tore

(1) [1]Trennwände zwischen Garagen und anders genutzten Räumen müssen § 29 Absatz 3 Satz 1 der Brandenburgischen Bauordnung entsprechen. [2]Wände zwischen Mittel- oder Großgaragen und anderen Gebäuden müssen feuerbeständig sein.
(2) In Mittel- und Großgaragen müssen sonstige Innenwände und Tore, Einbauten, insbesondere Einrichtungen für mechanische Parksysteme, aus nichtbrennbaren Baustoffen bestehen.

§ 9
Gebäudeabschlusswände

Als Gebäudeabschlusswände nach § 30 Absatz 2 Nummer 1 der Brandenburgischen Bauordnung genügen bei eingeschossigen oberirdischen Mittel- und Großgaragen feuerbeständige Abschlusswände ohne Öffnungen, wenn das Gebäude allein der Garagennutzung dient.

§ 10
Wände und Decken von Kleingaragen

(1) [1]Für Kleingaragen sind tragende Wände und Decken ohne Feuerwiderstand zulässig. [2]Für Kleingaragen in sonst anders genutzten Gebäuden gelten die Anforderungen der §§ 27 und 31 der Brandenburgischen Bauordnung für diese Gebäude.
(2) [1]Wände und Decken zwischen geschlossenen Kleingaragen und anderen Räumen müssen feuerhemmend sein und feuerhemmende Abschlüsse haben, soweit sich aus § 29 Absatz 3 sowie § 31 Absatz 1 und 2 der Brandenburgischen Bauordnung keine weitergehenden Anforderungen ergeben. [2]Abstellräume mit bis zu 20 Quadratmeter Fläche bleiben unberücksichtigt.
(3) [1]Als Gebäudeabschlusswand nach § 30 Absatz 2 Nummer 1 der Brandenburgischen Bauordnung genügen Wände, die feuerhemmend sind oder aus nichtbrennbaren Baustoffen bestehen. [2]Für offene Kleingaragen ist eine Gebäudeabschlusswand nach § 30 Absatz 2 Nummer 1 der Brandenburgischen Bauordnung nicht erforderlich.
(4) § 8 Absatz 1 gilt nicht für Trennwände
1. zwischen Kleingaragen und Räumen oder Gebäuden, die nur Abstellzwecken dienen und nicht mehr als 20 Quadratmeter Grundfläche haben,
2. zwischen offenen Kleingaragen und anders genutzten Räumen oder Gebäuden.

§ 11
Rauchabschnitte, Brandabschnitte

(1) [1]Geschlossene Garagen, ausgenommen automatische Garagen, müssen durch mindestens feuerhemmende, aus nichtbrennbaren Baustoffen bestehende Wände in Rauchabschnitte unterteilt sein. [2]Die Nutzfläche eines Rauchabschnitts darf
1. in oberirdischen geschlossenen Garagen höchstens 5 000 Quadratmeter,
2. in sonstigen geschlossenen Garagen höchstens 2 500 Quadratmeter

betragen. [3]Sie darf höchstens doppelt so groß sein, wenn die Garagen Sprinkleranlagen haben. [4]Ein Rauchabschnitt darf sich auch über mehrere Geschosse erstrecken.
(2) [1]Öffnungen in den Wänden nach Absatz 1 müssen mit Rauchschutzabschlüssen versehen sein. [2]Abweichend davon sind dicht- und selbstschließende Abschlüsse aus nichtbrennbaren Baustoffen zulässig. [3]Die Abschlüsse müssen Feststellanlagen haben, die bei Raucheinwirkung ein selbsttätiges Schließen bewirken; sie müssen auch von Hand geschlossen werden können.
(3) Automatische Garagen müssen durch Brandwände nach § 30 Absatz 3 Satz 1 der Brandenburgischen Bauordnung in Brandabschnitte von höchstens 6 000 Kubikmeter Brutto-Rauminhalt unterteilt sein.
(4) § 30 Absatz 2 Nummer 2 der Brandenburgischen Bauordnung gilt nicht für Garagen.

§ 12
Verbindungen zu Garagen und zwischen Garagengeschossen

(1) Flure, Treppenräume und Aufzugsvorräume, die nicht nur den Benutzerinnen und Benutzern der Garagen dienen, dürfen verbunden sein
1. mit geschlossenen Mittel- und Großgaragen nur durch Räume mit feuerbeständigen Wänden und Decken sowie feuerhemmenden, rauchdichten und selbstschließenden Türen, die in Fluchtrichtung aufschlagen (Sicherheitsschleusen); zwischen Sicherheitsschleusen und Fluren oder Treppenräumen genügen selbst- und dichtschließende Türen. [2]Abweichend davon darf die Sicherheitsschleuse direkt mit einem Aufzug verbunden sein, wenn der Aufzug in einem eigenen, feuerbeständigen Schacht liegt oder direkt ins Freie führt,
2. mit anderen Garagen unmittelbar nur durch Öffnungen mit mindestens feuerhemmenden und selbstschließenden Türen.

(2) [1]Mittel- und Großgaragen dürfen mit sonstigen nicht zur Garage gehörenden Räumen sowie mit anderen Gebäuden unmittelbar nur durch Öffnungen mit mindestens feuerhemmenden, rauchdichten und selbstschließenden Türen verbunden sein. [2]Automatische Garagen dürfen mit nicht zur Garage gehörenden Räumen sowie mit anderen Gebäuden nicht verbunden sein.

(3) Die Absätze 1 und 2 gelten nicht für Verbindungen
1. zu offenen Kleingaragen,
2. zwischen Kleingaragen und Räumen oder Gebäuden, die nur Abstellzwecken dienen, und nicht mehr als 20 Quadratmeter Grundfläche haben.

(4) Türen zu Treppenräumen, die Garagengeschosse miteinander verbinden, müssen mindestens feuerhemmend, rauchdicht und selbstschließend sein und aus nichtbrennbaren Baustoffen bestehen.

§ 13
Rettungswege

(1) [1]Jede Mittel- und Großgarage muss in jedem Geschoss mindestens zwei voneinander unabhängige Rettungswege nach § 33 Absatz 1 der Brandenburgischen Bauordnung haben. [2]In oberirdischen Mittel- und Großgaragen genügt ein Rettungsweg, wenn ein Ausgang ins Freie in höchstens 10 Meter Entfernung erreichbar ist. [3]Der zweite Rettungsweg darf auch über eine Rampe führen. [4]Bei oberirdischen Mittel- und Großgaragen, deren Einstellplätze im Mittel nicht mehr als 3 Meter über der Geländeoberfläche liegen, sind Treppenräume für notwendige Treppen nicht erforderlich.

(2) Von jeder Stelle einer Mittel- und Großgarage muss in demselben Geschoss mindestens ein Treppenraum einer notwendigen Treppe oder, wenn ein Treppenraum nicht erforderlich ist, mindestens eine notwendige Treppe oder ein Ausgang ins Freie
1. bei offenen Mittel- und Großgaragen in einer Entfernung von höchstens 50 Meter,
2. bei geschlossenen Mittel- und Großgaragen in einer Entfernung von höchstens 30 Meter über Fahrgassen und Gänge erreichbar sein. [2]Die Entfernung ist in der Luftlinie, jedoch nicht durch Einstellplätze und Bauteile zu messen.

(3) [1]In Mittel- und Großgaragen müssen dauerhafte und leicht erkennbare Hinweise auf die Ausgänge vorhanden sein. [2]In Großgaragen müssen die zu den notwendigen Treppen oder zu den Ausgängen ins Freie führenden Wege auf dem Fußboden durch dauerhafte und leicht erkennbare Markierungen sowie an den Wänden durch beleuchtete Hinweise gekennzeichnet sein.

(4) Für Dacheinstellplätze gelten die Absätze 1 bis 3 sinngemäß.

(5) Die Absätze 1 bis 3 gelten nicht für automatische Garagen.

§ 14
Beleuchtung

(1) [1]In Mittel- und Großgaragen muss eine allgemeine elektrische Beleuchtung vorhanden

sein. [2]Sie muss so beschaffen und mindestens in zwei Stufen derartig schaltbar sein, dass an allen Stellen der Nutzflächen und Rettungswege in der ersten Stufe eine Beleuchtungsstärke von mindestens 1 Lux und in der zweiten Stufe von mindestens 20 Lux erreicht wird.

(2) In geschlossenen Großgaragen und in mehrgeschossigen Mittelgaragen muss zur Beleuchtung der Rettungswege eine Sicherheitsbeleuchtung vorhanden sein.

(3) Die Absätze 1 und 2 gelten nicht für automatische Garagen.

§ 15 Lüftung

(1) [1]Geschlossene Mittel- und Großgaragen müssen maschinelle Abluftanlagen und so große und so verteilte Zuluftöffnungen haben, dass alle Teile der Garage ausreichend gelüftet werden. [2]Bei nicht ausreichenden Zuluftöffnungen muss eine maschinelle Zuluftanlage vorhanden sein.

(2) [1]Für geschlossene Mittel- und Großgaragen mit geringem Zu- und Abgangsverkehr, wie Wohnhausgaragen, genügt eine natürliche Lüftung durch Lüftungsöffnungen oder über Lüftungsschächte. [2]Die Lüftungsöffnungen müssen

1. einen freien Gesamtquerschnitt von mindestens 1 500 Quadratzentimeter je Garageneinstellplatz haben,
2. in den Außenwänden oberhalb der Geländeoberfläche in einer Entfernung von höchstens 35 Meter einander gegenüberliegen,
3. unverschließbar sein und
4. so über die Garage verteilt sein, dass eine ständige Querlüftung gesichert ist.

[3]Die Lüftungsschächte müssen

1. untereinander in einem Abstand von höchstens 20 Meter angeordnet sein und
2. bei einer Höhe bis zu 2 Meter einen freien Gesamtquerschnitt von mindestens 1 500 Quadratzentimeter je Garageneinstellplatz und bei einer Höhe von mehr als 2 Meter einen freien Gesamtquerschnitt von mindestens 3 000 Quadratzentimeter je Garageneinstellplatz haben.

(3) Für geschlossene Mittel- und Großgaragen genügt abweichend von den Absätzen 1 und 2 eine natürliche Lüftung, wenn im Einzelfall nach dem Gutachten eines nach Bauordnungsrecht anerkannten Prüfsachverständigen zu erwarten ist, dass der Mittelwert des Volumengehalts an Kohlenstoffmonoxid in der Luft, gemessen über jeweils eine halbe Stunde und in einer Höhe von 1,50 Meter über dem Fußboden (CO-Halbstundenmittelwert), auch während der regelmäßigen Verkehrsspitzen im Mittel nicht mehr als 100 ppm betragen wird und wenn dies auf der Grundlage der Messungen, die nach Inbetriebnahme der Garage über einen Zeitraum von mindestens einem Monat durchzuführen sind, von einem nach Bauordnungsrecht anerkannten Prüfsachverständigen bestätigt wird.

(4) [1]Die maschinellen Abluftanlagen sind so zu bemessen und zu betreiben, dass der CO-Halbstundenmittelwert unter Berücksichtigung der regelmäßig zu erwartenden Verkehrsspitzen nicht mehr als 100 ppm beträgt. [2]Diese Anforderungen gelten als erfüllt, wenn die Abluftanlage in Garagen mit geringem Zu- und Abgangsverkehr mindestens 6 Kubikmeter, bei anderen Garagen mindestens 12 Kubikmeter Abluft in der Stunde je Quadratmeter Garagennutzfläche abführen kann; für Garagen mit regelmäßig besonders hohen Verkehrsspitzen kann im Einzelfall ein Nachweis der nach Satz 1 erforderlichen Leistung der Abluftanlage verlangt werden.

(5) [1]Maschinelle Abluftanlagen müssen in jedem Lüftungssystem mindestens zwei gleich große Ventilatoren haben, die bei gleichzeitigem Betrieb zusammen den erforderlichen Gesamtvolumenstrom erbringen. [2]Jeder Ventilator einer maschinellen Zu- oder Abluftanlage muss aus einem eigenen Stromkreis gespeist werden, an dem andere elektrische Anlagen nicht angeschlossen werden können. [3]Soll das Lüftungssystem zeitweise nur mit einem Ventilator betrieben werden, müssen die Ventilatoren so geschaltet sein, dass sich bei Ausfall eines Ventilators der andere selbsttätig einschaltet.

(6) [1]Geschlossene Großgaragen mit nicht nur geringem Zu- und Abgangsverkehr müssen CO-Anlagen zur Messung und Warnung

(CO-Warnanlagen) haben. [2]Die CO-Warnanlagen müssen so beschaffen sein, dass die Benutzerinnen und Benutzer der Garagen bei einem CO-Gehalt der Luft von mehr als 250 ppm über Lautsprecher und durch Blinkzeichen dazu aufgefordert werden, die Garage zügig zu verlassen oder im Stand die Motoren abzustellen. [3]Während dieses Zeitraumes müssen die Garagenausfahrten ständig offen gehalten werden. [4]Die CO-Warnanlagen müssen an eine Ersatzstromquelle angeschlossen sein.

(7) Die Absätze 1 bis 6 gelten nicht für automatische Garagen.

§ 16
Feuerlöschanlagen, Rauch- und Wärmeabzug

(1) [1]Nichtselbsttätige Feuerlöschanlagen wie halbstationäre Sprühwasser-Löschanlagen oder Leichtschaum-Löschanlagen müssen vorhanden sein

1. in geschlossenen Garagen mit mehr als 20 Einstellplätzen auf kraftbetriebenen Hebebühnen, wenn jeweils mehr als zwei Kraftfahrzeuge übereinander angeordnet werden können,
2. in automatischen Garagen mit nicht mehr als 20 Einstellplätzen.

[2]Die Art der Feuerlöschanlage ist im Einzelfall im Benehmen mit der für den Brandschutz zuständigen Dienststelle festzulegen.

(2) Sprinkleranlagen müssen vorhanden sein

1. in Geschossen von Großgaragen, wenn der Fußboden der Geschosse mehr als 4 Meter unter der Geländeoberfläche liegt,
2. in automatischen Garagen mit mehr als 20 Garageneinstellplätzen.

(3) Geschlossene Großgaragen müssen für den erforderlichen Rauch- und Wärmeabzug

1. Öffnungen ins Freie haben, die insgesamt mindestens 1 000 Quadratzentimeter je Einstellplatz groß, von keinem Einstellplatz mehr als 20 Meter entfernt und im Decken- oder oberen Drittel des Wandbereichs angeordnet sind oder
2. maschinelle Rauch- und Wärmeabzugsanlagen haben, die sich bei Raucheinwirkung selbsttätig einschalten, mindestens für eine Stunde einer Temperatur von 300 °C standhalten, deren elektrische Leitungsanlagen bei äußerer Brandeinwirkung für mindestens die gleiche Zeit funktionsfähig bleiben und die in der Stunde einen mindestens zehnfachen Luftwechsel gewährleisten; eine ausreichende Versorgung mit Zuluft muss vorhanden sein.

(4) Absatz 3 gilt nicht für Garagen mit Sprinkleranlagen nach Absatz 2 und mit maschinellen Abluftanlagen nach § 15 Absatz 1, die mindestens 12 Kubikmeter Abluft in der Stunde je Quadratmeter Garagennutzfläche abführen können.

§ 17
Brandmeldeanlagen

[1]Geschlossene Großgaragen müssen Brandmeldeanlagen haben. [2]Geschlossene Mittelgaragen müssen Brandmeldeanlagen haben, wenn sie mit baulichen Anlagen oder Räumen in Verbindung stehen, für die Brandmeldeanlagen erforderlich sind.

ABSCHNITT 3
Betriebsvorschriften

§ 18
Betriebsvorschriften für Garagen

(1) In Mittel- und Großgaragen muss die allgemeine elektrische Beleuchtung nach § 14 Absatz 1 während der Benutzungszeit ständig mit einer Beleuchtungsstärke von mindestens 1 Lux eingeschaltet sein, soweit nicht Tageslicht mit einer entsprechenden Beleuchtungsstärke vorhanden ist.

(2) [1]Maschinelle Lüftungsanlagen und CO-Warnanlagen müssen so gewartet werden, dass sie ständig betriebsbereit sind. [2]CO-Warnanlagen müssen ständig eingeschaltet sein.

(3) [1]In Mittel- und Großgaragen dürfen brennbare Stoffe außerhalb von Kraftfahrzeugen nicht aufbewahrt werden. [2]In Kleingaragen dürfen bis zu 200 Liter Dieselkraftstoff

und bis zu 20 Liter Benzin in dicht verschlossenen, bruchsicheren Behältern aufbewahrt werden.

§ 19
Abstellen von Kraftfahrzeugen in anderen Räumen als Garagen

(1) Kraftfahrzeuge dürfen in Treppenräumen, Fluren und Kellergängen nicht abgestellt werden.

(2) Kraftfahrzeuge dürfen in sonstigen Räumen, die keine Garagen sind, nur abgestellt werden, wenn

1. das Gesamtfassungsvermögen der Kraftstoffbehälter aller abgestellten Kraftfahrzeuge nicht mehr als 12 Liter beträgt,
2. Kraftstoff, außer dem Inhalt der Kraftstoffbehälter abgestellter Kraftfahrzeuge, in diesen Räumen nicht aufbewahrt wird und
3. diese Räume keine Zündquellen oder leicht entzündlichen Stoffe enthalten und von Räumen mit Feuerstätten oder leicht entzündlichen Stoffen durch Türen abgetrennt sind oder
4. die Kraftfahrzeuge Arbeitsmaschinen sind.

ABSCHNITT 4
Bauvorlagen

§ 20
Bauvorlagen

Die Bauvorlagen müssen zusätzliche Angaben enthalten über:

1. die Zahl, Abmessung und Kennzeichnung der Einstellplätze und Fahrgassen,
2. die Brandmelde- und Feuerlöschanlagen,
3. die CO-Warnanlagen,
4. die maschinellen Lüftungsanlagen,
5. die Sicherheitsbeleuchtung.

ABSCHNITT 5
Schlussvorschriften

§ 21
Weitergehende Anforderungen

Weitergehende Anforderungen können zur Erfüllung des § 3 der Brandenburgischen Bauordnung gestellt werden, soweit Garagen oder Stellplätze für Kraftfahrzeuge bestimmt sind, deren Länge mehr als 5 Meter und deren Breite mehr als 2 Meter beträgt.

§ 22
Ordnungswidrigkeiten

Ordnungswidrig nach § 85 Absatz 1 Satz 1 Nummer 1 der Brandenburgischen Bauordnung handelt, wer vorsätzlich oder fahrlässig

1. entgegen § 15 Absatz 4 maschinelle Lüftungsanlagen so betreibt, dass der genannte Wert des CO-Gehaltes der Luft überschritten wird,
2. entgegen § 18 Absatz 1 geschlossene Mittel- und Großgaragen nicht ständig beleuchtet.

§ 23
Übergangsvorschriften

Auf die zum Zeitpunkt des Inkrafttretens dieser Verordnung bestehenden Garagen sind die Betriebsvorschriften (§ 18) entsprechend anzuwenden.

§ 24
(Inkrafttreten, Außerkrafttreten)

3.3 Brandenburgische Feuerungsverordnung (BbgFeuV)

Vom 13. Januar 2006 (GVBl. II S. 58), die zuletzt durch Artikel 1 der Verordnung vom 13. März 2023 (GVBl. II Nr. 17) geändert worden ist

– Fassung ab 15. März 2023 –

Auf Grund des § 80 Abs. 1 Nr. 1 der Brandenburgischen Bauordnung vom 16. Juli 2003 (GVBl. I S. 210), der durch Artikel 1 des Gesetzes vom 19. Dezember 2005 (GVBl. I S. 267) geändert worden ist, verordnet[1] der Minister für Infrastruktur und Raumordnung:

Inhaltsübersicht

§ 1
Einschränkung des Anwendungsbereichs

[1]Für Feuerstätten, Wärmepumpen und Blockheizkraftwerke gilt die Verordnung nur, soweit diese Anlagen der Beheizung von Räumen oder der Warmwasserversorgung dienen oder Gas-Haushalts-Kochgeräte sind. [2]Die Verordnung gilt nicht für Brennstoffzellen und ihre Anlagen zur Abführung der Prozessgase.

§ 2
Begriffe

(1) Als Nennleistung gilt

1. die auf dem Typenschild der Feuerstätte angegebene höchste Leistung, bei Blockheizkraftwerken die Gesamtleistung,
2. die in den Grenzen des auf dem Typenschild angegebenen Leistungsbereichs festeingestellte und auf einem Zusatzschild angegebene höchste nutzbare Leistung der Feuerstätte oder
3. bei Feuerstätten ohne Typenschild die aus dem Brennstoffdurchsatz mit einem Wirkungsgrad von 80 Prozent ermittelte Leistung.

(2) [1]Raumluftunabhängig sind Feuerstätten, denen die Verbrennungsluft über Leitungen oder Schächte nur direkt vom Freien zugeführt wird und bei denen kein Abgas in gefahrdrohender Menge in den Aufstellraum austreten kann. [2]Andere Feuerstätten sind raumluftabhängig.

1 Die Verpflichtungen aus der Richtlinie 98/34/EG des Europäischen Parlaments und des Rates vom 22. Juni 1998 über ein Informationsverfahren auf dem Gebiet der Normen und technischen Vorschriften und der Vorschriften für die Dienste der Informationsgesellschaft (ABl. EG Nr. L 204 S. 37), zuletzt geändert durch die Richtlinie 98/48/EG des Europäischen Parlaments und des Rates vom 20. Juli 1998 (ABl. EG Nr. L 217 S. 18) sind beachtet worden.

§ 3
Verbrennungsluftversorgung von Feuerstätten

(1) Für raumluftabhängige Feuerstätten ist eine ausreichende Verbrennungsluftversorgung aus dem Freien erforderlich.

(2) Für raumluftabhängige Feuerstätten mit einer Nennleistung von insgesamt nicht mehr als 50 Kilowatt reicht die Verbrennungsluftversorgung aus, wenn jeder Aufstellraum eine ins Freie führende Öffnung mit einem lichten Querschnitt von mindestens 150 Quadratzentimeter oder zwei Öffnungen von je mindestens 75 Quadratzentimeter oder Leitungen ins Freie mit strömungstechnisch äquivalenten Querschnitten hat.

(3) [1]Für raumluftabhängige Feuerstätten mit einer Nennleistung von insgesamt mehr als 50 Kilowatt reicht die Verbrennungsluftversorgung aus, wenn jeder Aufstellraum eine ins Freie führende Öffnung oder Leitung hat. [2]Der Querschnitt der Öffnung muss mindestens 150 Quadratzentimeter und für jedes über 50 Kilowatt hinausgehende Kilowatt 2 Quadratzentimeter mehr betragen. [3]Leitungen müssen strömungstechnisch äquivalent bemessen sein. [4]Der erforderliche Querschnitt darf auf höchstens zwei Öffnungen oder Leitungen aufgeteilt sein.

(4) [1]Verbrennungsluftöffnungen und -leitungen dürfen nicht verschlossen oder zugestellt werden, sofern nicht durch besondere Sicherheitseinrichtungen gewährleistet ist, dass die Feuerstätten nur bei geöffnetem Verschluss betrieben werden können. [2]Der erforderliche Querschnitt darf durch den Verschluss oder durch Gitter nicht verengt werden.

(5) Abweichend von den Absätzen 2 und 3 kann für raumluftabhängige Feuerstätten eine ausreichende Verbrennungsluftversorgung auf andere Weise nachgewiesen werden; das ist der Fall, wenn ein Volumenstrom von 1,6 Kubikmeter pro Stunde pro Kilowatt verfügbar ist.

(6) [1]Absatz 2 gilt nicht für Gas-Haushalts-Kochgeräte. [2]Die Absätze 2 und 3 gelten nicht für offene Kamine.

§ 4
Aufstellung von Feuerstätten, Gasleitungsanlagen

(1) Feuerstätten dürfen nicht aufgestellt werden
1. in notwendigen Treppenräumen, in Räumen zwischen notwendigen Treppenräumen und Ausgängen ins Freie und in notwendigen Fluren,
2. in Garagen, ausgenommen raumluftunabhängige Feuerstätten, deren Oberflächentemperatur bei Nennleistung nicht mehr als 300 °C beträgt.

(2) [1]Die Betriebssicherheit von raumluftabhängigen Feuerstätten darf durch den Betrieb von Raumluft absaugenden Anlagen wie Lüftungs- oder Warmluftheizungsanlagen, Dunstabzugshauben, Abluft-Wäschetrockner nicht beeinträchtigt werden. [2]Dies gilt als erfüllt, wenn
1. ein gleichzeitiger Betrieb der Feuerstätten und der Luft absaugenden Anlagen durch Sicherheitseinrichtungen verhindert wird,
2. die Abgasabführung durch besondere Sicherheitseinrichtungen überwacht wird,
3. die Abgase der Feuerstätten über die Luft absaugenden Anlagen abgeführt werden oder
4. anlagentechnisch sichergestellt ist, dass während des Betriebes der Feuerstätten kein gefährlicher Unterdruck entstehen kann.

(3) [1]Feuerstätten für gasförmige Brennstoffe ohne Flammenüberwachung dürfen nur in Räumen aufgestellt werden, wenn durch mechanische Lüftungsanlagen während des Betriebes der Feuerstätten stündlich mindestens ein fünffacher Luftwechsel sichergestellt ist. [2]Für Gas-Haushalts-Kochgeräte genügt ein Außenluftvolumenstrom von 100 m^3/h.

(4) Feuerstätten für gasförmige Brennstoffe mit Strömungssicherung dürfen unbeschadet des § 3 in Räumen aufgestellt werden,
1. mit einem Rauminhalt von mindestens 1 m^3 je kW Nennleistung dieser Feuerstätten, soweit sie gleichzeitig betrieben werden können,

2. in denen durch unten und oben angeordnete Öffnungen mit einem Mindestquerschnitt von jeweils 75 cm^2 ins Freie eine Durchlüftung sichergestellt ist oder
3. in denen durch andere Maßnahmen wie beispielsweise unten und oben in derselben Wand angeordnete Öffnungen mit einem Mindestquerschnitt von jeweils 150 cm^2 zu unmittelbaren Nachbarräumen ein zusammenhängender Rauminhalt der Größe nach Nummer 1 eingehalten wird.

(5) [1]Gasleitungsanlagen in Räumen müssen so beschaffen, angeordnet oder mit Vorrichtungen ausgerüstet sein, dass bei einer äußeren thermischen Beanspruchung von bis zu 650 °C über einen Zeitraum von 30 Minuten keine gefährlichen Gas-Luft-Gemische entstehen können. [2]Alle Gasentnahmestellen müssen mit einer Vorrichtung ausgerüstet sein, die im Brandfall die Brennstoffzufuhr selbsttätig absperrt. [3]Satz 2 gilt nicht, wenn Gasleitungsanlagen durch Ausrüstung mit anderen selbsttätigen Vorrichtungen die Anforderungen nach Satz 1 erfüllen.

(6) Feuerstätten für Flüssiggas (Propan, Butan und deren Gemische) dürfen in Räumen, deren Fußboden an jeder Stelle mehr als 1 m unter der Geländeoberfläche liegt, nur aufgestellt werden, wenn
1. die Feuerstätten eine Flammenüberwachung haben und
2. sichergestellt ist, dass auch bei abgeschalteter Feuerungseinrichtung Flüssiggas aus den im Aufstellraum befindlichen Brennstoffleitungen in gefahrdrohender Menge nicht austreten kann oder über eine mechanische Lüftungsanlage sicher abgeführt wird.

(7) [1]Feuerstätten müssen von Bauteilen aus brennbaren Baustoffen so weit entfernt oder so abgeschirmt sein, dass an diesen bei Nennleistung der Feuerstätten keine höheren Temperaturen als 85 °C auftreten können. [2]Dies gilt als erfüllt, wenn mindestens die vom Hersteller angegebenen Abstandsmaße eingehalten werden oder, wenn diese Angaben fehlen, ein Mindestabstand von 40 cm eingehalten wird.

(8) [1]Vor den Feuerungsöffnungen von Feuerstätten für feste Brennstoffe sind Fußböden aus brennbaren Baustoffen durch einen Belag aus nichtbrennbaren Baustoffen zu schützen. [2]Der Belag muss sich nach vorn auf mindestens 50 cm und seitlich auf mindestens 30 cm über die Feuerungsöffnung hinaus erstrecken.

(9) [1]Bauteile aus brennbaren Baustoffen müssen von den Feuerraumöffnungen offener Kamine nach oben und nach den Seiten einen Abstand von mindestens 80 cm haben. [2]Bei Anordnung eines beiderseits belüfteten Strahlungsschutzes genügt ein Abstand von 40 cm.

§ 5
Aufstellräume für Feuerstätten

(1) [1]In einem Raum dürfen Feuerstätten mit einer Nennleistung von insgesamt mehr als 100 kW, die gleichzeitig betrieben werden sollen, nur aufgestellt werden, wenn dieser Raum
1. nicht anderweitig genutzt wird, ausgenommen zur Aufstellung von Wärmepumpen, Blockheizkraftwerken und ortsfesten Verbrennungsmotoren sowie für zugehörige Installationen und zur Lagerung von Brennstoffen,
2. gegenüber anderen Räumen keine Öffnungen, ausgenommen Öffnungen für Türen, hat,
3. dicht- und selbstschließende Türen hat und
4. gelüftet werden kann.

[2]In einem Raum nach Satz 1 dürfen Feuerstätten für feste Brennstoffe jedoch nur aufgestellt werden, wenn deren Nennleistung insgesamt nicht mehr als 50 kW beträgt.

(2) [1]Feuerstätten für gasförmige Brennstoffe mit einer Nennleistung von mehr als 100 Kilowatt, die mit Überdruck betrieben werden und deren Abgase mit Überdruck abgeführt werden, müssen innerhalb von Gebäuden in Räumen aufgestellt werden, die zwei unmittelbar ins Freie führende, unten und oben angeordnete Öffnungen mit einem Mindestquerschnitt von je 150 Quadratzentimeter zuzüglich 1 Quadratzentimeter für jedes über

100 Kilowatt hinausgehende Kilowatt aufweisen. [2]Dies gilt nicht, wenn diese Feuerstätten der Bauart nach so beschaffen sind, dass Abgase in gefahrdrohender Menge nicht austreten können.

(3) [1]Brenner und Brennstofffördereinrichtungen der Feuerstätten für flüssige und gasförmige Brennstoffe mit einer Gesamtnennleistung von mehr als 100 kW müssen durch einen außerhalb des Aufstellraumes angeordneten Schalter (Notschalter) jederzeit abgeschaltet werden können. [2]Neben dem Notschalter muss ein Schild mit der Aufschrift „NOTSCHALTER-FEUERUNG" vorhanden sein.

(4) Wird in dem Aufstellraum nach Absatz 1 Heizöl gelagert oder ist der Raum für die Heizöllagerung nur von diesem Aufstellraum zugänglich, muss die Heizölzufuhr von der Stelle des Notschalters nach Absatz 3 aus durch eine entsprechend gekennzeichnete Absperreinrichtung unterbrochen werden können.

(5) Abweichend von Absatz 1 dürfen die Feuerstätten auch in anderen Räumen aufgestellt werden, wenn die Nutzung dieser Räume dies erfordert und die Feuerstätten sicher betrieben werden können.

§ 6
Heizräume

(1) [1]Feuerstätten für feste Brennstoffe mit einer Nennleistung von insgesamt mehr als 50 kW, die gleichzeitig betrieben werden sollen, dürfen nur in besonderen Räumen (Heizräumen) aufgestellt werden. [2]§ 5 Absatz 4 und 5 gilt entsprechend. [3]Die Heizräume dürfen

1. nicht anderweitig genutzt werden, ausgenommen zur Aufstellung von Feuerstätten für flüssige und gasförmige Brennstoffe, Wärmepumpen, Blockheizkraftwerke, ortsfesten Verbrennungsmotoren und für zugehörige Installationen sowie zur Lagerung von Brennstoffen und
2. mit Aufenthaltsräumen, ausgenommen solchen für das Betriebspersonal, sowie mit notwendigen Treppenräumen, Räumen zwischen notwendigen Treppenräumen und dem Ausgang ins Freie, Sicherheitsschleusen und Vorräumen von Feuerwehraufzügen nicht in unmittelbarer Verbindung stehen.

[4]Wenn in Heizräumen Feuerstätten für flüssige und gasförmige Brennstoffe aufgestellt werden, gilt § 5 Absatz 3 entsprechend.

(2) Heizräume müssen

1. mindestens einen Rauminhalt von 8 m^3 und eine lichte Höhe von 2 m,
2. einen Ausgang, der ins Freie oder einen Flur führt, der die Anforderungen an notwendige Flure erfüllt, und
3. Türen, die in Fluchtrichtung aufschlagen,

haben.

(3) [1]Wände, ausgenommen nichttragende Außenwände, und Stützen von Heizräumen sowie Decken über und unter ihnen müssen feuerbeständig sein. [2]Öffnungen in Decken und Wänden müssen, soweit sie nicht unmittelbar ins Freie führen, mindestens feuerhemmende und selbstschließende Abschlüsse haben. [3]Die Sätze 1 und 2 gelten nicht für Trennwände zwischen Heizräumen und den zum Betrieb der Feuerstätten gehörenden Räumen, wenn diese Räume die Anforderungen der Sätze 1 und 2 erfüllen.

(4) [1]Heizräume müssen zur Raumlüftung jeweils eine obere und eine untere Öffnung ins Freie mit einem Querschnitt von mindestens je 150 cm^2 oder Leitungen ins Freie mit strömungstechnisch äquivalenten Querschnitten haben. [2]§ 3 Absatz 4 gilt sinngemäß. [3]Der Querschnitt einer Öffnung oder Leitung darf auf die Verbrennungsluftversorgung nach § 3 Absatz 3 angerechnet werden.

(5) [1]Lüftungsleitungen für Heizräume müssen eine Feuerwiderstandsdauer von mindestens 90 Minuten haben, soweit sie durch andere Räume führen, ausgenommen angrenzende, zum Betrieb der Feuerstätten gehörende Räume, die die Anforderungen nach Absatz 3 Satz 1 und 2 erfüllen. [2]Die Lüftungsleitungen dürfen mit anderen Lüftungsanlagen nicht verbunden sein und nicht der Lüftung anderer Räume dienen.

(6) Lüftungsleitungen, die der Lüftung anderer Räume dienen, müssen, soweit sie durch Heizräume führen,

1. eine Feuerwiderstandsdauer von mindestens 90 Minuten oder selbsttätige Absperrvorrichtungen mit einer Feuerwiderstandsdauer von mindestens 90 Minuten haben und
2. ohne Öffnungen sein.

§ 7
Abgasanlagen

(1) Abgasanlagen müssen nach lichtem Querschnitt und Höhe, soweit erforderlich auch nach Wärmedurchlasswiderstand und Beschaffenheit der inneren Oberfläche, so bemessen sein, dass die Abgase bei allen bestimmungsgemäßen Betriebszuständen ins Freie abgeführt werden und gegenüber Räumen kein gefährlicher Überdruck auftreten kann.

(2) [1]Die Abgase von Feuerstätten für feste Brennstoffe müssen in Schornsteine, die Abgase von Feuerstätten für flüssige oder gasförmige Brennstoffe dürfen auch in Abgasleitungen eingeleitet werden. [2]§ 41 Absatz 4 der Brandenburgischen Bauordnung bleibt unberührt.

(3) [1]Abweichend von Absatz 2 Satz 1 sind Feuerstätten für gasförmige Brennstoffe ohne Abgasanlage zulässig, wenn durch einen sicheren Luftwechsel im Aufstellraum gewährleistet ist, dass Gefahren oder unzumutbare Belästigungen nicht entstehen. [2]Dies gilt insbesondere als erfüllt, wenn

1. durch maschinelle Lüftungsanlagen während des Betriebes der Feuerstätten ein Luftvolumenstrom von mindestens 30 m^3/h je kW Nennleistung aus dem Aufstellraum ins Freie abgeführt wird oder
2. besondere Sicherheitseinrichtungen verhindern, dass die Kohlenmonoxid-Konzentration in den Aufstellräumen einen Wert von 30 ppm überschreitet;
3. bei Gas-Haushalts-Kochgeräten, soweit sie gleichzeitig betrieben werden können, mit einer Nennleistung von nicht mehr als 11 kW der Aufstellraum einen Rauminhalt von mehr als 15 m^3 aufweist und mindestens eine Tür ins Freie oder ein Fenster hat, das geöffnet werden kann.

(4) Mehrere Feuerstätten dürfen an einen gemeinsamen Schornstein, an eine gemeinsame Abgasleitung oder an ein gemeinsames Verbindungsstück nur angeschlossen werden, wenn

1. durch die Bemessung nach Absatz 1 und die Beschaffenheit der Abgasanlage die Ableitung der Abgase für jeden Betriebszustand sichergestellt ist,
2. eine Übertragung von Abgasen zwischen den Aufstellräumen und ein Austritt von Abgasen über andere Feuerstätten ausgeschlossen sind,
3. die gemeinsame Abgasleitung aus nichtbrennbaren Baustoffen besteht oder eine Brandübertragung zwischen den Geschossen durch selbsttätige Absperrvorrichtungen oder andere Maßnahmen verhindert wird und
4. die Anforderungen des § 4 Abs. 2 für alle angeschlossenen Feuerstätten gemeinsam erfüllt sind.

(5) [1]In Gebäuden muss jede Abgasleitung, die Geschosse überbrückt, in einem eigenen Schacht angeordnet sein. [2]Dies gilt nicht

1. für Abgasleitungen in Gebäuden der Gebäudeklassen 1 und 2, die durch nicht mehr als eine Nutzungseinheit führen,
2. für einfach belegte Abgasleitungen im Aufstellraum der Feuerstätte und
3. für Abgasleitungen, die eine Feuerwiderstandsdauer von mindestens 90 Minuten, in Gebäuden der Gebäudeklassen 1 und 2 eine Feuerwiderstandsdauer von mindestens 30 Minuten haben.

[3]Schächte für Abgasleitungen dürfen nicht anderweitig genutzt werden. [4]Die Anordnung mehrerer Abgasleitungen in einem gemeinsamen Schacht ist zulässig, wenn

1. die Abgasleitungen aus nichtbrennbaren Baustoffen bestehen,
2. die zugehörigen Feuerstätten in demselben Geschoss aufgestellt sind oder
3. eine Brandübertragung zwischen den Geschossen durch selbsttätige Absperr-

vorrichtungen oder andere Maßnahmen verhindert wird.

[5]Die Schächte müssen für die Verwendung als Schächte für Abgasleitungen geeignet sein und eine Feuerwiderstandsdauer von mindestens 90 Minuten, in Gebäuden der Gebäudeklassen 1 und 2 von mindestens 30 Minuten haben.

(6) [1]Abgasleitungen aus normalentflammbaren Baustoffen innerhalb von Gebäuden müssen, soweit sie nicht gemäß Absatz 5 in Schächten zu verlegen sind, zum Schutz gegen mechanische Beanspruchung von außen in Schutzrohre aus nichtbrennbaren Baustoffen angeordnet oder mit vergleichbaren Schutzvorkehrungen aus nichtbrennbaren Baustoffen ausgestattet sein. [2]Dies gilt nicht für Abgasleitungen im Aufstellraum der Feuerstätten. [3]§ 8 bleibt unberührt.

(7) Schornsteine müssen

1. gegen Rußbrände beständig sein,
2. in Gebäuden, in denen sie Geschosse überbrücken, eine Feuerwiderstandsdauer von mindestens 90 Minuten haben oder in durchgehenden Schächten, die für die Verwendung als Schächte für Schornsteine geeignet sind und die eine Feuerwiderstandsdauer von 90 Minuten haben, angeordnet sein,
3. unmittelbar auf dem Baugrund gegründet oder auf einem feuerbeständigen Unterbau errichtet sein; es genügt ein Unterbau aus nichtbrennbaren Baustoffen für Schornsteine in Gebäuden der Gebäudeklassen 1 bis 3, für Schornsteine, die oberhalb der obersten Geschossdecke beginnen sowie für Schornsteine an Gebäuden,
4. durchgehend, insbesondere nicht durch Decken unterbrochen sein und
5. für die Reinigung Öffnungen mit Schornsteinreinigungsverschlüssen haben.

(8) Schornsteine, Abgasleitungen und Verbindungsstücke, die unter Überdruck betrieben werden, müssen innerhalb von Gebäuden

1. in vom Freien dauernd gelüfteten Räumen liegen,
2. in Räumen liegen, die § 3 Absatz 2 entsprechen,
3. soweit sie in Schächten liegen, über die gesamte Länge und den ganzen Umfang hinterlüftet sein oder
4. der Bauart nach so beschaffen sein, dass Abgase in gefahrdrohender Menge nicht austreten können.

(9) Verbindungsstücke dürfen nicht in Decken, Wänden oder unzugänglichen Hohlräumen angeordnet sowie nicht in andere Geschosse oder Nutzungseinheiten geführt werden.

(10) [1]Luft-Abgas-Systeme sind zur Abgasabführung nur zulässig, wenn sie getrennte, durchgehende Luft- und Abgasführungen haben. [2]An diese Systeme dürfen nur raumluftunabhängige Feuerstätten angeschlossen werden, deren Bauart sicherstellt, dass sie für diese Betriebsweise geeignet sind. [3]Im Übrigen gelten für Luft-Abgas-Systeme die Absätze 4 bis 9 sinngemäß.

§ 8
Abstände von Abgasanlagen zu brennbaren Bauteilen

(1) Abgasanlagen müssen zu Bauteilen aus brennbaren Baustoffen so weit entfernt oder so abgeschirmt sein, dass an den genannten Bauteilen

1. bei Nennleistung keine höheren Temperaturen als 85 °C und
2. bei Rußbränden in Schornsteinen keine höheren Temperaturen als 100 °C auftreten können.

(2) Die Anforderungen von Absatz 1 gelten für den Fall der Hinterlüftung der Abgasanlagen als erfüllt, wenn

1. die auf Grund von harmonisierten technischen Spezifikationen angegebenen Mindestabstände eingehalten sind,
2. bei Abgasanlagen für Abgastemperaturen der Feuerstätten bei Nennleistung bis zu 400 Grad Celsius, deren Wärmedurchlasswiderstand mindestens 0,12 Quadratmeter Kelvin pro Watt und deren Feuerwiderstandsdauer mindestens 90 Minuten beträgt, ein Mindestabstand von 5 Zentimeter eingehalten ist; dieser Abstand gilt auch für Schächte, in denen Abgasanlagen für Abgastemperaturen

der Feuerstätten bei Nennleistung bis zu 400 Grad Celsius verlegt sind und die allein oder zusammen mit den Abgasanlagen die zuvor genannten Eigenschaften aufweisen,
3. bei Abgasanlagen für Abgastemperaturen der Feuerstätten bei Nennleistung bis zu 400 Grad Celsius ein Mindestabstand von 40 Zentimeter eingehalten ist oder
4. die Abgasleitungen in feuerwiderstandsfähigen Schächten verlegt sind und die Abgastemperatur der Feuerstätten bei Nennleistung nicht mehr als 120 Grad Celsius betragen kann oder bei höheren Abgastemperaturen eine Hinterlüftung im Schacht von mindestens 2 Zentimeter bei runder Abgasleitung in rechteckigem Schacht und ansonsten 3 Zentimeter gewährleistet ist.

(3) Im Fall von Absatz 2 Nummer 2 ist
1. zu Holzbalken und Bauteilen entsprechender Abmessungen ein Mindestabstand von 2 cm ausreichend und
2. zu Bauteilen mit geringer Fläche wie Fußleisten und Dachlatten, soweit die Ableitung der Wärme aus diesen Bauteilen nicht durch Wärmedämmung behindert wird, kein Mindestabstand erforderlich.

(4) Abweichend von Absatz 2 Nummer 3 genügt bei Abgasleitungen für Abgastemperaturen der Feuerstätten bei Nennleistung bis zu 300 °C außerhalb von Schächten
1. ein Mindestabstand von 20 cm oder
2. wenn die Abgasleitungen mindestens 2 cm dick mit nichtbrennbaren Baustoffen mit geringer Wärmeleitfähigkeit ummantelt sind oder die Abgastemperatur der Feuerstätten bei Nennleistung nicht mehr als 160 °C betragen kann, ein Mindestabstand von 5 cm.

(5) Abweichend von Absatz 2 Nummer 3 genügt für Verbindungsstücke ein Mindestabstand von 10 cm, wenn die Verbindungsstücke mindestens 2 cm dick mit nichtbrennbaren Baustoffen mit geringer Wärmeleitfähigkeit ummantelt sind.

(6) [1]Bei Abgasleitungen und Verbindungsstücken für Abgastemperaturen der Feuerstätten bei Nennleistung bis zu 400 °C, die durch Bauteile aus brennbaren Baustoffen führen, gelten die Anforderungen von Absatz 1 insbesondere als erfüllt, wenn diese Leitungen und Verbindungsstücke
1. in einem Mindestabstand von 20 cm mit einem Schutzrohr aus nichtbrennbaren Baustoffen versehen oder
2. in einer Dicke von mindestens 20 cm mit nichtbrennbaren Baustoffen mit geringer Wärmeleitfähigkeit ummantelt werden.

[2]Abweichend von Satz 1 genügt bei Feuerstätten für flüssige und gasförmige Brennstoffe ein Maß von 5 cm, wenn die Abgastemperatur bei Nennleistung der Feuerstätten nicht mehr als 160 °C betragen kann.

(7) Werden bei Durchführungen von Abgasanlagen durch Bauteile aus brennbaren Baustoffen Zwischenräume verschlossen, müssen dafür nichtbrennbare Baustoffe mit geringer Wärmeleitfähigkeit verwendet und die Anforderungen des Absatzes 1 erfüllt werden.

§ 9
Abführung von Abgasen

(1) [1]Die Mündungen von Abgasanlagen müssen
1. den First um mindestens 40 cm überragen oder von der Dachfläche mindestens 1 m entfernt sein; ein Abstand von der Dachfläche von 40 cm genügt, wenn nur raumluftunabhängige Feuerstätten für flüssige oder gasförmige Brennstoffe angeschlossen sind, die Summe der Nennleistungen der angeschlossenen Feuerstätten nicht mehr als 50 kW beträgt und das Abgas durch Ventilatoren abgeführt wird,
2. Dachaufbauten, Gebäudeteile, Öffnungen zu Räumen und ungeschützte Bauteile aus brennbaren Baustoffen, ausgenommen Bedachungen, um mindestens 1 m überragen, soweit deren Abstand zu den Abgasanlagen weniger als 1,5 m beträgt,
3. bei Feuerstätten für feste Brennstoffe in Gebäuden, deren Bedachung überwiegend nicht den Anforderungen des § 32 Absatz 1 der Brandenburgischen Bauordnung entspricht, am First des Daches

austreten und diesen um mindestens 80 cm überragen.

[2]Satz 1 Nummer 2 gilt nicht für Abgasleitungen untereinander, sofern diese die gleiche Temperaturklasse aufweisen und die Abgastemperaturen der Feuerstätten bei Nennleistung 160 Grad Celsius nicht überschreiten.

(2) [1]Die Abgase von raumluftunabhängigen Feuerstätten für gasförmige Brennstoffe dürfen durch die Außenwand ins Freie geleitet werden, wenn keine Gefahren oder unzumutbare Belästigungen entstehen können. [2]Die Abführung der Abgase muss so in den freien Luftstrom erfolgen, dass sie nicht in Räume eintreten oder in diese rückgeführt werden können.

§ 10 Wärmepumpen, Blockheizkraftwerke und ortsfeste Verbrennungsmotoren

(1) Für die Aufstellung von
1. Sorptionswärmepumpen mit feuerbeheizten Austreibern,
2. Blockheizkraftwerken in Gebäuden und
3. ortsfesten Verbrennungsmotoren

gelten § 3 Absatz 1 bis 5 sowie § 4 Abs. 1 bis 7 entsprechend.

(2) [1]Es dürfen
1. Sorptionswärmepumpen mit einer Nennleistung der Feuerung von insgesamt mehr als 50 kW,
2. Wärmepumpen, die die Abgaswärme von Feuerstätten mit einer Nennleistung von insgesamt mehr als 50 kW nutzen,
3. Kompressionswärmepumpen mit elektrisch angetriebenen Verdichtern mit Antriebsleistungen von insgesamt mehr als 50 kW,
4. Kompressionswärmepumpen mit Verbrennungsmotoren,
5. Blockheizkraftwerke mit insgesamt mehr als 35 kW Nennleistung in Gebäuden und
6. ortsfeste Verbrennungsmotoren

nur in Räumen aufgestellt werden, die die Anforderungen nach § 5 erfüllen. [2]Dies gilt auch für Kombinationen von Feuerstätten und Anlagen nach Satz 1 Nummer 1 bis 3 und 5, die gemeinsam betrieben werden sollen mit insgesamt mehr als 100 Kilowatt Nennleistung.

(3) [1]Die Verbrennungsgase von Blockheizkraftwerken und ortsfesten Verbrennungsmotoren in Gebäuden sind durch eigene, dichte Leitungen über Dach abzuleiten. [2]Mehrere Verbrennungsmotoren dürfen an eine gemeinsame Leitung nach Maßgabe des § 7 Abs. 4 angeschlossen werden. [3]Die Leitungen müssen außerhalb der Aufstellräume der Verbrennungsmotoren nach Maßgaben des § 7 Abs. 5 und 8 sowie § 8 beschaffen oder angeordnet sein.

(4) [1]Die Einleitung der Verbrennungsgase von Blockheizkraftwerken oder ortsfesten Verbrennungsmotoren in Abgasanlagen für Feuerstätten ist zulässig, wenn die einwandfreie Abführung der Verbrennungsgase und, soweit Feuerstätten angeschlossen sind, auch die einwandfreie Abführung der Abgase nachgewiesen ist. [2]§ 7 Abs. 1 gilt entsprechend.

(5) Für die Abführung der Abgase von Sorptionswärmepumpen mit feuerbeheizten Austreibern und Abgaswärmepumpen gelten die §§ 7 bis 9 entsprechend.

§ 11 Brennstofflagerung in Brennstofflagerräumen

(1) [1]Je Gebäude oder Brandabschnitt darf die Lagerung von
1. Holzpellets von mehr als 6 500 Kilogramm,
2. sonstigen festen Brennstoffen in einer Menge von mehr als 15 000 kg,
3. Heizöl und Dieselkraftstoff in Behältern mit mehr als insgesamt 5 000 l oder
4. Flüssiggas in Behältern mit einem Füllgewicht von mehr als insgesamt 16 kg

nur in besonderen Räumen (Brennstofflagerräume) erfolgen, die nicht zu anderen Zwecken genutzt werden dürfen. [2]Das Fassungsvermögen der Behälter darf insgesamt 100 000 l Heizöl oder Dieselkraftstoff oder 6 500 l Flüssiggas je Brennstofflagerraum und 30 000 l Flüssiggas je Gebäude oder Brandabschnitt nicht überschreiten.

(2) [1]Wände und Stützen von Brennstofflagerräumen sowie Decken über oder unter ihnen müssen feuerbeständig sein. [2]Öffnungen in Decken und Wänden müssen, soweit sie nicht unmittelbar ins Freie führen, mindestens feuerhemmende und selbstschließende Abschlüsse haben. [3]Durch Decken und Wände von Brennstofflagerräumen dürfen keine Leitungen geführt werden, ausgenommen Leitungen, die zum Betrieb dieser Räume erforderlich sind sowie Heizrohrleitungen, Wasserleitungen und Abwasserleitungen. [4]Die Sätze 1 und 2 gelten nicht für Trennwände zwischen Brennstofflagerräumen und Heizräumen.

(3) Brennstofflagerräume für flüssige Brennstoffe müssen

1. gelüftet und von der Feuerwehr vom Freien aus beschäumt werden können und
2. an den Zugängen mit der Aufschrift „HEIZÖLLAGERUNG“ oder „DIESELKRAFTSTOFFLAGERUNG“ gekennzeichnet sein.

(4) Brennstofflagerräume für Flüssiggas

1. müssen über eine ständig wirksame Lüftung verfügen,
2. dürfen keine Öffnungen zu anderen Räumen, ausgenommen Öffnungen für Türen, und keine offenen Schächte und Kanäle haben,
3. dürfen mit ihren Fußböden nicht allseitig unterhalb der Geländeoberfläche liegen,
4. dürfen in ihren Fußböden keine Öffnungen haben,
5. müssen an ihren Zugängen mit der Aufschrift „FLÜSSIGGASANLAGE“ gekennzeichnet sein und
6. dürfen nur mit elektrischen Anlagen ausgestattet werden, die den Anforderungen der auf Grund des § 8 des Produktsicherheitsgesetzes erlassenen Vorschriften für Produkte zur Verwendung in explosionsgefährdeten Bereichen entsprechen.

(5) [1]Brennstofflagerräume für Holzpellets müssen vor dem Betreten ausreichend gelüftet werden können. [2]Die Brennstofflagerräume sind an ihren Zugängen mit der Aufschrift „Holzpelletlagerraum – Lebensgefahr durch giftige Gase – Vor Betreten ausreichend lüften!“ zu kennzeichnen. [3]Absatz 4 Nummer 6 gilt entsprechend. [4]Für bestehende Brennstofflagerräume für Holzpellets sind die Anforderungen nach den Sätzen 1 und 2 bis zum 31. Dezember 2024 zu erfüllen.

(6) Die Anforderung des ausreichenden Lüftens eines Brennstofflagerraumes für Holzpellets vor Betreten gilt als erfüllt, wenn vor dem Betreten des Lagerraums für mindestens 60 Minuten ein zehnfacher Luftwechsel stattfinden kann; abweichende technische Lösungen sind zulässig, sofern das Schutzziel erreicht wird.

§ 12
Brennstofflagerung außerhalb von Brennstofflagerräumen

(1) Feste Brennstoffe sowie Behälter zur Lagerung von brennbaren Gasen und Flüssigkeiten dürfen nicht in notwendigen Treppenräumen, in Räumen zwischen notwendigen Treppenräumen und Ausgängen ins Freie und in notwendigen Fluren gelagert oder aufgestellt werden.

(2) Heizöl oder Dieselkraftstoff dürfen gelagert werden

1. in Wohnungen bis zu 100 l,
2. in Räumen außerhalb von Wohnungen bis zu 1 000 l,
3. in Räumen außerhalb von Wohnungen bis zu 5 000 l je Gebäude oder Brandabschnitt, wenn diese Räume gelüftet werden können und gegenüber anderen Räumen keine Öffnungen, ausgenommen Öffnungen mit dichtschließenden Türen, haben,
4. in Räumen in Gebäuden der Gebäudeklasse 1 mit nicht mehr als einer Nutzungseinheit, die keine Aufenthaltsräume sind und den Anforderungen nach Nummer 3 genügen bis zu 5 000 l.

(3) [1]Sind in den Räumen nach Absatz 2 Nummer 2 bis 4 Feuerstätten aufgestellt, müssen diese außerhalb erforderlicher Auffangräume für auslaufenden Brennstoff stehen. [2]Behälter für Heizöl oder Dieselkraftstoff müssen einen Abstand von mindestens 1 Meter zur Feuerungsanlage haben. [3]Dieser Abstand kann bis auf die Hälfte verringert werden, wenn ein

beiderseits belüfteter Strahlungsschutz vorhanden ist. [4]Ein Abstand von 10 Zentimeter zur Feuerstätte genügt, wenn nachgewiesen ist, dass deren Oberflächentemperatur 40 Grad Celsius nicht überschreitet.

(4) Flüssiggas darf in Wohnungen und in Räumen außerhalb von Wohnungen gelagert werden jeweils in einem Behälter mit einem Füllgewicht von nicht mehr als 16 kg, wenn die Fußböden allseitig oberhalb der Geländeoberfläche liegen und außer Abläufen mit Flüssigkeitsverschluss keine Öffnungen haben.

(5) Für die Lagerung von mehr als 500 kg Holzpellets gilt § 11 Absatz 5 und 6 entsprechend.

§ 13
(Inkrafttreten, Außerkrafttreten)

3.4 Verordnung
über bauaufsichtliche Anforderungen an Krankenhäuser und Pflegeheime im Land Brandenburg (Brandenburgische Krankenhaus- und Pflegeheim-Bauverordnung – BbgKPBauV)[1, 2]

Vom 21. Februar 2003 (GVBl. II S. 140), die zuletzt durch Artikel 1 der Verordnung vom 19. Dezember 2006 (GVBl. II S. 23) geändert worden ist

– Fassung ab 13. Februar 2007 –

Auf Grund des § 88 Abs. 1 und 2 der Brandenburgischen Bauordnung in der Fassung der Bekanntmachung vom 25. März 1998 (GVBl. I S. 82) verordnet der Minister für Stadtentwicklung, Wohnen und Verkehr:

INHALTSÜBERSICHT

---

1 Die Verpflichtungen aus der Richtlinie 98/34/EG des Europäischen Parlaments und des Rates vom 22. Juni 1998 über ein Informationsverfahren auf dem Gebiet der Normen und technischen Vorschriften (ABl. EG Nr. L 204 S. 37), zuletzt geändert durch die Richtlinie 8/48/EG des Europäischen Parlaments und des Rates vom 20. Juli 1998 (ABl. EG Nr. L 217 S. 18), sind beachtet worden.

2 Anm. d. Red.: Diese Verordnung findet gemäß § 29 Abs. 3 des Gesetz über das Wohnen mit Pflege und Betreuung des Landes Brandenburg (Brandenburgisches Pflege- und Betreuungswohngesetz – BbgPBWoG) vom 8. Juli 2009 (GVBl. I S. 298) keine Anwendung auf unterstützende Wohnformen im Sinne dieses Gesetzes.

TEIL 1
Allgemeine Vorschriften

§ 1
Geltungsbereich

[1]Diese Verordnung gilt für den Bau und den Betrieb von Krankenhäusern und Pflegeheimen. [2]Sie gilt nicht für Tageskliniken und Praxen.

§ 2
Begriffe

(1) [1]Krankenhäuser sind bauliche Anlagen mit Einrichtungen, in denen durch ärztliche und pflegerische Hilfeleistungen Krankheiten, Leiden oder Körperschäden untersucht oder behandelt werden oder Geburtshilfe geleistet wird und in denen die zu versorgenden Personen untergebracht, verpflegt und gepflegt oder behandelt werden. [2]Zu den Krankenhäusern zählen auch sonstige Einrichtungen mit entsprechender Zweckbestimmung, wie Fachkrankenhäuser, Reha-Kliniken, Krankenhäuser des Straf- oder Maßregelvollzugs und Krankenhäuser der Bundeswehr.
(2) [1]Pflegeheime sind bauliche Anlagen, in denen die zu versorgenden pflegebedürftigen Personen untergebracht, gepflegt und verpflegt werden. [2]Hierzu zählen insbesondere Altenpflege- und Behindertenheime.
(3) Intensivbereiche sind Gebäude oder Gebäudeteile von Krankenhäusern oder Pflegeheimen, die vom Träger der Einrichtung dazu bestimmt sind, überwiegend solche kranke oder pflegebedürftige Personen aufzunehmen, die in außergewöhnlichem Maß Behandlung, Pflege und Überwachung benötigen.

TEIL 2
Allgemeine Bauvorschriften

Abschnitt 1
Bauteile und Baustoffe

§ 3
Bauteile

(1) Tragende Bauteile, wie Wände, Pfeiler, Stützen und Decken, müssen feuerbeständig, in erdgeschossigen Gebäuden feuerhemmend sein.
(2) [1]Krankenhäuser müssen zwischen Bettenzimmern und zwischen Bettenzimmern und anderen Räumen sowie zum Abschluss von notwendigen Fluren feuerhemmende Trennwände haben. [2]Pflegeheime müssen zwischen Bettenzimmern und zwischen Bettenzimmern und anderen Räumen sowie zum Abschluss von notwendigen Fluren hochfeuerhemmende Trennwände haben. [3]In Pflegeheimen mit automatischer Feuerlöschanlage genügen feuerhemmende Trennwände.
(3) Außenwände mehrgeschossiger Gebäude müssen aus nichtbrennbaren Baustoffen bestehen.
(4) Die Außenwände zwischen übereinanderliegenden Öffnungen verschiedener Geschosse müssen so ausgebildet sein, dass ein Feuerüberschlag ausreichend lang verhindert wird.

§ 4
Dämmstoffe, Unterdecken und Verkleidungen

(1) Dämmstoffe müssen aus nichtbrennbaren Baustoffen bestehen.
(2) Verkleidungen an Wänden müssen aus nichtbrennbaren Baustoffen bestehen.
(3) Unterdecken und Verkleidungen an Decken müssen aus nichtbrennbaren Baustoffen bestehen.
(4) [1]Unterkonstruktionen, Halterungen und Befestigungen von Unterdecken und Verkleidungen nach den Absätzen 2 und 3 müssen aus nichtbrennbaren Baustoffen bestehen. [2]In den Hohlräumen hinter Unterdecken und Verkleidungen dürfen Kabel und Leitungen nur in Installationsschächten oder

Installationskanälen aus nichtbrennbaren Baustoffen verlegt werden.

§ 5
Brandabschnitte

(1) [1]Pflegebereiche müssen in jedem Geschoss mindestens zwei getrennte Brandabschnitte haben. [2]Die Brandabschnitte müssen durch Brandwände getrennt sein. [3]Die Brandabschnitte müssen im Zuge der Rettungswege mit den benachbarten Brandabschnitten unmittelbar verbunden sein.
(2) [1]Jeder Brandabschnitt muss einen notwendigen Treppenraum haben. [2]Die Brandabschnitte dürfen nicht durch offene Treppenräume verbunden sein.
(3) [1]Die Brandabschnitte sind so zu bemessen, dass zusätzlich alle Personen aus dem größten benachbarten Brandabschnitt vorübergehend aufgenommen werden können. [2]Die Nutzbarkeit der Rettungswege darf durch die zusätzlich aufgenommenen Rollstühle, Betten und Tragen nicht beeinträchtigt werden.

ABSCHNITT 2
Rettungswege

§ 6
Führung der Rettungswege

(1) Krankenhäuser und Pflegeheime müssen so errichtet werden und ausgestattet sein, dass die Rettung kranker oder pflegebedürftiger Personen ins Freie, in einen benachbarten Brandabschnitt oder einen anderen sicheren Bereich im Gefahrenfall durch das eigene Personal in wenigen Minuten durchgeführt werden kann.
(2) Zu den Rettungswegen gehören insbesondere die frei zu haltenden Gänge und Rampen, die Ausgänge aus Gemeinschaftsräumen, die notwendigen Flure und notwendigen Treppen, die Ausgänge ins Freie, die als Rettungsweg dienenden Balkone, Dachterrassen und Außentreppen sowie die Rettungswege im Freien auf dem Grundstück.
(3) [1]Krankenhäuser und Pflegeheime müssen in jedem Geschoss mit Aufenthaltsräumen mindestens zwei voneinander unabhängige bauliche Rettungswege haben. [2]Die Führung beider Rettungswege innerhalb eines Geschosses durch einen gemeinsamen notwendigen Flur ist zulässig. [3]Stichflure bis zu 10 m Länge sind zulässig.
(4) Rettungswege dürfen durch Foyers oder Hallen zu Ausgängen ins Freie geführt werden, wenn für jedes Geschoss mindestens ein weiterer von dem Foyer oder der Halle unabhängiger baulicher Rettungsweg vorhanden ist.
(5) Ausgänge und Rettungswege müssen durch Sicherheitszeichen dauerhaft und gut sichtbar gekennzeichnet sein.

§ 7
Notwendige Flure

(1) [1]Die lichte Breite notwendiger Flure muss in Pflegeheimen mindestens 1,60 m betragen. [2]Die lichte Breite notwendiger Flure muss in Krankenhäusern sowie in Intensivbereichen von Pflegeheimen mindestens 2,25 m betragen. [3]Für notwendige Flure, die nur dem Personal zugänglich sind, genügt eine lichte Breite von 1,20 m.
(2) Die lichte Breite notwendiger Flure darf durch Türen, Handläufe und Einbauten nicht eingeengt werden.
(3) Notwendige Flure müssen Fenster oder Rauchabzugsanlagen haben, die so beschaffen sind, dass sie im Brandfall Rauch ohne Gefahr für andere Räume abführen können.

§ 8
Treppen

(1) [1]Notwendige Treppen müssen feuerbeständig sein. [2]Für notwendige Treppen als Außentreppen genügen nichtbrennbare Baustoffe.
(2) [1]Notwendige Treppen und dem allgemeinen Besucherverkehr dienende Treppen müssen geschlossene Tritt- und Setzstufen haben; dies gilt nicht für Außentreppen. [2]Wendeltreppen sind unzulässig.
(3) Die lichte Breite notwendiger Treppen muss mindestens 1,50 m betragen.

(4) Notwendige Treppenräume müssen an ihrer obersten Stelle einen Rauchabzug haben.

§ 9
Türen

(1) In Brandwänden müssen Türen feuerbeständig, rauchdicht und selbstschließend sein.
(2) In raumabschließenden Innenwänden, die feuerbeständig sein müssen, müssen Türen mindestens feuerhemmend, rauchdicht und selbstschließend sein.
(3) In raumabschließenden Innenwänden, die hochfeuerhemmend sein müssen, müssen Türen mindestens rauchdicht und selbstschließend sein.
(4) In raumabschließenden Innenwänden, die feuerhemmend sein müssen, müssen Türen mindestens dichtschließend und vollwandig sein.
(5) [1]Die lichte Breite der Türen von Aufenthaltsräumen und der Türen im Zuge von Rettungswegen muss mindestens 0,90 m betragen. [2]In Krankenhäusern und in Intensivbereichen von Pflegeheimen muss die lichte Breite der Türen, durch die Kranke liegend befördert werden, mindestens 1,25 m betragen.
(6) [1]Türen in Rettungswegen müssen in Fluchtrichtung aufschlagen und dürfen keine Schwellen haben. [2]Die Türen müssen jederzeit von innen leicht und in voller Breite geöffnet werden können. [3]Die Türen, die wegen einer sicheren Unterbringung von Personen verschlossen gehalten werden, müssen im Gefahrenfall durch das Personal ohne Zeitverzug geöffnet werden können.
(7) Pendeltüren und Schiebetüren sind im Zuge von Rettungswegen unzulässig, dies gilt nicht für automatische Schiebetüren, die die Rettungswege nicht beeinträchtigen.
(8) Türen, die selbstschließend sein müssen, dürfen offen gehalten werden, wenn sie Einrichtungen haben, die bei Raucheinwirkung ein selbsttätiges Schließen der Türen bewirken; sie müssen auch von Hand geschlossen werden können.

TEIL 3
Technische Einrichtungen

§ 10
Sicherheitsstromversorgungsanlagen und Blitzschutzanlagen

(1) Krankenhäuser und Pflegeheime müssen eine Sicherheitsstromversorgungsanlage haben, die bei Ausfall der allgemeinen Stromversorgung den Betrieb der sicherheitstechnischen Anlagen und Einrichtungen übernimmt, insbesondere der
1. Sicherheitsbeleuchtung,
2. automatischen Feuerlöschanlagen und Druckerhöhungsanlagen für die Löschwasserversorgung,
3. Rauchabzugsanlagen,
4. Brandmeldeanlagen,
5. Alarmierungsanlagen und Rufanlagen.

(2) Sicherheitsstromversorgungsanlagen von Krankenhäusern müssen einen mindestens dreistündigen Betrieb gewährleisten und so beschaffen sein, dass die Stromunterbrechung bei Ausfall der allgemeinen Stromversorgung nicht länger als 15 Sekunden andauert.
(3) Krankenhäuser und Pflegeheime müssen Blitzschutzanlagen haben, die auch die sicherheitstechnischen Einrichtungen schützen (äußerer und innerer Blitzschutz).

§ 11
Sicherheitsbeleuchtung und Rufanlagen

(1) Rettungswege und Räume für die Untersuchung, Behandlung, Unterbringung und Pflege müssen eine Sicherheitsbeleuchtung haben, die auch die Sicherheitszeichen beleuchtet.
(2) [1]Bettenzimmer, Wasch-, Bade- und Toilettenräume müssen eine Rufanlage haben, mit der das Personal benachrichtigt werden kann. [2]Die Rufanlage muss von jedem Bett aus betätigt werden können. [3]Der Ruf muss mindestens im Dienstzimmer des Pflegepersonals optisch und akustisch wahrnehmbar sein.

§ 12
Aufzüge

(1) Mehrgeschossige Krankenhäuser und Pflegeheime müssen eine ausreichende Zahl von Aufzügen haben.

(2) In Pflegeheimen muss eine ausreichende Zahl von Aufzügen für den Transport von Tragen geeignet sein; ab 100 Betten sind mindestens zwei Aufzüge erforderlich.

(3) [1]In Krankenhäusern und in Pflegeheimen mit Intensivbereichen muss eine ausreichende Zahl von Aufzügen für den Transport von Betten geeignet sein (Bettenaufzüge); in Krankenhäusern sind mindestens zwei Bettenaufzüge erforderlich. [2]Mehrere Bettenaufzüge sind so im Gebäude anzuordnen, dass im Gefahrenfall ein Brandabschnitt mit einem nicht durch Feuer und Rauch gefährdeten Bettenaufzug erreicht werden kann.

§ 13
Feuerlöscheinrichtungen und -anlagen

(1) [1]Gebäude sind mit geeigneten Feuerlöschern in ausreichender Zahl auszustatten. [2]Die Feuerlöscher sind gut sichtbar und leicht zugänglich anzubringen.

(2) In jedem Brandabschnitt muss an geeigneter Stelle in der Nähe des notwendigen Treppenraums eine trockene Steigleitung oder ein Wandhydrant angebracht sein.

(3) Foyers oder Hallen, durch die Rettungswege führen, müssen eine automatische Feuerlöschanlage haben.

(4) [1]Räume mit erhöhter Brandgefahr, wie Räume, in denen mit offenem Feuer oder brennbaren Flüssigkeiten umgegangen wird, Laboratorien, Werkstätten, Desinfektionsräume, Filmarchive oder Lagerräume für Medikamente oder brennbare Flüssigkeiten müssen eine dafür geeignete automatische Feuerlöschanlage haben. [2]Satz 1 gilt entsprechend für Einrichtungen, von denen besondere Brandgefahren ausgehen.

(5) Automatische Feuerlöschanlagen müssen an eine Brandmelderzentrale angeschlossen sein.

§ 14
Brandmelde- und Alarmierungsanlagen, Brandmelder- und Alarmzentrale, Brandfallsteuerung der Aufzüge

(1) Krankenhäuser und Pflegeheime müssen Brandmeldeanlagen mit automatischen und nichtautomatischen Brandmeldern haben.

(2) Krankenhäuser und Pflegeheime müssen Alarmierungsanlagen haben, mit denen das Betriebspersonal alarmiert werden kann.

(3) Krankenhäuser und Pflegeheime müssen zusätzlich zu den örtlichen Bedienungsvorrichtungen zentrale Bedienungsvorrichtungen für Rauchabzugs-, Feuerlösch-, Brandmelde-, Alarmierungsanlagen haben, die in einem für die Feuerwehr leicht zugänglichen Raum (Brandmelder- und Alarmzentrale) zusammengefasst werden.

(4) [1]Aufzüge müssen mit einer Brandfallsteuerung ausgestattet sein, die durch die automatische Brandmeldeanlage ausgelöst wird. [2]Die Brandfallsteuerung muss sicherstellen, dass die Aufzüge des betroffenen Brandabschnitts das Erdgeschoss oder das diesem nächstgelegene, nicht von der Brandmeldung betroffene Geschoss unmittelbar anfahren und dort mit geöffneten Türen außer Betrieb gehen.

(5) [1]Automatische Brandmeldeanlagen müssen durch technische Maßnahmen gegen Falschalarme gesichert sein. [2]Brandmeldungen müssen von der Brandmelderzentrale unmittelbar und automatisch zur Leitstelle für den Brandschutz, Rettungsdienst und Katastrophenschutz weitergeleitet werden.

§ 15
Besondere Anforderungen an Räume mit erhöhter Brandgefahr

(1) [1]Räume mit erhöhter Brandgefahr (§ 13 Abs. 4) müssen mindestens zwei möglichst weit auseinander und entgegengesetzt liegende Ausgänge ins Freie oder zu Rettungswegen haben. [2]Ein Ausgang darf auch zu einem benachbarten Raum führen, wenn von diesem ein Rettungsweg oder das Freie unmittelbar erreichbar ist.

(2) In Räumen mit erhöhter Brandgefahr müssen geeignete Feuerlöscheinrichtungen oder Löschdecken zur Bekämpfung von Entstehungsbränden bereitgehalten werden.
(3) [1]Räume mit erhöhter Brandgefahr müssen Einrichtungen haben, durch die Gase, Dämpfe, Nebel, Wrasen und Stäube so beseitigt werden, dass Gefahren oder unzumutbare Belästigungen nicht entstehen können. [2]Räume dieser Art müssen durch Warnschilder gekennzeichnet sein.

TEIL 4
Betriebsvorschriften

§ 16
Rettungswege, Flächen für die Feuerwehr

(1) [1]Rettungswege auf dem Grundstück sowie Zufahrten, Aufstell- und Bewegungsflächen für Einsatzfahrzeuge von Polizei, Feuerwehr und Rettungsdiensten müssen ständig frei gehalten werden. [2]Darauf ist dauerhaft und gut sichtbar hinzuweisen.
(2) Rettungswege in Krankenhäusern und Pflegeheimen müssen ständig frei gehalten werden.
(3) Während des Betriebes müssen alle Türen von Rettungswegen unverschlossen sein; dies gilt nicht für Krankenhäuser des Straf- oder Maßregelvollzugs.

§ 17
Brandschutzordnung, Feuerwehrpläne

(1) [1]Der Betreiber hat im Einvernehmen mit der Brandschutzdienststelle eine Brandschutzordnung aufzustellen und durch Aushang bekannt zu machen. [2]In der Brandschutzordnung sind insbesondere die Erforderlichkeit und die Aufgaben eines Brandschutzbeauftragten und der Kräfte für den Brandschutz sowie die betrieblichen Maßnahmen festzulegen, die zur Rettung Behinderter, insbesondere Rollstuhlbenutzer, erforderlich sind.
(2) [1]Das Betriebspersonal ist bei Beginn des Arbeitsverhältnisses und danach mindestens zweimal jährlich zu unterweisen über
1. die Lage und die Bedienung der Feuerlöscheinrichtungen und -anlagen, Rauchabzugsanlagen, Brandmelde- und Alarmierungsanlagen und der Brandmelder- und Alarmzentrale,
2. die Brandschutzordnung, insbesondere über das Verhalten bei einem Brand oder bei einer Panik, und
3. die Betriebsvorschriften.

[2]Den Brandschutzdienststellen ist Gelegenheit zu geben, an der Unterweisung teilzunehmen. [3]Über die Unterweisung ist eine Niederschrift zu fertigen, die der Bauaufsichtsbehörde auf Verlangen vorzulegen ist.
(3) Im Einvernehmen mit der Brandschutzdienststelle sind Feuerwehrpläne anzufertigen und der örtlichen Feuerwehr zur Verfügung zu stellen.
(4) [1]In jedem Geschoss sind der Verlauf der Rettungswege, die für die Brandbekämpfung freizuhaltenden Flächen, die Feuermelde- und Feuerlöscheinrichtungen, die Bedienungseinrichtungen der technischen Anlagen für die Brandbekämpfung sowie die Bereiche für Infektionskranke und die Bereiche, in denen mit ionisierenden Strahlen umgegangen wird, in einem Flucht- und Rettungswegeplan im Maßstab von mindestens 1 : 200 darzustellen. [2]Im Raum, in dem die Brandmelderzentrale untergebracht ist, sind der Lageplan mit den Außenanlagen sowie die Flucht- und Rettungswegepläne aller Geschosse anzubringen.

TEIL 5
Zusätzliche Bauvorlagen, Prüfungen

§ 18
Zusätzliche Bauvorlagen

(1) Mit den Bauvorlagen ist ein Brandschutzkonzept vorzulegen, in dem insbesondere die Zahl der Betten, die Art der Unterbringung, die Anordnung der Intensivbereiche, die Anordnung und Bemessung der Rettungswege, die Art der Rettung und die zur Erfüllung der

brandschutztechnischen Anforderungen erforderlichen baulichen, technischen und betrieblichen Maßnahmen dargestellt sind.

(2) [1]In den Bauvorlagen ist die Zweckbestimmung der einzelnen Räume und Bereiche anzugeben. [2]Insbesondere sind die Operationsbereiche, die Intensivbereiche, die Bereiche für Infektionskranke und die Bereiche, in denen mit ionisierenden Strahlen umgegangen wird, sowie die für diese Bereiche erforderlichen besonderen baulichen, technischen und betrieblichen Schutz- und Sicherheitsmaßnahmen darzustellen.

(3) Für die nach dieser Verordnung erforderlichen technischen Einrichtungen sind besondere Pläne, Beschreibungen und Nachweise vorzulegen.

(4) Der Verlauf der Rettungswege im Freien, die Zufahrten und die Aufstell- und Bewegungsflächen für die Einsatz- und Rettungsfahrzeuge sind in einem besonderen Außenanlagenplan darzustellen.

§ 19
Prüfungen

(1) [1]Die Bauaufsichtsbehörde hat Krankenhäuser und Pflegeheime in Zeitabständen von höchstens zwei Jahren zu prüfen. [2]Dabei ist auch die Einhaltung der Betriebsvorschriften zu überwachen und festzustellen, ob die vorgeschriebenen wiederkehrenden Prüfungen fristgerecht durchgeführt und etwaige Mängel beseitigt worden sind. [3]Der Heimaufsicht, der Ordnungsbehörde, der Gewerbeaufsicht und der Brandschutzdienststelle ist Gelegenheit zur Teilnahme an den Prüfungen zu geben.

(2) In Jahren, in denen eine Brandverhütungsschau nach § 33 des Brandenburgischen Brand- und Katastrophenschutzgesetzes unter Beteiligung der Bauaufsichtsbehörde durchgeführt wird, entfällt die Prüfung nach Absatz 1.

TEIL 6
Schlussvorschriften

§ 20
Anwendung auf bestehende Krankenhäuser und Pflegeheime

(1) Auf die zum Zeitpunkt des In-Kraft-Tretens dieser Verordnung bestehenden Krankenhäuser und Pflegeheime sind die Betriebsvorschriften (§§ 16 und 17) und die Vorschriften über Prüfungen (§ 19) dieser Verordnung entsprechend anzuwenden.

(2) [1]Bestehende Krankenhäuser und Pflegeheime sind bis zum 31. Dezember 2005 so nachzurüsten, dass sie den Anforderungen des § 14 entsprechen. [2]Auf eine Nachrüstung bestehender Aufzüge gemäß § 14 Abs. 4 kann verzichtet werden, wenn diese mit unverhältnismäßig hohem technischen Aufwand und unverhältnismäßig hohen Kosten verbunden ist und der Betreiber in seiner Brandschutzordnung nach § 17 betriebliche Maßnahmen festgelegt hat, mit denen die Schutzziele einer Brandfallsteuerung des Aufzuges auf andere Weise erreicht werden können.

§ 21
Gleichwertigkeit

Bauprodukte, Bauarten und Prüfverfahren, die den in Vorschriften anderer Vertragsstaaten des Abkommens über den Europäischen Wirtschaftsraum genannten technischen Anforderungen entsprechen, dürfen verwendet werden, wenn das geforderte Schutzniveau in Bezug auf Sicherheit, Gesundheit und Gebrauchstauglichkeit gleichermaßen dauerhaft erreicht und die Verwendbarkeit nachgewiesen wird.

§ 22
(Inkrafttreten)

3.5 Brandenburgische Verordnung über den Bau und Betrieb von Verkaufsstätten (Brandenburgische Verkaufsstätten-Bauverordnung – BbgVBauV)[1]

Vom 8. November 2017 (GVBl. II Nr. 60)

– in Kraft seit 17. November 2017 –

Auf Grund des § 86 Absatz 1 Nummer 1 und Nummer 4 bis 6 und Absatz 3 Satz 1 Nummer 5 in Verbindung mit § 85 Absatz 1 Satz 1 Nummer 1 der Brandenburgischen Bauordnung vom 19. Mai 2016 (GVBl. I Nr. 14) verordnet die Ministerin für Infrastruktur und Landesplanung:

INHALTSÜBERSICHT

§ 1 Anwendungsbereich

Die Vorschriften dieser Verordnung gelten für jede Verkaufsstätte, deren Verkaufsräume und Ladenstraßen einschließlich ihrer Bauteile eine Fläche von insgesamt mehr als 2 000 Quadratmeter haben.

§ 2 Begriffe

(1) [1]Verkaufsstätten sind Gebäude oder Gebäudeteile, die

1. ganz oder teilweise dem Verkauf von Waren dienen,
2. mindestens einen Verkaufsraum haben und
3. keine Messebauten sind.

[2]Zu einer Verkaufsstätte gehören alle Räume, die unmittelbar oder mittelbar, insbesondere

1 Diese Verordnung dient der Umsetzung der Richtlinie (EU) 2015/1535 des Europäischen Parlaments und des Rates vom 9. September 2015 über ein Informationsverfahren auf dem Gebiet der technischen Vorschriften und der Vorschriften für die Dienste der Informationsgesellschaft (ABl. L 241 vom 17.09.2015, S. 1).

durch Aufzüge oder Ladenstraßen, miteinander in Verbindung stehen; als Verbindung gilt nicht die Verbindung durch notwendige Treppenräume sowie durch Leitungen, Schächte und Kanäle haustechnischer Anlagen.

(2) Erdgeschossige Verkaufsstätten sind Gebäude mit nicht mehr als einem Geschoss, dessen Fußboden an keiner Stelle mehr als 1 Meter unter der Geländeoberfläche liegt; dabei bleiben Treppenraumerweiterungen sowie Geschosse außer Betracht, die ausschließlich der Unterbringung haustechnischer Anlagen und Feuerungsanlagen dienen.

(3) [1]Verkaufsräume sind Räume, in denen Waren zum Verkauf oder sonstige Leistungen angeboten werden oder die dem Kundenverkehr dienen, ausgenommen notwendige Treppenräume, Treppenraumerweiterungen sowie Garagen. [2]Ladenstraßen gelten nicht als Verkaufsräume.

(4) Ladenstraßen sind überdachte oder überdeckte Flächen, an denen Verkaufsräume liegen und die dem Kundenverkehr dienen.

(5) Treppenraumerweiterungen sind Räume, die Treppenräume mit Ausgängen ins Freie verbinden.

§ 3
Tragende Wände, Pfeiler und Stützen

[1]Tragende Wände, Pfeiler und Stützen müssen feuerbeständig, bei erdgeschossigen Verkaufsstätten ohne Sprinkleranlagen mindestens feuerhemmend sein. [2]Dies gilt nicht für erdgeschossige Verkaufsstätten mit Sprinkleranlagen.

§ 4
Außenwände

Außenwände müssen bestehen aus

1. nichtbrennbaren Baustoffen, soweit sie nicht feuerbeständig sind, bei Verkaufsstätten ohne Sprinkleranlagen,
2. mindestens schwerentflammbaren Baustoffen, soweit sie nicht feuerbeständig sind, bei Verkaufsstätten mit Sprinkleranlagen,
3. mindestens schwerentflammbaren Baustoffen, soweit sie nicht mindestens feuerhemmend sind, bei erdgeschossigen Verkaufsstätten.

§ 5
Trennwände

(1) Trennwände zwischen einer Verkaufsstätte und Räumen, die nicht zur Verkaufsstätte gehören, müssen feuerbeständig sein und dürfen keine Öffnungen haben.

(2) [1]In Verkaufsstätten ohne Sprinkleranlagen sind Lagerräume mit einer Fläche von mehr als jeweils 100 Quadratmeter sowie Werkräume mit erhöhter Brandgefahr, wie Schreinereien, Maler- oder Dekorationswerkstätten, von anderen Räumen durch feuerbeständige Wände zu trennen. [2]Diese Werk- und Lagerräume müssen durch feuerbeständige Trennwände so unterteilt werden, dass Abschnitte von nicht mehr als 500 Quadratmeter entstehen. [3]Öffnungen in den Trennwänden müssen mindestens feuerhemmende und selbstschließende Abschlüsse haben.

§ 6
Brandabschnitte

(1) [1]Verkaufsstätten sind durch Brandwände in Brandabschnitte zu unterteilen. [2]Die Fläche der Brandabschnitte darf je Geschoss betragen in

1. erdgeschossigen Verkaufsstätten mit Sprinkleranlagen nicht mehr als 10 000 Quadratmeter,
2. sonstigen Verkaufsstätten mit Sprinkleranlagen nicht mehr als 5 000 Quadratmeter,
3. erdgeschossigen Verkaufsstätten ohne Sprinkleranlagen nicht mehr als 3 000 Quadratmeter,
4. sonstigen Verkaufsstätten ohne Sprinkleranlagen nicht mehr als 1 500 Quadratmeter, wenn sich die Verkaufsstätten über nicht mehr als drei Geschosse erstrecken und die Gesamtfläche aller Geschosse innerhalb eines Brandabschnitts nicht mehr als 3 000 Quadratmeter beträgt.

(2) Abweichend von Absatz 1 können Verkaufsstätten mit Sprinkleranlagen auch

durch Ladenstraßen in Brandabschnitte unterteilt werden, wenn

1. die Ladenstraßen bis zu ihrem oberen Abschluss in voller Höhe zusammenhängend mindestens 10 Meter breit sind; in diesen Ladenstraßen sind Einbauten oder Einrichtungen innerhalb dieser Breite unzulässig, ausgenommen sind Fahrtreppen und Aufzüge sowie Einrichtungen der technischen Gebäudeausrüstung, die der Ladenstraße dienen; § 13 Absatz 5 bleibt unberührt;
2. die Ladenstraßen Öffnungen und Flächen für den Wärmeabzug von insgesamt 5 Prozent der Grundflächen der Ladenstraßen haben, die Öffnungen und Flächen möglichst an oberster Stelle liegen und regelmäßig angeordnet sind und Öffnungen einzeln eine freie Mindestfläche von 1 Quadratmeter aufweisen;
3. das Tragwerk der Dächer der Ladenstraßen aus nichtbrennbaren Baustoffen besteht und die Bedachung der Ladenstraße die Anforderungen nach § 8 Absatz 2 Nummer 1 und Absatz 3 Nummer 1 erfüllt.

(3) In Verkaufsstätten mit Sprinkleranlagen brauchen Brandwände abweichend von Absatz 1 im Kreuzungsbereich mit Ladenstraßen nicht hergestellt zu werden, wenn

1. die Ladenstraßen bis zu ihrem oberen Abschluss in voller Höhe eine zusammenhängende Breite über eine zusammenhängende Länge von jeweils mindestens 10 Meter beiderseits der Brandwände haben und
2. die Anforderungen nach Absatz 2 Nummer 1 Halbsatz 2, Nummer 2 und 3 in diesem Bereich erfüllt sind.

(4) [1]Öffnungen in den Brandwänden nach Absatz 1 sind zulässig, wenn sie selbstschließende und feuerbeständige Abschlüsse haben. [2]Die Abschlüsse müssen Feststellanlagen haben, die bei Raucheinwirkung ein selbsttätiges Schließen bewirken.

(5) Brandwände sind mindestens 30 Zentimeter über Dach zu führen oder in Höhe der Dachhaut mit einer beiderseits 50 Zentimeter auskragenden feuerbeständigen Platte aus nichtbrennbaren Baustoffen abzuschließen; darüber dürfen brennbare Teile des Dachs nicht hinweggeführt werden.

(6) § 30 Absatz 2 Nummer 1 der Brandenburgischen Bauordnung bleibt unberührt.

§ 7
Decken

(1) [1]Decken müssen feuerbeständig sein und aus nichtbrennbaren Baustoffen bestehen. [2]Decken über Geschossen, deren Fußboden an keiner Stelle mehr als 1 Meter unter der Geländeoberfläche liegt, brauchen nur

1. feuerhemmend zu sein und aus nichtbrennbaren Baustoffen zu bestehen in erdgeschossigen Verkaufsstätten ohne Sprinkleranlagen,
2. aus nichtbrennbaren Baustoffen zu bestehen in erdgeschossigen Verkaufsstätten mit Sprinkleranlagen.

[3]Für die Beurteilung der Feuerwiderstandsfähigkeit bleiben abgehängte Unterdecken außer Betracht.

(2) [1]Unterdecken einschließlich ihrer Aufhängungen müssen in Verkaufsräumen, Treppenräumen, Treppenraumerweiterungen, notwendigen Fluren und in Ladenstraßen aus nichtbrennbaren Baustoffen bestehen. [2]In Verkaufsräumen mit Sprinkleranlagen dürfen Unterdecken aus brennbaren Baustoffen bestehen, wenn auch der Deckenhohlraum durch die Sprinkleranlagen geschützt ist.

(3) [1]In Decken sind Öffnungen unzulässig. [2]Dies gilt nicht für Öffnungen zwischen Verkaufsräumen, zwischen Verkaufsräumen und Ladenstraßen sowie zwischen Ladenstraßen

1. in Verkaufsstätten mit Sprinkleranlagen,
2. in Verkaufsstätten ohne Sprinkleranlagen, soweit die Öffnungen für nicht notwendige Treppen erforderlich sind.

§ 8
Dächer

(1) Das Tragwerk von Dächern, die den oberen Abschluss von Räumen der Verkaufsstätten bilden oder die von diesen Räumen nicht durch feuerbeständige Bauteile getrennt sind, muss

1. aus nichtbrennbaren Baustoffen bestehen in Verkaufsstätten mit Sprinkleranlagen, ausgenommen in erdgeschossigen Verkaufsstätten,
2. mindestens feuerhemmend sein in erdgeschossigen Verkaufsstätten ohne Sprinkleranlagen,
3. feuerbeständig sein in sonstigen Verkaufsstätten ohne Sprinkleranlagen.

(2) Bedachungen müssen

1. gegen Flugfeuer und strahlende Wärme widerstandsfähig sein und
2. bei Dächern, die den oberen Abschluss von Räumen der Verkaufsstätten bilden oder die von diesen Räumen nicht durch feuerbeständige Bauteile getrennt sind, aus nichtbrennbaren Baustoffen bestehen mit Ausnahme der Dachhaut und der Dampfsperre.

(3) [1]Lichtdurchlässige Bedachungen über Verkaufsräumen und Ladenstraßen dürfen abweichend von Absatz 2 Nummer 1

1. schwerentflammbar sein bei Verkaufsstätten mit Sprinkleranlagen,
2. nichtbrennbar sein bei Verkaufsstätten ohne Sprinkleranlagen.

[2]Sie dürfen im Brandfall nicht brennend abtropfen.

§ 9
Bekleidungen, Dämmstoffe

(1) Außenwandbekleidungen einschließlich der Dämmstoffe und Unterkonstruktionen müssen bestehen aus

1. mindestens schwerentflammbaren Baustoffen bei Verkaufsstätten mit Sprinkleranlagen und bei erdgeschossigen Verkaufsstätten,
2. nichtbrennbaren Baustoffen bei sonstigen Verkaufsstätten ohne Sprinkleranlagen.

(2) Deckenbekleidungen einschließlich der Dämmstoffe und Unterkonstruktionen müssen aus nichtbrennbaren Baustoffen bestehen.

(3) Wandbekleidungen einschließlich der Dämmstoffe und Unterkonstruktionen müssen in Treppenräumen, Treppenraumerweiterungen, notwendigen Fluren und in Ladenstraßen aus nichtbrennbaren Baustoffen bestehen.

§ 10
Rettungswege in Verkaufsstätten

(1) [1]Für jeden Verkaufsraum, Aufenthaltsraum und für jede Ladenstraße müssen in demselben Geschoss mindestens zwei voneinander unabhängige Rettungswege zu Ausgängen ins Freie oder zu notwendigen Treppenräumen vorhanden sein. [2]Anstelle eines dieser Rettungswege darf ein Rettungsweg über Außentreppen ohne Treppenräume, Rettungsbalkone, Terrassen und begehbare Dächer auf das Grundstück führen, wenn hinsichtlich des Brandschutzes keine Bedenken bestehen; dieser Rettungsweg gilt als Ausgang ins Freie.

(2) Von jeder Stelle

1. eines Verkaufsraums in höchstens 25 Meter Entfernung,
2. eines sonstigen Raums oder einer Ladenstraße in höchstens 35 Meter Entfernung

muss mindestens ein Ausgang ins Freie oder ein notwendiger Treppenraum erreichbar sein (erster Rettungsweg).

(3) Der erste Rettungsweg darf, soweit er über eine Ladenstraße führt, auf der Ladenstraße eine zusätzliche Länge von höchstens 35 Meter haben, wenn

1. der nach Absatz 1 erforderliche zweite Rettungsweg für Verkaufsräume nicht über diese Ladenstraße führt oder
2. der Verkaufsraum eine Fläche von insgesamt nicht mehr als 100 Quadratmeter und eine Raumtiefe von höchstens 10 Meter hat, großflächige Sichtbeziehungen zur Ladenstraße bestehen und die Ladenstraße in diesem Bereich über zwei entgegengesetzte Fluchtrichtungen ins Freie verfügt.

(4) In Verkaufsstätten mit Sprinkleranlagen oder in erdgeschossigen Verkaufsstätten darf der Rettungsweg nach den Absätzen 2 und 3 innerhalb von Brandabschnitten eine zusätzliche Länge von höchstens 35 Meter haben, soweit er über einen notwendigen Flur für Kundinnen und Kunden mit einem unmittelbaren Ausgang ins Freie oder in einen notwendigen Treppenraum führt.
(5) Von jeder Stelle eines Verkaufsraums muss ein Hauptgang oder eine Ladenstraße in höchstens 10 Meter Entfernung erreichbar sein.
(6) [1]In Rettungswegen ist nur eine Folge von mindestens drei Stufen zulässig. [2]Die Stufen müssen eine Stufenbeleuchtung haben.
(7) [1]An Kreuzungen der Ladenstraßen und der Hauptgänge sowie an Türen im Zuge von Rettungswegen ist deutlich und dauerhaft auf die Ausgänge durch Sicherheitszeichen hinzuweisen. [2]Die Sicherheitszeichen müssen beleuchtet sein.
(8) [1]Die Entfernungen nach den Absätzen 2 bis 5 sind in der Luftlinie, jedoch nicht durch Bauteile zu messen. [2]Die Länge der Lauflinie darf in Verkaufsräumen 35 Meter nicht überschreiten.

§ 11
Treppen

(1) [1]Notwendige Treppen müssen feuerbeständig sein, aus nichtbrennbaren Baustoffen bestehen und an den Unterseiten geschlossen sein. [2]Dies gilt nicht für notwendige Treppen nach § 10 Absatz 1 Satz 2, wenn wegen des Brandschutzes Bedenken nicht bestehen.
(2) [1]Notwendige Treppen für Kundinnen und Kunden müssen mindestens 2 Meter breit sein und dürfen eine Breite von 2,50 Meter nicht überschreiten. [2]Für notwendige Treppen für Kundinnen und Kunden genügt eine Breite von mindestens 1,25 Meter, wenn die Treppen für Verkaufsräume bestimmt sind, deren Fläche insgesamt nicht mehr als 500 Quadratmeter beträgt.
(3) [1]Notwendige Treppen brauchen nicht in eigenen Treppenräumen im Sinne von § 35 Absatz 1 der Brandenburgischen Bauordnung zu liegen und die Anforderungen nach Absatz 1 Satz 1 nicht zu erfüllen in Verkaufsräumen, die
1. eine Fläche von nicht mehr als 100 Quadratmeter haben oder
2. eine Fläche von mehr als 100 Quadratmeter, aber nicht mehr als 500 Quadratmeter haben, wenn diese Treppen im Zuge nur eines der zwei erforderlichen Rettungswege liegen.

[2]Notwendige Treppen mit gewendelten Läufen sind in Verkaufsräumen unzulässig. [3]Dies gilt nicht für notwendige Treppen nach Satz 1.
(4) [1]Treppen für Kundinnen und Kunden müssen auf beiden Seiten Handläufe ohne freie Enden haben. [2]Die Handläufe müssen fest und griffsicher sein und sind über Treppenabsätze fortzuführen.

§ 12
Treppenräume, Treppenraumerweiterungen

(1) [1]Die Wände von notwendigen Treppenräumen müssen in der Bauart von Brandwänden hergestellt sein. [2]Bodenbeläge müssen in notwendigen Treppenräumen aus nichtbrennbaren Baustoffen bestehen.
(2) [1]Treppenraumerweiterungen müssen
1. die Anforderungen an Treppenräume erfüllen,
2. feuerbeständige Decken aus nichtbrennbaren Baustoffen haben und
3. mindestens so breit sein wie die notwendigen Treppen, mit denen sie in Verbindung stehen.

[2]Sie dürfen nicht länger als 35 Meter sein und keine Öffnungen zu anderen Räumen haben.

§ 13
Ladenstraßen, Flure, Hauptgänge

(1) Ladenstraßen müssen mindestens 5 Meter breit sein.
(2) [1]Wände und Decken notwendiger Flure für Kundinnen und Kunden müssen
1- feuerbeständig sein und aus nichtbrennbaren Baustoffen bestehen in Verkaufsstätten ohne Sprinkleranlagen,
2. mindestens feuerhemmend sein und in den wesentlichen Teilen aus nichtbrenn-

baren Baustoffen bestehen in Verkaufsstätten mit Sprinkleranlagen.

[2]Bodenbeläge in notwendigen Fluren für Kundinnen und Kunden müssen mindestens schwerentflammbar sein.

(3) [1]Notwendige Flure für Kundinnen und Kunden müssen mindestens 2 Meter breit sein. [2]Für notwendige Flure für Kundinnen und Kunden genügt eine Breite von 1,50 Meter, wenn die Flure für Verkaufsräume bestimmt sind, deren Fläche insgesamt nicht mehr als 500 Quadratmeter beträgt.

(4) [1]Hauptgänge müssen mindestens 2 Meter breit sein. [2]Sie müssen auf möglichst kurzem Weg zu Ausgängen ins Freie, zu notwendigen Treppenräumen, zu notwendigen Fluren für Kundinnen und Kunden oder zu Ladenstraßen führen. [3]Verkaufsstände an Hauptgängen müssen unverrückbar sein.

(5) Ladenstraßen, notwendige Flure für Kundinnen und Kunden und Hauptgänge dürfen innerhalb der nach den Absätzen 1, 3 und 4 erforderlichen Breiten nicht durch Einbauten oder Einrichtungen eingeengt sein.

§ 14
Ausgänge

(1) [1]Jeder Verkaufsraum, Aufenthaltsraum und jede Ladenstraße müssen mindestens zwei Ausgänge haben, die zum Freien oder zu notwendigen Treppenräumen führen. [2]Für Verkaufs- und Aufenthaltsräume, die eine Fläche von nicht mehr als 100 Quadratmeter haben, genügt ein Ausgang.

(2) [1]Ausgänge aus Verkaufsräumen müssen mindestens 2 Meter breit sein; für Ausgänge aus Verkaufsräumen, die eine Fläche von nicht mehr als 500 Quadratmeter haben, genügt eine Breite von 1 Meter. [2]Ein Ausgang, der in einen Flur führt, darf nicht breiter sein als der Flur.

(3) [1]Die Ausgänge aus einem Geschoss einer Verkaufsstätte ins Freie oder in notwendige Treppenräume müssen eine Breite von

1. mindestens 30 Zentimeter je 100 Quadratmeter der Flächen der Verkaufsräume und
2. der Hälfte der Flächen der Ladenstraßen, mindestens jedoch der Flächen der Ladenstraßen bezogen auf die Mindestbreite nach § 13 Absatz 1

haben. [2]Ausgänge aus den Geschossen einer Verkaufsstätte müssen mindestens 2 Meter breit sein. [3]Ein Ausgang, der in einen Treppenraum führt, darf nicht breiter sein als die notwendige Treppe.

(4) Ausgänge aus notwendigen Treppenräumen ins Freie oder in Treppenraumerweiterungen müssen mindestens so breit sein wie die notwendigen Treppen.

§ 15
Türen in Rettungswegen

(1) In Verkaufsstätten ohne Sprinkleranlagen müssen Türen von notwendigen Treppenräumen und von notwendigen Fluren für Kundinnen und Kunden mindestens feuerhemmend, rauchdicht und selbstschließend sein, ausgenommen Türen, die ins Freie führen.

(2) In Verkaufsstätten mit Sprinkleranlagen müssen Türen von notwendigen Treppenräumen und von notwendigen Fluren für Kundinnen und Kunden rauchdicht und selbstschließend sein, ausgenommen Türen, die ins Freie führen.

(3) [1]Türen nach den Absätzen 1 und 2 sowie Türen, die ins Freie führen, dürfen nur in Fluchtrichtung aufschlagen und keine Schwellen haben. [2]Sie müssen während der Betriebszeit von innen leicht in voller Breite zu öffnen sein. [3]Elektrische Verriegelungen von Türen in Rettungswegen sind nur zulässig, wenn die Türen im Gefahrenfall jederzeit geöffnet werden können.

(4) Türen, die selbstschließend sein müssen, dürfen offengehalten werden, wenn sie Feststellanlagen haben, die bei Raucheinwirkung ein selbsttätiges Schließen der Türen bewirken; sie müssen auch von Hand geschlossen werden können.

(5) [1]Drehtüren und Schiebetüren sind in Rettungswegen unzulässig; dies gilt nicht für automatische Dreh- und Schiebetüren, die die Rettungswege im Gefahrenfall nicht beeinträchtigen. [2]Pendeltüren müssen in Rettungswegen Schließvorrichtungen haben, die ein Durchpendeln der Türen verhindern.

(6) Rollläden, Scherengitter oder ähnliche Abschlüsse von Türöffnungen, Toröffnungen oder Durchfahrten im Zug von Rettungswegen müssen so beschaffen sein, dass sie von Unbefugten nicht geschlossen werden können.

§ 16
Rauchableitung

(1) In Verkaufsstätten müssen Verkaufsräume und sonstige Aufenthaltsräume mit jeweils mehr als 50 Quadratmeter Grundfläche, Lagerräume mit mehr als 200 Quadratmeter Grundfläche, Ladenstraßen sowie notwendige Treppenräume zur Unterstützung der Brandbekämpfung entraucht werden können.

(2) Die Anforderung des Absatzes 1 ist insbesondere erfüllt bei

1. Verkaufsräumen und sonstigen Aufenthaltsräumen bis 200 Quadratmeter Grundfläche, wenn diese Räume Fenster nach § 47 Absatz 2 der Brandenburgischen Bauordnung haben,
2. Verkaufsräumen, sonstigen Aufenthaltsräumen und Lagerräumen mit nicht mehr als 1 000 Quadratmeter Grundfläche, wenn diese Räume entweder an der obersten Stelle Öffnungen zur Rauchableitung mit einem freien Querschnitt von insgesamt 1 Prozent der Grundfläche oder im oberen Drittel der Außenwände angeordnete Öffnungen, Türen oder Fenster mit einem freien Querschnitt von insgesamt 2 Prozent der Grundfläche haben und Zuluftflächen in insgesamt gleicher Größe, jedoch mit nicht mehr als 12 Quadratmeter freiem Querschnitt, vorhanden sind, die im unteren Raumdrittel angeordnet werden sollen,
3. Verkaufsräumen, sonstigen Aufenthaltsräumen und Lagerräumen mit mehr als 1 000 Quadratmeter Grundfläche, wenn diese Räume Rauchabzugsanlagen haben, bei denen je höchstens 400 Quadratmeter der Grundfläche mindestens ein Rauchabzugsgerät mit mindestens 1,5 Quadratmeter aerodynamisch wirksamer Fläche im oberen Raumdrittel angeordnet wird, je höchstens 1 600 Quadratmeter Grundfläche mindestens eine Auslösegruppe für die Rauchabzugsgeräte gebildet wird und Zuluftflächen im unteren Raumdrittel von insgesamt mindestens 12 Quadratmeter freiem Querschnitt vorhanden sind,
4. Ladenstraßen mit nur auf einer Ebene liegenden Verkehrsflächen, wenn diese Ladenstraßen Rauchabzugsanlagen haben, bei denen je höchstens 20 Meter Länge der Ladenstraße mindestens ein Rauchabzugsgerät mit mindestens 1,5 Quadratmeter aerodynamisch wirksamer Fläche im oberen Raumdrittel angeordnet wird, je 80 Meter Länge der Ladenstraße mindestens eine Auslösegruppe für die Rauchabzugsgeräte gebildet wird und Zuluftflächen im unteren Raumdrittel von insgesamt mindestens 12 Quadratmeter freiem Querschnitt vorhanden sind; bei sonstigen Ladenstraßen, wenn die Ladenstraßen Rauchabzugsanlagen haben, bei denen die Größe und Anordnung der Rauchabzugsgeräte und der notwendigen Zuluftflächen hinsichtlich des Schutzziels des Absatzes 1 ausreichend bemessen sind.

(3) [1]Die Anforderung des Absatzes 1 ist insbesondere auch erfüllt, wenn in den Fällen des Absatzes 2 Nummer 1 bis 3 und 4 Halbsatz 1 maschinelle Rauchabzugsanlagen vorhanden sind, bei denen je höchstens 400 Quadratmeter der Grundfläche der Räume mindestens ein Rauchabzugsgerät oder eine Absaugstelle mit einem Luftvolumenstrom von 10 000 Kubikmeter pro Stunde im oberen Raumdrittel angeordnet wird. [2]Bei Räumen mit mehr als 1 600 Quadratmeter Grundfläche genügt

1. zu dem Luftvolumenstrom von 40 000 Kubikmeter pro Stunde für die Grundfläche von 1 600 Quadratmeter ein zusätzlicher Luftvolumenstrom von 5 000 Kubikmeter pro Stunde je angefangene weitere 400 Quadratmeter Grundfläche; der sich ergebende Gesamtvolumenstrom je Raum ist gleichmäßig auf die nach Satz 1 anzuordnenden Absaugstellen oder Rauchabzugsgeräte zu verteilen, oder

2. ein Luftvolumenstrom von mindestens 40 000 Kubikmeter pro Stunde je Raum, wenn sichergestellt ist, dass dieser Luftvolumenstrom im Bereich der Brandstelle auf einer Grundfläche von höchstens 1 600 Quadratmeter von den nach Satz 1 anzuordnenden Absaugstellen oder Rauchabzugsgeräten gleichmäßig gefördert werden kann.

[3]Die Zuluftflächen müssen im unteren Raumdrittel in solcher Größe und so angeordnet werden, dass eine maximale Strömungsgeschwindigkeit von 3 Meter pro Sekunde nicht überschritten wird. [4]Anstelle der Rauchabzugsanlagen für sonstige Ladenstraßen nach Absatz 2 Nummer 4 Halbsatz 2 können maschinelle Rauchabzugsanlagen verwendet werden, wenn sie bezüglich des Schutzziels nach Absatz 1 ausreichend bemessen sind.

(4) Die Anforderung des Absatzes 1 ist auch erfüllt bei Räumen nach Absatz 2 Nummer 1 bis 3 in Verkaufsstätten mit Sprinkleranlagen, wenn in diesen Räumen vorhandene Lüftungsanlagen automatisch bei Auslösen der Brandmeldeanlage oder, soweit § 20 Absatz 2 Nummer 2 Halbsatz 2 Anwendung findet, der Sprinkleranlage so betrieben werden, dass sie nur entlüften und die ermittelten Luftvolumenströme nach Absatz 3 Satz 1 und Satz 2 Nummer 1 einschließlich Zuluft erreicht werden, soweit es die Zweckbestimmung der Absperrvorrichtungen gegen Brandübertragung zulässt; in Leitungen zum Zweck der Entlüftung dürfen Absperrvorrichtungen nur thermische Auslöser haben.

(5) Die Anforderung des Absatzes 1 ist erfüllt bei

1. notwendigen Treppenräumen mit Fenstern gemäß § 35 Absatz 8 Satz 2 Nummer 1 der Brandenburgischen Bauordnung, wenn diese Treppenräume an der obersten Stelle eine Öffnung zur Rauchableitung mit einem freien Querschnitt von mindestens 1 Quadratmeter haben, und
2. notwendigen Treppenräumen gemäß § 35 Absatz 8 Satz 2 Nummer 2 der Brandenburgischen Bauordnung, wenn diese Treppenräume Rauchabzugsgeräte mit insgesamt mindestens 1 Quadratmeter aerodynamisch wirksamer Fläche haben, die im oder unmittelbar unter dem oberen Treppenraumabschluss angeordnet werden.

(6) Anstelle von Öffnungen zur Rauchableitung nach Absatz 2 Nummer 2 und Absatz 5 Nummer 1 sowie Rauchabzugsgeräten nach Absatz 5 Nummer 2 ist die Rauchableitung über Schächte mit strömungstechnisch äquivalenten Querschnitten zulässig, wenn die Wände der Schächte raumabschließend und so feuerwiderstandsfähig wie die durchdrungenen Bauteile, mindestens jedoch feuerhemmend sowie aus nichtbrennbaren Baustoffen sind.

(7) [1]Türen oder Fenster nach Absatz 2 Nummer 2, mit Abschlüssen versehene Öffnungen zur Rauchableitung nach Absatz 2 Nummer 2 und Absatz 5 Nummer 1 und Rauchabzugsgeräte nach Absatz 5 Nummer 2 müssen Vorrichtungen zum Öffnen haben, die von jederzeit zugänglichen Stellen aus leicht von Hand bedient werden können; sie können auch an einer jederzeit zugänglichen Stelle zusammengeführt werden. [2]In notwendigen Treppenräumen müssen die Vorrichtungen von jedem Geschoss aus bedient werden können. [3]Geschlossene Öffnungen, die als Zuluftflächen dienen, müssen leicht geöffnet werden können.

(8) Rauchabzugsanlagen müssen automatisch auslösen und von Hand von einer jederzeit zugänglichen Stelle ausgelöst werden können.

(9) [1]Manuelle Bedienungs- und Auslösestellen nach Absatz 7 und 8 sind mit einem Hinweisschild mit der Bezeichnung „RAUCHABZUG" und der Angabe des jeweiligen Raums zu versehen. [2]An den Stellen müssen die Betriebsstellung der jeweiligen Anlage sowie der Fenster, Türen, Abschlüsse und Rauchabzugsgeräte erkennbar sein.

(10) [1]Maschinelle Rauchabzugsanlagen sind für eine Betriebszeit von 30 Minuten bei einer Rauchgastemperatur von 600 Grad Celsius auszulegen. [2]Die Auslegung kann mit einer Rauchgastemperatur von 300 Grad Celsius erfolgen, wenn der Luftvolumenstrom des Raums mindestens 40 000 Kubikmeter pro Stunde beträgt. [3]Die Zuluftzuführung muss

durch automatische Ansteuerung und spätestens gleichzeitig mit Inbetriebnahme der der Anlage erfolgen. [4]Maschinelle Lüftungsanlagen können als maschinelle Rauchabzugsanlagen betrieben werden, wenn sie die an diese gestellten Anforderungen erfüllen.

§ 17 Beheizung

Feuerstätten dürfen in Verkaufsräumen, Ladenstraßen, Lagerräumen und Werkräumen zur Beheizung nicht aufgestellt werden.

§ 18 Sicherheitsbeleuchtung

(1) In Verkaufsstätten muss eine Sicherheitsbeleuchtung vorhanden sein, die so beschaffen ist, dass sich Besucherinnen und Besucher und Betriebsangehörige auch bei vollständigem Versagen der allgemeinen Beleuchtung bis zu öffentlichen Verkehrsflächen hin gut zurechtfinden können.

(2) Eine Sicherheitsbeleuchtung muss vorhanden sein

1. in notwendigen Treppenräumen, in Räumen zwischen notwendigen Treppenräumen und Ausgängen ins Freie und in notwendigen Fluren,
2. in Verkaufsräumen und allen übrigen Räumen für Besucherinnen und Besucher sowie Toilettenräumen mit mehr als 50 Quadratmeter Grundfläche,
3. in Räumen für Beschäftigte mit mehr als 20 Quadratmeter Grundfläche, ausgenommen Büroräume,
4. in elektrischen Betriebsräumen und Räumen für haustechnische Anlagen,
5. für Sicherheitszeichen von Ausgängen und Rettungswegen,
6. für Stufenbeleuchtungen.

§ 19 Blitzschutzanlagen

Gebäude mit Verkaufsstätten müssen Blitzschutzanlagen haben.

§ 20 Feuerlöscheinrichtungen, Brandmeldeanlagen und Alarmierungseinrichtungen, Brandfallsteuerung der Aufzüge

(1) [1]Verkaufsstätten müssen Sprinkleranlagen haben. [2]Dies gilt nicht für

1. erdgeschossige Verkaufsstätten nach § 6 Absatz 1 Nummer 3,
2. sonstige Verkaufsstätten nach § 6 Absatz 1 Nummer 4.

[3]Geschosse einer Verkaufsstätte nach Satz 2 Nummer 2 müssen Sprinkleranlagen haben, wenn sie mit ihrem Fußboden im Mittel mehr als 3 Meter unter der Geländeoberfläche liegen und Verkaufsräume eine Fläche von mehr als 500 Quadratmeter haben.

(2) In Verkaufsstätten müssen vorhanden sein:

1. geeignete Feuerlöscher und Wandhydranten für die Feuerwehr (Typ F) in ausreichender Zahl, gut sichtbar und leicht zugänglich; im Einvernehmen mit der Brandschutzdienststelle kann auf Wandhydranten verzichtet oder können anstelle von Wandhydranten trockene Löschwasserleitungen zugelassen werden;
2. Brandmeldeanlagen mit automatischen und nichtautomatischen Brandmeldern; auf automatische Brandmelder kann verzichtet werden, wenn in diesen Räumen während der Betriebszeit ständig entsprechend eingewiesene Betriebsangehörige in ausreichender Anzahl anwesend sind; die Brandmeldungen müssen von der Brandmelderzentrale unmittelbar und automatisch zur zuständigen Regionalleitstelle weitergeleitet werden, automatische Brandmeldeanlagen müssen durch technische Maßnahmen gegen Falschalarme gesichert sein und
3. Alarmierungseinrichtungen, durch die alle Betriebsangehörigen alarmiert und Anweisungen an sie und an die Kundinnen und Kunden gegeben werden können.

(3) [1]In Verkaufsstätten müssen die Aufzüge mit einer Brandfallsteuerung ausgestattet sein, die durch die Brandmeldeanlage aus-

gelöst wird. [2]Die Brandfallsteuerung muss sicherstellen, dass die Aufzüge ein Geschoss mit Ausgängen ins Freie oder das diesem nächstgelegene, nicht von der Brandmeldung betroffene Geschoss unmittelbar anfahren und dort mit geöffneten Türen außer Betrieb gehen.

§ 21 Sicherheitsstromversorgungsanlagen

Verkaufsstätten müssen eine Sicherheitsstromversorgungsanlage haben, die bei Ausfall der allgemeinen Stromversorgung den Betrieb der sicherheitstechnischen Anlagen und Einrichtungen übernimmt, insbesondere der

1. Sicherheitsbeleuchtung,
2. Beleuchtung der Stufen und Hinweise auf Ausgänge,
3. Sprinkleranlagen,
4. Rauchabzugsanlagen,
5. Schließeinrichtungen für Feuerschutzabschlüsse (zum Beispiel Rolltore),
6. Brandmeldeanlagen,
7. Alarmierungseinrichtungen.

§ 22 Lage der Verkaufsräume

[1]Verkaufsräume, ausgenommen Gaststätten, dürfen mit ihrem Fußboden nicht mehr als 22 Meter über der Geländeoberfläche liegen. [2]Verkaufsräume dürfen mit ihrem Fußboden im Mittel nicht mehr als 5 Meter unter der Geländeoberfläche liegen.

§ 23 Räume für Abfälle

[1]Verkaufsstätten müssen für Abfälle besondere Räume haben, die mindestens den Abfall von zwei Tagen aufnehmen können. [2]Die Räume müssen feuerbeständige Wände und Decken sowie mindestens feuerhemmende und selbstschließende Türen haben.

§ 24 Gefahrenverhütung

(1) [1]Das Rauchen und das Verwenden von offenem Feuer ist in Verkaufsräumen und Ladenstraßen verboten. [2]Dies gilt nicht für Bereiche, in denen Getränke oder Speisen verabreicht oder Besprechungen abgehalten werden. [3]Auf das Verbot ist dauerhaft und leicht erkennbar hinzuweisen.

(2) [1]In notwendigen Treppenräumen, in Treppenraumerweiterungen und in notwendigen Fluren dürfen keine Dekorationen vorhanden sein. [2]In diesen Räumen sowie auf Ladenstraßen und Hauptgängen innerhalb der nach § 13 Absatz 1 und 4 erforderlichen Breiten dürfen keine Gegenstände abgestellt sein.

§ 25 Rettungswege auf dem Grundstück, Flächen für die Feuerwehr

(1) Kundinnen und Kunden und Betriebsangehörige müssen aus der Verkaufsstätte unmittelbar oder über Flächen auf dem Grundstück auf öffentliche Verkehrsflächen gelangen können.

(2) Die erforderlichen Zufahrten, Durchfahrten und Aufstell- und Bewegungsflächen für die Feuerwehr müssen vorhanden sein.

(3) [1]Die als Rettungswege dienenden Flächen auf dem Grundstück sowie die Flächen für die Feuerwehr nach Absatz 2 müssen ständig freigehalten werden. [2]Hierauf ist dauerhaft und leicht erkennbar hinzuweisen.

§ 26 Verantwortliche Personen

(1) Während der Betriebszeit einer Verkaufsstätte muss die Betreiberin oder der Betreiber oder eine von ihr oder ihm bestimmte Vertretung ständig anwesend sein.

(2) [1]Die Betreiberin oder der Betreiber einer Verkaufsstätte hat

1. eine Brandschutzbeauftragte oder einen Brandschutzbeauftragten und
2. für Verkaufsstätten, deren Verkaufsräume eine Fläche von insgesamt mehr als

15 000 Quadratmeter haben, Selbsthilfekräfte für den Brandschutz
zu bestellen. [2]Die Namen dieser Personen und jeder Wechsel sind der für den Brandschutz zuständigen Dienststelle auf Verlangen mitzuteilen. [3]Die Betreiberin oder der Betreiber hat für die Ausbildung dieser Personen im Einvernehmen mit der für den Brandschutz zuständigen Dienststelle zu sorgen.

(3) Die oder der Brandschutzbeauftragte hat für die Einhaltung des § 13 Absatz 5, der §§ 24, 25 Absatz 3, des § 26 Absatz 5 und des § 27 zu sorgen.

(4) Die erforderliche Anzahl der Selbsthilfekräfte für den Brandschutz ist von der Bauaufsichtsbehörde im Einvernehmen mit der für den Brandschutz zuständigen Dienststelle festzulegen.

(5) Selbsthilfekräfte für den Brandschutz müssen in erforderlicher Anzahl während der Betriebszeit der Verkaufsstätte anwesend sein.

§ 27
Brandschutzordnung, Räumungskonzept

(1) [1]Die Betreiberin oder der Betreiber einer Verkaufsstätte hat im Einvernehmen mit der Brandschutzdienststelle eine Brandschutzordnung aufzustellen. [2]Darin sind

1. die Aufgaben der oder des Brandschutzbeauftragten und der Selbsthilfekräfte für den Brandschutz sowie
2. die erforderlichen Maßnahmen, die im Gefahrenfall für eine schnelle und geordnete zur Räumung der gesamten Verkaufsstätte oder einzelner Bereiche unter besonderer Berücksichtigung von Menschen mit Behinderung erforderlich sind,

festzulegen. [3]Die Maßnahmen nach Satz 2 Nummer 2 sind bei Verkaufsstätten, deren Verkaufsräume eine Fläche von mehr als 5 000 Quadratmeter haben, gesondert in einem Räumungskonzept darzustellen.

(2) Die Betriebsangehörigen sind bei Beginn des Arbeitsverhältnisses und danach mindestens einmal jährlich zu belehren über

1. die Lage und die Bedienung der Feuerlöschgeräte, Brandmelde- und Feuerlöscheinrichtungen und
2. die Brandschutzordnung, insbesondere über das Verhalten bei einem Brand oder einer sonstigen Gefahrenlage in Verbindung mit dem Räumungskonzept.

(3) Im Einvernehmen mit der Brandschutzdienststelle sind Feuerwehrpläne anzufertigen und der örtlichen Feuerwehr zur Verfügung zu stellen.

§ 28
Barrierefreie Stellplätze

[1]Mindestens 3 Prozent der notwendigen Stellplätze, mindestens jedoch zwei Stellplätze, müssen barrierefrei sein. [2]Auf diese Stellplätze ist dauerhaft und leicht erkennbar hinzuweisen.

§ 29
Zusätzliche Bauvorlagen

Die Bauvorlagen müssen zusätzliche Angaben enthalten über

1. eine Berechnung der Flächen der Verkaufsräume und der Brandabschnitte,
2. eine Berechnung der erforderlichen Breiten der Ausgänge aus den Geschossen ins Freie oder in notwendige Treppenräume,
3. die Sprinkleranlagen, die sonstigen Feuerlöscheinrichtungen und die Feuerlöschgeräte,
4. die Brandmeldeanlagen,
5. die Alarmierungseinrichtungen,
6. die Sicherheitsbeleuchtung und die Sicherheitsstromversorgung,
7. die Rauchabzugsvorrichtungen und Rauchabzugsanlagen,
8. die Rettungswege auf dem Grundstück und die Flächen für die Feuerwehr.

§ 30
Weitergehende Anforderungen

An Lagerräume, deren lichte Höhe mehr als 9 Meter beträgt, können aus Gründen des Brandschutzes weitergehende Anforderungen gestellt werden.

§ 31
Ordnungswidrigkeiten

Ordnungswidrig im Sinne des § 85 Absatz 1 Satz 1 Nummer 1 der Brandenburgischen Bauordnung handelt, wer vorsätzlich oder fahrlässig

1. Rettungswege entgegen § 13 Absatz 5 einengt oder einengen lässt,
2. Türen im Zuge von Rettungswegen entgegen § 15 Absatz 3 während der Betriebszeit abschließt oder abschließen lässt,
3. in notwendigen Treppenräumen, in Treppenraumerweiterungen oder in notwendigen Fluren entgegen § 24 Absatz 2 Dekorationen anbringt oder anbringen lässt oder Gegenstände abstellt oder abstellen lässt,
4. auf Ladenstraßen oder Hauptgängen entgegen § 24 Absatz 2 Gegenstände abstellt oder abstellen lässt,
5. Rettungswege auf dem Grundstück oder Flächen für die Feuerwehr entgegen § 25 Absatz 3 nicht freihält oder freihalten lässt,
6. als Betreiberin oder Betreiber oder deren oder dessen Vertretung entgegen § 26 Absatz 1 während der Betriebszeit nicht ständig anwesend ist,
7. als Betreiberin oder Betreiber entgegen § 26 Absatz 2 die Brandschutzbeauftragte oder den Brandschutzbeauftragten und die Selbsthilfekräfte für den Brandschutz in der erforderlichen Anzahl nicht bestellt,
8. als Betreiberin oder Betreiber entgegen § 26 Absatz 5 nicht sicherstellt, dass Selbsthilfekräfte für den Brandschutz in der erforderlichen Anzahl während der Betriebszeit anwesend sind.

§ 32
Übergangsvorschriften

Auf die zum Zeitpunkt des Inkrafttretens der Verordnung bestehenden Verkaufsstätten ist der betrieblich-organisatorische Brandschutz innerhalb von zwei Jahren § 27 entsprechend anzupassen.

§ 33
(Inkrafttreten, Außerkrafttreten)

3.6 Verordnung
über den Bau und Betrieb von Versammlungsstätten im Land Brandenburg (Brandenburgische Versammlungsstättenverordnung – BbgVStättV)[1]
Vom 28. November 2017 (GVBl. II 2018 Nr. 1)

– in Kraft seit 5. Januar 2018 –

Auf Grund des § 86 Absatz 1 Nummer 1 und Nummer 4 bis 6, Absatz 3 Satz 1 Nummer 2, 4, 5, 7 und 8 sowie Absatz 3 Satz 2 in Verbindung mit § 85 Absatz 1 Satz 1 Nummer 1 der Brandenburgischen Bauordnung vom 19. Mai 2016 (GVBl. I Nr. 14) verordnet die Ministerin für Infrastruktur und Landesplanung:

INHALTSÜBERSICHT

1 Diese Verordnung dient der Umsetzung der Richtlinie (EU) 2015/1535 des Europäischen Parlaments und des Rates vom 9. September 2015 über ein Informationsverfahren auf dem Gebiet der technischen Vorschriften und der Vorschriften für die Dienste der Informationsgesellschaft (ABl. L 241 vom 17.09.2015, S. 1).

TEIL 1
Allgemeine Vorschriften

§ 1
Anwendungsbereich, Anzahl der Besucherinnen und Besucher

(1) Die Vorschriften dieser Verordnung gelten für den Bau und Betrieb von

1. Versammlungsstätten mit Versammlungsräumen, die einzeln mehr als 200 Besucherinnen und Besucher fassen. [2]Sie gelten auch für Versammlungsstätten mit mehreren Versammlungsräumen, die insgesamt mehr als 200 Besucherinnen und Besucher fassen, wenn diese Versammlungsräume gemeinsame Rettungswege haben,
2. Versammlungsstätten im Freien mit Szenenflächen und Tribünen, die keine fliegenden Bauten sind und insgesamt mehr als 1 000 Besucherinnen und Besucher fassen,

3. Sportstadien und Freisportanlagen mit Tribünen, die keine fliegenden Bauten sind, und die jeweils insgesamt mehr als 5 000 Besucherinnen und Besucher fassen.

(2) [1]Soweit sich aus den Bauvorlagen nichts anderes ergibt, ist die Anzahl der Besucherinnen und Besucher im Sinne dieser Verordnung wie folgt zu ermitteln:

1. für Sitzplätze an Tischen	ein Besucher je Quadratmeter Grundfläche des Versammlungsraumes,
2. für Sitzplätze in Reihen	zwei Besucher je Quadratmeter Grundfläche des Versammlungsraumes,
3. für Stehplätze auf Stufenreihen	zwei Besucher je laufender Meter Stufenreihe,
4. bei Ausstellungsräumen	ein Besucher je Quadratmeter Grundfläche des Versammlungsraumes,
5. für sonstige Stehplätze	mindestens zwei Besucher je Quadratmeter Grundfläche.

[2]Für Besucherinnen und Besucher nicht zugängliche Flächen werden in die Berechnung nicht einbezogen. [3]Für Versammlungsstätten im Freien, für Freisportanlagen und für Sportstadien gelten Satz 1 Nummer 1 bis 3 und Nummer 5 sowie Satz 2 entsprechend.

(3) Die Vorschriften dieser Verordnung gelten nicht für
1. Räume, die dem Gottesdienst gewidmet sind,
2. Unterrichtsräume in allgemein- und berufsbildenden Schulen,
3. Ausstellungsräume in Museen,
4. Fliegende Bauten.

(4) Werden bauliche Anlagen, die für eine andere Nutzung bauaufsichtlich genehmigt sind, im Einzelfall als Versammlungsstätte genutzt, sind die Bestimmungen dieser Verordnung entsprechend anzuwenden.

(5) [1]Soweit in dieser Verordnung nichts Abweichendes geregelt ist, sind auf tragende und aussteifende sowie auf raumabschließende Bauteile die Anforderungen der Brandenburgischen Bauordnung an diese Bauteile in Gebäuden der Gebäudeklasse 5 anzuwenden. [2]Die Erleichterungen des § 30 Absatz 3 Satz 2, § 31 Absatz 4 Nummer 1 und 2, § 36 Absatz 1 Satz 2 Nummer 2, § 39 Absatz 1 Nummer 4, § 40 Absatz 1 Nummer 1 und 3 sowie des § 41 Absatz 5 Nummer 1 und 3 der Brandenburgischen Bauordnung sind nicht anzuwenden.

§ 2
Begriffe

(1) Versammlungsstätten sind bauliche Anlagen oder Teile baulicher Anlagen, die für die gleichzeitige Anwesenheit vieler Menschen bei Veranstaltungen, insbesondere erzieherischer, wirtschaftlicher, geselliger, kultureller, künstlerischer, politischer, sportlicher oder unterhaltender Art, bestimmt sind sowie Schank- und Speisewirtschaften.

(2) Erdgeschossige Versammlungsstätten sind Gebäude mit nur einem Geschoss ohne Ränge oder Emporen, dessen Fußboden an keiner Stelle mehr als 1 Meter unter der Geländeoberfläche liegt; dabei bleiben Geschosse außer Betracht, die ausschließlich der Unterbringung technischer Anlagen und Einrichtungen dienen.

(3) [1]Versammlungsräume sind Räume für Veranstaltungen oder für den Verzehr von Speisen und Getränken. [2]Hierzu gehören auch Aulen und Foyers, Vortrags- und Hörsäle sowie Studios.

(4) Szenenflächen sind Flächen für künstlerische und andere Darbietungen; für Darbietungen bestimmte Flächen unter 20 Quadratmeter gelten nicht als Szenenflächen.

(5) In Versammlungsstätten mit einem Bühnenhaus ist
1. das Zuschauerhaus der Gebäudeteil, der die Versammlungsräume und die mit ihnen in baulichem Zusammenhang stehenden Räume umfasst,
2. das Bühnenhaus der Gebäudeteil, der die Bühnen und die mit ihnen in baulichem

Zusammenhang stehenden Räume umfasst,
3. die Bühnenöffnung die Öffnung in der Trennwand zwischen der Hauptbühne und dem Versammlungsraum,
4. die Bühne der hinter der Bühnenöffnung liegende Raum mit Szenenflächen; zur Bühne zählen die Hauptbühne sowie die Hinter- und Seitenbühnen einschließlich der jeweils zugehörigen Ober- und Unterbühnen,
5. eine Großbühne eine Bühne
   a) mit einer Szenenfläche hinter der Bühnenöffnung von mehr als 200 Quadratmeter,
   b) mit einer Oberbühne mit einer lichten Höhe von mehr als 2,5 Meter über der Bühnenöffnung oder
   c) mit einer Unterbühne,
6. die Unterbühne der begehbare Teil des Bühnenraumes unter dem Bühnenboden, der zur Unterbringung einer Untermaschinerie geeignet ist,
7. die Oberbühne der Teil des Bühnenraumes über der Bühnenöffnung, der zur Unterbringung einer Obermaschinerie geeignet ist.

(6) Mehrzweckhallen sind überdachte Versammlungsstätten für verschiedene Veranstaltungsarten.
(7) Studios sind Produktionsstätten für Film, Fernsehen und Hörfunk und mit Besucherplätzen.
(8) Foyers sind Empfangs- und Pausenräume für Besucherinnen und Besucher.
(9) [1]Ausstattungen sind Bestandteile von Bühnen- oder Szenenbildern. [2]Hierzu gehören insbesondere Wand-, Fußboden- und Deckenelemente, Bildwände, Treppen und sonstige Bühnenbildteile.
(10) [1]Requisiten sind bewegliche Einrichtungsgegenstände von Bühnen- oder Szenenbildern. [2]Hierzu gehören insbesondere Möbel, Leuchten, Bilder und Geschirr.
(11) [1]Ausschmückungen sind vorübergehend eingebrachte Dekorationsgegenstände. [2]Zu den Ausschmückungen gehören insbesondere Drapierungen, Girlanden, Fahnen und künstlicher Pflanzenschmuck.
(12) Sportstadien sind Versammlungsstätten mit Tribünen für Besucherinnen und Besucher und mit nicht überdachten Sportflächen.
(13) Tribünen sind bauliche Anlagen mit ansteigenden Steh- oder Sitzplatzreihen (Stufenreihen) für Besucherinnen und Besucher.
(14) Innenbereich ist die von Tribünen umgebene Fläche für Darbietungen.

TEIL 2
Allgemeine Bauvorschriften

Abschnitt 1
Bauteile und Baustoffe

§ 3
Bauteile

(1) [1]Tragende und aussteifende Bauteile, wie Wände, Pfeiler, Stützen und Decken, müssen feuerbeständig, in erdgeschossigen Versammlungsstätten feuerhemmend sein. [2]Satz 1 gilt nicht für erdgeschossige Versammlungsstätten mit automatischen Feuerlöschanlagen.
(2) Außenwände mehrgeschossiger Versammlungsstätten müssen aus nichtbrennbaren Baustoffen bestehen.
(3) [1]Trennwände sind erforderlich zum Abschluss von Versammlungsräumen und Bühnen. [2]Diese Trennwände müssen feuerbeständig, in erdgeschossigen Versammlungsstätten mindestens feuerhemmend sein. [3]In der Trennwand zwischen der Bühne und dem Versammlungsraum ist eine Bühnenöffnung zulässig.
(4) Werkstätten, Magazine und Lagerräume sowie Räume unter Tribünen und Podien müssen feuerbeständige Trennwände und Decken haben.
(5) [1]Der Fußboden von Szenenflächen muss fugendicht sein. [2]Betriebsbedingte Öffnungen sind zulässig. [3]Die Unterkonstruktion, mit Ausnahme der Lagerhölzer, muss aus nichtbrennbaren Baustoffen bestehen. [4]Räume unter dem Fußboden, die nicht zu einer Unterbühne gehören, müssen feuerbeständige Wände und Decken haben.
(6) Die Unterkonstruktion der Fußböden von Tribünen und Podien, die veränderbare Ein-

bauten in Versammlungsräumen sind, muss aus nichtbrennbaren Baustoffen bestehen; dies gilt nicht für Podien mit insgesamt nicht mehr als 20 Quadratmeter Fläche.

(7) Veränderbare Einbauten sind so auszubilden, dass sie in ihrer Standsicherheit nicht durch dynamische Schwingungen gefährdet werden können.

§ 4
Dächer

(1) [1]Tragwerke von Dächern, die den oberen Abschluss von Räumen der Versammlungsstätte bilden oder die von diesen Räumen nicht durch feuerbeständige Bauteile getrennt sind, müssen feuerhemmend sein. [2]Tragwerke von Dächern über Tribünen und Szenenflächen im Freien müssen mindestens feuerhemmend sein oder aus nichtbrennbaren Baustoffen bestehen. [3]Satz 1 gilt nicht für Versammlungsstätten mit automatischen Feuerlöschanlagen.

(2) [1]Bedachungen, ausgenommen Dachhaut und Dampfsperre, müssen bei Dächern, die den oberen Abschluss von Räumen der Versammlungsstätte bilden oder die von diesen Räumen nicht durch feuerbeständige Bauteile getrennt sind, aus nichtbrennbaren Baustoffen hergestellt werden. [2]Dies gilt nicht für Bedachungen über Versammlungsräumen mit nicht mehr als 1 000 Quadratmeter Grundfläche.

(3) [1]Lichtdurchlässige Bedachungen über Versammlungsräumen müssen aus nichtbrennbaren Baustoffen bestehen. [2]Bei Versammlungsräumen mit automatischen Feuerlöschanlagen genügen schwerentflammbare Baustoffe, die nicht brennend abtropfen können.

§ 5
Dämmstoffe, Unterdecken, Bekleidungen und Bodenbeläge

(1) Dämmstoffe müssen aus nichtbrennbaren Baustoffen bestehen.

(2) [1]Bekleidungen an Wänden in Versammlungsräumen müssen aus mindestens schwerentflammbaren Baustoffen bestehen. [2]In Versammlungsräumen mit nicht mehr als 1 000 Quadratmeter Grundfläche genügen geschlossene nicht hinterlüftete Holzbekleidungen.

(3) [1]Unterdecken und Bekleidungen an Decken in Versammlungsräumen müssen aus nichtbrennbaren Baustoffen bestehen. [2]In Versammlungsräumen mit nicht mehr als 1 000 Quadratmeter Grundfläche genügen Bekleidungen aus mindestens schwerentflammbaren Baustoffen oder geschlossene nicht hinterlüftete Holzbekleidungen.

(4) In Foyers, durch die Rettungswege aus anderen Versammlungsräumen führen, in notwendigen Treppenräumen, Räumen zwischen notwendigen Treppenräumen und Ausgängen ins Freie sowie notwendigen Fluren müssen Unterdecken und Bekleidungen aus nichtbrennbaren Baustoffen bestehen.

(5) Unterdecken und Bekleidungen, die mindestens schwerentflammbar sein müssen, dürfen nicht brennend abtropfen.

(6) [1]Unterkonstruktionen, Halterungen und Befestigungen von Unterdecken und Bekleidungen nach den Absätzen 2 bis 4 müssen aus nichtbrennbaren Baustoffen bestehen; dies gilt nicht für Versammlungsräume mit nicht mehr als 100 Quadratmeter Grundfläche. [2]In den Hohlräumen hinter Unterdecken und Bekleidungen aus brennbaren Baustoffen dürfen Kabel und Leitungen nur in Installationsschächten oder Installationskanälen aus nichtbrennbaren Baustoffen verlegt werden.

(7) [1]In notwendigen Treppenräumen, Räumen zwischen notwendigen Treppenräumen und Ausgängen ins Freie müssen Bodenbeläge nichtbrennbar sein. [2]In notwendigen Fluren sowie in Foyers, durch die Rettungswege aus anderen Versammlungsräumen führen, müssen Bodenbeläge mindestens schwerentflammbar sein.

ABSCHNITT 2
Rettungswege

§ 6
Führung der Rettungswege

(1) [1]Rettungswege müssen ins Freie zu öffentlichen Verkehrsflächen führen. [2]Zu den Rettungswegen von Versammlungsstätten gehören insbesondere die frei zu haltenden Gänge und Stufengänge, die Ausgänge aus Versammlungsräumen, die notwendigen Flure und notwendigen Treppen, die Ausgänge ins Freie, die als Rettungsweg dienenden Balkone, Dachterrassen und Außentreppen sowie die Rettungswege im Freien auf dem Grundstück.

(2) [1]Versammlungsstätten müssen in jedem Geschoss mit Aufenthaltsräumen mindestens zwei voneinander unabhängige bauliche Rettungswege haben; dies gilt für Tribünen entsprechend. [2]Die Führung beider Rettungswege innerhalb eines Geschosses durch einen gemeinsamen notwendigen Flur ist zulässig. [3]Rettungswege dürfen über Balkone, Dachterrassen und Außentreppen auf das Grundstück führen, wenn sie im Brandfall sicher begehbar sind.

(3) [1]Rettungswege dürfen über Gänge und Treppen durch Foyers oder Hallen zu Ausgängen ins Freie geführt werden, soweit mindestens ein weiterer von dem Foyer oder der Halle unabhängiger baulicher Rettungsweg vorhanden ist. [2]Foyers oder Hallen dürfen nicht als Raum zwischen notwendigen Treppenräumen und Ausgängen ins Freie im Sinne des § 35 Absatz 3 Satz 2 der Brandenburgischen Bauordnung dienen.

(4) Versammlungsstätten müssen für Geschosse mit jeweils mehr als 800 Besucherplätzen nur diesen Geschossen zugeordnete Rettungswege haben.

(5) [1]Versammlungsräume und sonstige Aufenthaltsräume, die für mehr als 100 Besucherinnen und Besucher bestimmt sind oder mehr als 100 Quadratmeter Grundfläche haben, müssen jeweils mindestens zwei möglichst weit auseinander und entgegengesetzt liegende Ausgänge ins Freie oder zu Rettungswegen haben. [2]Die nach § 7 Absatz 4 Satz 1 ermittelte Breite ist möglichst gleichmäßig auf die Ausgänge zu verteilen; die Mindestbreiten nach § 7 Absatz 4 Satz 3 und 4 bleiben unberührt.

(6) Ausgänge und sonstige Rettungswege müssen durch Sicherheitszeichen dauerhaft und gut sichtbar gekennzeichnet sein.

§ 7
Bemessung der Rettungswege

(1) [1]Die Entfernung von jedem Besucherplatz bis zum nächsten Ausgang aus dem Versammlungsraum darf nicht länger als 30 Meter sein. [2]Bei mehr als 5 Meter lichter Höhe ist je 2,5 Meter zusätzlicher lichter Höhe über der für Besucherinnen und Besucher zugänglichen Ebene für diesen Bereich eine Verlängerung der Entfernung um 5 Meter zulässig. [3]Die Entfernung von 60 Meter bis zum nächsten Ausgang darf nicht überschritten werden. [4]Die Sätze 1 bis 3 gelten für Tribünen außerhalb von Versammlungsräumen sinngemäß.

(2) [1]Die Entfernung von jeder Stelle einer Bühne bis zum nächsten Ausgang darf nicht länger als 30 Meter sein. [2]Gänge zwischen den Wänden der Bühne und dem Rundhorizont oder den Dekorationen müssen eine lichte Breite von 1,20 Meter haben; in Großbühnen müssen diese Gänge vorhanden sein.

(3) Die Entfernung von jeder Stelle eines notwendigen Flures oder eines Foyers bis zum Ausgang ins Freie oder zu einem notwendigen Treppenraum darf nicht länger als 30 Meter sein.

(4) [1]Die Breite der Rettungswege ist nach der größtmöglichen Personenzahl zu bemessen. [2]Dabei muss die lichte Breite eines jeden Teils von Rettungswegen für die darauf angewiesenen Personen mindestens betragen bei

1. Versammlungsstätten im Freien sowie Sportstadien
   1,20 Meter je 600 Personen,
2. anderen Versammlungsstätten
   1,20 Meter je 200 Personen;

Zwischenwerte sind zulässig. [3]Die lichte Mindestbreite eines jeden Teils von Rettungswegen muss 1,20 Meter betragen. [4]Bei Rettungswegen von Versammlungsräumen mit nicht mehr als 200 Besucherplätzen und bei

Rettungswegen im Bühnenhaus genügt eine lichte Breite von 0,90 Meter. [5]Für Rettungswege von Arbeitsgalerien genügt eine Breite von 0,80 Meter.

(5) [1]Ausstellungshallen müssen durch Gänge so unterteilt sein, dass die Tiefe der zur Aufstellung von Ausstellungsständen bestimmten Grundflächen (Ausstellungsflächen) nicht mehr als 30 Meter beträgt. [2]Die Entfernung von jeder Stelle auf einer Ausstellungsfläche bis zu einem Gang darf nicht mehr als 20 Meter betragen; sie wird auf die nach Absatz 1 bemessene Entfernung nicht angerechnet. [3]Die Gänge müssen auf möglichst geradem Weg zu entgegengesetzt liegenden Ausgängen führen. [4]Die lichte Breite der Gänge und der zugehörigen Ausgänge muss mindestens 3 Meter betragen.

(6) Die Entfernungen werden in der Lauflinie gemessen.

§ 8
Treppen

(1) Die Führung der jeweils anderen Geschossen zugeordneten notwendigen Treppen in einem gemeinsamen notwendigen Treppenraum (Schachteltreppen) ist zulässig.

(2) [1]Notwendige Treppen müssen feuerbeständig sein. [2]Für notwendige Treppen in notwendigen Treppenräumen oder als Außentreppen genügen nichtbrennbare Baustoffe. [3]Für notwendige Treppen von Tribünen und Podien als veränderbare Einbauten genügen Bauteile aus nichtbrennbaren Baustoffen und Stufen aus Holz. [4]Die Sätze 1 bis 3 gelten nicht für notwendige Treppen von Ausstellungsständen.

(3) Die lichte Breite notwendiger Treppen darf nicht mehr als 2,40 Meter betragen.

(4) [1]Notwendige Treppen und dem allgemeinen Besucherverkehr dienende Treppen müssen auf beiden Seiten feste und griffsichere Handläufe ohne freie Enden haben. [2]Die Handläufe sind über Treppenabsätze fortzuführen.

(5) Notwendige Treppen und dem allgemeinen Besucherverkehr dienende Treppen müssen geschlossene Trittstufen haben; dies gilt nicht für Außentreppen.

(6) Wendeltreppen sind als notwendige Treppen für Besucherinnen und Besucher unzulässig.

§ 9
Türen und Tore

(1) Türen und Tore in raumabschließenden Innenwänden, die feuerbeständig sein müssen, sowie in inneren Brandwänden, müssen mindestens feuerhemmend, rauchdicht und selbstschließend sein.

(2) Türen und Tore in raumabschließenden Innenwänden, die feuerhemmend sein müssen, müssen mindestens rauchdicht und selbstschließend sein.

(3) [1]Türen in Rettungswegen müssen in Fluchtrichtung aufschlagen und dürfen keine Schwellen haben. [2]Während des Aufenthaltes von Personen in der Versammlungsstätte müssen die Türen der jeweiligen Rettungswege jederzeit von innen leicht und in voller Breite geöffnet werden können.

(4) [1]Schiebetüren sind im Zuge von Rettungswegen unzulässig, dies gilt nicht für automatische Schiebetüren, die die Rettungswege nicht beeinträchtigen. [2]Pendeltüren müssen in Rettungswegen Vorrichtungen haben, die ein Durchpendeln der Türen verhindern.

(5) Türen, die selbstschließend sein müssen, dürfen offengehalten werden, wenn sie Einrichtungen haben, die bei Raucheinwirkung ein selbsttätiges Schließen der Türen bewirken; sie müssen auch von Hand geschlossen werden können.

(6) Mechanische Vorrichtungen zur Vereinzelung oder Zählung von Besucherinnen und Besuchern, wie Drehtüren oder -kreuze, sind in Rettungswegen unzulässig; dies gilt nicht für mechanische Vorrichtungen, die im Gefahrenfall von innen leicht und in voller Breite geöffnet werden können.

ABSCHNITT 3 Besucherplätze und Einrichtungen für Besucherinnen und Besucher

§ 10 Bestuhlung, Gänge und Stufengänge

(1) [1]In Reihen angeordnete Sitzplätze müssen unverrückbar befestigt sein; werden nur vorübergehend Stühle aufgestellt, so sind sie in den einzelnen Reihen fest miteinander zu verbinden. [2]Satz 1 gilt nicht für Gaststätten und Kantinen sowie für abgegrenzte Bereiche von Versammlungsräumen mit nicht mehr als 20 Sitzplätzen und ohne Stufen, wie Logen.

(2) Die Sitzplatzbereiche der Tribünen von Versammlungsstätten mit mehr als 5 000 Besucherplätzen müssen unverrückbar befestigte Einzelsitze haben.

(3) [1]Sitzplätze müssen mindestens 0,50 Meter breit sein. [2]Zwischen den Sitzplatzreihen muss eine lichte Durchgangsbreite von mindestens 0,40 Meter vorhanden sein.

(4) [1]Sitzplätze müssen in Blöcken von höchstens 30 Sitzplatzreihen angeordnet sein. [2]Hinter und zwischen den Blöcken müssen Gänge mit einer Mindestbreite von 1,20 Meter vorhanden sein. [3]Die Gänge müssen auf möglichst kurzem Weg zum Ausgang führen.

(5) [1]Seitlich eines Ganges dürfen höchstens zehn Sitzplätze, bei Versammlungsstätten im Freien und Sportstadien höchstens 20 Sitzplätze angeordnet sein. [2]Zwischen zwei Seitengängen dürfen 20 Sitzplätze, bei Versammlungsstätten im Freien und Sportstadien höchstens 40 Sitzplätze angeordnet sein. [3]In Versammlungsräumen dürfen zwischen zwei Seitengängen höchstens 50 Sitzplätze angeordnet sein, wenn auf jeder Seite des Versammlungsraumes für jeweils vier Sitzreihen eine Tür mit einer lichten Breite von 1,20 Meter angeordnet ist.

(6) [1]Von jedem Tischplatz darf der Weg zu einem Gang nicht länger als 10 Meter sein. [2]Der Abstand von Tisch zu Tisch soll 1,50 Meter nicht unterschreiten.

(7) [1]In Versammlungsräumen mit Reihenbestuhlung müssen

1. von bis zu 5 000 vorhandenen Besucherplätzen mindestens 1 Prozent und
2. von darüber hinaus vorhandenen Besucherplätzen mindestens 0,5 Prozent,

mindestens jedoch zwei Plätze als Flächen für Rollstuhlbenutzerinnen und Rollstuhlbenutzer freigehalten werden. [2]Die Plätze und die Wege zu ihnen sind durch Hinweisschilder gut sichtbar zu kennzeichnen. [3]Für Versammlungsstätten im Freien, Freisportanlagen und Sportstadien gelten die Sätze 1 und 2 entsprechend.

(8) [1]Stufen in Gängen (Stufengänge) müssen eine Steigung von mindestens 0,10 Meter und höchstens 0,19 Meter und einen Auftritt von mindestens 0,26 Meter haben. [2]Der Fußboden des Durchganges zwischen Sitzplatzreihen und der Fußboden von Stehplatzreihen muss mit dem anschließenden Auftritt des Stufenganges auf einer Höhe liegen. [3]Stufengänge in Mehrzweckhallen mit mehr als 5 000 Besucherplätzen und in Sportstadien müssen sich durch farbliche Kennzeichnung von den umgebenden Flächen deutlich abheben.

§ 11 Abschrankungen und Schutzvorrichtungen

(1) [1]Flächen, die im Allgemeinen zum Begehen bestimmt sind und unmittelbar an tiefer liegende Flächen angrenzen, sind mit Abschrankungen zu umwehren, soweit sie nicht durch Stufengänge oder Rampen mit der tiefer liegenden Fläche verbunden sind. [2]Satz 1 ist nicht anzuwenden:

1. für die den Besucherinnen und Besuchern zugewandten Seiten von Bühnen und Szenenflächen,
2. vor Stufenreihen, wenn die Stufenreihe nicht mehr als 0,50 Meter über dem Fußboden der davor liegenden Stufenreihe oder des Versammlungsraumes liegt oder
3. vor Stufenreihen, wenn die Rückenlehnen der Sitzplätze der davor liegenden Stufenreihe den Fußboden der hinteren Stufenreihe um mindestens 0,65 Meter überragen.

(2) [1]Abschrankungen, wie Umwehrungen, Geländer, Wellenbrecher, Zäune, Absperrgitter oder Glaswände, müssen mindestens 1,10 Meter hoch sein. [2]Umwehrungen und Geländer von Flächen, auf denen mit der Anwesenheit von Kleinkindern zu rechnen ist, sind so zu gestalten, dass ein Überklettern erschwert wird; der Abstand von Umwehrungs- und Geländerteilen darf in einer Richtung nicht mehr als 0,12 Meter betragen.

(3) [1]Vor Sitzplatzreihen genügen Umwehrungen von 0,90 Meter Höhe; bei mindestens 0,20 Meter Brüstungsbreite der Umwehrung genügen 0,80 Meter; bei mindestens 0,50 Meter Brüstungsbreite genügen 0,70 Meter. [2]Liegt die Stufenreihe nicht mehr als 1 Meter über dem Fußboden der davor liegenden Stufenreihe oder des Versammlungsraumes, genügen vor Sitzplatzreihen 0,65 Meter.

(4) Abschrankungen in den für Besucherinnen und Besucher zugänglichen Bereichen müssen so bemessen sein, dass sie dem Druck einer Personengruppe standhalten.

(5) Die Fußböden und Stufen von Tribünen, Podien, Bühnen oder Szenenflächen dürfen keine Öffnungen haben, durch die Personen abstürzen können.

(6) [1]Spielfelder, Manegen, Fahrbahnen für den Rennsport und Reitbahnen müssen durch Abschrankungen, Netze oder andere Vorrichtungen so gesichert sein, dass Besucherinnen und Besucher durch die Darbietung oder den Betrieb des Spielfeldes, der Manege oder der Bahn nicht gefährdet werden. [2]Für Darbietungen und für den Betrieb technischer Einrichtungen im Luftraum über den Besucherplätzen gilt Satz 1 entsprechend.

(7) Werden Besucherplätze im Innenbereich von Fahrbahnen angeordnet, so muss der Innenbereich ohne Betreten der Fahrbahnen erreicht werden können.

§ 12
Toilettenräume

(1) [1]Versammlungsstätten müssen getrennte Toilettenräume für Damen und Herren haben. [2]Toiletten sollen in jedem Geschoss mit Besucherplätzen angeordnet werden. [3]Es sollen mindestens vorhanden sein für:

Besucherplätze	Damen	Herren	
	Toiletten	Toiletten	Urinalbecken
bis 100	3	1	2
über 100 je weitere 100	1,2	0,4	0,8
über 1 000 je weitere 100	0,9	0,3	0,6
über 20 000 je weitere 100	0,6	0,2	0,4.

[4]Die ermittelten Zahlen sind auf ganze Zahlen aufzurunden. [5]Soweit die Aufteilung der Toilettenräume nach Satz 2 nach der Art der Veranstaltung nicht zweckmäßig ist, kann für die Dauer der Veranstaltung eine andere Aufteilung erfolgen, wenn die Toilettenräume entsprechend gekennzeichnet werden. [6]Auf dem Gelände der Versammlungsstätte oder in der Nähe vorhandene Toiletten können angerechnet werden, wenn sie für die Besucherinnen und Besucher der Versammlungsstätte zugänglich sind.

(2) [1]Mindestens eine je zwölf der nach Absatz 1 erforderlichen Toiletten muss barrierefrei sein. [2]Absatz 1 Satz 2 gilt entsprechend.

(3) Jeder Toilettenraum muss einen Vorraum mit Waschbecken haben.

§ 13
Barrierefreie Stellplätze

[1]Die Zahl der notwendigen barrierefreien Stellplätze muss mindestens der Hälfte der Zahl der nach § 10 Absatz 7 erforderlichen Besucherplätze entsprechen. [2]Auf diese Stellplätze ist dauerhaft und leicht erkennbar hinzuweisen.

ABSCHNITT 4
Technische Anlagen und Einrichtungen, besondere Räume

§ 14
Sicherheitsstromversorgungsanlagen, elektrische Anlagen und Blitzschutzanlagen

(1) Versammlungsstätten müssen eine Sicherheitsstromversorgungsanlage haben, die bei

Ausfall der Stromversorgung den Betrieb der sicherheitstechnischen Anlagen und Einrichtungen übernimmt, insbesondere der

1. Sicherheitsbeleuchtung,
2. automatischen Feuerlöschanlagen und Druckerhöhungsanlagen für die Löschwasserversorgung,
3. Rauchabzugsanlagen,
4. Brandmeldeanlagen,
5. Alarmierungsanlagen.

(2) In Versammlungsstätten für verschiedene Veranstaltungsarten, wie Mehrzweckhallen, Theater und Studios, sind für die vorübergehende Verlegung beweglicher Kabel und Leitungen bauliche Vorkehrungen, wie Installationsschächte und -kanäle oder Abschottungen, zu treffen, die die Ausbreitung von Feuer und Rauch verhindern und die sichere Begehbarkeit, insbesondere der Rettungswege, gewährleisten.

(3) Elektrische Schaltanlagen dürfen für Besucherinnen und Besucher nicht zugänglich sein.

(4) Versammlungsstätten müssen Blitzschutzanlagen haben, die auch die sicherheitstechnischen Einrichtungen schützen (äußerer und innerer Blitzschutz).

§ 15 Sicherheitsbeleuchtung

(1) In Versammlungsstätten muss eine Sicherheitsbeleuchtung vorhanden sein, die so beschaffen ist, dass Arbeitsvorgänge auf Bühnen und Szenenflächen sicher abgeschlossen werden können und sich Besucherinnen und Besucher, Mitwirkende und Betriebsangehörige auch bei vollständigem Versagen der allgemeinen Beleuchtung bis zu öffentlichen Verkehrsflächen hin gut zurechtfinden können.

(2) Eine Sicherheitsbeleuchtung muss vorhanden sein

1. in notwendigen Treppenräumen, in Räumen zwischen notwendigen Treppenräumen und Ausgängen ins Freie und in notwendigen Fluren,
2. in Versammlungsräumen sowie in allen übrigen Räumen für Besucherinnen und Besucher (zum Beispiel Foyers, Garderoben, Toiletten),
3. für Bühnen und Szenenflächen,
4. in den Räumen für Mitwirkende und Beschäftigte mit mehr als 20 Quadratmeter Grundfläche, ausgenommen Büroräume,
5. in elektrischen Betriebsräumen, in Räumen für haustechnische Anlagen sowie in Scheinwerfer- und Bildwerferräumen,
6. in Versammlungsstätten im Freien und Sportstadien, die während der Dunkelheit benutzt werden,
7. für Sicherheitszeichen von Ausgängen und Rettungswegen,
8. für Stufenbeleuchtungen.

(3) [1]In betriebsmäßig verdunkelten Versammlungsräumen, auf Bühnen und Szenenflächen muss eine Sicherheitsbeleuchtung in Bereitschaftsschaltung vorhanden sein. [2]Die Ausgänge, Gänge und Stufen im Versammlungsraum müssen auch bei Verdunklung unabhängig von der übrigen Sicherheitsbeleuchtung erkennbar sein. [3]Bei Gängen in Versammlungsräumen mit auswechselbarer Bestuhlung sowie bei Sportstadien mit Sicherheitsbeleuchtung ist eine Stufenbeleuchtung nicht erforderlich.

§ 16 Rauchableitung

(1) Versammlungsräume und sonstige Aufenthaltsräume mit jeweils mehr als 50 Quadratmeter Grundfläche sowie Magazine, Lagerräume und Szenenflächen mit jeweils mehr als 200 Quadratmeter Grundfläche, Bühnen und notwendige Treppenräume müssen zur Unterstützung der Brandbekämpfung entraucht werden können.

(2) Die Anforderung des Absatzes 1 ist insbesondere erfüllt bei

1. Versammlungsräumen und sonstigen Aufenthaltsräumen bis 200 Quadratmeter Grundfläche, wenn diese Räume Fenster nach § 47 Absatz 2 der Brandenburgischen Bauordnung haben,
2. Versammlungsräumen, sonstigen Aufenthaltsräumen, Magazinen und Lagerräumen mit nicht mehr als 1 000 Quadratmeter Grundfläche, wenn diese

Räume entweder an der obersten Stelle Öffnungen zur Rauchableitung mit einem freien Querschnitt von insgesamt 1 Prozent der Grundfläche oder im oberen Drittel der Außenwände angeordnete Öffnungen, Türen oder Fenster mit einem freien Querschnitt von insgesamt 2 Prozent der Grundfläche haben und Zuluftflächen in insgesamt gleicher Größe, jedoch mit nicht mehr als 12 Quadratmeter freiem Querschnitt, vorhanden sind, die im unteren Raumdrittel angeordnet werden sollen,
3. Versammlungsräumen, sonstigen Aufenthaltsräumen, Magazinen und Lagerräumen mit mehr als 1 000 Quadratmeter Grundfläche, wenn diese Räume Rauchabzugsanlagen haben, bei denen je höchstens 400 Quadratmeter der Grundfläche mindestens ein Rauchabzugsgerät mit mindestens 1,5 Quadratmeter aerodynamisch wirksamer Fläche im oberen Raumdrittel angeordnet wird, je höchstens 1 600 Quadratmeter Grundfläche mindestens eine Auslösegruppe für die Rauchabzugsgeräte gebildet wird und Zuluftflächen im unteren Raumdrittel von insgesamt mindestens 12 Quadratmeter freiem Querschnitt vorhanden sind,
4. Bühnen gemäß § 2 Absatz 5 sowie Szenenflächen, wenn an der obersten Stelle des Bühnenraumes oder des Raumes oberhalb der Szenenfläche Öffnungen zur Rauchableitung mit einem freien Querschnitt von insgesamt mindestens 5 Prozent, bei den Szenenflächen von insgesamt mindestens 3 Prozent ihrer Grundfläche angeordnet werden. [2]Zuluftflächen müssen in insgesamt gleicher Größe im unteren Raumdrittel der Bühnen oder der Räume mit Szenenflächen vorhanden sein. [3]Bei Bühnenräumen mit Schutzvorhang müssen die Zuluftflächen so angeordnet sein, dass sie auch bei geschlossenem Schutzvorhang im Bühnenbereich wirksam sind.

(3) [1]Die Anforderung des Absatzes 1 ist insbesondere auch erfüllt, wenn in den Fällen des Absatzes 2 Nummer 1 bis 3 maschinelle Rauchabzugsanlagen vorhanden sind, bei denen je höchstens 400 Quadratmeter der Grundfläche der Räume mindestens ein Rauchabzugsgerät oder eine Absaugstelle mit einem Luftvolumenstrom von 10 000 Kubikmeter pro Stunde im oberen Raumdrittel angeordnet wird. [2]Bei Räumen mit mehr als 1 600 Quadratmeter Grundfläche genügt
1. zu dem Luftvolumenstrom von 40 000 Kubikmeter pro Stunde für die Grundfläche von 1 600 Quadratmeter ein zusätzlicher Luftvolumenstrom von 5 000 Kubikmeter pro Stunde je angefangene weitere 400 Quadratmeter Grundfläche; der sich ergebende Gesamtvolumenstrom je Raum ist gleichmäßig auf die nach Satz 1 anzuordnenden Absaugstellen oder Rauchabzugsgeräte zu verteilen, oder
2. ein Luftvolumenstrom von mindestens 40 000 Kubikmeter pro Stunde je Raum, wenn sichergestellt ist, dass dieser Luftvolumenstrom im Bereich der Brandstelle auf einer Grundfläche von höchstens 1 600 Quadratmeter von den nach Satz 1 anzuordnenden Absaugstellen oder Rauchabzugsgeräten gleichmäßig gefördert werden kann.

[3]Die Zuluftflächen müssen im unteren Raumdrittel in solcher Größe und so angeordnet werden, dass eine maximale Strömungsgeschwindigkeit von 3 Meter pro Sekunde nicht überschritten wird. [4]Anstelle der Öffnungen zur Rauchableitung nach Absatz 2 Nummer 4 können maschinelle Rauchabzugsanlagen verwendet werden, wenn sie bezüglich des Schutzziels nach Absatz 1 ausreichend bemessen sind.

(4) Die Anforderung des Absatzes 1 ist auch erfüllt bei Versammlungsräumen, sonstigen Aufenthaltsräumen, Magazinen und Lagerräumen nach Absatz 2 Nummer 1 bis 3 mit Sprinkleranlagen, wenn in diesen Räumen vorhandene Lüftungsanlagen automatisch bei Auslösen der Brandmeldeanlage, soweit diese nach § 20 Absatz 1 erforderlich ist, im Übrigen bei Auslösen der Sprinkleranlage so betrieben werden, dass sie nur entlüften und die ermittelten Luftvolumenströme nach Absatz 3 Satz 1 und Satz 2 Nummer 1 ein-

schließlich Zuluft erreicht werden, soweit es die Zweckbestimmung der Absperrvorrichtungen gegen Brandübertragung zulässt; in Leitungen zum Zweck der Entlüftung dürfen Absperrvorrichtungen nur thermische Auslöser haben.

(5) Die Anforderung des Absatzes 1 ist erfüllt bei

1. notwendigen Treppenräumen mit Fenstern gemäß § 35 Absatz 8 Satz 2 Nummer 1 der Brandenburgischen Bauordnung, wenn diese Treppenräume an der obersten Stelle eine Öffnung zur Rauchableitung mit einem freien Querschnitt von mindestens 1 Quadratmeter haben,
2. notwendigen Treppenräumen gemäß § 35 Absatz 8 Satz 2 Nummer 2 der Brandenburgischen Bauordnung, wenn diese Treppenräume Rauchabzugsgeräte mit insgesamt mindestens 1 Quadratmeter aerodynamisch wirksamer Fläche haben, die im oder unmittelbar unter dem oberen Treppenraumabschluss angeordnet werden.

(6) Anstelle von Öffnungen zur Rauchableitung nach Absatz 2 Nummer 2 und 4 und Absatz 5 Nummer 1 sowie Rauchabzugsgeräten nach Absatz 5 Nummer 2 ist die Rauchableitung über Schächte mit strömungstechnisch äquivalenten Querschnitten zulässig, wenn die Wände der Schächte raumabschließend und so feuerwiderstandsfähig wie die durchdrungenen Bauteile, mindestens jedoch feuerhemmend sowie aus nichtbrennbaren Baustoffen sind.

(7) [1]Türen oder Fenster nach Absatz 2 Nummer 2, mit Abschlüssen versehene Öffnungen zur Rauchableitung nach Absatz 2 Nummer 2 und 4 und Absatz 5 Nummer 1 und Rauchabzugsgeräte nach Absatz 5 Nummer 2 müssen Vorrichtungen zum Öffnen haben, die von jederzeit zugänglichen Stellen aus leicht von Hand bedient werden können; sie können auch an einer jederzeit zugänglichen Stelle zusammengeführt werden. [2]In notwendigen Treppenräumen müssen die Vorrichtungen von jedem Geschoss aus bedient werden können. [3]Geschlossene Öffnungen, die als Zuluftflächen dienen, müssen leicht geöffnet werden können.

(8) Rauchabzugsanlagen müssen automatisch auslösen und von Hand von einer jederzeit zugänglichen Stelle ausgelöst werden können.

(9) [1]Manuelle Bedienungs- und Auslösestellen nach den Absätzen 7 und 8 sind mit einem Hinweisschild mit der Bezeichnung „RAUCHABZUG" und der Angabe des jeweiligen Raumes zu versehen. [2]An den Stellen muss die Betriebsstellung der jeweiligen Anlage sowie der Fenster, Türen, Abschlüsse und Rauchabzugsgeräte erkennbar sein.

(10) [1]Maschinelle Rauchabzugsanlagen sind für eine Betriebszeit von 30 Minuten bei einer Rauchgastemperatur von 600 Grad Celsius auszulegen. [2]Die Auslegung kann mit einer Rauchgastemperatur von 300 Grad Celsius erfolgen, wenn der Luftvolumenstrom des Raumes mindestens 40 000 Kubikmeter pro Stunde beträgt. [3]Die Zuluftzuführung muss durch automatische Ansteuerung und spätestens gleichzeitig mit Inbetriebnahme der Anlage erfolgen. [4]Maschinelle Lüftungsanlagen können als maschinelle Rauchabzugsanlagen betrieben werden, wenn sie die an diese gestellten Anforderungen erfüllen.

(11) Die Abschlüsse der Öffnungen zur Rauchableitung von Bühnen mit Schutzvorhang müssen bei einem Überdruck von 350 Pascal selbsttätig öffnen; eine automatische Auslösung durch geeignete Temperaturmelder ist zulässig.

§ 17 Heizungsanlagen und Lüftungsanlagen

(1) [1]Heizungsanlagen in Versammlungsstätten müssen dauerhaft fest eingebaut sein. [2]Sie müssen so angeordnet sein, dass ausreichende Abstände zu Personen, brennbaren Bauprodukten und brennbarem Material eingehalten werden und keine Beeinträchtigungen durch Abgase entstehen.

(2) Versammlungsräume und sonstige Aufenthaltsräume mit mehr als 200 Quadratmeter Grundfläche müssen Lüftungsanlagen haben.

§ 18
Stände und Arbeitsgalerien für Licht-, Ton-, Bild- und Regieanlagen

(1) [1]Stände und Arbeitsgalerien für den Betrieb von Licht-, Ton-, Bild- und Regieanlagen, wie Schnürböden, Beleuchtungstürme oder Arbeitsbrücken, müssen aus nichtbrennbaren Baustoffen bestehen. [2]Der Abstand zwischen Arbeitsgalerien und Raumdecken muss mindestens 2 Meter betragen.
(2) [1]Von Arbeitsgalerien müssen mindestens zwei Rettungswege erreichbar sein. [2]Jede Arbeitsgalerie einer Hauptbühne muss auf beiden Seiten der Hauptbühne einen Ausgang zu Rettungswegen außerhalb des Bühnenraumes haben.
(3) Öffnungen in Arbeitsgalerien müssen so gesichert sein, dass Personen oder Gegenstände nicht herabfallen können.

§ 19
Feuerlöscheinrichtungen und -anlagen

(1) [1]Versammlungsräume, Bühnen, Foyers, Werkstätten, Magazine, Lagerräume und notwendige Flure sind mit geeigneten Feuerlöschern in ausreichender Zahl auszustatten. [2]Die Feuerlöscher sind gut sichtbar und leicht zugänglich anzubringen.
(2) In Versammlungsstätten mit Versammlungsräumen von insgesamt mehr als 1 000 Quadratmeter Grundfläche müssen Wandhydranten für die Feuerwehr (Typ F) in ausreichender Zahl gut sichtbar und leicht zugänglich an geeigneten Stellen angebracht sein; im Einvernehmen mit der Brandschutzdienststelle kann auf Wandhydranten verzichtet oder können anstelle von Wandhydranten trockene Löschwasserleitungen zugelassen werden.
(3) Versammlungsstätten mit Versammlungsräumen von insgesamt mehr als 3 600 Quadratmeter Grundfläche müssen eine automatische Feuerlöschanlage haben; dies gilt nicht für Versammlungsstätten, deren Versammlungsräume jeweils nicht mehr als 400 Quadratmeter Grundfläche haben.
(4) Versammlungsräume, bei denen eine Fußbodenebene höher als 22 Meter über der Geländeoberfläche liegt, sind nur in Gebäuden mit automatischer Feuerlöschanlage zulässig.
(5) [1]Versammlungsräume in Kellergeschossen müssen eine automatische Feuerlöschanlage haben. [2]Dies gilt nicht für Versammlungsräume mit nicht mehr als 200 Quadratmeter, deren Fußboden an keiner Stelle mehr als 5 Meter unter der Geländeoberfläche liegt.
(6) In Versammlungsräumen müssen offene Küchen oder ähnliche Einrichtungen mit einer Grundfläche von mehr als 30 Quadratmeter eine dafür geeignete automatische Feuerlöschanlage haben.
(7) Die Wirkung automatischer Feuerlöschanlagen darf durch überdeckte oder mehrgeschossige Ausstellungs- oder Dienstleistungsstände nicht beeinträchtigt werden.
(8) Automatische Feuerlöschanlagen müssen an eine Brandmelderzentrale angeschlossen sein.

§ 20
Brandmelde- und Alarmierungsanlagen, Brandmelder- und Alarmzentrale, Brandfallsteuerung der Aufzüge

(1) Versammlungsstätten mit Versammlungsräumen von insgesamt mehr als 1 000 Quadratmeter Grundfläche müssen Brandmeldeanlagen mit automatischen und nichtautomatischen Brandmeldern haben.
(2) Versammlungsstätten mit Versammlungsräumen von insgesamt mehr als 1 000 Quadratmeter Grundfläche müssen Alarmierungs- und Lautsprecheranlagen haben, mit denen im Gefahrenfall Besucherinnen und Besucher, Mitwirkende und Betriebsangehörige alarmiert und Anweisungen erteilt werden können.
(3) Versammlungsstätten mit Foyers oder Hallen, durch die Rettungswege aus anderen Versammlungsräumen führen, müssen Brandmeldeanlagen nach Absatz 1 und Alarmierungs- und Lautsprecheranlagen nach Absatz 2 haben.
(4) In Versammlungsstätten mit Versammlungsräumen von insgesamt mehr als 1 000 Quadratmeter Grundfläche müssen zusätzlich zu den örtlichen Bedienungsvorrichtungen zentrale Bedienungsvorrichtungen

für Rauchabzugs-, Feuerlösch-, Brandmelde-, Alarmierungs- und Lautsprecheranlagen in einem für die Feuerwehr leicht zugänglichen Raum (Brandmelder- und Alarmzentrale) zusammengefasst werden.

(5) [1]In Versammlungsstätten mit Versammlungsräumen von insgesamt mehr als 1 000 Quadratmeter Grundfläche müssen die Aufzüge mit einer Brandfallsteuerung ausgestattet sein, die durch die automatische Brandmeldeanlage ausgelöst wird. [2]Die Brandfallsteuerung muss sicherstellen, dass die Aufzüge ein Geschoss mit Ausgang ins Freie oder das diesem nächstgelegene, nicht von der Brandmeldung betroffene Geschoss unmittelbar anfahren und dort mit geöffneten Türen außer Betrieb gehen.

(6) [1]Automatische Brandmeldeanlagen müssen durch technische Maßnahmen gegen Falschalarme gesichert sein. [2]Brandmeldungen müssen von der Brandmelderzentrale unmittelbar und automatisch zur zuständigen Regionalleitstelle weitergeleitet werden.

§ 21
Werkstätten, Magazine und Lagerräume

(1) Für feuergefährliche Arbeiten, wie Schweiß-, Löt- oder Klebearbeiten, müssen dafür geeignete Werkstätten vorhanden sein.

(2) Für das Aufbewahren von Dekorationen, Requisiten und anderem brennbaren Material müssen eigene Lagerräume (Magazine) vorhanden sein.

(3) Für die Sammlung von Abfällen und Wertstoffen müssen dafür geeignete Behälter im Freien oder besondere Lagerräume vorhanden sein.

(4) Werkstätten, Magazine und Lagerräume dürfen mit notwendigen Treppenräumen nicht in unmittelbarer Verbindung stehen.

TEIL 3
Besondere Bauvorschriften

Abschnitt 1
Großbühnen

§ 22
Bühnenhaus

(1) In Versammlungsstätten mit Großbühnen sind alle für den Bühnenbetrieb notwendigen Räume und Einrichtungen in einem eigenen, von dem Zuschauerhaus getrennten Bühnenhaus unterzubringen.

(2) [1]Die Trennwand zwischen Bühnen- und Zuschauerhaus muss feuerbeständig und in der Bauart einer Brandwand hergestellt sein. [2]Türen in dieser Trennwand müssen feuerbeständig und selbstschließend sein.

§ 23
Schutzvorhang

(1) [1]Die Bühnenöffnung von Großbühnen muss gegen den Versammlungsraum durch einen Vorhang aus nichtbrennbarem Material dicht geschlossen werden können (Schutzvorhang). [2]Der Schutzvorhang muss durch sein Eigengewicht schließen können. [3]Die Schließzeit darf 30 Sekunden nicht überschreiten. [4]Der Schutzvorhang muss einem Druck von 450 Pascal nach beiden Richtungen standhalten. [5]Eine höchstens 1 Meter breite, zur Hauptbühne sich öffnende, selbsttätig schließende Tür im Schutzvorhang ist zulässig.

(2) [1]Der Schutzvorhang muss so angeordnet sein, dass er im geschlossenen Zustand an allen Seiten an feuerbeständige Bauteile anschließt. [2]Der Bühnenboden darf unter dem Schutzvorhang durchgeführt werden. [3]Das untere Profil dieses Schutzvorhangs muss ausreichend steif sein oder mit Stahldornen in entsprechende stahlbewehrte Aussparungen im Bühnenboden eingreifen.

(3) [1]Die Vorrichtung zum Schließen des Schutzvorhangs muss mindestens an zwei Stellen von Hand ausgelöst werden können. [2]Beim Schließen muss auf der Bühne ein Warnsignal zu hören sein.

§ 24
Feuerlösch- und Brandmeldeanlagen

(1) Großbühnen müssen eine automatische Sprühwasserlöschanlage haben, die auch den Schutzvorhang beaufschlagt.

(2) Die Sprühwasserlöschanlage muss zusätzlich mindestens von zwei Stellen aus von Hand in Betrieb gesetzt werden können.

(3) In Großbühnen müssen neben den Ausgängen zu den Rettungswegen in Höhe der Arbeitsgalerien und des Schnürbodens Wandhydranten vorhanden sein.

(4) Großbühnen und Räume mit besonderen Brandgefahren müssen eine Brandmeldeanlage mit automatischen und nichtautomatischen Brandmeldern haben.

(5) Die Auslösung eines Alarmes muss optisch und akustisch am Platz der Brandsicherheitswache erkennbar sein.

§ 25
Platz für die Brandsicherheitswache

(1) [1]Auf jeder Seite der Bühnenöffnung muss für die Brandsicherheitswache ein besonderer Platz mit einer Grundfläche von mindestens 1 Meter mal 1 Meter und einer Höhe von mindestens 2,20 Meter vorhanden sein. [2]Die Brandsicherheitswache muss die Fläche, die bespielt wird, überblicken und betreten können.

(2) [1]Am Platz der Brandsicherheitswache müssen die Vorrichtung zum Schließen des Schutzvorhangs und die Auslösevorrichtungen der Rauchabzugs- und Sprühwasserlöschanlagen der Bühne sowie ein nichtautomatischer Brandmelder leicht erreichbar angebracht und durch Hinweisschilder gekennzeichnet sein. [2]Die Auslösevorrichtungen müssen beleuchtet sein. [3]Diese Beleuchtung muss an die Sicherheitsstromversorgung angeschlossen sein. [4]Die Vorrichtungen sind gegen unbeabsichtigtes Auslösen zu sichern.

ABSCHNITT 2
Versammlungsstätten mit mehr als 5 000 Besucherplätzen

§ 26
Räume für Lautsprecherzentrale, Polizei, Feuerwehr, Sanitäts- und Rettungsdienst

(1) [1]Mehrzweckhallen und Sportstadien müssen einen Raum für eine Lautsprecherzentrale haben, von dem aus die Besucherbereiche und der Innenbereich überblickt und Polizei, Feuerwehr und Rettungsdienste benachrichtigt werden können. [2]Die Lautsprecheranlage muss eine Vorrangschaltung für die Einsatzleitung der Polizei haben.

(2) [1]In Mehrzweckhallen und Sportstadien sind ausreichend große Räume für die Polizei und die Feuerwehr anzuordnen. [2]Der Raum für die Einsatzleitung der Polizei muss eine räumliche Verbindung mit der Lautsprecherzentrale haben und mit Anschlüssen für eine Videoanlage zur Überwachung der Besucherbereiche ausgestattet sein.

(3) Wird die Funkkommunikation der Einsatzkräfte von Polizei und Feuerwehr innerhalb der Versammlungsstätte durch die bauliche Anlage gestört, ist die Versammlungsstätte mit technischen Anlagen zur Unterstützung des Funkverkehrs auszustatten.

(4) In Mehrzweckhallen und Sportstadien muss mindestens ein ausreichend großer Raum für den Sanitäts- und Rettungsdienst vorhanden sein.

§ 27
Abschrankung und Blockbildung in Sportstadien mit mehr als 10 000 Besucherplätzen

(1) [1]Die Besucherplätze müssen vom Innenbereich durch mindestens 2,20 Meter hohe Abschrankungen abgetrennt sein. [2]In diesen Abschrankungen sind den Stufengängen zugeordnete, mindestens 1,80 Meter breite Tore anzuordnen, die sich im Gefahrenfall leicht zum Innenbereich hin öffnen lassen. [3]Die Tore dürfen nur vom Innenbereich oder von zentralen Stellen aus zu öffnen sein und müssen in geöffnetem Zustand durch selbsteinrasten-

de Feststeller gesichert werden. [4]Der Übergang in den Innenbereich muss niveaugleich sein.
(2) Stehplätze müssen in Blöcken für höchstens 2 500 Besucherinnen und Besucher angeordnet werden, die durch mindestens 2,20 Meter hohe Abschrankungen mit eigenen Zugängen abgetrennt sind.
(3) [1]Die Anforderungen nach den Absätzen 1 oder 2 gelten nicht, soweit in dem Sicherheitskonzept nachgewiesen wird, dass abweichende Abschrankungen oder Blockbildungen unbedenklich sind. [2]Das Sicherheitskonzept ist mit den für öffentliche Sicherheit oder Ordnung zuständigen Behörden, insbesondere der Polizei, der Feuerwehr und den Rettungsdiensten abzustimmen.

§ 28
Wellenbrecher

[1]Werden mehr als fünf Stufen von Stehplatzreihen hintereinander angeordnet, so ist vor der vordersten Stufe eine durchgehende Schranke von 1,10 Meter Höhe anzuordnen. [2]Nach jeweils fünf weiteren Stufen sind Schranken gleicher Höhe (Wellenbrecher) anzubringen, die einzeln mindestens 3 Meter und höchstens 5,50 Meter lang sind. [3]Die seitlichen Abstände zwischen den Wellenbrechern dürfen nicht mehr als 5 Meter betragen. [4]Die Abstände sind nach höchstens fünf Stehplatzreihen durch versetzt angeordnete Wellenbrecher zu überdecken, die auf beiden Seiten mindestens 0,25 Meter länger sein müssen als die seitlichen Abstände zwischen den Wellenbrechern. [5]Die Wellenbrecher sind im Bereich der Stufenvorderkante anzuordnen.

§ 29
Abschrankung von Stehplätzen vor Szenenflächen

(1) Werden vor Szenenflächen Stehplätze für Besucherinnen und Besucher angeordnet, so sind die Besucherplätze von der Szenenfläche durch eine Abschrankung so abzutrennen, dass zwischen der Szenenfläche und der Abschrankung ein Gang von mindestens 2 Meter Breite für den Ordnungsdienst und Rettungskräfte vorhanden ist.
(2) [1]Werden vor Szenenflächen mehr als 5 000 Stehplätze für Besucherinnen und Besucher angeordnet, so sind durch mindestens zwei weitere Abschrankungen vor der Szenenfläche nur von den Seiten zugängliche Stehplatzbereiche zu bilden. [2]Die Abschrankungen müssen voneinander an den Seiten einen Abstand von jeweils mindestens 5 Meter und über die Breite der Szenenfläche einen Abstand von mindestens 10 Meter haben.

§ 30
Einfriedungen und Eingänge

(1) Stadionanlagen müssen eine mindestens 2,20 Meter hohe Einfriedung haben, die das Überklettern erschwert.
(2) [1]Vor den Eingängen sind Geländer so anzuordnen, dass Besucherinnen und Besucher nur einzeln und hintereinander Einlass finden. [2]Es sind Einrichtungen für Zugangskontrollen sowie für die Durchsuchung von Personen und Sachen vorzusehen. [3]Für die Einsatzkräfte von Polizei, Feuerwehr und Rettungsdiensten sind von den Besuchereingängen getrennte Eingänge anzuordnen.
(3) [1]Für Einsatz- und Rettungsfahrzeuge müssen besondere Zufahrten, Aufstell- und Bewegungsflächen vorhanden sein. [2]Von den Zufahrten und Aufstellflächen aus müssen die Eingänge der Versammlungsstätten unmittelbar erreichbar sein. [3]Für Einsatz- und Rettungsfahrzeuge muss eine Zufahrt zum Innenbereich vorhanden sein. [4]Die Zufahrten, Aufstell- und Bewegungsflächen müssen gekennzeichnet sein.

TEIL 4
Betriebsvorschriften

Abschnitt 1
Rettungswege, Besucherplätze

§ 31
Rettungswege, Flächen für die Feuerwehr

(1) [1]Rettungswege auf dem Grundstück sowie Zufahrten, Aufstell- und Bewegungsflächen für Einsatzfahrzeuge von Polizei, Feuerwehr und Rettungsdiensten müssen ständig frei gehalten werden. [2]Darauf ist dauerhaft und gut sichtbar hinzuweisen.
(2) Rettungswege in der Versammlungsstätte müssen ständig frei gehalten werden.
(3) Während des Betriebes müssen alle Türen von Rettungswegen unverschlossen sein.

§ 32
Besucherplätze nach dem Bestuhlungs- und Rettungswegeplan

(1) Die Zahl der im Bestuhlungs- und Rettungswegeplan genehmigten Besucherplätze darf nicht überschritten und die genehmigte Anordnung der Besucherplätze darf nicht geändert werden.
(2) Eine Ausfertigung des für die jeweilige Nutzung genehmigten Planes ist in der Nähe des Haupteinganges eines jeden Versammlungsraumes gut sichtbar anzubringen.
(3) Ist nach der Art der Veranstaltung die Abschrankung der Stehflächen vor Szenenflächen erforderlich, sind Abschrankungen nach § 29 auch in Versammlungsstätten mit nicht mehr als 5 000 Stehplätzen einzurichten.

ABSCHNITT 2
Brandverhütung

§ 33
Vorhänge, Sitze, Ausstattungen, Requisiten und Ausschmückungen

(1) Vorhänge von Bühnen und Szenenflächen müssen aus mindestens schwerentflammbarem Material bestehen.
(2) [1]Sitze von Versammlungsstätten mit mehr als 5 000 Besucherplätzen müssen aus mindestens schwerentflammbarem Material bestehen. [2]Die Unterkonstruktion muss aus nichtbrennbarem Material bestehen.
(3) [1]Ausstattungen müssen aus mindestens schwerentflammbarem Material bestehen. [2]Bei Bühnen oder Szenenflächen mit automatischen Feuerlöschanlagen genügen Ausstattungen aus normalentflammbarem Material.
(4) Requisiten müssen aus mindestens normalentflammbarem Material bestehen.
(5) [1]Ausschmückungen müssen aus mindestens schwerentflammbarem Material bestehen. [2]Ausschmückungen in notwendigen Fluren und notwendigen Treppenräumen müssen aus nichtbrennbarem Material bestehen.
(6) [1]Ausschmückungen müssen unmittelbar an Wänden, Decken oder Ausstattungen angebracht werden. [2]Frei im Raum hängende Ausschmückungen sind zulässig, wenn sie einen Abstand von mindestens 2,50 Meter zum Fußboden haben. [3]Ausschmückungen aus natürlichem Pflanzenschmuck dürfen sich nur so lange sie frisch sind in den Räumen befinden.
(7) Der Raum unter dem Schutzvorhang ist von Ausstattungen, Requisiten oder Ausschmückungen so freizuhalten, dass die Funktion des Schutzvorhangs nicht beeinträchtigt wird.
(8) Brennbares Material muss von Zündquellen, wie Scheinwerfern oder Heizstrahlern, so weit entfernt sein, dass das Material durch diese nicht entzündet werden kann.

§ 34
Aufbewahrung von Ausstattungen, Requisiten, Ausschmückungen und brennbarem Material

(1) Ausstattungen, Requisiten und Ausschmückungen dürfen nur außerhalb der Bühnen und der Szenenflächen aufbewahrt werden; dies gilt nicht für den Tagesbedarf.
(2) Auf den Bühnenerweiterungen dürfen Szenenaufbauten der laufenden Spielzeit bereitgestellt werden, wenn die Bühnenerweiterungen durch dichtschließende Abschlüsse aus nichtbrennbaren Baustoffen gegen die Hauptbühne abgetrennt sind.
(3) An den Zügen von Bühnen oder Szenenflächen dürfen nur Ausstattungsteile für einen Tagesbedarf hängen.
(4) Pyrotechnische Gegenstände, brennbare Flüssigkeiten und anderes brennbares Material, insbesondere Packmaterial, dürfen nur in den dafür vorgesehenen Magazinen aufbewahrt werden.

§ 35
Rauchen, Verwendung von offenem Feuer und pyrotechnischen Gegenständen

(1) [1]Auf Bühnen und Szenenflächen, in Werkstätten und Magazinen ist das Rauchen verboten. [2]Das Rauchverbot gilt nicht für Darstellerinnen und Darsteller und Mitwirkende auf Bühnen- und Szenenflächen während der Proben und Veranstaltungen, soweit das Rauchen in der Art der Veranstaltungen begründet ist.
(2) [1]In Versammlungsräumen, auf Bühnen- und Szenenflächen und in Sportstadien ist das Verwenden von offenem Feuer, brennbaren Flüssigkeiten und Gasen, pyrotechnischen Gegenständen und anderen explosionsgefährlichen Stoffen verboten. [2]§ 17 Absatz 1 bleibt unberührt. [3]Das Verwendungsverbot gilt nicht, soweit das Verwenden von offenem Feuer, brennbaren Flüssigkeiten und Gasen sowie pyrotechnischen Gegenständen in der Art der Veranstaltung begründet ist und die Veranstalterin oder der Veranstalter die erforderlichen Brandschutzmaßnahmen im Einzelfall mit der Brandschutzdienststelle abgestimmt hat. [4]Die Verwendung pyrotechnischer Gegenstände muss durch eine nach Sprengstoffrecht geeignete Person überwacht werden.
(3) Die Verwendung von Kerzen und ähnlichen Lichtquellen als Tischdekoration sowie die Verwendung von offenem Feuer in dafür vorgesehenen Kücheneinrichtungen zur Zubereitung von Speisen ist zulässig.
(4) Auf die Verbote der Absätze 1 und 2 ist dauerhaft und gut sichtbar hinzuweisen.

ABSCHNITT 3
Betrieb technischer Einrichtungen

§ 36
Bedienung und Wartung der technischen Einrichtungen

(1) [1]Der Schutzvorhang muss täglich vor der ersten Vorstellung oder Probe durch Aufziehen und Herablassen auf seine Betriebsbereitschaft geprüft werden. [2]Der Schutzvorhang ist nach jeder Vorstellung herabzulassen und zu allen arbeitsfreien Zeiten geschlossen zu halten.
(2) Die Automatik der Sprühwasserlöschanlage kann während der Dauer der Anwesenheit der verantwortlichen Personen für Veranstaltungstechnik abgeschaltet werden.
(3) Die automatische Brandmeldeanlage kann abgeschaltet werden, soweit dies in der Art der Veranstaltung begründet ist und die Veranstalterin oder der Veranstalter die erforderlichen Brandschutzmaßnahmen im Einzelfall mit der Brandschutzdienststelle abgestimmt hat.
(4) Während des Aufenthaltes von Personen in Räumen, für die eine Sicherheitsbeleuchtung vorgeschrieben ist, muss diese in Betrieb sein, soweit die Räume nicht ausreichend durch Tageslicht erhellt sind.

§ 37
Laseranlagen

Auf den Betrieb von Laseranlagen in den für Besucherinnen und Besucher zugänglichen

Bereichen sind die arbeitsschutzrechtlichen Vorschriften entsprechend anzuwenden.

ABSCHNITT 4
Verantwortliche Personen, besondere Betriebsvorschriften

§ 38
Pflichten der Betreiberinnen und Betreiber, Veranstalterinnen und Veranstalter und beauftragten Personen

(1) Die Betreiberin oder der Betreiber ist für die Sicherheit der Veranstaltung und die Einhaltung der Vorschriften verantwortlich.
(2) Während des Betriebes von Versammlungsstätten muss die Betreiberin oder der Betreiber oder eine von ihr oder ihm beauftragte Veranstaltungsleitung ständig anwesend sein.
(3) Die Betreiberin oder der Betreiber muss die Zusammenarbeit von Ordnungsdienst, Brandsicherheitswache und Sanitätswache mit der Polizei, der Feuerwehr und dem Rettungsdienst gewährleisten.
(4) Die Betreiberin oder der Betreiber ist zur Einstellung des Betriebes verpflichtet, wenn für die Sicherheit der Versammlungsstätte notwendige Anlagen, Einrichtungen oder Vorrichtungen nicht betriebsfähig sind oder wenn Betriebsvorschriften nicht eingehalten werden können.
(5) [1]Die Betreiberin oder der Betreiber kann die Verpflichtungen nach den Absätzen 1 bis 4 durch schriftliche Vereinbarung auf die Veranstalterin oder den Veranstalter übertragen, wenn diese oder dieser oder deren oder dessen beauftragte Veranstaltungsleitung mit der Versammlungsstätte und deren Einrichtungen vertraut ist. [2]Die Verantwortung der Betreiberin oder des Betreibers bleibt unberührt.

§ 39
Verantwortliche Personen für Veranstaltungstechnik

(1) [1]Verantwortliche Personen für Veranstaltungstechnik sind

1. die Geprüften Meisterinnen oder Geprüften Meister für Veranstaltungstechnik,
2. technische Fachkräfte mit bestandenem fachrichtungsspezifischen Teil der Prüfung nach § 3 Absatz 1 Nummer 2 in Verbindung mit den §§ 5, 6 oder 7 der Verordnung über die Prüfung zum anerkannten Abschluss „Geprüfter Meister für Veranstaltungstechnik/Geprüfte Meisterin für Veranstaltungstechnik" in den Fachrichtungen Bühne/Studio, Beleuchtung, Halle in der jeweiligen Fachrichtung,
3. Hochschulabsolventinnen und Hochschulabsolventen mit berufsqualifizierendem Hochschulabschluss der Fachrichtung Theater- oder Veranstaltungstechnik mit mindestens einem Jahr Berufserfahrung im technischen Betrieb von Bühnen, Studios oder Mehrzweckhallen in der jeweiligen Fachrichtung, denen die Industrie- und Handelskammer zu Berlin ein Befähigungszeugnis nach Anlage 1 ausgestellt hat,
4. technische Bühnen- und Studiofachkräfte, die das Befähigungszeugnis nach den bis zum Inkrafttreten dieser Verordnung geltenden Vorschriften erworben haben oder die Tätigkeit als technische Bühnen- und Studiofachkraft ohne Befähigungszeugnis ausüben durften und in den letzten drei Jahren ausgeübt haben.

[2]Auf Antrag stellt die Industrie- und Handelskammer zu Berlin auch den Personen nach Satz 1 Nummer 1 bis 4 ein Befähigungszeugnis nach Anlage 1 aus. [3]Die in einem anderen Land der Bundesrepublik Deutschland ausgestellten Befähigungszeugnisse werden anerkannt.
(2) Gleichwertige Ausbildungen, die in einem anderen Mitgliedstaat der Europäischen Union oder einem Vertragsstaat des Abkommens über den Europäischen Wirtschaftsraum erworben und durch einen Ausbildungsnachweis belegt werden, sind entsprechend den europäischen Richtlinien zur Anerkennung von Berufsqualifikationen den in Absatz 1 genannten Ausbildungen gleichgestellt.

§ 40 Aufgaben und Pflichten der verantwortlichen Personen für Veranstaltungstechnik, technische Probe

(1) Die verantwortlichen Personen für Veranstaltungstechnik müssen mit den bühnen-, studio- und beleuchtungstechnischen und sonstigen technischen Einrichtungen der Versammlungsstätte vertraut sein und deren Sicherheit und Funktionsfähigkeit, insbesondere hinsichtlich des Brandschutzes, während des Betriebes gewährleisten.

(2) Auf- oder Abbau bühnen-, studio- und beleuchtungstechnischer Einrichtungen von Großbühnen oder Szenenflächen mit mehr als 200 Quadratmeter Grundfläche oder in Mehrzweckhallen mit mehr als 5 000 Besucherplätzen, wesentliche Wartungs- und Instandsetzungsarbeiten an diesen Einrichtungen und technische Proben müssen von einer verantwortlichen Person für Veranstaltungstechnik geleitet und beaufsichtigt werden.

(3) Bei Generalproben, Veranstaltungen, Sendungen oder Aufzeichnungen von Veranstaltungen auf Großbühnen oder Szenenflächen mit mehr als 200 Quadratmeter Grundfläche oder in Mehrzweckhallen mit mehr als 5 000 Besucherplätzen müssen mindestens eine für die bühnen- oder studiotechnischen Einrichtungen sowie eine für die beleuchtungstechnischen Einrichtungen verantwortliche Person für Veranstaltungstechnik anwesend sein.

(4) [1]Bei Szenenflächen mit mehr als 50 Quadratmeter und nicht mehr als 200 Quadratmeter Grundfläche oder in Mehrzweckhallen mit nicht mehr als 5 000 Besucherplätzen müssen die Aufgaben nach den Absätzen 1 bis 3 zumindest von einer Fachkraft für Veranstaltungstechnik mit mindestens drei Jahren Berufserfahrung wahrgenommen werden. [2]Die Aufgaben können auch von erfahrenen Bühnenhandwerkerinnen oder Bühnenhandwerkern oder Beleuchterinnen oder Beleuchtern wahrgenommen werden, die diese Aufgaben nach den bis zum Inkrafttreten dieser Verordnung geltenden Vorschriften wahrnehmen durften und in den letzten drei Jahren ausgeübt haben.

(5) [1]Die Anwesenheit nach Absatz 3 ist nicht erforderlich, wenn

1. die Sicherheit und Funktionsfähigkeit der bühnen-, studio- und beleuchtungstechnischen sowie der sonstigen technischen Einrichtungen der Versammlungsstätte von der verantwortlichen Person für Veranstaltungstechnik überprüft wurden,
2. diese Einrichtungen während der Veranstaltung nicht bewegt oder sonst verändert werden,
3. von Art oder Ablauf der Veranstaltung keine Gefahren ausgehen können und
4. die Aufsicht durch eine Fachkraft für Veranstaltungstechnik geführt wird, die mit den technischen Einrichtungen vertraut ist.

[2]Im Fall des Absatzes 4 können die Aufgaben nach den Absätzen 1 bis 3 von einer aufsichtführenden Person wahrgenommen werden, wenn

1. von Auf- und Abbau sowie dem Betrieb der bühnen-, studio- und beleuchtungstechnischen Einrichtungen keine Gefahren ausgehen können,
2. von Art oder Ablauf der Veranstaltung keine Gefahren ausgehen können und
3. die aufsichtführende Person mit den technischen Einrichtungen vertraut ist.

(6) [1]Bei Großbühnen sowie bei Szenenflächen mit mehr als 200 Quadratmeter Grundfläche und bei Gastspielveranstaltungen mit eigenem Szenenaufbau in Versammlungsräumen muss vor der ersten Veranstaltung eine nichtöffentliche technische Probe mit vollem Szenenaufbau und voller Beleuchtung stattfinden. [2]Diese technische Probe ist der Bauaufsichtsbehörde mindestens 24 Stunden vorher anzuzeigen. [3]Beabsichtigte wesentliche Änderungen des Szenenaufbaues nach der technischen Probe sind der zuständigen Bauaufsichtsbehörde rechtzeitig anzuzeigen. [4]Die Bauaufsichtsbehörde kann auf die technische Probe verzichten, wenn dies nach der Art der Veranstaltung oder nach dem Umfang des Szenenaufbaues unbedenklich ist.

§ 41
Brandsicherheitswache, Sanitäts- und Rettungsdienst

(1) Bei Veranstaltungen mit erhöhten Brandgefahren hat die Betreiberin oder der Betreiber eine Brandsicherheitswache einzurichten.

(2) [1]Bei jeder Veranstaltung auf Großbühnen sowie Szenenflächen mit mehr als 200 Quadratmeter Grundfläche muss eine Brandsicherheitswache der Feuerwehr anwesend sein. [2]Den Anweisungen der Brandsicherheitswache ist zu folgen. [3]Eine Brandsicherheitswache der Feuerwehr ist nicht erforderlich, wenn die Brandschutzdienststelle der Betreiberin oder dem Betreiber bestätigt, dass er über eine ausreichende Zahl ausgebildeter Kräfte verfügt, die die Aufgaben der Brandsicherheitswache wahrnehmen.

(3) Veranstaltungen mit voraussichtlich mehr als 5 000 Besucherinnen und Besuchern sind der für den Sanitäts- und Rettungsdienst zuständigen Behörde rechtzeitig anzuzeigen.

§ 42
Brandschutzordnung, Räumungskonzept, Feuerwehrpläne

(1) [1]Die Betreiberin oder der Betreiber oder eine von ihr oder ihm beauftragte Person hat im Einvernehmen mit der Brandschutzdienststelle eine Brandschutzordnung und gegebenenfalls ein Räumungskonzept aufzustellen. [2]Darin sind

1. die Erforderlichkeit und die Aufgaben einer oder eines Brandschutzbeauftragten und der Kräfte für den Brandschutz sowie
2. die Maßnahmen, die im Gefahrenfall für eine schnelle und geordnete Räumung der gesamten Versammlungsstätte oder einzelner Bereiche unter besonderer Berücksichtigung von Menschen mit Behinderungen erforderlich sind,

festzulegen. [3]Die Maßnahmen nach Satz 2 Nummer 2 sind bei Versammlungsstätten, die für mehr als 1 000 Besucherinnen und Besucher bestimmt sind, gesondert in einem Räumungskonzept darzustellen, sofern diese Maßnahmen nicht bereits Bestandteil des Sicherheitskonzeptes nach § 43 sind.

(2) [1]Das Betriebspersonal ist bei Beginn des Arbeitsverhältnisses und danach mindestens einmal jährlich zu unterweisen über

1. die Lage und die Bedienung der Feuerlöscheinrichtungen und -anlagen, Rauchabzugsanlagen, Brandmelde- und Alarmierungsanlagen und der Brandmelder- und Alarmzentrale,
2. die Brandschutzordnung, insbesondere über das Verhalten bei einem Brand oder bei einer sonstigen Gefahrenlage, gegebenenfalls in Verbindung mit dem Räumungskonzept und
3. die Betriebsvorschriften.

[2]Den Brandschutzdienststellen ist Gelegenheit zu geben, an der Unterweisung teilzunehmen. [3]Über die Unterweisung ist eine Niederschrift zu fertigen, die der Bauaufsichtsbehörde auf Verlangen vorzulegen ist.

(3) Im Einvernehmen mit der Brandschutzdienststelle sind Feuerwehrpläne anzufertigen und der örtlichen Feuerwehr zur Verfügung zu stellen.

§ 43
Sicherheitskonzept, Ordnungsdienst

(1) Erfordert es die Art der Veranstaltung, hat die Betreiberin oder der Betreiber ein Sicherheitskonzept aufzustellen und einen Ordnungsdienst einzurichten.

(2) [1]Für Versammlungsstätten mit mehr als 5 000 Besucherplätzen hat die Betreiberin oder der Betreiber im Einvernehmen mit den für Sicherheit oder Ordnung zuständigen Behörden, insbesondere der Polizei, der Feuerwehr und der Rettungsdienste, ein Sicherheitskonzept aufzustellen. [2]Im Sicherheitskonzept sind die Mindestzahl der Kräfte des Ordnungsdienstes gestaffelt nach Besucherzahlen und Gefährdungsgraden sowie die betrieblichen Sicherheitsmaßnahmen und die allgemeinen und besonderen Sicherheitsdurchsagen festzulegen.

(3) Der nach dem Sicherheitskonzept erforderliche Ordnungsdienst muss unter der Leitung einer von der Betreiberin oder dem Betreiber oder der Veranstalterin oder dem

Veranstalter bestellten Ordnungsdienstleitung stehen.

(4) [1]Die Ordnungsdienstleitung und die Ordnungsdienstkräfte sind für die betrieblichen Sicherheitsmaßnahmen verantwortlich. [2]Sie sind insbesondere für die Kontrolle an den Ein- und Ausgängen und den Zugängen zu den Besucherblöcken, die Beachtung der maximal zulässigen Besucherzahl und die Anordnung der Besucherplätze, die Beachtung der Verbote des § 35, die Sicherheitsdurchsagen sowie für die geordnete Evakuierung im Gefahrenfall verantwortlich.

TEIL 5 Zusätzliche Bauvorlagen

§ 44 Zusätzliche Bauvorlagen, Bestuhlungs- und Rettungswegeplan

(1) [1]Mit den Bauvorlagen ist ein Brandschutzkonzept vorzulegen, in dem insbesondere die maximal zulässige Zahl der Besucherinnen und Besucher, die Anordnung und Bemessung der Rettungswege und die zur Erfüllung der brandschutztechnischen Anforderungen erforderlichen baulichen, technischen und betrieblichen Maßnahmen dargestellt sind. [2]Ist eine höhere Anzahl von Besucherinnen und Besuchern je Quadratmeter Grundfläche des Versammlungsraumes als nach § 1 Absatz 2 Satz 1 vorgesehen, sind die schnelle und sichere Erreichbarkeit der Ausgänge ins Freie und die Möglichkeit zur Durchführung wirksamer Lösch- und Rettungsarbeiten gesondert darzustellen.

(2) Für die nach dieser Verordnung erforderlichen technischen Einrichtungen sind besondere Pläne, Beschreibungen und Nachweise vorzulegen.

(3) Mit den bautechnischen Nachweisen sind Standsicherheitsnachweise für dynamische Belastungen vorzulegen.

(4) Der Verlauf der Rettungswege im Freien, die Zufahrten und die Aufstell- und Bewegungsflächen für die Einsatz- und Rettungsfahrzeuge sind in einem besonderen Außenanlagenplan darzustellen.

(5) [1]Die Anordnung der Sitz- und Stehplätze, einschließlich der Plätze für Rollstuhlbenutzerinnen und Rollstuhlbenutzer, der Bühnen-, Szenen- oder Spielflächen sowie der Verlauf der Rettungswege sind in einem Bestuhlungs- und Rettungswegeplan im Maßstab von mindestens 1 : 200 darzustellen. [2]Sind verschiedene Anordnungen vorgesehen, so ist für jede ein besonderer Plan vorzulegen.

§ 45 Gastspielprüfbuch

(1) Für den eigenen, gleichbleibenden Szenenaufbau von wiederkehrenden Gastspielveranstaltungen kann auf schriftlichen Antrag ein Gastspielprüfbuch erteilt werden.

(2) [1]Das Gastspielprüfbuch muss dem Muster der Anlage 2 entsprechen. [2]Die Veranstalterin oder der Veranstalter ist durch das Gastspielprüfbuch von der Verpflichtung entbunden, an jedem Gastspielort die Sicherheit des Szenenaufbaues und der dazu gehörenden technischen Einrichtungen erneut nachzuweisen.

(3) [1]Das Gastspielprüfbuch wird von der unteren Bauaufsichtsbehörde erteilt. [2]Die Geltungsdauer ist auf die Dauer der Tournee zu befristen und kann auf schriftlichen Antrag verlängert werden. [3]Vor der Erteilung ist eine technische Probe durchzuführen. [4]Die in einem anderen Land der Bundesrepublik Deutschland ausgestellten Gastspielprüfbücher werden anerkannt.

(4) [1]Das Gastspielprüfbuch ist der für den Gastspielort zuständigen Bauaufsichtsbehörde rechtzeitig vor der ersten Veranstaltung am Gastspielort vorzulegen. [2]Werden für die Gastspielveranstaltung Fliegende Bauten genutzt, ist das Gastspielprüfbuch mit der Anzeige der Aufstellung der Fliegenden Bauten vorzulegen. [3]Die ordnungsbehördlichen Befugnisse nach der Brandenburgischen Bauordnung bleiben unberührt.

TEIL 6
Bestehende Versammlungsstätten

§ 46
Anwendung der Vorschriften auf bestehende Versammlungsstätten

(1) Auf die zum Zeitpunkt des Inkrafttretens dieser Verordnung bestehenden Versammlungsstätten ist der betrieblich-organisatorische Brandschutz innerhalb von zwei Jahren § 42 Absatz 1 und 2 entsprechend anzupassen.

(2) [1]Die Bauaufsichtsbehörde hat Versammlungsstätten in Zeitabständen von höchstens drei Jahren zu prüfen. [2]Dabei ist auch die Einhaltung der Betriebsvorschriften zu überwachen und festzustellen, ob die vorgeschriebenen wiederkehrenden Prüfungen fristgerecht durchgeführt und etwaige Mängel beseitigt worden sind. [3]Den Ordnungsbehörden, der Gewerbeaufsicht und der Brandschutzdienststelle ist Gelegenheit zur Teilnahme an den Prüfungen zu geben.

TEIL 7
Schlussvorschriften

§ 47
Ordnungswidrigkeiten

Ordnungswidrig nach § 85 Absatz 1 Satz 1 Nummer 1 der Brandenburgischen Bauordnung handelt, wer vorsätzlich oder fahrlässig

1. entgegen § 31 Absatz 1 die Rettungswege auf dem Grundstück, die Zufahrten, Aufstell- und Bewegungsflächen nicht frei hält,
2. entgegen § 31 Absatz 2 die Rettungswege in der Versammlungsstätte nicht frei hält,
3. entgegen § 31 Absatz 3 Türen in Rettungswegen verschließt oder fest stellt,
4. entgegen § 32 Absatz 1 die Zahl der genehmigten Besucherplätze überschreitet oder die genehmigte Anordnung der Besucherplätze ändert,
5. entgegen § 32 Absatz 3 erforderliche Abschrankungen nicht einrichtet,
6. entgegen § 33 Absatz 1 bis 5 andere als die dort genannten Materialien verwendet oder entgegen § 33 Absatz 6 bis 8 anbringt,
7. entgegen § 34 Absatz 1 bis 3 Ausstattungen auf der Bühne aufbewahrt oder nicht von der Bühne entfernt,
8. entgegen § 34 Absatz 4 pyrotechnische Gegenstände, brennbare Flüssigkeiten oder anderes brennbares Material außerhalb der dafür vorgesehenen Magazine aufbewahrt,
9. entgegen § 35 Absatz 1 und 2 raucht oder offenes Feuer, brennbare Flüssigkeiten oder Gase, explosionsgefährliche Stoffe oder pyrotechnische Gegenstände verwendet,
10. entgegen § 36 Absatz 4 die Sicherheitsbeleuchtung nicht in Betrieb nimmt,
11. entgegen § 37 Laseranlagen in Betrieb nimmt,
12. als Betreiberin oder Betreiber, Veranstalterin oder Veranstalter oder beauftragte Veranstaltungsleitung entgegen § 38 Absatz 2 während des Betriebes nicht anwesend ist,
13. als Betreiberin oder Betreiber, Veranstalterin oder Veranstalter oder beauftragte Veranstaltungsleitung entgegen § 38 Absatz 4 den Betrieb der Versammlungsstätte nicht einstellt,
14. entgegen § 40 Absatz 2 bis 5 in Verbindung mit § 38 Absatz 1 als Betreiberin oder Betreiber, Veranstalterin oder Veranstalter oder beauftragte Veranstaltungsleitung den Betrieb von Bühnen oder Szenenflächen zulässt, ohne dass die erforderlichen verantwortlichen Personen oder Fachkräfte für Veranstaltungstechnik, die erfahrenen Bühnenhandwerkerinnen oder Bühnenhandwerker oder Beleuchterinnen oder Beleuchter oder die aufsichtführenden Personen anwesend sind,
15. entgegen § 40 Absatz 2 bis 5 als verantwortliche Person oder Fachkraft für Veranstaltungstechnik, als erfahrene Bühnenhandwerkerin oder erfahrener Bühnenhandwerker oder Beleuchterin oder Beleuchter oder als aufsichtführen-

de Person die Versammlungsstätte während des Betriebes verlässt,
16. als Betreiberin oder Betreiber entgegen § 41 Absatz 1 und 2 nicht für die Durchführung der Brandsicherheitswache sorgt oder entgegen § 41 Absatz 3 die Veranstaltung nicht anzeigt,
17. als Betreiberin oder Betreiber oder Veranstalterin oder Veranstalter die nach § 42 Absatz 2 vorgeschriebenen Unterweisungen unterlässt,
18. als Betreiberin oder Betreiber oder Veranstalterin oder Veranstalter entgegen § 43 Absatz 1 bis 3 keinen Ordnungsdienst oder keine Ordnungsdienstleitung bestellt,
19. als Ordnungsdienstleitung oder Ordnungsdienstkraft entgegen § 43 Absatz 3 oder 4 ihren oder seinen Aufgaben nicht nachkommt,
20. als Betreiberin oder Betreiber einer der Anpassungspflichten nach § 46 Absatz 1 nicht oder nicht fristgerecht nachkommt.

§ 48
(Inkrafttreten, Außerkrafttreten)

3.7 Verordnung
über bauaufsichtliche Anforderungen an Abgrabungen und Aufschüttungen im Land Brandenburg (Brandenburgische Bau-Abgrabungsverordnung – BbgBauAV)
vom 30. Oktober 1998 (GVBl. II S. 618), die durch Artikel 7 des Gesetzes vom 10. Juli 2002 (GVBl. I S. 62) geändert worden ist

– Fassung ab 16. Juli 2002 –

Auf Grund des § 88 Abs. 2, 3 und 9 der Brandenburgischen Bauordnung in der Fassung der Bekanntmachung vom 25. März 1998 (GVBl. I S. 82) verordnet der Minister für Stadtentwicklung, Wohnen und Verkehr im Einvernehmen mit dem Minister für Umwelt, Naturschutz und Raumordnung:

§ 1
Sachlicher Geltungsbereich

Diese Verordnung gilt für Abgrabungen und Aufschüttungen, die nach § 66 der Brandenburgischen Bauordnung einer Baugenehmigung bedürfen.

§ 2
Bauvorlagen

(1) Zur Durchführung des Baugenehmigungsverfahrens für Abgrabungen zur gewerblichen Gewinnung von Grundeigentümerbodenschätzen sind folgende zusätzliche Bauvorlagen einzureichen:

1. ein Übersichtsplan, auf dem auf einer Grundkarte im Maßstab 1 : 10 000 oder 1 : 5 000 die Abgrabung, ihre Erschließungsanlagen sowie in ihrem Einwirkungsbereich liegende Schutzausweisungen nach dem Brandenburgischen Naturschutzgesetz oder Brandenburgischen Wassergesetz dargestellt sind,
2. ein Abgrabungsplan im Längenmaßstab 1 : 500 und mit Längs- und Querprofilen im Höhenmaßstab 1 : 100, aus dem die Einzelheiten und die Auswirkungen des Vorhabens hervorgehen, mit integrierter Darstellung der zum Ausgleich des Eingriffs erforderlichen Maßnahmen des Naturschutzes und der Landschaftspflege gemäß § 18 des Brandenburgischen Naturschutzgesetzes,
3. der Nachweis, daß die Standsicherheit der entstehenden Böschungen, insbesondere nach dem Abbau, gewährleistet ist,
4. die geologische Darstellung des auszubeutenden Vorkommens nach Art, Qualität und Mächtigkeit mit Längs- und Querschnitten im Höhenmaßstab 1 : 100 und einem geeigneten Längenmaßstab zwischen 1 : 2 000 und 1 : 10 000, auf der Grundlage eines Untersuchungsbohr- oder Schürfprogramms,
5. die hydrologische Erfassung der Lage und des Schwankungsbereichs des Grundwasserstandes, des Grundwassergefälles und der Grundwasserfließrichtung im Einwirkungsbereich mit Einbindung in das Hydroisohypsenbild der Umgebung im Höhenmaßstab 1:100 und einem geeigneten Längenmaßstab zwischen 1 : 10 000 und 1 : 25 000,
6. die Darstellung der Geländeform im Maßstab 1: 500 mit Höhenpunkten in Abständen von 50 Metern gemäß § 1 Abs. 6 der Bauvorlagenverordnung sowie der Fläche, Mächtigkeit, Menge und gegebenenfalls vorhandene Bodenbelastungen des abzutragenden Mutter- und Feinbodens vor Durchführung der Abgrabung sowie eine höhenpunktraster- und maßstabsgleiche Darstellung der Geländeform nach Beendigung der Renaturierung oder Rekultivierung,

7. eine Massenberechnung des abzugrabenden oder aufzuschüttenden Erd- und Gesteinsmaterials,
8. der Nachweis, daß die Erforderlichkeit eines Raumordnungsverfahrens für Vorhaben ab einer Größe von 10 Hektar oder mehr geprüft worden ist,
9- eine amtliche Stellungnahme des Landesamtes für Geowissenschaften und Rohstoffe Brandenburg zu Nummer 4 einschließlich einer Bodenschatzeinstufung.

(2) [1]Aufschüttungen sind unbeschadet der sonstigen nach der Bauvorlagenverordnung erforderlichen Pläne, Beschreibungen und Nachweise in einem Aufschüttungsplan darzustellen, aus dem die Einzelheiten und Auswirkungen des Vorhabens hervorgehen. [2]Absatz 1 Nr. 1 bis 3 gilt entsprechend.

(3) Die Bauaufsichtsbehörde kann einen anderen Maßstab verlangen oder zulassen, wenn ein solcher zur Darstellung der erforderlichen Eintragungen notwendig oder ausreichend ist.

§ 3
Abgrabungsplan

(1) Der Abgrabungsplan muß insbesondere Angaben enthalten über
1. die Grundstücksgrenzen und die Abbautiefe,
2. die räumlichen und zeitlichen Abbauabschnitte,
3. die Lagerung des Mutterbodens und sonstigen Abraummaterials,
4. die Sicherheitsvorkehrungen zur Abwehr von Gefahren für die öffentliche Sicherheit und Ordnung,
5. die Sicherheitsvorkehrungen gegen Gefahren durch wassergefährdende Stoffe,
6. die Art und Lage der Betriebseinrichtungen,
7. die Bebauung und sonstige Nutzung der Umgebung im Einwirkungsbereich, mindestens jedoch im Umfeld von 500 Metern,
8. die Zu- und Abfahrtsmöglichkeiten sowie Art und Umfang der zusätzlichen Verkehrsbelastung,
9. die zu erwartenden schädlichen Umwelteinwirkungen im Sinne des Bundesimmissionsschutzgesetzes und die Maßnahmen ihrer Vermeidung oder Verminderung,
10. die zu erwartenden schädlichen Bodenveränderungen im Sinne des Bundesbodenschutzgesetzes und die Maßnahmen ihrer Vermeidung und Minderung,
11. geschützte Teile von Natur und Landschaft und Schutzausweisungen nach dem Brandenburgischen Naturschutzgesetz im Einwirkungsbereich,
12. Flächen für naturschutzrechtliche Ausgleichs- und Ersatzmaßnahmen auch außerhalb der eigentlichen Abgrabungsfläche.

(2) [1]Der Bauherr hat im Abgrabungsplan alle erforderlichen Angaben zu machen, die zur Beurteilung der Auswirkungen des Vorhabens auf Natur und Landschaft, den Menschen und auf Kultur- und sonstige Sachgüter erforderlich sind. [2]Der Abgrabungsplan soll auf der Grundlage eines Grünordnungsplanes gemäß § 7 Abs. 4 Nr. 1 und 3 des Brandenburgischen Naturschutzgesetzes erstellt werden und hat insbesondere
1. alle erforderlichen Angaben über die Bewertung der ökologischen Gegebenheiten unter besonderer Berücksichtigung wertvoller Biotope und Böden sowie der Gebiete von gemeinschaftlicher Bedeutung (§ 19 a Abs. 2 Nr. 2 des Bundesnaturschutzgesetzes) und europäischer Vogelschutzgebiete (§ 19 a Abs. 2 Nr. 4 des Bundesnaturschutzgesetzes),
2. eine Beschreibung der Geländemorphologie unter besonderer Berücksichtigung von gliedernden und belebenden Landschaftselementen und der landschaftsprägenden Strukturelemente und Sichtbeziehungen,
3. eine Darstellung von Art, Umfang und zeitlichem Ablauf des Eingriffs und der Folgenutzung und der zu erwartenden Beeinträchtigungen von Natur und Landschaft sowie von Kultur- und sonstigen Sachgütern,
4. eine Darstellung von Art, Umfang und zeitlichem Ablauf der Maßnahmen zur

Vermeidung, Verminderung, zum Ausgleich und zum Ersatz der Eingriffsfolgen, insbesondere der Maßnahmen zur Rekultivierung oder Renaturierung, zur Wiederherstellung der Bodenfunktionen, sowie ein Pflanzschema

zu enthalten. [3]Sofern Bodendenkmale beeinträchtigt werden, muß eine Beschreibung der archäologischen Ausgleichs- und Dokumentationsmaßnahmen beigefügt werden.

§ 4
Aufschüttungsplan, Verfüllplan

(1) [1]Aufschüttungen sind in einem Aufschüttungsplan darzustellen. [2]Er muß insbesondere Angaben enthalten über

1. die Grundstücksgrenzen und die Aufschüttungshöhe,
2. die Lagerung des Mutterbodens, des Aufschüttungs- und des Abraummaterials,
3. die Art und Herkunft des zu verwendenden Materials,
4. beabsichtigte Vorkehrungen, um auszuschließen, daß von der Verwendung des in Nummer 3 bezeichneten Materials Beeinträchtigungen für das Wohl der Allgemeinheit ausgehen, und
5. Erforderlichkeit sowie Art und Weise des Einbaus des Materials im Rahmen der Rekultivierungsziele.

[3]§ 3 Abs. 1 Nr. 4 bis 12 und § 3 Abs. 2 sind entsprechend anzuwenden.

(2) [1]Ein Aufschüttungsplan ist nicht erforderlich, wenn die Aufschüttung auf einem für diesen Zweck genehmigten Lagerplatz vorgenommen wird. [2]Der Aufschüttungsplan kann mit einem Abgrabungsplan verbunden werden, sofern dies für die Prüfung der Auswirkungen im Sinne von § 3 Abs. 2 Satz 1 ausreichend ist.

(3) Verfüllungen von Abgrabungen sind in einem Verfüllplan nach Absatz 1 darzustellen.

§ 5
(aufgehoben)

§ 6
Verpflichtung zur Rekultivierung und Renaturierung

(1) [1]Der Eigentümer ist zur Rekultivierung oder Renaturierung verpflichtet. [2]Soweit anstelle des Eigentümers ein Unternehmer die Abgrabung oder Aufschüttung auf eigene Rechnung herstellt oder herstellen läßt, ist auch er gemäß Satz 1 verpflichtet.

(2) [1]Wird die Abgrabung oder Aufschüttung vorzeitig eingestellt, ist das Abbau-, Aufschüttungs- und Betriebsgelände unverzüglich gemäß Absatz 1 herzurichten. [2]Kann wegen der vorzeitigen Einstellung die Verpflichtung nach Absatz 1 nicht oder nur teilweise erfüllt werden, kann die untere Bauaufsichtsbehörde unter Berücksichtigung der bereits erfolgten Ausgleichs- und Ersatzmaßnahmen die Verpflichtung zur Rekultivierung oder Renaturierung neu bestimmen. [3]Die nach Absatz 1 Verpflichteten haben hierzu alle zur Beurteilung des Vorhabens erforderlichen Bauvorlagen einzureichen.

§ 7
Sicherheitsleistung

(1) [1]Der Eigentümer hat zum Zwecke der Gewährleistung der Verpflichtungen im Sinne von § 6 Abs. 1 Satz 1 vor Erteilung der Baugenehmigung Sicherheit zu leisten. [2]Soweit anstelle des Eigentümers ein Unternehmer auf eigene Rechnung abgräbt oder aufschüttet, kann auch von ihm Sicherheit geleistet werden. [3]Die Sicherheitsleistung haftet auch für Ersatzmaßnahmen nach § 6 Abs. 2. [4]Die Sicherheitsleistung wird von der Bauaufsichtsbehörde auf Grund eines Gutachtens festgesetzt. [5]Die Sicherheitsleistung kann nachträglich erhöht werden, soweit sie die Durchführung von Maßnahmen sicherstellen soll, die zur Vermeidung schwerer und unvorhersehbarer Beeinträchtigungen des Naturhaushaltes im Sinne von § 17 Abs. 1 Satz 3 des Brandenburgischen Naturschutzgesetzes notwendig sind. [6]Die Sicherheitsleistung kann auch durch Beibringung einer selbstschuldnerischen Bürgschaft einer deutschen Bank oder Sparkasse erbracht werden.

(2) [1]Die Sicherheitsleistung kann auf einzelne Abschnitte des Vorhabens anteilsmäßig verteilt werden. [2]Der auf einen Abschnitt des Vorhabens bezogene Anteil der Sicherheitsleistung ist freizugeben, sobald der Abschnitt entsprechend den Anforderungen des § 6 Abs. 1 Satz 1 rekultiviert und renaturiert ist.

(3) [1]Bei der Bemessung der Höhe der Sicherheitsleistung ist die Höhe der Kosten für die zeitgerechte Durchführung der Rekultivierungs- oder Renaturierungsmaßnahmen anzusetzen. [2]Dabei sind insbesondere die Kosten für

1. die Planierungsarbeiten,
2. die Verfüllung,
3. die Wiederherstellung der Zufahrtswege,
4. die Entfernung baulicher Anlagen,
5. die Beschaffung und Aufbringung von Mutterboden,
6. die Anlegung und Sicherung von Böschungen,
7. die Bepflanzung nach dem Pflanzschema,
8. die Pflege und den Schutz der Pflanzungen in einem Zeitraum von mindestens fünf Jahren

zu berücksichtigen.

(4) § 17 Abs. 4 des Brandenburgischen Naturschutzgesetzes bleibt unberührt.

§ 8
Nachweise über das Auffüll- und Aufschüttungsmaterial

(1) Der Bauherr hat die ordnungsgemäße Aufschüttung oder Auffüllung durch Bescheinigungen, Bestätigungen und Herkunftsnachweise oder Sachverständigengutachten nachzuweisen.

(2) Der Bauherr hat die Bescheinigungen, Bestätigungen und Herkunftsnachweise oder Sachverständigengutachten über die verwendeten Aufschüttungs- und Auffüllungsmaterialien, insbesondere über deren Schadlosigkeit, sorgfältig aufzubewahren und der Bauaufsichtsbehörde auf Verlangen vorzulegen.

§ 9
(Inkrafttreten)

3.8 Brandenburgische Verordnung über den Bau und Betrieb von Beherbergungsstätten (Brandenburgische Beherbergungsstättenbau-Verordnung – BbgBeBauV)[1]

Vom 8. November 2017 (GVBl. II Nr. 59)

– in Kraft seit 15. November 2017 –

Auf Grund des § 86 Absatz 1 Nummer 1 und 4 in Verbindung mit § 85 Absatz 1 Satz 1 Nummer 1 der Brandenburgischen Bauordnung vom 19. Mai 2016 (GVBl. I Nr. 14) verordnet die Ministerin für Infrastruktur und Landesplanung:

INHALTSÜBERSICHT

§ 1 Anwendungsbereich

Die Vorschriften dieser Verordnung gelten für Beherbergungsstätten mit mehr als zwölf Gastbetten.

§ 2 Begriffe

(1) Beherbergungsstätten sind Gebäude oder Gebäudeteile, die ganz oder teilweise für die Beherbergung von Gästen, ausgenommen die Beherbergung in Ferienwohnungen, bestimmt sind.

(2) [1]Beherbergungsräume sind Räume, die dem Wohnen oder Schlafen von Gästen dienen. [2]Eine Folge unmittelbar zusammenhängender Beherbergungsräume (Suite) gilt als ein Beherbergungsraum.

(3) Gasträume sind Räume, die für den Aufenthalt von Gästen, jedoch nicht zum Wohnen oder Schlafen bestimmt sind, wie Speiseräume und Tagungsräume.

§ 3 Rettungswege

(1) [1]Für jeden Beherbergungsraum müssen mindestens zwei voneinander unabhängige Rettungswege vorhanden sein; sie dürfen jedoch innerhalb eines Geschosses über denselben notwendigen Flur führen. [2]Der erste Rettungsweg muss für Beherbergungsräume, die nicht zu ebener Erde liegen, über

1 Diese Verordnung dient der Umsetzung der Richtlinie (EU) 2015/1535 des Europäischen Parlaments und des Rates vom 9. September 2015 über ein Informationsverfahren auf dem Gebiet der technischen Vorschriften und der Vorschriften für die Dienste der Informationsgesellschaft (ABl. L 241 vom 17.09.2015, S. 1).

eine notwendige Treppe führen, der zweite Rettungsweg über eine weitere notwendige Treppe oder eine Außentreppe. [3]In Beherbergungsstätten mit insgesamt nicht mehr als 60 Gastbetten genügt als zweiter Rettungsweg eine mit Rettungsgeräten der Feuerwehr erreichbare Stelle des Beherbergungsraumes; dies gilt nicht, wenn in einem Geschoss mehr als 30 Gastbetten vorhanden sind.

(2) [1]An Abzweigungen notwendiger Flure, an den Zugängen zu notwendigen Treppenräumen und an den Ausgängen ins Freie ist durch Sicherheitszeichen auf die Ausgänge hinzuweisen. [2]Die Sicherheitszeichen müssen beleuchtet sein.

§ 4
Tragende Wände, Stützen, Decken

(1) [1]Tragende Wände, Stützen und Decken müssen feuerbeständig sein. [2]Dies gilt nicht für oberste Geschosse von Dachräumen, wenn sich dort keine Beherbergungsräume befinden.

(2) Tragende Wände, Stützen und Decken brauchen nur feuerhemmend zu sein

1. in Gebäuden mit nicht mehr als zwei oberirdischen Geschossen,
2. in obersten Geschossen von Dachräumen mit Beherbergungsräumen.

§ 5
Trennwände

(1) [1]Trennwände müssen feuerbeständig sein

1. zwischen Räumen einer Beherbergungsstätte und Räumen, die nicht zu der Beherbergungsstätte gehören, sowie
2. zwischen Beherbergungsräumen und
   a) Gasträumen,
   b) Küchen.

[2]Soweit in Beherbergungsstätten die tragenden Wände, Stützen und Decken nur feuerhemmend zu sein brauchen, genügen feuerhemmende Trennwände.

(2) Trennwände zwischen Beherbergungsräumen sowie zwischen Beherbergungsräumen und sonstigen Räumen müssen feuerhemmend sein.

(3) [1]In Trennwänden nach Absatz 1 Satz 1 Nummer 2 und nach Absatz 2 sind Öffnungen unzulässig. [2]Öffnungen in Trennwänden nach Absatz 1 Satz 1 Nummer 1 müssen feuerhemmende Feuerschutzabschlüsse haben, die auch die Anforderungen an Rauchschutzabschlüsse erfüllen.

§ 6
Notwendige Flure

(1) § 36 Absatz 1 Satz 2 Nummer 3 der Brandenburgischen Bauordnung ist nicht anzuwenden.

(2) [1]In notwendigen Fluren müssen Bekleidungen, Unterdecken und Dämmstoffe aus nichtbrennbaren Baustoffen bestehen. [2]Bodenbeläge müssen aus mindestens schwerentflammbaren Baustoffen bestehen.

(3) In notwendigen Fluren mit nur einer Fluchtrichtung (Stichfluren) darf die Entfernung zwischen Türen von Beherbergungsräumen und notwendigen Treppenräumen oder Ausgängen ins Freie nicht länger als 15 Meter sein.

(4) Stufen in notwendigen Fluren müssen beleuchtet sein.

§ 7
Türen

(1) Feuerhemmende Feuerschutzabschlüsse, die auch die Anforderungen an Rauchschutzabschlüsse erfüllen, müssen vorhanden sein in Öffnungen

1. von notwendigen Treppenräumen zu anderen Räumen, ausgenommen zu notwendigen Fluren, und
2. von notwendigen Fluren in Kellergeschossen zu Räumen, die von Gästen nicht benutzt werden.

(2) Rauchschutzabschlüsse müssen vorhanden sein in Öffnungen

1. von notwendigen Treppenräumen zu notwendigen Fluren,
2. von notwendigen Fluren zu Beherbergungsräumen und
3. von notwendigen Fluren zu Gasträumen, wenn an den Fluren in demselben

Rauchabschnitt Öffnungen zu Beherbergungsräumen liegen.

§ 8
Sicherheitsbeleuchtung, Sicherheitsstromversorgung

(1) Beherbergungsstätten müssen
1. in notwendigen Fluren und in notwendigen Treppenräumen,
2. in Räumen zwischen notwendigen Treppenräumen und Ausgängen ins Freie,
3. für Sicherheitszeichen, die auf Ausgänge hinweisen, und
4. für Stufen in notwendigen Fluren

eine Sicherheitsbeleuchtung haben.

(2) Beherbergungsstätten müssen eine Sicherheitsstromversorgung haben, die bei Ausfall der allgemeinen Stromversorgung den Betrieb der sicherheitstechnischen Anlagen und Einrichtungen übernimmt, insbesondere
1. der Sicherheitsbeleuchtung,
2. der Alarmierungseinrichtungen und
3. der Brandmeldeanlage.

§ 9
Alarmierungseinrichtungen, Brandmeldeanlagen, Brandfallsteuerung von Aufzügen

(1) [1]Beherbergungsstätten müssen Alarmierungseinrichtungen haben, durch die im Gefahrenfall die Betriebsangehörigen und Gäste gewarnt werden können. [2]Bei Beherbergungsstätten mit mehr als 60 Gastbetten müssen sich die Alarmierungseinrichtungen bei Auftreten von Rauch in den notwendigen Fluren auch selbsttätig auslösen. [3]In Beherbergungsräumen nach § 11 muss die Auslösung des Alarms optisch und akustisch erkennbar sein.

(2) [1]In Beherbergungsstätten muss jeder Beherbergungsraum mindestens einen Rauchwarnmelder mit einer fest eingebauten und durch den Melder überwachten Langzeitbatterie haben. [2]Dieser muss so eingebaut oder angebracht und betrieben werden, dass Brandrauch frühzeitig erkannt und gemeldet wird. [3]Alternativ kann die Überwachung auch durch automatische Melder der Brandmeldeanlage sichergestellt werden.

(3) [1]Beherbergungsstätten mit mehr als 60 Gastbetten müssen Brandmeldeanlagen mit automatischen Brandmeldern, die auf die Kenngröße Rauch in den notwendigen Fluren ansprechen, sowie mit nichtautomatischen Brandmeldern (Handfeuermelder) zur unmittelbaren Alarmierung der dafür zuständigen Stelle haben. [2]Die automatischen Brandmeldeanlagen müssen in einer Betriebsart ausgeführt sein, bei der mit technischen Maßnahmen Falschalarme vermieden werden. [3]Brandmeldungen sind unmittelbar und automatisch zur zuständigen Regionalleitstelle zu übertragen.

(4) [1]Aufzüge von Beherbergungsstätten mit mehr als 60 Gastbetten sind mit einer Brandfallsteuerung auszustatten, die durch die automatische Brandmeldeanlage ausgelöst wird. [2]Die Brandfallsteuerung hat sicherzustellen, dass die Aufzüge das nicht vom Rauch betroffene Eingangsgeschoss, ansonsten das in Fahrtrichtung davor liegende Geschoss, anfahren und dort mit geöffneten Türen außer Betrieb gehen.

§ 10
Weitergehende Anforderungen

An Beherbergungsstätten in Hochhäusern können aus Gründen des Brandschutzes weitergehende Anforderungen gestellt werden.

§ 11
Barrierefreie Beherbergungsräume

[1]Mindestens 10 Prozent der Gastbetten müssen in Beherbergungsräumen liegen, die einschließlich der zugehörigen Sanitärräume den Anforderungen an barrierefrei nutzbare Wohnungen gemäß § 50 Absatz 1 der Brandenburgischen Bauordnung entsprechen. [2]In Beherbergungsstätten mit mehr als 60 Gastbetten muss mindestens 1 Prozent der Gastbetten in Beherbergungsräumen liegen, die einschließlich der zugehörigen Sanitärräume barrierefrei und uneingeschränkt mit dem Rollstuhl nutzbar und für zwei Gastbetten geeignet sind; die erforderlichen Räume

können auf die Räume nach Satz 1 angerechnet werden.

§ 12
Freihalten der Rettungswege, Brandschutzordnung, verantwortliche Personen

(1) [1]Die Rettungswege müssen frei von Hindernissen sein. [2]Türen im Zuge von Rettungswegen dürfen nicht versperrt werden und müssen von innen leicht zu öffnen sein.
(2) [1]In jedem Beherbergungsraum sind an dessen Ausgang ein Rettungswegplan und Hinweise zum Verhalten bei einem Brand anzubringen. [2]Die Hinweise müssen auch in den Fremdsprachen, die der Herkunft der üblichen Gäste Rechnung tragen, abgefasst sein.
(3) Für Beherbergungsstätten mit mehr als 60 Gastbetten sind im Einvernehmen mit der für den Brandschutz zuständigen Dienststelle
1. eine Brandschutzordnung zu erstellen und
2. Feuerwehrpläne anzufertigen; die Feuerwehrpläne sind der örtlichen Feuerwehr zur Verfügung zu stellen.

(4) Die Betriebsangehörigen sind bei Beginn des Arbeitsverhältnisses und danach mindestens einmal jährlich über
1. die Bedienung der Alarmierungseinrichtungen und der Brandmelder zu unterweisen und
2. die Brandschutzordnung und das Verhalten bei einem Brand und über die Rettung von Menschen mit Behinderung, insbesondere Rollstuhlnutzerinnen und -nutzer,

zu belehren.
(5) Für die Einhaltung der in den Absätzen 1 bis 4 gestellten Anforderungen ist die Betreiberin oder der Betreiber oder die von ihr oder ihm beauftragte Person verantwortlich.

§ 13
Zusätzliche Bauvorlagen

Die Bauvorlagen müssen zusätzliche Angaben enthalten über
1. die Sicherheitsbeleuchtung,
2. die Sicherheitsstromversorgung,
3. die Alarmierungseinrichtungen,
4. die Brandmeldeanlage,
5. die Rettungswege auf dem Grundstück und die Flächen für die Feuerwehr,
6. die Anzahl der Gastbetten und ihre Zuordnung zu Beherbergungsräumen nach § 11.

§ 14
Anwendung der Vorschriften auf bestehende Beherbergungsstätten

(1) Auf die zum Zeitpunkt des Inkrafttretens dieser Verordnung bestehenden Beherbergungsstätten sind die Vorschriften des § 12 anzuwenden.
(2) Die zum Zeitpunkt des Inkrafttretens dieser Verordnung bestehenden Beherbergungsstätten sind in Anlehnung an § 48 Absatz 4 Satz 3 der Brandenburgischen Bauordnung bis 31. Dezember 2020 an die Vorschriften des § 9 Absatz 2 anzupassen.

§ 15
Ordnungswidrigkeiten

Ordnungswidrig nach § 85 Absatz 1 Satz 1 Nummer 1 der Brandenburgischen Bauordnung handelt, wer vorsätzlich oder fahrlässig
1. entgegen § 12 Absatz 1 Rettungswege nicht frei von Hindernissen hält, Türen im Zuge von Rettungswegen versperrt oder versperren lässt oder als verantwortliche Person nicht dafür sorgt, dass diese Türen von innen leicht geöffnet werden können,
2. entgegen § 12 Absatz 2 den Rettungswegplan und Hinweise zum Verhalten bei einem Brand nicht in jedem Beherbergungsraum anbringt oder anbringen lässt.

§ 16
(Inkrafttreten, Außerkrafttreten)

3.9 Verordnung
über den Bau von Betriebsräumen für elektrische Anlagen im Land Brandenburg (BbgEltBauV)[1]
Vom 15. August 2014 (GVBl. II Nr. 61), die durch Artikel 7 der Verordnung vom 13. März 2023 (GVBl. II Nr. 17) geändert worden ist
– Fassung ab 15. März 2023 –

Auf Grund des § 80 Absatz 1 Nummer 1 und Absatz 2 der Brandenburgischen Bauordnung in der Fassung der Bekanntmachung vom 17. September 2008 (GVBl. I S. 226) verordnet der Minister für Infrastruktur und Landwirtschaft:

§ 1
Geltungsbereich

(1) [1]Diese Verordnung gilt für die Aufstellung von
1. Transformatoren und Schaltanlagen für Nennspannungen über ein Kilovolt,
2. ortsfesten Stromerzeugungsaggregaten für bauordnungsrechtlich vorgeschriebene sicherheitstechnische Anlagen und
3. zentralen Batterieanlagen für bauordnungsrechtlich vorgeschriebene sicherheitstechnische Anlagen

in Gebäuden. [2]Die Verordnung gilt auch für die Aufstellung von Energiespeichersystemen in Form von Akkumulatoren für die allgemeine Stromversorgung.

(2) Die Verordnung gilt nicht für
1. die Aufstellung der in Absatz 1 Satz 1 Nummer 1 und 2 genannten elektrischen Anlagen sowie der Energiespeichersysteme nach Absatz 1 Satz 2 in
   a) ausschließlich zu diesem Zweck genutzten freistehenden Gebäuden oder
   b) durch Brandwände abgetrennten Gebäudeteilen,
2. die in § 1 Absatz 1 Satz 1 Nummer 3 genannten zentralen Anlagen mit einer Gesamtkapazität von nicht mehr als 2 Kilowattstunden, für die nur verschlossene Batterien verwendet werden und
3. Energiespeichersysteme mit einer Batteriekapazität von insgesamt nicht mehr als 20 Kilowattstunden für die allgemeine Stromversorgung in Gebäuden.

§ 2
Begriffsbestimmung

[1]Betriebsräume für elektrische Anlagen (elektrische Betriebsräume) sind Räume, die ausschließlich zur Unterbringung von Einrichtungen im Sinne des § 1 dienen. [2]Zentrale Batterieanlagen nach § 1 Absatz 1 Satz 1 Nummer 3 sind Sicherheitsstromversorgungsanlagen, die sicherheitstechnische Anlagen versorgen, deren Wirkungsbereich sich auf mehrere Räume, Geschosse, Brandabschnitte oder das gesamte Gebäude erstreckt.

§ 3
Erfordernis elektrischer Betriebsräume

[1]Innerhalb von Gebäuden müssen elektrische Anlagen nach § 1 Absatz 1, getrennt nach Anlagen gemäß § 1 Absatz 1 Satz 1 Nummer 1

1 Die Verpflichtungen aus der Richtlinie 98/34/EG des Europäischen Parlaments und des Rates vom 22. Juni 1998 über ein Informationsverfahren auf dem Gebiet der Normen und technischen Vorschriften und der Vorschriften für die Dienste der Informationsgesellschaft (ABl. L 204 vom 21.7.1998, S. 37), die zuletzt durch die Richtlinie 2006/96/EG vom 20. November 2006 (ABl. L 363 vom 20.12.2006, S. 81) geändert worden ist, sind beachtet worden.

bis 3, in jeweils eigenen elektrischen Betriebsräumen untergebracht sein. [2]Elektrische Betriebsräume für Anlagen nach § 1 Absatz 1 Satz 1 Nummer 2 und 3 dienen dem Schutz der darin untergebrachten sicherheitstechnischen Anlagen im Hinblick auf deren bestimmungsgemäße Funktion im Brandfall. [3]Elektrische Betriebsräume für Anlagen nach § 1 Absatz 1 Satz 1 Nummer 1 und Energiespeichersysteme nach § 1 Absatz 1 Satz 2 dienen dem Schutz gegenüber Gefahren, die von diesen Anlagen ausgehen können, sowie dem Schutz dieser Anlagen im Brandfall.

§ 4
Allgemeine Anforderungen an elektrische Betriebsräume

(1) [1]Elektrische Betriebsräume müssen so angeordnet sein, dass sie im Gefahrenfall von allgemein zugänglichen Räumen oder vom Freien leicht und sicher erreichbar sind und durch nach außen aufschlagende Türen jederzeit ungehindert verlassen werden können. [2]Sie dürfen von notwendigen Treppenräumen nicht unmittelbar zugänglich sein. [3]Der Rettungsweg innerhalb elektrischer Betriebsräume bis zu einem Ausgang darf nicht länger als 35 Meter sein.

(2) [1]Elektrische Betriebsräume müssen so groß sein, dass die elektrischen Anlagen ordnungsgemäß errichtet und betrieben werden können. [2]Sie müssen eine lichte Höhe von mindestens 2 Metern haben. [3]Über Bedienungs- und Wartungsgängen muss eine Durchgangshöhe von mindestens 1,90 Metern vorhanden sein.

(3) Elektrische Betriebsräume müssen den betrieblichen Anforderungen entsprechend wirksam be- und entlüftet werden.

(4) [1]In elektrischen Betriebsräumen dürfen Leitungen und Einrichtungen, die nicht zum Betrieb der jeweiligen elektrischen Anlagen erforderlich sind, nicht vorhanden sein. [2]Satz 1 gilt nicht für die zur Sicherheitsstromversorgung aus der Batterieanlage erforderlichen Installationen in elektrischen Betriebsräumen nach § 1 Satz 1 Nummer 3.

§ 5
Zusätzliche Anforderungen an elektrische Betriebsräume für Transformatoren und Schaltanlagen mit Nennspannungen über ein Kilovolt

(1) [1]Raumabschließende Bauteile elektrischer Betriebsräume für Transformatoren und Schaltanlagen mit Nennspannungen über ein Kilovolt, ausgenommen Außenwände und Dächer, sind feuerbeständig auszuführen. [2]Der erforderliche Raumabschluss zu anderen Räumen darf durch einen Druckstoß aufgrund eines Fehlerlichtbogens nicht gefährdet werden.

(2) [1]Türen müssen mindestens feuerhemmend, selbstschließend und rauchdicht sein sowie im Wesentlichen aus nichtbrennbaren Baustoffen bestehen; soweit sie ins Freie führen, genügen selbstschließende Türen aus nichtbrennbaren Baustoffen. [2]An den Türen muss außen ein Hochspannungswarnschild angebracht sein.

(3) [1]Bei elektrischen Betriebsräumen für Transformatoren mit Mineralöl oder einer synthetischen Flüssigkeit mit einem Brennpunkt ≤ 300 °C als Kühlmittel muss mindestens ein Ausgang unmittelbar ins Freie oder über einen Vorraum ins Freie führen. [2]Der Vorraum darf auch mit dem Schaltraum, jedoch nicht mit anderen Räumen in Verbindung stehen.

(4) [1]Elektrische Betriebsräume nach Absatz 3 Satz 1 dürfen sich nicht in Geschossen befinden, deren Fußboden mehr als 4 Meter unter der festgelegten Geländeoberfläche liegt. [2]Sie dürfen auch nicht in Geschossen über dem Erdgeschoss liegen.

(5) [1]Elektrische Betriebsräume müssen unmittelbar oder über eigene Lüftungsleitungen wirksam aus dem Freien belüftet und in das Freie entlüftet werden. [2]Lüftungsleitungen, die durch andere Räume führen, sind feuerbeständig herzustellen. [3]Öffnungen von Lüftungsleitungen zum Freien müssen Schutzgitter haben.

(6) [1]Fußböden müssen aus nicht brennbaren Baustoffen bestehen. [2]Dies gilt nicht für Fußbodenbeläge.

(7) [1]Unter Transformatoren muss auslaufende Isolier- und Kühlflüssigkeit sicher aufgefangen werden können. [2]Für höchstens drei Transformatoren mit jeweils bis zu 1 000 Liter

Isolierflüssigkeit in einem elektrischen Betriebsraum genügt es, wenn die Wände in der erforderlichen Höhe sowie der Fußboden undurchlässig ausgebildet sind. [3]An den Türen müssen entsprechend hohe und undurchlässige Schwellen vorhanden sein.

§ 6
Zusätzliche Anforderungen an elektrische Betriebsräume für ortsfeste Stromerzeugungsaggregate

(1) [1]Raumabschließende Bauteile von elektrischen Betriebsräumen für ortsfeste Stromerzeugungsaggregate zur Versorgung bauordnungsrechtlich vorgeschriebener sicherheitstechnischer Anlagen, ausgenommen Außenwände, müssen in einer dem erforderlichen Funktionserhalt der zu versorgenden Anlagen entsprechenden Feuerwiderstandsfähigkeit ausgeführt sein. [2]§ 5 Absatz 5 Satz 1 und 3 und Absatz 6 gilt entsprechend. [3]Für Lüftungsleitungen, die durch andere Räume führen, gilt Satz 1 entsprechend. [4]Die Feuerwiderstandsfähigkeit der Türen muss derjenigen der raumabschließenden Bauteile entsprechen; die Türen müssen selbstschließend sein.

(2) Elektrische Betriebsräume nach Absatz 1 Satz 1 müssen frostfrei sein oder beheizt werden können.

§ 7
Zusätzliche Anforderungen an Batterieräume

(1) [1]Raumabschließende Bauteile von elektrischen Betriebsräumen für zentrale Batterieanlagen zur Versorgung bauordnungsrechtlich vorgeschriebener sicherheitstechnischer Anlagen, ausgenommen Außenwände, müssen in einer dem erforderlichen Funktionserhalt der zu versorgenden Anlagen entsprechenden Feuerwiderstandsfähigkeit ausgeführt sein. [2]§ 5 Absatz 5 Satz 1 und 3 und § 6 Absatz 2 gelten entsprechend. [3]Für Lüftungsleitungen, die durch andere Räume führen, gilt Satz 1 entsprechend. [4]Für elektrische Betriebsräume, die nur der Aufstellung von verschlossenen Batterien mit einer Gesamtkapazität von maximal 20 Kilowattstunden dienen, kann abweichend von Satz 2 auf eine Lüftung verzichtet werden. [5]Die Feuerwiderstandsfähigkeit der Türen muss derjenigen der raumabschließenden Bauteile entsprechen; die Türen müssen selbstschließend sein. [6]An den Türen muss ein Schild „Batterieraum" angebracht sein.

(2) Fußböden von elektrischen Betriebsräumen nach Absatz 1 Satz 1, in denen geschlossene Zellen aufgestellt werden, müssen an allen Stellen für elektrostatische Ladungen einheitlich und ausreichend ableitfähig sein.

§ 8
Zusätzliche Anforderungen an elektrische Betriebsräume für Energiespeichersysteme

[1]Raumabschließende Bauteile von elektrischen Betriebsräumen für Energiespeichersysteme müssen der Feuerwiderstandsfähigkeit der tragenden Wände und Stützen des Geschosses, in dem der elektrische Betriebsraum errichtet wird, entsprechen, mindestens aber feuerhemmend sein. [2]Der sichere Betrieb der Energiespeichersysteme ist zu gewährleisten; soweit erforderlich, sind die elektrischen Betriebsräume dafür zu beheizen oder zu kühlen. [3]Elektrische Betriebsräume müssen entraucht werden können und über eine selbsttätige Löschanlage verfügen, wenn die Gesamtkapazität der Energiespeichersysteme innerhalb eines elektrischen Betriebsraumes insgesamt mehr als 100 Kilowattstunden beträgt. [4]§ 7 Absatz 1 Satz 4 und 5 gilt entsprechend.

§ 9
Zusätzliche Bauvorlagen

Die Bauvorlagen müssen Angaben über die Lage der elektrischen Betriebsräume und die Art der elektrischen Anlagen enthalten.

§ 10
(Inkrafttreten)

Teil 4. Prüfung und Überwachung

4.1 Verordnung
über die Anerkennung von Prüfingenieurinnen und Prüfingenieuren und über die bautechnischen Prüfungen im Land Brandenburg (Brandenburgische Bautechnische Prüfungsverordnung – BbgBauPrüfV)

Vom 10. September 2008 (GVBl. II S. 374), die zuletzt durch Artikel 1 der Verordnung vom 26. Juli 2024 (GVBl. II Nr. 57) geändert worden ist

– Fassung ab 30. Juli 2024 –

Auf Grund des § 80 Abs. 2, 3 und 5 der Brandenburgischen Bauordnung vom 16. Juli 2003 (GVBl. I S. 210), der zuletzt durch Artikel 1 Nr. 27 des Gesetzes vom 14. Juli 2008 (GVBl. I S. 172, 176) geändert worden ist, verordnet der Minister für Infrastruktur und Raumordnung:

INHALTSÜBERSICHT

Anlage 1
Anlage 2

ABSCHNITT 1
Allgemeine Vorschriften

§ 1
Anwendungsbereich

(1) Diese Verordnung regelt die Anerkennung und Tätigkeit der Prüfingenieurinnen und Prüfingenieure, die Rechtsverhältnisse, die Aufgaben und Befugnisse des Bautechnischen Prüfamtes, der Bewertungs- und Verrechnungsstelle sowie die Übertragung der Zuständigkeit für die Erledigung bauaufsichtlicher Aufgaben für Fliegende Bauten auf Beliehene.
(2) Soweit Aufgaben nach dieser Verordnung auf natürliche oder juristische Personen des Privatrechts übertragen werden, handelt es sich um eine Beleihung im Sinne des § 16 Absatz 1 des Landesorganisationsgesetzes.

§ 2
Prüfingenieurinnen und Prüfingenieure

[1]Prüfingenieurinnen und Prüfingenieure nehmen in ihrem jeweiligen Fachbereich bauaufsichtliche Prüfaufgaben nach der Brandenburgischen Bauordnung oder Vorschriften auf Grund der Brandenburgischen Bauordnung auf Veranlassung der Bauherrschaft wahr. [2]Prüfingenieurinnen und Prüfingenieure unterstehen der Rechts- und Fachaufsicht des Bautechnischen Prüfamtes. [3]Sie werden anerkannt für die Fachbereiche
1. Standsicherheit in den Fachrichtungen
   a) Metallbau,
   b) Massivbau,
   c) Holzbau und
2. Brandschutz.

[5]Die Anerkennung kann für mehrere Fachrichtungen erteilt werden.

§ 3
Voraussetzungen der Anerkennung

(1) Soweit nachfolgend nichts anderes geregelt ist, werden als Prüfingenieurinnen oder Prüfingenieure nur Personen anerkannt, welche die allgemeinen Voraussetzungen des § 4 sowie die besonderen Voraussetzungen ihres jeweiligen Fachbereichs und, soweit erforderlich, ihrer jeweiligen Fachrichtung nachgewiesen haben.
(2) [1]Die Anerkennung kann bei Bewerberinnen oder Bewerbern, die nicht Deutsche im Sinne des Artikels 116 Abs. 1 des Grundgesetzes sind, versagt werden, wenn die Gegenseitigkeit nicht gewahrt ist. [2]Dies gilt nicht für Bewerberinnen oder Bewerbern, welche die Staatsangehörigkeit eines Mitgliedstaates der Europäischen Union besitzen oder nach dem Recht der Europäischen Gemeinschaften wie Angehörige der Europäischen Union zu behandeln sind.

§ 4
Allgemeine Voraussetzungen

(1) Prüfingenieure können nur Personen sein, die
1. nach ihrer Persönlichkeit Gewähr dafür bieten, dass sie ihre Aufgaben ordnungsgemäß im Sinne des § 5 erfüllen,
2. die Fähigkeit besitzen, öffentliche Ämter zu bekleiden,
3. eigenverantwortlich und unabhängig tätig sind,
4. ihren Geschäftssitz im Land Brandenburg haben und
5. die deutsche Sprache in Wort und Schrift beherrschen.

(2) Eigenverantwortlich tätig im Sinne des Absatzes 1 Nummer 3 ist, wer
1. seine berufliche Tätigkeit als einzige Inhaberin oder einziger Inhaber eines Büros selbstständig auf eigene Rechnung und Verantwortung ausübt,
2. sich mit anderen Prüfingenieurinnen, Prüfingenieuren, Ingenieurinnen, Ingenieuren, Architektinnen oder Architekten zusammengeschlossen hat und innerhalb dieses Zusammenschlusses

Vorstandsmitglied, Geschäftsführerin, Geschäftsführer, persönlich haftende Gesellschafterin oder persönlich haftender Gesellschafter mit einer rechtlich gesicherten leitenden Stellung ist und Kraft Satzung, Statut oder Gesellschaftsvertrag dieses Zusammenschlusses die Aufgaben als Prüfingenieurin oder Prüfingenieur selbstständig auf eigene Rechnung und Verantwortung und frei von Weisungen ausüben kann oder

3. als Hochschullehrerin oder Hochschullehrer im Rahmen einer Nebentätigkeit selbstständig beratend tätig ist.

(3) Unabhängig tätig im Sinne des Absatzes 1 Nr. 3 ist, wer bei Ausübung seiner Tätigkeit weder eigene Produktions-, Handels- oder Lieferinteressen hat noch fremde Interessen dieser Art vertritt, die unmittelbar oder mittelbar im Zusammenhang mit der Tätigkeit stehen.

§ 5 Allgemeine Pflichten

(1) [1]Prüfingenieurinnen und Prüfingenieure haben ihre Tätigkeit unparteiisch, gewissenhaft und gemäß den bauordnungsrechtlichen Vorschriften zu erfüllen; sie müssen sich darüber und über die Entwicklungen in ihrem Fachbereich stets auf dem Laufenden halten und über die für ihre Aufgabenerfüllung erforderlichen Geräte und Hilfsmittel verfügen. [2]Unbeschadet weitergehender Vorschriften dürfen sich Prüfingenieurinnen und Prüfingenieure bei ihrer Tätigkeit der Mitwirkung befähigter und zuverlässiger angestellter Mitarbeiterinnen und Mitarbeiter nur in einem solchen Umfang bedienen, dass sie deren Tätigkeit jederzeit voll überwachen können.

(2) [1]Prüfingenieurinnen und Prüfingenieure müssen gegen Personen-, Sach- und Vermögensschäden mit einer Haftungssumme von jeweils mindestens 500 000 Euro je Schadensfall, die mindestens zweimal im Versicherungsjahr zur Verfügung stehen muss, haftpflichtversichert sein. [2]Das Bautechnische Prüfamt ist zuständige Stelle im Sinne des § 117 Abs. 2 des Versicherungsvertragsgesetzes.

(3) Ergeben sich Änderungen der Verhältnisse der Prüfingenieurinnen und Prüfingenieure nach § 6 Abs. 2 Satz 2 Nr. 4 und 5, sind sie verpflichtet, dies dem Bautechnischen Prüfamt unverzüglich anzuzeigen.

(4) Prüfingenieurinnen und Prüfingenieure dürfen nicht tätig werden, wenn sie, ihre Mitarbeiterinnen, Mitarbeiter oder Angehörige des Zusammenschlusses nach § 4 Absatz 2 Nummer 2 mit dem Gegenstand der Prüfung oder der Bauüberwachung bereits befasst waren, insbesondere planerisch tätig geworden sind, oder wenn ein sonstiger Befangenheitsgrund vorliegt.

(5) [1]Prüfingenieurinnen oder Prüfingenieure, die aus wichtigem Grund einen Auftrag nicht annehmen können, müssen die Ablehnung unverzüglich erklären. [2]Sie haben den Schaden zu ersetzen, der aus einer schuldhaften Verzögerung dieser Erklärung entsteht. [3]Die Prüfingenieurin oder der Prüfingenieur kann den Prüfauftrag im Verfahren nach § 72a Absatz 4 der Brandenburgischen Bauordnung sowie im Rahmen der damit verbundenen Bauüberwachung nach § 82 Absatz 2 Nummer 1 oder 2 der Brandenburgischen Bauordnung ablehnen, wenn die Wahrnehmung dieser Aufgabe für die Prüfingenieurin oder den Prüfingenieur unmöglich oder unzumutbar ist.

(6) Ergibt sich bei der Tätigkeit der Prüfingenieurinnen und Prüfingenieure, dass der Auftrag teilweise einem anderen Fachbereich oder einer anderen Fachrichtung zuzuordnen ist, sind sie verpflichtet, den Auftraggeber zu unterrichten.

(7) [1]Die Errichtung einer Zweitniederlassung als Prüfingenieur in der Bundesrepublik Deutschland bedarf der Genehmigung durch die Anerkennungsbehörde. [2]Dem Antrag sind die für die Genehmigung erforderlichen Nachweise beizugeben, insbesondere sind Angaben zur Eigenverantwortlichkeit der Tätigkeit in der Zweitniederlassung, zu den Mitarbeiterinnen und Mitarbeiter, die bei der Prüftätigkeit mitwirken sollen, sowie zur Sicherstellung der Überwachung der ordnungsgemäßen Bauausführung zu machen. [3]Die Genehmigung ist zu versagen, wenn wegen der Zahl der Mitarbeiterinnen

und Mitarbeiter, die bei der Prüftätigkeit mitwirken sollen, der Entfernung zwischen den Niederlassungen oder aus anderen Gründen Bedenken gegen die ordnungsgemäße Aufgabenerledigung bestehen. [4]Liegt die Zweitniederlassung in einem anderen Land, entscheidet die Anerkennungsbehörde im Einvernehmen mit der Anerkennungsbehörde des anderen Landes. [5]Für die Mitwirkung von Mitarbeiterinnen und Mitarbeiter bei der Prüftätigkeit an der Zweitniederlassung gilt Absatz 1 Satz 2 sowie § 13 Abs. 2 entsprechend.

§ 6
Anerkennungsverfahren

(1) [1]Die Anerkennungsverfahren werden nach Bekanntmachung der Frist für die Antragsstellung im Amtsblatt des Landes Brandenburg durchgeführt. [2]Über den Antrag auf Anerkennung entscheidet die Anerkennungsbehörde.

(2) [1]Im Antrag auf Anerkennung muss angegeben sein, für welche Fachbereiche und, soweit vorgesehen, für welche Fachrichtungen die Anerkennung beantragt wird und ob und wie oft die Bewerberin oder der Bewerber sich bereits erfolglos auch in einem anderen Land einem Anerkennungsverfahren in diesen Fachbereichen und, soweit vorgesehen, Fachrichtungen unterzogen hat. [2]Dem Antrag sind die erforderlichen Nachweise beizufügen, insbesondere

1. ein Lebenslauf mit lückenloser Angabe des fachlichen Werdegangs bis zum Zeitpunkt der Antragstellung,
2. je eine Kopie der Abschluss- und Beschäftigungszeugnisse,
3. der Nachweis über den Antrag auf Erteilung eines Führungszeugnisses zur Vorlage bei einer Behörde oder ein gleichwertiges Dokument eines Mitgliedstaates der Europäischen Union, der nicht älter als drei Monate sein soll,
4. Angaben über etwaige sonstige Niederlassungen,
5. Angaben über eine etwaige Beteiligung an einer Gesellschaft, deren Zweck die Planung oder Durchführung von Bauvorhaben ist, und
6. die Nachweise über die Erfüllung der besonderen Voraussetzungen für die Anerkennung in den jeweiligen Fachbereichen und, soweit vorgesehen, Fachrichtungen.

[3]Die Anerkennungsbehörde kann, soweit erforderlich, weitere Unterlagen anfordern.

(3) [1]Die Anerkennungsbehörde bestätigt unverzüglich den Eingang der Unterlagen und teilt gegebenenfalls mit, welche Unterlagen fehlen. [2]Die Eingangsbestätigung muss folgende Angaben enthalten:

1. die in Satz 3 genannte Frist,
2. die verfügbaren Rechtsbehelfe,
3. die Erklärung, dass der Antrag als genehmigt gilt, wenn über ihn nicht rechtzeitig entschieden wird und
4. im Fall der Nachforderung von Unterlagen die Mitteilung, dass die Frist nach Satz 3 erst beginnt, wenn die Unterlagen vollständig sind.

[3]Über den Antrag ist innerhalb von drei Monaten nach Vorlage der vollständigen Unterlagen zu entscheiden. [4]Die Anerkennungsbehörde kann die Frist gegenüber der Bewerberin oder dem Bewerber einmal um bis zu zwei Monate verlängern. [5]Die Fristverlängerung und deren Ende sind ausreichend zu begründen und der Bewerberin oder dem Bewerber vor Ablauf der ursprünglichen Frist mitzuteilen. [6]Der Antrag gilt als genehmigt, wenn über ihn nicht innerhalb der nach Satz 3 maßgeblichen Frist entschieden worden ist. [7]Das Verfahren kann über eine einheitliche Stelle abgewickelt werden. [8]Das Gesetz über den Einheitlichen Ansprechpartner für das Land Brandenburg sowie § 1 des Verwaltungsverfahrensgesetzes für das Land Brandenburg in Verbindung mit den §§ 71a bis 71e des Verwaltungsverfahrensgesetzes finden Anwendung.

(4) [1]Eine Bewerberin oder ein Bewerber, dessen Antrag wegen nicht nachgewiesener fachlicher Eignung abgelehnt wurde, kann nur insgesamt zweimal erneut die Anerkennung beantragen. [2]Das gilt auch, soweit aus diesem Grund ein Antrag auf Anerkennung in einem anderen Land abgelehnt wurde.

[3]Das Anerkennungsverfahren ist im gesamten Umfang zu wiederholen.

(5) Die Anerkennungsbehörde führt nach Fachbereichen und Fachrichtungen gesonderte Listen der Prüfingenieure, die in geeigneter Weise bekannt zu machen sind.

(6) [1]Verlegt die Prüfingenieurin oder der Prüfingenieur ihren oder seinen Geschäftssitz, für den die Anerkennung ausgesprochen worden ist, in ein anderes Land, hat sie oder er dies der Anerkennungsbehörde anzuzeigen. [2]Die Anerkennungsbehörde übersendet die über die Prüfingenieurin oder den Prüfingenieur vorhandenen Akten der Anerkennungsbehörde des Landes, in dem sie oder er den neuen Geschäftssitz gründen will. [3]Mit der Eintragung der Prüfingenieurin oder des Prüfingenieurs in eine entsprechende Liste des anderen Landes erlischt die Eintragung in die Liste nach Absatz 5. [4]Verlegt die Prüfingenieurin oder der Prüfingenieur seinen Geschäftssitz in das Land Brandenburg, findet kein neues Anerkennungsverfahren statt, wenn sie oder er in dem anderen Land vergleichbare Anerkennungsvoraussetzungen erfüllen musste.

§ 7
Erlöschen, Widerruf und Rücknahme der Anerkennung

(1) Die Anerkennung erlischt, wenn die Prüfingenieurin oder der Prüfingenieur

1. gegenüber der Anerkennungsbehörde in Textform darauf verzichtet,
2. das 70. Lebensjahr vollendet hat,
3. die Fähigkeit zur Bekleidung öffentlicher Ämter verliert oder
4. keinen erforderlichen Versicherungsschutz (§ 5 Abs. 2) mehr hat.

(2) Unbeschadet des § 49 des Verwaltungsverfahrensgesetzes in Verbindung mit § 1 Absatz 1 des Verwaltungsverfahrensgesetzes für das Land Brandenburg kann die Anerkennung widerrufen werden, wenn die Prüfingenieurin oder der Prüfingenieur

1. in Folge geistiger und körperlicher Gebrechen nicht mehr in der Lage ist, ihre oder seine Tätigkeit ordnungsgemäß auszuüben,
2. gegen die ihr oder ihm obliegenden Pflichten schwerwiegend, wiederholt oder mindestens grob fahrlässig verstoßen hat,
3. ihre oder seine Tätigkeit in einem Umfang ausübt, die eine ordnungsgemäße Erfüllung ihrer oder seiner Pflichten nicht erwarten lässt, oder
4. in der Bundesrepublik Deutschland außerhalb des Geschäftssitzes, für den die Anerkennung als Prüfingenieurin oder Prüfingenieur ausgesprochen worden ist, ohne die erforderliche Genehmigung nach § 5 Absatz 8 Zweitniederlassungen als Prüfingenieurin oder Prüfingenieur einrichtet.

(3) § 48 des Verwaltungsverfahrensgesetzes in Verbindung mit § 1 Absatz 1 des Verwaltungsverfahrensgesetzes für das Land Brandenburg bleibt unberührt.

(4) Die Anerkennungsbehörde kann in Abständen von mindestens fünf Jahren nachprüfen, ob die Anerkennungsvoraussetzungen noch vorliegen.

§ 8
Führung der Bezeichnung Prüfingenieurin oder Prüfingenieur

Wer nicht als Prüfingenieurin oder Prüfingenieur in einem bestimmten Fachbereich oder, soweit vorgesehen, in einer bestimmten Fachrichtung nach dieser Verordnung anerkannt ist, darf die Bezeichnung „Prüfingenieurin" oder „Prüfingenieur" für diesen Fachbereich und für diese Fachrichtung nicht führen.

§ 9
Gegenseitige Anerkennung

(1) [1]Die Anerkennung als Prüfingenieurin oder Prüfingenieur und die Anerkennung als Prüfsachverständige oder Prüfsachverständiger für den jeweiligen Fachbereich und, soweit vorgesehen, für die jeweilige Fachrichtung sind gleichwertig. [2]Anerkennungen anderer Länder gelten auch im Land Brandenburg, jedoch nur insoweit, als hinsichtlich des Tätigkeitsbereichs nach dem jeweiligen Landesrecht eine Gleichwertigkeit gegeben

ist. [3]Eine weitere Eintragung in die von der Anerkennungsbehörde nach § 6 Absatz 5 geführten Listen erfolgt nicht.

(2) *(aufgehoben)*

(3) [1]Prüfingenieurinnen oder Prüfingenieure sowie Prüfsachverständige, deren Anerkennung nach Absatz 1 auch im Land Brandenburg gilt, dürfen im Land Brandenburg prüfend nur tätig werden, wenn sie dies der Anerkennungsbehörde in Textform angezeigt und sich in Textform zur Beachtung der sich aus dieser Verordnung ergebenden Pflichten, insbesondere der §§ 13, 17 und 24, und zur Überprüfung der Bauausführung nach § 82 und § 83 Absatz 2 Nummer 1 und 2 der Brandenburgischen Bauordnung verpflichtet haben. [2]Hinsichtlich ihrer Prüftätigkeit im Land Brandenburg unterliegen sie der Fachaufsicht des Bautechnischen Prüfamtes.

(4) [1]Personen, die in einem anderen Mitgliedstaat der Europäischen Union oder einem nach dem Recht der Europäischen Gemeinschaften gleichgestellten Staat zur Wahrnehmung von Aufgaben im Sinne dieser Verordnung niedergelassen sind, sind berechtigt, als Prüfingenieurin oder Prüfingenieur Aufgaben nach dieser Verordnung auszuführen, wenn sie

1. hinsichtlich des Tätigkeitsbereiches eine vergleichbare Berechtigung besitzen,
2. dafür hinsichtlich der Anerkennungsvoraussetzungen und des Nachweises von Kenntnissen vergleichbare Anforderungen erfüllen mussten und
3. die deutsche Sprache in Wort und Schrift beherrschen.

[2]Sie haben das erstmalige Tätigwerden vorher der Anerkennungsbehörde anzuzeigen und dabei

1. eine Bescheinigung darüber, dass sie in einem Mitgliedstaat der Europäischen Union oder einem nach dem Recht der Europäischen Gemeinschaften gleichgestellten Staat rechtmäßig zur Wahrnehmung von Aufgaben im Sinne dieser Verordnung niedergelassen sind und ihnen die Ausübung dieser Tätigkeiten zum Zeitpunkt der Vorlage der Bescheinigung nicht, auch nicht vorübergehend, untersagt ist, und
2. einen Nachweis darüber, dass sie im Staat ihrer Niederlassung dafür die Voraussetzungen des Satzes 1 Nr. 2 erfüllen mussten,

vorzulegen. [3]Aus der Anzeige muss hervorgehen, ob und wie oft die Person bereits erfolglos in einem anderen Land die Aufnahme der Tätigkeit in diesen Fachbereichen und, soweit vorgesehen, Fachrichtungen angezeigt hat. [4]Die Anerkennungsbehörde soll das Tätigwerden untersagen, wenn die Voraussetzungen des Satzes 1 nicht erfüllt sind. [5]Sie hat auf Antrag zu bestätigen, dass die Anzeige nach Satz 2 erfolgt ist.

(5) [1]Personen, die in einem anderen Mitgliedstaat der Europäischen Union oder einem nach dem Recht der Europäischen Gemeinschaften gleichgestellten Staat zur Wahrnehmung von Aufgaben im Sinne dieser Verordnung niedergelassen sind, ohne im Sinne des Absatzes 4 Satz 1 Nr. 2 vergleichbar zu sein, sind berechtigt, als Prüfingenieurin oder Prüfingenieur Aufgaben nach dieser Verordnung auszuführen, wenn ihnen die Anerkennungsbehörde bescheinigt hat, dass sie die Anforderungen hinsichtlich der Anerkennungsvoraussetzungen, des Nachweises von Kenntnissen und des Tätigkeitsbereiches nach dieser Verordnung erfüllen. [2]Die Bescheinigung wird auf Antrag erteilt, dem die zur Beurteilung erforderlichen Unterlagen beizufügen sind. [3]§ 6 Abs. 3 gilt entsprechend.

(6) [1]Anzeigen und Bescheinigungen nach den Absätzen 4 und 5 sind nicht erforderlich, wenn bereits in einem anderen Land eine Anzeige erfolgt ist oder eine Bescheinigung erteilt wurde. [2]Verfahren nach den Absätzen 4 und 5 können über eine einheitliche Stelle abgewickelt werden. [3]Absatz 3 bleibt unberührt. [4]Das Gesetz über den Einheitlichen Ansprechpartner für das Land Brandenburg sowie § 1 des Verwaltungsverfahrensgesetzes für das Land Brandenburg in Verbindung mit den §§ 71a bis 71e des Verwaltungsverfahrensgesetzes finden Anwendung.

ABSCHNITT 2
Prüfingenieurinnen und Prüfingenieure für Standsicherheit

§ 10
Besondere Voraussetzungen

[1]Als Prüfingenieurinnen und Prüfingenieure für Standsicherheit in den Fachrichtungen Massivbau, Metallbau und Holzbau werden nur Personen anerkannt, die

1. das Studium des Bauingenieurwesens an einer deutschen Hochschule oder ein gleichwertiges Studium an einer ausländischen Hochschule abgeschlossen haben,
2. danach bis zum Ende der Antragsfrist gemäß § 6 Absatz 1 Satz 1 mindestens zehn Jahre mit der Aufstellung von Standsicherheitsnachweisen, der technischen Bauleitung oder mit vergleichbaren Tätigkeiten betraut gewesen sind, wovon sie mindestens fünf Jahre lang Standsicherheitsnachweise aufgestellt haben und mindestens ein Jahr lang mit der technischen Bauleitung betraut gewesen sein müssen; die Zeit einer technischen Bauleitung darf jedoch nur bis zu höchstens drei Jahren angerechnet werden,
3. über die erforderlichen Kenntnisse der einschlägigen bauordnungsrechtlichen Vorschriften verfügen,
4. durch ihre Leistungen als Ingenieurinnen oder Ingenieure überdurchschnittliche Fähigkeiten bewiesen haben und
5. die für eine Prüfingenieurin oder einen Prüfingenieur erforderlichen Fachkenntnisse und Erfahrungen besitzen.

[2]Das Vorliegen der Anerkennungsvoraussetzungen nach Satz 1 Nummer 2 bis 5 ist durch eine Bescheinigung des Prüfungsausschusses nachzuweisen.

§ 11
Prüfungsausschuss

(1) Die oberste Bauaufsichtsbehörde bildet bei der Anerkennungsbehörde einen Prüfungsausschuss.

(2) [1]Der Prüfungsausschuss besteht aus mindestens sechs Mitgliedern. [2]Die oberste Bauaufsichtsbehörde beruft die Mitglieder des Prüfungsausschusses sowie, soweit erforderlich, stellvertretende Mitglieder für den Verhinderungsfall. [3]Dem Prüfungsausschuss sollen mindestens angehören:

1. eine Hochschulprofessorin oder ein Hochschulprofessor für jede Fachrichtung,
2. ein Mitglied aus dem Bereich der Bauwirtschaft oder ein von der Brandenburgischen Ingenieurkammer vorgeschlagenes Mitglied,
3. ein von der Vereinigung der Prüfingenieure für Bautechnik in Brandenburg e. V. vorgeschlagenes Mitglied,
4. ein Mitglied aus dem Geschäftsbereich einer obersten Bauaufsichtsbehörde,

(3) [1]Die Berufung erfolgt für höchstens fünf Jahre. [2]Wiederberufungen sind zulässig. [3]Abweichend von dieser Regelung endet die Mitgliedschaft im Prüfungsausschuss

1. wenn die Voraussetzungen für die Berufung nach Absatz 2 Satz 3 nicht mehr vorliegen oder
2. mit Vollendung des 70. Lebensjahres.

[4]Der Abschluss eines eingeleiteten Prüfungsverfahrens bleibt unberührt. [5]Unbeschadet des Absatzes 2 Satz 3 Nr. 4 ist die oberste Bauaufsichtsbehörde berechtigt, an den Sitzungen und Beratungen ohne Stimmrecht teilzunehmen.

(4) [1]Die Mitglieder des Prüfungsausschusses sind unabhängig und an Weisungen nicht gebunden. [2]Sie sind zu Unparteilichkeit und Verschwiegenheit verpflichtet. [3]Sie sind ehrenamtlich tätig und haben Anspruch auf eine angemessene Aufwandsentschädigung sowie auf Ersatz der notwendigen Auslagen einschließlich der Reisekosten.

(5) [1]Die oberste Bauaufsichtsbehörde bestimmt aus der Mitte des Prüfungsausschusses den Vorsitz und die Stellvertretung. [2]Der Prüfungsausschuss gibt sich eine Geschäftsordnung.

(6) Die Anerkennungsbehörde kann bestimmen, dass die Prüfung bei einem Prüfungsausschuss abzulegen ist, der in einem anderen Land oder bei einer gemeinsamen Einrichtung von Ländern besteht.

(7) [1]Die Anerkennungsbehörde leitet die Antragsunterlagen dem Prüfungsausschuss zu. [2]Der Prüfungsausschuss bescheinigt gegenüber der Anerkennungsbehörde das Vorliegen der Anerkennungsvoraussetzungen gemäß § 10 Satz 2. [3]Die Entscheidung ist zu begründen, soweit der Prüfungsausschuss das Vorliegen von Anerkennungsvoraussetzungen verneint, im Übrigen auf Verlangen der Anerkennungsbehörde.

(8) Das Prüfungsverfahren besteht aus

1. der Überprüfung des fachlichen Werdegangs und
2. der schriftlichen Prüfung.

(9) Die Einzelheiten des Prüfungsverfahrens sind in der Anlage 1 geregelt.

§ 12
Prüfanträge

(1) Die Bauherrschaft veranlasst die Prüfung von Standsicherheitsnachweisen bei einer anerkannten Prüfingenieurin oder einem anerkannten Prüfingenieur für Standsicherheit; die Prüfung schließt die Überwachung der Bauausführung hinsichtlich der geprüften Standsicherheitsnachweise mit ein.

(2) Die Prüfung der Standsicherheitsnachweise kann auch durch die Bauaufsichtsbehörde erfolgen.

(3) [1]Nach Veranlassung der Prüfung des Standsicherheitsnachweises einer baulichen Anlage darf die Prüfingenieurin oder der Prüfingenieur nur aus wichtigem Grund gewechselt werden. [2]Ein wichtiger Grund liegt insbesondere vor, wenn die Prüfingenieurin oder der Prüfingenieur auf unbestimmte Zeit erkrankt oder aus wichtigem Grund verhindert ist. [3]Ein Wechsel der Prüfingenieurin oder des Prüfingenieurs ist auch im Verfahren nach § 72a Absatz 4 der Brandenburgischen Bauordnung sowie im Rahmen der damit verbundenen Bauüberwachung nach § 82 Absatz 2 Nummer 1 der Brandenburgischen Bauordnung möglich.

§ 13
Aufgabenerledigung

(1) [1]Prüfingenieurinnen und Prüfingenieure für Standsicherheit dürfen bauaufsichtliche Prüfaufgaben nur wahrnehmen, für deren Fachrichtung sie anerkannt sind. [2]Sie sind auch berechtigt, einzelne Bauteile mit höchstens durchschnittlichem Schwierigkeitsgrad der anderen Fachrichtungen zu prüfen. [3]Gehören wichtige Teile einer baulichen Anlage mit überdurchschnittlichem oder sehr hohem Schwierigkeitsgrad zu anderen Fachrichtungen, für die die Prüfingenieurin oder der Prüfingenieur für Standsicherheit nicht anerkannt ist, hat sie oder er unter ihrer oder seiner Federführung weitere, für diese Fachrichtungen anerkannte Prüfingenieurinnen oder Prüfingenieure für Standsicherheit hinzuzuziehen, deren Ergebnisse der Überprüfung in den Prüfbericht aufzunehmen sind. [4]Die Bauherrschaft ist darüber zu unterrichten.

(2) Prüfingenieurinnen und Prüfingenieure für Standsicherheit dürfen sich bei der Prüftätigkeit neben angestellten Mitarbeiterinnen und Mitarbeitern auch der Mithilfe von Angehörigen des Zusammenschlusses nach § 4 Absatz 2 Nummer 2 bedienen, sofern sie in diesem Fall ein Weisungsrecht haben.

(3) [1]Prüfingenieurinnen und Prüfingenieure für Standsicherheit prüfen die Vollständigkeit und Richtigkeit der Standsicherheitsnachweise, der Nachweise der Feuerwiderstandsfähigkeit der tragenden und aussteifenden Bauteile sowie der dazugehörigen Konstruktionszeichnungen. [2]Alle geprüften Nachweise und Konstruktionszeichnungen sind nach Abschluss der Prüfung mit einem Prüfvermerk zu versehen. [3]Das Ergebnis der Prüfung ist in einem Prüfbericht niederzulegen. [4]Bei abschnittsweiser Bauausführung sind Teilprüfberichte zulässig. [5]Im abschließenden Prüfbericht kann auf die Teilprüfberichte Bezug genommen werden. [6]Das Bautechnische Prüfamt kann für den Prüfbericht des Prüfingenieurs ein Muster einführen und dessen Verwendung vorschreiben. [7]Verfügt die Prüfingenieurin oder der Prüfingenieur für Standsicherheit nicht über die erforderliche Sachkunde zur Beurteilung der Gründung oder

hat sie oder er Zweifel hinsichtlich der verwendeten Annahmen oder der bodenmechanischen Kenngrößen, sind im Einvernehmen mit der Bauherrschaft Prüfsachverständige für den Erd- und Grundbau einzuschalten.

(4) Liegen den Standsicherheitsnachweisen Abweichungen nach § 67 Absatz 1 oder § 86a Absatz 1 der Brandenburgischen Bauordnung oder Erleichterungen nach § 51 Absatz 1 der Brandenburgischen Bauordnung zugrunde, so sind diese im Prüfbericht zu benennen und es ist darzulegen, aus welchen Gründen diese für zulässig gehalten oder abgelehnt werden.

(5) [1]Prüfingenieurinnen und Prüfingenieure für Standsicherheit tragen die Verantwortung für die Vollständigkeit und Richtigkeit der Prüfung. [2]Einer Nachprüfung des Prüfungsergebnisses durch die Bauaufsichtsbehörde bedarf es nicht.

(6) [1]Prüfingenieurinnen und Prüfingenieure für Standsicherheit überwachen die ordnungsgemäße Bauausführung hinsichtlich der von ihnen geprüften Nachweise. [2]Die Überwachung der ordnungsgemäßen Bauausführung kann sich auf Stichproben beschränken. [3]Umfang und Ergebnisse der Überwachungen sind in Überwachungsberichten und abschließend in einem zusammenfassenden Bericht niederzulegen. [4]Gliedert sich ein Bauvorhaben in mehrere Bauabschnitte, so können sich die zusammenfassenden Berichte auf die jeweiligen Bauabschnitte beziehen. [5]Der zusammenfassende Bericht und die geprüften Unterlagen sind der Bauherrschaft spätestens für die Anzeige nach § 83 Absatz 2 Satz 1 der Brandenburgischen Bauordnung vorzulegen.

(7) Werden die bei den Überwachungen durch die Prüfingenieurin oder der Prüfingenieur für Standsicherheit festgestellten Mängel trotz Aufforderung nicht beseitigt, ist die Bauaufsichtsbehörde hiervon unverzüglich zu unterrichten.

(8) [1]Prüfingenieurinnen und Prüfingenieure für Standsicherheit haben ein Verzeichnis über die von ihnen ausgeführten Prüfaufträge nach einem vom Bautechnischen Prüfamt festgelegten Muster zu führen. [2]Das Verzeichnis ist jeweils für ein Kalenderjahr, spätestens am 31. Januar des folgenden Jahres, dem Bautechnischen Prüfamt vorzulegen.

ABSCHNITT 3
Prüfingenieurinnen und Prüfingenieure für Brandschutz

§ 14
Besondere Voraussetzungen

[1]Als Prüfingenieurinnen und Prüfingenieure für Brandschutz werden nur Personen anerkannt, die

1. als Angehörige der Fachrichtung Architektur, Hochbau, Bauingenieurwesen oder eines Studiengangs mit dem Schwerpunkt Brandschutz ein Studium an einer deutschen Hochschule, ein gleichwertiges Studium an einer ausländischen Hochschule oder mindestens die Ausbildung für den gehobenen feuerwehrtechnischen Dienst abgeschlossen haben,
2. danach mindestens fünf Jahre Erfahrung in der brandschutztechnischen Planung und Ausführung oder der Prüfung von Gebäuden haben, insbesondere von Sonderbauten unterschiedlicher Art mit höherem brandschutztechnischen Schwierigkeitsgrad,
3. bei der brandschutztechnischen Planung und Ausführung von Sonderbauten nach Nummer 2 oder deren Prüfung überdurchschnittliche Fähigkeiten bewiesen haben,
4. die erforderlichen Kenntnisse im Bereich des abwehrenden Brandschutzes,
5. die erforderlichen Kenntnisse des Brandverhaltens von Bauprodukten und Bauarten,
6 die erforderlichen Kenntnisse im Bereich des anlagentechnischen Brandschutzes und
7. die erforderlichen Kenntnisse der einschlägigen bauordnungsrechtlichen Vorschriften besitzen.

[2]Das Vorliegen der Anerkennungsvoraussetzungen nach Satz 1 Nr. 2 bis 7 ist durch eine

Bescheinigung des Prüfungsausschusses nachzuweisen.

§ 15
Prüfungsausschuss

(1) [1]Der Prüfungsausschuss besteht aus mindestens sechs Mitgliedern. [2]Dem Prüfungsausschuss sollen mindestens angehören:
1. ein von der Architektenkammer vorgeschlagenes Mitglied,
2. ein von der Ingenieurkammer vorgeschlagenes Mitglied,
3. ein Mitglied aus dem Geschäftsbereich einer obersten Bauaufsichtsbehörde,
4. ein Mitglied aus dem Bereich der Feuerwehr oder einer Brandschutzdienststelle,
5. ein Mitglied aus dem Bereich der Sachversicherer und
6. ein Mitglied aus dem Bereich der Forschung und Prüfung auf dem Gebiet des Brandverhaltens von Bauprodukten und Bauarten.

(2) § 11 Absatz 1, Absatz 2 Satz 2 und Absatz 3 bis 7 gilt entsprechend.

(3) Das Prüfungsverfahren besteht aus
1. der Überprüfung des fachlichen Werdegangs und
2. der schriftlichen und der mündlichen Prüfung.

(4) Die Einzelheiten des Prüfungsverfahrens sind in der Anlage 2 geregelt.

§ 16
Prüfanträge

(1) [1]Die Bauherrschaft veranlasst die Prüfung von Brandschutznachweisen bei einer anerkannten Prüfingenieurin oder einem anerkannten Prüfingenieur für Brandschutz. [2]Die Prüfung schließt die Überwachung der Bauausführung hinsichtlich des geprüften Brandschutznachweises mit ein.

(2) Die Prüfung der Brandschutznachweise nach Absatz 1 kann auch durch die Bauaufsichtsbehörde erfolgen.

(3) [1]Nach Veranlassung der Prüfung des Brandschutznachweises einer baulichen Anlage darf die Prüfingenieurin oder der Prüfingenieur nur aus wichtigem Grund gewechselt werden. [2]Ein wichtiger Grund liegt insbesondere vor, wenn die Prüfingenieurin oder der Prüfingenieur auf unbestimmte Zeit erkrankt oder aus wichtigem Grund verhindert ist. [3]Ein Wechsel der Prüfingenieurin oder des Prüfingenieurs ist auch im Verfahren nach § 72a Absatz 4 der Brandenburgischen Bauordnung sowie im Rahmen der damit verbundenen Bauüberwachung nach § 82 Absatz 2 Nummer 2 der Brandenburgischen Bauordnung möglich.

§ 17
Aufgabenerledigung

(1) [1]Prüfingenieurinnen und Prüfingenieure für Brandschutz prüfen die Vollständigkeit und Richtigkeit der Brandschutznachweise unter Beachtung der Leistungsfähigkeit der örtlichen Feuerwehr. [2]Sie haben die zuständige Brandschutzdienststelle zu beteiligen und deren Anforderungen bezüglich der Brandschutznachweise zu würdigen. [3]Prüfingenieurinnen und Prüfingenieure für Brandschutz überwachen die ordnungsgemäße Bauausführung hinsichtlich der von ihnen geprüften Brandschutznachweise.

(2) § 13 Abs. 2 bis 8 gilt entsprechend.

ABSCHNITT 4
Bautechnisches Prüfamt, Typenprüfung

§ 18
Bautechnisches Prüfamt

(1) Bautechnisches Prüfamt ist das Landesamt für Bauen und Verkehr.

(2) Das Bautechnische Prüfamt nimmt Aufgaben nach dieser Verordnung wahr.

(3) Die für die Durchführung der Aufgaben zuständige Stelle muss mit geeigneten Ingenieurinnen oder Ingenieuren besetzt sein und von einer im Bauingenieurwesen besonders vorgebildeten und erfahrenen Person mit der Befähigung für den höheren bautechnischen Verwaltungsdienst angeleitet werden.

(4) [1]Das Bautechnische Prüfamt ist Anerkennungsbehörde nach § 6 Abs. 1 Satz 2. [2]Gegen

die Sachentscheidung der Prüfingenieurinnen oder Prüfingenieure kann beim Bautechnischen Prüfamt Beschwerde eingelegt werden.

§ 19
Typenprüfung

(1) Die bauaufsichtliche Prüfung der Standsicherheitsnachweise für prüfpflichtige bauliche Anlagen oder für Teile von baulichen Anlagen, die in gleicher Ausführung an mehreren Standorten errichtet oder verwendet werden (Typenprüfung), erfolgt durch das Bautechnische Prüfamt.

(2) [1]Die Geltungsdauer der Typenprüfung ist zu befristen; sie soll nicht mehr als fünf Jahre betragen. [2]Sie kann auf Antrag in Textform um jeweils fünf Jahre verlängert werden.

ABSCHNITT 5
Fliegende Bauten

§ 20
Zuständigkeiten für Fliegende Bauten

(1) [1]Die Aufgaben und Befugnisse der Bauaufsichtsbehörde nach § 76 Absatz 2 bis 5 der Brandenburgischen Bauordnung werden der

TÜV Rheinland Industrie Service GmbH
Regionalbereich Berlin

zur eigenverantwortlichen und unabhängigen Wahrnehmung als Prüfstelle für Fliegende Bauten übertragen. [2]Die TÜV Rheinland Industrie Service GmbH, Regionalbereich Berlin ist damit gemäß § 16 Absatz 1 des Landesorganisationsgesetzes als Beliehene für die Erteilung der Ausführungsgenehmigung für Fliegende Bauten zuständig. [3]Die Übertragung ist bis zum 1. Februar 2011 befristet und kann auf Antrag jeweils um höchstens fünf Jahre verlängert werden.

(2) [1]Bei der Wahrnehmung der Aufgaben sind die bauaufsichtlichen Rechtsvorschriften, die dazu erlassenen Verwaltungsvorschriften sowie die Richtlinie über Fliegende Bauten zu beachten. [2]Soweit erforderlich werden weitere Einzelheiten über die Wahrnehmung der Aufgaben in Arbeitsanweisungen in Textform des Bautechnischen Prüfamtes geregelt.

(3) [1]Eigenverantwortlich bedeutet, dass die Prüfstelle die Tätigkeit selbstständig in eigener Verantwortung ausübt. [2]Unabhängig ist, wer bei der übertragenen Tätigkeit weder eigene Produktions-, Handels- oder Lieferinteressen hat, noch fremde Interessen dieser Art vertritt, die unmittelbar oder mittelbar im Zusammenhang mit der beruflichen Tätigkeit stehen.

(4) [1]Die Prüfstelle und die bei ihr beschäftigten Ingenieurinnen oder Ingenieure haben ihre Tätigkeit unparteiisch, gewissenhaft und gemäß den bauordnungsrechtlichen Vorschriften zu erfüllen. [2]Sie müssen sich über diese Vorschriften und die Entwicklungen in ihrem Fachgebiet stets auf dem Laufenden halten und über die für ihre Aufgabenerfüllung erforderlichen Geräte und Hilfsmittel verfügen.

(5) Die Prüfstelle darf nicht tätig werden, wenn sie oder die bei ihr beschäftigten Ingenieurinnen und Ingenieure mit der Entwurfsplanung, Fachplanung oder im Unternehmen mit dem Gegenstand der Prüfung oder der Genehmigung befasst waren oder wenn ein sonstiger Befangenheitsgrund vorliegt.

(6) Die Prüfstelle muss mit einer Haftungssumme von jeweils mindestens 500 000 Euro für Personen- sowie für Sach- und Vermögensschäden je Schadensfall, die mindestens zweimal im Versicherungsjahr zur Verfügung stehen muss, haftpflichtversichert sein.

§ 21
Erlöschen, Widerruf und Rücknahme der Anerkennung

(1) [1]Die Anerkennung erlischt, wenn
1. die Prüfstelle gegenüber dem Bautechnischen Prüfamt auf die Anerkennung verzichtet,
2. der erforderliche Versicherungsschutz nicht mehr besteht oder
3. die Prüfstelle sich aufgelöst hat, liquidiert wird oder über das Vermögen der Prüfstelle ein Insolvenzverfahren eröffnet wurde.

[2]Der Verzicht auf die Anerkennung nach Satz 1 Nummer 1 ist nur mit einer Frist von einem Jahr möglich

(2) Unbeschadet des § 49 des Verwaltungsverfahrensgesetzes in Verbindung mit § 1 Absatz 1 des Verwaltungsverfahrensgesetzes für das Land Brandenburg ist die Anerkennung zu widerrufen, wenn

1. die Prüfstelle nicht mehr in der Lage ist, die ihr nach § 20 Abs. 1 übertragenen Aufgaben wahrzunehmen,
2. die Voraussetzungen für die Anerkennung als Prüfstelle für Fliegende Bauten nach § 20 Abs. 3 nicht mehr vorliegen oder
3. die Prüfstelle oder ihre Ingenieurinnen oder Ingenieure gegen die ihnen obliegenden Pflichten nach § 20 Abs. 2, 4 und 5 schwerwiegend, wiederholt oder grob fahrlässig verstoßen haben.

(3) Für die Rücknahme der Anerkennung gilt § 48 des Verwaltungsverfahrensgesetzes in Verbindung mit § 1 Absatz 1 des Verwaltungsverfahrensgesetzes für das Land Brandenburg.

§ 22
Rechts- und Fachaufsicht

(1) Die Prüfstelle untersteht der Rechts- und Fachaufsicht des Bautechnischen Prüfamtes.

(2) [1]Die Prüfstelle unterrichtet das Bautechnische Prüfamt, sofern Entscheidungen zu treffen sind, die neuartige Konstruktionen und Systeme berühren oder grundsätzliche Bedeutung für die Sicherheit von Besuchern haben. [2]In diesen Fällen ist das Vorgehen mit dem Bautechnischen Prüfamt abzustimmen.

(3) Unfälle, die durch den Betrieb Fliegender Bauten entstanden und der Prüfstelle bekannt geworden sind, sind dem Bautechnischen Prüfamt unverzüglich zu melden.

(4) Die Prüfstelle unterrichtet das Bautechnische Prüfamt, wenn sie ihre Geschäftsstelle verlegt.

ABSCHNITT 6
Vergütung, Bewertungs- und Verrechnungsstelle

§ 23
Vergütung

[1]Den Prüfingenieurinnen und Prüfingenieuren für Standsicherheit, den Prüfingenieurinnen und Prüfingenieuren für Brandschutz, dem Bautechnischen Prüfamt und der Prüfstelle für Fliegende Bauten steht für die Aufgabenerledigung nach dieser Verordnung eine Vergütung zu. [2]Die Vergütung richtet sich nach der Brandenburgischen Baugebührenordnung.

§ 24
Bewertungs- und Verrechnungsstelle

(1) [1]Die Prüfingenieure haben sich zum Zweck einer einheitlichen Bewertung, Berechnung und Erhebung der Gebühren einer gemeinsamen Bewertungs- und Verrechnungsstelle zu bedienen. [2]Die Bewertungs- und Verrechnungsstelle bewertet für die von der Bauherrschaft veranlasste Prüfung die Grundlagen der Gebührenberechnung und berechnet und erhebt die Gebühren der jeweiligen Prüfingenieurin oder des jeweiligen Prüfingenieurs. [3]Die Bewertungs- und Verrechnungsstelle leitet die Vollstreckung nicht einziehbarer Kosten durch die zuständige Vollstreckungsbehörde ein. [4]Die gemeinsame Bewertungs- und Verrechnungsstelle hat ihren Geschäftssitz im Land Brandenburg oder im Land Berlin.

(2) [1]Die Bewertungs- und Verrechnungsstelle untersteht der Rechts- und Fachaufsicht des Bautechnischen Prüfamtes. [2]Die Bewertungs- und Verrechnungsstelle richtet einen Widerspruchsausschuss ein, dem mindestens drei Prüfingenieurinnen oder Prüfingenieure angehören sollen. [3]Der Widerspruchsausschuss ist Widerspruchsbehörde, soweit sich die Widersprüche gegen die Gebührenentscheidungen richten.

ABSCHNITT 7 Ordnungswidrigkeiten, Übergangs- und Schlussvorschriften

§ 25 Ordnungswidrigkeiten

(1) [1]Ordnungswidrig im Sinne des § 85 Absatz 1 Satz 1 Nummer 1 der Brandenburgischen Bauordnung handelt, wer vorsätzlich oder fahrlässig entgegen § 8 die Bezeichnung Prüfingenieurin oder Prüfingenieur für einen bestimmten Fachbereich oder für eine bestimmte Fachrichtung führt. [2]Die Ordnungswidrigkeit kann mit einer Geldbuße bis zu 500 000 Euro belegt werden.

(2) Prüfingenieurinnen und Prüfingenieure, die

1. entgegen § 9 Abs. 3 ihrer Anzeigepflicht nicht oder nicht rechtzeitig nachkommen oder
2. sich entgegen § 24 Abs. 1 nicht der gemeinsamen Bewertungs- und Verrechnungsstelle der Länder Berlin und Brandenburg bedienen,

können nach § 85 Absatz 1 Satz 1 Nummer 1 der Brandenburgischen Bauordnung mit einer Geldbuße bis zu 10 000 Euro belegt werden.

§ 26 Übergangsvorschriften

[1]Prüfingenieurinnen und Prüfingenieure für Baustatik führen die Bezeichnung „Prüfingenieurinnen oder Prüfingenieure für Standsicherheit". [2]Die Anerkennungsbehörde stellt auf Verlangen eine neue Urkunde aus.

§ 27 (Inkrafttreten, Außerkrafttreten)

Anlage 1
(zu § 11 Absatz 9)

Prüfungsverfahren für die Anerkennung von Prüfingenieurinnen und Prüfingenieuren für Standsicherheit

I. Verfahren

Der Prüfungsausschuss prüft die fachliche Eignung der Bewerberinnen und Bewerber in einem zweistufigen Prüfungsverfahren

1 Überprüfung des fachlichen Werdegangs

Die Überprüfung des fachlichen Werdegangs dient der Feststellung, ob die Bewerberin oder der Bewerber die besonderen Voraussetzungen des § 10 Satz 1 Nummer 2 und 4 erfüllt. Maßgeblich ist der Zeitpunkt der Entscheidung des Prüfungsausschusses über die Zulassung zum weiteren Prüfungsverfahren nach § 11 Absatz 8 Nummer 2. Eine Bewerberin oder ein Bewerber, die oder der die Voraussetzungen nicht erfüllt, wird nicht zur Prüfung zugelassen.

Die Bewerberin oder der Bewerber hat eine Referenzobjektliste der von ihr oder ihm bearbeiteten statischen und konstruktiv schwierigen Vorhaben mit Angabe von Ort, Zeitraum, Bauherrin oder Bauherr, etwaigen statischen und konstruktiven Besonderheiten, Schwierigkeitsgrad (Bauwerksklasse nach Anlage 4 der Brandenburgischen Baugebührenordnung in der jeweils geltenden Fassung) sowie der Art der von der Bewerberin oder dem Bewerber persönlich geleisteten Arbeiten und der Stellen oder Personen vorzulegen, die die von der Bewerberin oder dem Bewerber erstellten Standsicherheitsnachweise geprüft haben. Die Vorhaben sollen nicht älter als zehn Jahre sein. Aus der Referenzobjektliste muss erkennbar sein, dass die Bewerberin oder der Bewerber eine mindestens fünfjährige Erfahrung im Aufstellen von Standsicherheitsnachweisen auch für überdurchschnittlich schwierige Konstruktionen besitzt. Sie oder er muss innerhalb der beantragten Fachrichtung ein breites Spektrum unterschiedlicher Tragwerke bearbeitet haben.

Die Referenzobjektliste und die Referenzobjekte werden durch zwei Mitglieder des Prüfungs- ausschusses im Hinblick auf die sich daraus ergebende Eignung der Bewerberin oder des Bewerbers beurteilt. Kommt ein einvernehmlicher Vorschlag nicht zustande, entscheidet der Prüfungsausschuss.

Aus der Referenzobjektliste hat die Bewerberin oder der Bewerber für jede beantragte Fachrichtung sechs statisch-konstruktiv schwierige Referenzobjekte auszuwählen und eingehender zu beschreiben. Zwei dieser Referenzobjekte dürfen Ingenieurbauwerke sein. Die Beschreibung soll Angaben über das Bauwerk enthalten zur Größe, zum Konstruktionsprinzip, zu statischen und konstruktiven Besonderheiten, zum Schwierigkeitsgrad, zur Bauherrin oder zum Bauherren beziehungsweise zur Auftraggeberin oder zum Auftraggeber und zur Prüfingenieurin oder zum Prüfingenieur sowie zu den persönlich bearbeiteten Teilen und durch eine Skizze oder Foto des Bauwerks ergänzt werden.

Wiederholt die Bewerberin oder der Bewerber das Prüfungsverfahren zum nächsten Termin und hat sie oder er im letzten Prüfungsverfahren mindestens die Zulassung zur Prüfung nach § 11 Absatz 8 Nummer 2 erreicht, soll der Prüfungsausschuss ganz oder teilweise auf eine erneute Bewertung des fachlichen Werdegangs und der Referenzobjekte verzichten.

2 Schriftliche Prüfung

2.1 Prüfstoff

Die schriftliche Prüfung dient der Feststellung, ob die Bewerberin oder der Bewerber die für eine Prüfingenieurin oder einen Prüfingenieur erforderlichen Fachkenntnisse und Erfahrungen sowie die erforderlichen Kenntnisse der einschlägigen bauordnungsrechtlichen Vorschriften besitzt und anwenden kann.

Kenntnisse sind insbesondere auf folgenden Gebieten nachzuweisen:

1. Statik, Bemessung, Konstruktion und Ausführung von Tragwerken:
   a) Einwirkungen auf Tragwerke,
   b) Standsicherheit von Tragwerken,
   c) Bemessung und konstruktive Durchbildung der Tragwerke,
   d) Zusammenwirken von Tragwerken und Baugrund,
   e) Baugrubensicherung,
   f) Feuerwiderstandsfähigkeit der tragenden und raumabschließenden Bauteile,
   g) Technische Baubestimmungen einschließlich der ihnen zugrundeliegenden Sicherheitskonzepte;
2. Bauordnungsrechtliche Vorschriften, insbesondere die Regelungen zur Prüfung von Standsicherheitsnachweisen und Überwachung der Bauausführung zu Bauprodukten und Bauarten.

Die Prüfung kann sich auf Bauteile und Tragwerke in allen Fachrichtungen bis zur Bauwerksklasse 3 erstrecken. Gegenstand der Prüfungen können auch Grundbau und Bauphysik sein (Allgemeine Fachkenntnisse). In der beantragten Fachrichtung erstreckt sich die Prüfung bis zur Bauwerksklasse 5 (Besondere Fachkenntnisse).

2.2 Verfahren

Die oder der Vorsitzende des Prüfungsausschusses lädt Bewerberinnen und Bewerber in Textform zur Prüfung ein und teilt ihnen die zugelassenen Hilfsmittel mit. Sie werden mit einer Frist von mindestens vier Wochen zur schriftlichen Prüfung eingeladen.

Den Bewerberinnen und Bewerbern werden vom Prüfungsausschuss ausgewählte Aufgaben gestellt. Die Prüfung besteht aus einem Prüfungsteil „Allgemeine Fachkenntnisse“ und je beantragter Fachrichtung aus einem Prüfungsteil „Besondere Fachkenntnisse“. Die Bearbeitungszeit der gestellten Aufgaben beträgt je Prüfungsteil 180 Minuten mit jeweils einer anschließenden Pause von mindestens 30 Minuten. Die Prüfungsteile können an zwei unmittelbar aufeinanderfolgenden Tagen stattfinden. Die Aufsicht führt ein Mitglied des Prüfungsausschusses, das durch eine weitere Person unterstützt wird. Bei Störungen des Prüfungsablaufs kann die Bearbeitungszeit durch das aufsichtführende Mitglied des Prüfungsausschusses angemessen verlängert werden.

Vor Prüfungsbeginn haben sich die Bewerberinnen und Bewerber durch Lichtbildausweis auszuweisen.

Die schriftlichen Arbeiten werden anstelle des Namens mit einer Kennziffer versehen. Es wird eine Liste über die Kennziffern gefertigt, die geheim zu halten ist.

2.3 Bewertung

Die Prüfungsarbeiten werden von zwei Mitgliedern des Prüfungsausschusses unabhängig voneinander bewertet. Die Bewertung erfolgt mit ganzen Punkten. Weichen die Bewertungen um nicht mehr als 15 Prozent der vom Prüfungsausschuss festgelegten höchstmöglichen Punkte voneinander ab, errechnet sich die Bewertung aus der durchschnittlichen Punktzahl. Bei größeren Abweichungen entscheidet ein Drittprüfer über die Bewertung der Aufgabe. Die schriftliche Prüfung ist bestanden, wenn in den Prüfungsteilen nach Anlage 1 Abschnitt 2.2 jeweils mehr als die Hälfte der möglichen Punkte erreicht werden.

Anerkannte Prüfingenieurinnen und Prüfingenieure, die eine Erweiterung ihrer bestehenden Anerkennung um eine zusätzliche Fachrichtung anstreben, müssen die Prüfung im Teil „Allgemeine Fachkenntnisse“ nicht ablegen.

Das Ergebnis der Prüfung lautet:

1. „Die Bewerberin oder der Bewerber hat die für eine Prüfingenieurin oder einen Prüfingenieur erforderlichen Fachkenntnisse und Erfahrungen sowie die erforderlichen Kenntnisse der einschlägigen bauordnungsrechtlichen Vorschriften nachgewiesen." oder
2. „Die Bewerberin oder der Bewerber hat die für eine Prüfingenieurin oder einen Prüfingenieur erforderlichen Fachkenntnisse und Erfahrungen sowie die erforderlichen Kenntnisse der einschlägigen bauordnungsrechtlichen Vorschriften nicht nachgewiesen."

II. Täuschungsversuche, Ordnungsverstöße

Versucht eine Bewerberin oder ein Bewerber bei der Prüfung zu täuschen, einer anderen Bewerberin oder einem anderen Bewerber zu helfen oder ist sie oder er nach Beginn der Prüfung im Besitz nicht zugelassener Hilfsmittel, wird die Prüfung insgesamt als nicht bestanden bewertet.

Bei einer erheblichen Störung des Prüfungsablaufs kann die Bewerberin oder der Bewerber von der weiteren Teilnahme ausgeschlossen werden. Satz 1 gilt entsprechend.

Die Entscheidungen nach den Sätzen 1 und 2 trifft die oder der Aufsichtführende.

III. Rücktritt

Die Prüfung gilt als nicht abgelegt, wenn die Bewerberin oder der Bewerber nach erfolgter Zulassung

1. vor Beginn der Prüfung oder
2. nach Beginn der Prüfung aus von ihr oder ihm nicht zu vertretenden Gründen

von der Teilnahme an der Prüfung zurücktritt; der Grund nach Nummer 2 ist gegenüber dem Prüfungsausschuss glaubhaft zu machen, im Krankheitsfall durch Vorlage einer ärztlichen Bestätigung. Im Übrigen gilt die Prüfung als nicht bestanden.

IV. Akteneinsicht

Der Bewerberin oder dem Bewerber wird auf Antrag Einsicht in ihre oder seine Prüfungsarbeit und die darauf bezogenen Bewertungen der Prüfungsleistung gewährt. Der Antrag ist bei der zuständigen Anerkennungsbehörde zu stellen. Diese bestimmt Zeit und Ort der Einsichtnahme. Die Einsichtnahme erfolgt unter Aufsicht. Die Bewerberin oder der Bewerber ist nicht berechtigt, von der Prüfungsakte insgesamt oder in Teilen Kopien anzufertigen.

Anlage 2
(zu § 15 Absatz 4)

Prüfungsverfahren für die Anerkennung von Prüfingenieurinnen und Prüfingenieuren für Brandschutz

I. Verfahren

Der Prüfungsausschuss bescheinigt gegenüber der Anerkennungsbehörde das Vorliegen der Anerkennungsvoraussetzungen nach § 14 Satz 1 Nummer 2 bis 7. Die Entscheidung ist zu begründen, soweit der Prüfungsausschuss das Vorliegen von Anerkennungsvoraussetzungen verneint, im Übrigen auf Verlangen der Anerkennungsbehörde.

1 Überprüfung des fachlichen Werdegangs

Die Überprüfung des fachlichen Werdegangs dient der Feststellung, ob die Bewerberin oder der Bewerber die besonderen Voraussetzungen des § 14 Satz 1 Nummer 2 und 3 erfüllt. Eine Bewerberin oder ein Bewerber, die oder der die Voraussetzungen nicht erfüllt, wird nicht zur Prüfung zugelassen. Maßgeblich ist der Zeitpunkt der Entscheidung des Prüfungsausschusses über die Zulassung zur Prüfung.

Die Bewerberin oder der Bewerber hat eine Darstellung ihres oder seines fachlichen Werdegangs sowie eine Referenzobjektliste von mindestens zehn Sonderbauvorhaben unterschiedlicher Art mit höherem brandschutztechnischem Schwierigkeitsgrad (Brandschutznachweise für Sonderbauten oder deren Prüfung) vorzulegen. Bei den Vorhaben muss die Bewerberin oder der Bewerber die brandschutztechnische Planung oder deren Prüfung selbst durchgeführt haben und dies erklären. Die Auswahl der Vorhaben hat von der Bewerberin oder vom Bewerber so zu erfolgen, dass ein Zeitraum ihrer oder seiner Tätigkeit von mindestens fünf Jahren widergespiegelt wird. Die Vorhaben sollen nicht älter als zehn Jahre sein; die Bewerberin oder der Bewerber muss über die Unterlagen der Vorhaben und gegebenenfalls Prüfberichte verfügen.

Der Prüfungsausschuss wählt aus der Referenzobjektliste nach Satz 4 mindestens drei Brandschutznachweise oder Prüfberichte aus. Diese Brandschutznachweise oder Prüfberichte sind vom Prüfungsausschuss zu prüfen und zu bewerten, um die überdurchschnittlichen Fähigkeiten nach § 14 Satz 1 Nummer 3 festzustellen. Diese werden durch zwei Mitglieder des Prüfungsausschusses im Hinblick auf die sich daraus ergebende Eignung der Bewerberin oder des Bewerbers beurteilt. Kommt ein einvernehmlicher Vorschlag nicht zustande, entscheidet der Prüfungsausschuss.

Wiederholt die Bewerberin oder der Bewerber die schriftliche Prüfung, ist eine erneute Überprüfung des fachlichen Werdegangs nur erforderlich, wenn seit der letzten Überprüfung mehr als fünf Jahre vergangen sind.

2 Schriftliche Prüfung

2.1 Prüfstoff

Die schriftliche Prüfung dient der Feststellung, ob die Bewerberin oder der Bewerber die für eine Prüfingenieurin oder einen Prüfingenieur erforderlichen Fachkenntnisse und Erfahrungen sowie die erforderlichen Kenntnisse der einschlägigen bauordnungsrechtlichen Vorschriften besitzt und anwenden kann. Kenntnisse sind insbesondere auf folgenden Gebieten nachzuweisen:

1. abwehrender Brandschutz,
2. Brandverhalten von Baustoffen, Feuerwiderstandsdauer von Bauteilen,
3. anlagentechnischer Brandschutz und
4. einschlägige bauordnungsrechtliche Vorschriften.

Der Schwierigkeitsgrad der Prüfungsaufgaben ist auf das Niveau von Sonderbauten unterschiedlicher Art mit höherem brandschutztechnischem Schwierigkeitsgrad abzustellen.

2.2 Verfahren

Die oder der Vorsitzende des Prüfungsausschusses lädt Bewerberinnen und Bewerber in Textform zur Prüfung ein und teilt ihnen die zugelassenen Hilfsmittel mit. Sie werden mit einer Frist von mindestens vier Wochen zur schriftlichen Prüfung eingeladen. Den Bewerberinnen und Bewerbern werden vom Prüfungsausschuss ausgewählte Aufgaben gestellt. Die Gesamtbearbeitungszeit der gestellten Aufgaben beträgt zweimal 180 Minuten mit einer Pause von mindestens 30 Minuten. Aufsicht führt ein Mitglied des Prüfungsausschusses. Bei Störungen des Prüfungsablaufs kann die Bearbeitungszeit durch das aufsichtführende Mitglied des Prüfungsausschusses angemessen verlängert werden.

Vor Prüfungsbeginn haben sich die Bewerberinnen und Bewerber durch Lichtbildausweise auszuweisen.

Die schriftlichen Arbeiten werden anstelle des Namens mit einer Kennziffer versehen. Es wird eine Liste über die Kennziffern gefertigt, die geheim zu halten ist.

2.3 Bewertung

Die Prüfungsarbeiten werden von zwei Mitgliedern des Prüfungsausschusses unabhängig voneinander bewertet. Die Bewertung erfolgt mit ganzen Punkten. Weichen die Bewertungen um nicht mehr als 15 Prozent der möglichen Punktzahl für jede Aufgabe voneinander ab, so gilt der Durchschnitt. Bei größeren Abweichungen entscheidet der Prüfungsausschuss.

Die schriftliche Prüfung gilt als bestanden, wenn in den Prüfungsgebieten nach Nummer 2.1 Satz 2 Nummer 1 bis 4 jeweils mehr als die Hälfte der möglichen Punkte erreicht werden.

Eine Bewerberin oder ein Bewerber, die oder der die schriftliche Prüfung nicht bestanden hat, wird nicht zur mündlichen Prüfung zugelassen.

3 Mündliche Prüfung

3.1 Verfahren

Die mündliche Prüfung erstreckt sich auf die Gegenstände nach Nummer 2.1 Satz 1. Sie ist vorrangig Verständnisprüfung.

Die mündliche Prüfung soll spätestens zwei Monate nach der Bekanntgabe des Ergebnisses der schriftlichen Prüfung stattfinden. Nummer 2.2 Satz 1 und 2 gilt entsprechend.

Die mündliche Prüfung wird von mindestens fünf Mitgliedern des Prüfungsausschusses (Prüfungskommission) abgenommen. Neben der oder dem Vorsitzenden des Prüfungsausschusses muss mindestens ein Mitglied aus dem Geschäftsbereich einer obersten Bauaufsichtsbehörde der Prüfungskommission angehören; die oder der Vorsitzende des Prüfungsausschusses bestellt die Prüfungskommission. Weitere Vertreter der obersten Bauaufsichtsbehörde dürfen anwesend sein; an den Beratungen der Prüfungskommission dürfen sie ohne Rede- und Stimmrecht teilnehmen.

Die Dauer der mündlichen Prüfung soll mindestens 20 Minuten und höchstens 30 Minuten betragen.

Über den Verlauf und das Ergebnis der mündlichen Prüfung wird eine Niederschrift angefertigt, die von der Vorsitzenden oder dem Vorsitzenden des Prüfungsausschusses zu unterschreiben ist. Die Niederschrift muss

1. die Besetzung der Prüfungskommission,
2. die Namen der Bewerberinnen und Bewerber,
3. Beginn und Ende der mündlichen Prüfung,

4. Besonderheiten des Prüfungsablaufs,
5. die Gegenstände der mündlichen Prüfung und
6. die Entscheidungen der Prüfungskommission über die Eignung der Bewerberinnen und Bewerber

enthalten.

3.2 Bewertung

Über die Bewertung der mündlichen Prüfung entscheidet die Prüfungskommission. Der Bewerberin oder dem Bewerber wird das Ergebnis unverzüglich mitgeteilt.

Das Ergebnis der Prüfung lautet:
1. „Die Bewerberin oder der Bewerber hat die für eine Prüfingenieurin oder einen Prüfingenieur erforderlichen Fachkenntnisse und Erfahrungen sowie die erforderlichen Kenntnisse der einschlägigen bauordnungsrechtlichen Vorschriften nachgewiesen." oder
2. „Die Bewerberin oder der Bewerber hat die für eine Prüfingenieurin oder einen Prüfingenieur erforderlichen Fachkenntnisse und Erfahrungen sowie die erforderlichen Kenntnisse der einschlägigen bauordnungsrechtlichen Vorschriften nicht nachgewiesen."

Die Bewerberin oder der Bewerber kann verlangen, dass ihr oder ihm die Prüfungskommission die Gründe für die vorgenommene Bewertung unmittelbar im Anschluss an die Eröffnung des Ergebnisses mündlich darlegt. Einwendungen gegen die Bewertung der Prüfungsleistungen sind innerhalb von zwei Wochen nach Bekanntgabe der Bewertung gegenüber der Anerkennungsbehörde in Textform darzulegen. Sie werden der Prüfungskommission zur Überprüfung ihrer Bewertung zugeleitet. § 74 Absatz 1 Satz 2 und Absatz 2 der Verwaltungsgerichtsordnung bleibt unberührt.

II. Täuschungsversuche, Ordnungsverstöße

Versucht eine Bewerberin oder ein Bewerber bei der Prüfung zu täuschen, einer anderen Bewerberin oder einem anderen Bewerber zu helfen oder ist sie oder er nach Beginn der Prüfung im Besitz nicht zugelassener Hilfsmittel, wird die Prüfung insgesamt als nicht bestanden bewertet.

Bei einer erheblichen Störung des Prüfungsablaufs kann die Bewerberin oder der Bewerber von der weiteren Teilnahme ausgeschlossen werden. Satz 1 gilt entsprechend.

Die Entscheidungen nach den Sätzen 1 und 2 trifft in der schriftlichen Prüfung die oder der Aufsichtführende und in der mündlichen Prüfung die Prüfungskommission.

III. Rücktritt

Die Prüfung gilt als nicht abgelegt, wenn die Bewerberin oder der Bewerber nach erfolgter Zulassung
1. vor Beginn der Prüfung oder
2. nach Beginn der Prüfung aus von ihr oder ihm nicht zu vertretenden Gründen

von der Teilnahme an der Prüfung zurücktritt; der Grund nach Nummer 2 ist gegenüber dem Prüfungsausschuss glaubhaft zu machen, im Krankheitsfall durch Vorlage einer ärztlichen Bestätigung. Im Übrigen gilt die Prüfung als nicht bestanden.

IV. Akteneinsicht

Der Bewerberin oder dem Bewerber wird auf Antrag Einsicht in ihre oder seine Prüfungsarbeit und die darauf bezogenen Bewertungen der Prüfungsleistung gewährt. Der Antrag ist bei der zuständigen Anerkennungsbehörde zu stellen. Diese bestimmt Zeit und Ort der Einsichtnahme. Die Einsichtnahme erfolgt unter Aufsicht. Die Bewerberin oder der Bewerber ist nicht berechtigt, von der Prüfungsakte insgesamt oder in Teilen Kopien anzufertigen.

4.2 Verordnung über die im Land Brandenburg bauaufsichtlich anerkannten Prüfsachverständigen (Brandenburgische Prüfsachverständigenverordnung – BbgPrüfSV)[1]

Vom 5. November 2009 (GVBl. II Nr. 38), die zuletzt durch Artikel 4 der Verordnung vom 26. April 2024 (GVBl. II Nr. 25) geändert worden ist

– Fassung ab 30. April 2024 –

Auf Grund des § 80 Absatz 3 der Brandenburgischen Bauordnung in der Fassung der Bekanntmachung vom 17. September 2008 (GVBl. I S. 226) verordnet der Minister für Infrastruktur und Raumordnung:

INHALTSÜBERSICHT

ABSCHNITT 1
Allgemeine Vorschriften

§ 1
Aufgaben

(1) [1]Prüfsachverständige prüfen und bescheinigen in ihrem jeweiligen Fachbereich im Auftrag der Bauherrschaft oder der sonstigen nach Bauordnungsrecht verantwortlichen Person die Einhaltung bauordnungsrechtlicher Anforderungen, soweit dies in der Brandenburgischen Bauordnung oder in Vorschriften auf Grund der Brandenburgischen Bauordnung vorgesehen ist. [2]Sie nehmen keine hoheitlichen bauaufsichtlichen Prüfaufgaben wahr. [3]Die Prüfsachverständigen sind im Rahmen der ihnen obliegenden Prüfaufgaben unabhängig und an Weisungen des Auftraggebers nicht gebunden.

1 Diese Verordnung berücksichtigt die Anforderungen der Richtlinie 2006/123/EG des Europäischen Parlaments und des Rates vom 12. Dezember 2006 über Dienstleistungen im Binnenmarkt (ABl. L 376 vom 27.12.2006, S. 36).

(2) [1]Prüfsachverständige für sicherheitstechnische Gebäudeausrüstung prüfen und bescheinigen die Übereinstimmung der sicherheitstechnischen Gebäudeausrüstung mit den öffentlich-rechtlichen Anforderungen im Sinne der §§ 1 und 2 der Brandenburgischen Sicherheitstechnischen Gebäudeausrüstungs-Prüfverordnung. [2]Werden festgestellte Mängel nicht in der von den Prüfsachverständigen festgelegten Frist beseitigt, haben sie die Bauaufsichtsbehörde zu unterrichten und ihr die Prüfberichte zu übergeben.

(3) Prüfsachverständige für energetische Gebäudeplanung prüfen und bescheinigen die Vollständigkeit und Richtigkeit der Nachweise zur Energieeinsparung und zur Nutzung erneuerbarer Energien sowie die Übereinstimmung der Bauausführung mit diesen Nachweisen einschließlich der Vollständigkeit und Richtigkeit der Energiebedarfsausweise.

(4) Prüfsachverständige für Erd- und Grundbau prüfen und bescheinigen die Vollständigkeit und Richtigkeit der Angaben über den Baugrund hinsichtlich Stoffbestand, Struktur und geologischer Einflüsse, der Angaben über die Tragfähigkeit des Baugrundes und der getroffenen Annahmen zur Gründung oder Einbettung der baulichen Anlage.

§ 2
Fachbereiche

Prüfsachverständige nach dieser Verordnung können für folgende Fachbereiche bauaufsichtlich anerkannt werden:

1. im Fachbereich sicherheitstechnische Gebäudeausrüstung in den Fachrichtungen
   a) Lüftungsanlagen,
   b) CO-Warnanlagen,
   c) Rauchabzugsanlagen,
   d) Druckbelüftungsanlagen,
   e) Feuerlöschanlagen,
   f) Brandmelde- und Alarmierungsanlagen,
   g) Sicherheitsstromversorgungen,
2. energetische Gebäudeplanung,
3. Erd- und Grundbau.

§ 3
Pflichten

(1) [1]Prüfsachverständige haben ihre Tätigkeit persönlich, unparteiisch, gewissenhaft und unabhängig zu erfüllen. [2]Sie haben die bauordnungsrechtlichen Vorschriften, die Technischen Baubestimmungen und die technischen Regelwerke zu beachten. [3]Prüfsachverständige für sicherheitstechnische Gebäudeausrüstung haben die Prüfgrundsätze zu beachten gemäß Anlage zur Brandenburgischen Sicherheitstechnischen Gebäudeausrüstungs-Prüfverordnung. [4]Prüfsachverständige für energetische Gebäudeplanung haben die energierechtlichen Vorschriften zu beachten. [5]Die Prüfsachverständigen dürfen sich bei ihrer Tätigkeit der Mitwirkung befähigten und zuverlässigen Personals nur in einem solchen Umfang bedienen, dass sie deren Tätigkeit voll überwachen können.

(2) [1]Prüfsachverständige müssen über die notwendigen Geräte und Hilfsmittel zur Ausübung ihrer Sachverständigentätigkeit verfügen. [2]Bei einem Unternehmen beschäftigte Prüfsachverständige dürfen ihre Sachverständigentätigkeit auf Rechnung und im Namen des Unternehmens ausüben, wenn

1. sie fachlich nicht weisungsgebunden sind,
2. das Unternehmen die für die Ausübung der Sachverständigentätigkeit erforderlichen Mitarbeiter sowie die erforderlichen Geräte und Hilfsmittel stellt und
3. das Unternehmen nicht an der Planung und Bauausführung des zu prüfenden Vorhabens beteiligt ist.

(3) Änderungen der Verhältnisse nach Absatz 6 sowie nach § 7 Absatz 3 Satz 1 Nummer 4 und 5 sind der Anerkennungsbehörde unverzüglich anzuzeigen.

(4) Prüfsachverständige dürfen bei Vorhaben, an denen sie planend oder bauausführend beteiligt sind, nicht prüfend oder begutachtend tätig werden.

(5) Ergibt sich bei der Tätigkeit der Prüfsachverständigen, dass der Auftrag teilweise einer anderen Fachrichtung zuzuordnen ist, sind sie verpflichtet, den Auftraggeber zu unterrichten.

(6) [1]Prüfsachverständige müssen mit einer Haftungssumme von je 500 000 Euro für Personen- sowie für Sach- und Vermögensschäden je Schadensfall, die mindestens zweimal im Versicherungsjahr zur Verfügung stehen muss, haftpflichtversichert sein. [2]Die Anerkennungsbehörde ist zuständige Stelle im Sinne des § 117 Absatz 2 des Versicherungsvertragsgesetzes.

(7) [1]Prüfsachverständige sind verpflichtet, regelmäßig an fachbezogenen Fortbildungsveranstaltungen teilzunehmen. [2]Die Nachweise sind der Anerkennungsbehörde alle zwei Jahre zu Jahresbeginn vorzulegen.

(8) [1]Die Errichtung einer Zweitniederlassung bedarf der Genehmigung durch die Anerkennungsbehörde. [2]Dem Antrag sind die für die Genehmigung erforderlichen Nachweise beizugeben, insbesondere sind Angaben zur Eigenverantwortlichkeit der Tätigkeit in der Zweitniederlassung, zu dem Personal, das bei der Prüftätigkeit mitwirken soll, sowie zur Sicherstellung der Überwachung der ordnungsgemäßen Bauausführung zu machen. [3]Die Genehmigung ist zu versagen, wenn wegen der Zahl der Personen, die bei der Prüftätigkeit mitwirken sollen, der Entfernung zwischen den Niederlassungen oder aus anderen Gründen Bedenken gegen die ordnungsgemäße Aufgabenerledigung bestehen. [4]Liegt die Zweitniederlassung in einem anderen Land, entscheidet die Anerkennungsbehörde im Einvernehmen mit der Anerkennungsbehörde des anderen Landes. [5]Für die Prüftätigkeit an der Zweitniederlassung gilt Absatz 1 Satz 5 entsprechend.

(9) Die oder der Prüfsachverständige hat der Anerkennungsbehörde auf Verlangen Auskunft über ihre oder seine Prüfungen zu erteilen und die entsprechenden Unterlagen vorzulegen.

§ 4
Führung der Bezeichnung Prüfsachverständiger

(1) Die Bezeichnung Prüfsachverständiger oder Prüfsachverständige dürfen nur Personen führen, die für einen bestimmten Fachbereich oder eine bestimmte Fachrichtung nach dieser Verordnung anerkannt sind.

(2) Die Bezeichnung Prüfsachverständiger oder Prüfsachverständige darf nur mit der Angabe des Fachbereiches und der Fachrichtung geführt werden, für das der oder die Prüfsachverständige nach dieser Verordnung anerkannt ist.

§ 5
Voraussetzungen für die Anerkennung

(1) Prüfsachverständige können nur solche Personen sein, die die persönlichen und fachlichen Voraussetzungen erfüllen und zuverlässig sind.

(2) [1]Die persönlichen Voraussetzungen erfüllt eine Person, die

1. nach der Persönlichkeit die Gewähr dafür bietet, dass die Aufgaben ordnungsgemäß erfüllt werden,
2. die Fähigkeit besitzt, öffentliche Ämter zu bekleiden,
3. eigenverantwortlich und unabhängig tätig ist,
4. ihren Geschäftssitz im Land Brandenburg hat,
5. die deutsche Sprache in Wort und Schrift beherrscht und
6. nicht bereits für den beantragten Fachbereich oder die beantragte Fachrichtung in einem anderen Land bauaufsichtlich anerkannt ist.

[2]Eigenverantwortlich tätig im Sinne des Satzes 1 Nummer 3 ist eine Person, die

1. die berufliche Tätigkeit in alleiniger Inhaberschaft eines Büros selbstständig auf eigene Rechnung und Verantwortung ausübt oder
2. sich mit anderen Prüfsachverständigen, Ingenieuren oder Architekten zusammengeschlossen hat und innerhalb dieses Zusammenschlusses Vorstandsmitglied, Geschäftsführer oder persönlich haftender Gesellschafter mit einer rechtlich gesicherten leitenden Stellung ist und kraft Satzung, Statut oder Gesellschaftsvertrag dieses Zusammenschlusses die Aufgaben als Prüfsachverständiger oder Prüfsachverständige selbstständig auf eigene

Rechnung und Verantwortung und frei von Weisungen ausüben kann oder
3. als Hochschullehrer oder Hochschullehrerin im Rahmen einer Nebentätigkeit selbstständig beratend tätig ist.

[3]Unabhängig tätig im Sinne des Satzes 1 Nummer 3 ist eine Person, die bei Ausübung ihrer Tätigkeit weder eigene Produktions-, Handels- oder Lieferinteressen hat, noch fremde Interessen dieser Art vertritt, die unmittelbar oder mittelbar im Zusammenhang mit der Tätigkeit stehen.

(3) Die fachlichen Voraussetzungen erfüllt eine Person, die

1. für den Fachbereich nach § 2
   a) Nummer 1 ein Ingenieurstudium an einer deutschen Hochschule oder ein gleichwertiges Studium an einer ausländischen Hochschule abgeschlossen hat,
   b) Nummer 2 einen geeigneten berufsqualifizierenden Hochschulabschluss in einer der Fachrichtungen Architektur, Hochbau, Bauingenieurwesen, Technische Gebäudeausrüstung, Physik, Bauphysik, Maschinenbau oder Elektrotechnik besitzt,
   c) Nummer 3 als Angehörige der Fachrichtung Bauingenieurwesen, der Geotechnik oder eines Studiengangs mit Schwerpunkt Ingenieurgeologie ein Studium an einer deutschen Hochschule oder ein gleichwertiges Studium an einer ausländischen Hochschule abgeschlossen hat,
2. als Ingenieurin, Ingenieur, Architektin oder Architekt mindestens fünf Jahre in dem Fachbereich oder in der Fachrichtung, in dem oder der die Prüftätigkeit ausgeübt werden soll, praktisch tätig gewesen ist und mindestens zwei Jahre bei Prüfungen mitgewirkt hat,
3. eine Berufserfahrung vorweist, die nicht mehr als zwei Jahre zurückliegt,
4. die erforderlichen Kenntnisse der für die Prüftätigkeit beachtlichen Rechtsvorschriften, Technischen Baubestimmungen und des einschlägigen technischen Regelwerkes nachweist und
5. nachweist, dass die besonderen Voraussetzungen für den jeweiligen Fachbereich oder die jeweilige Fachrichtung erfüllt sind.

(4) [1]Das Vorliegen der Anerkennungsvoraussetzungen nach Absatz 3 Nummer 4 und 5 ist durch ein Fachgutachten des Prüfungsausschusses oder einer von der obersten Bauaufsichtsbehörde bestimmten Stelle zu erbringen. [2]Als bestimmte Stelle für die Fachbereiche nach § 2 Nummer 1 und 2 gilt die Brandenburgische Ingenieurkammer. [3]Das Fachgutachten kann auch bei einer von der obersten Bauaufsichtsbehörde eines anderen Landes bestimmten Stelle erbracht werden. [4]Als bestimmte Stelle für den Fachbereich nach § 2 Nummer 3 in Verbindung mit § 12 Absatz 2 Satz 1 gilt der bei der Bundesingenieurkammer eingerichtete Beirat. [5]Die Anmeldung erfolgt jeweils durch die Anerkennungsbehörde

(5) Abweichend von Absatz 2 Satz 1 Nummer 3 müssen Prüfsachverständige nicht eigenverantwortlich tätig sein, wenn sie Beschäftigte eines Unternehmens oder einer Organisation sind, deren Zweck in der Durchführung vergleichbarer Prüfungen besteht und deren Beschäftigte für die Prüftätigkeit nach § 1 keiner fachlichen Weisung unterliegen.

(6) Abweichend von Absatz 3 Nummer 2 müssen Prüfsachverständige für energetische Gebäudeplanung als Ingenieure oder Architekten mindestens zwei Jahre in diesem Fachbereich praktisch tätig gewesen sein.

(7) [1]Die Anerkennung kann bei Bewerbern und Bewerberinnen, die nicht Deutsche im Sinne des Artikel 116 Absatz 1 des Grundgesetzes sind, versagt werden, wenn die Gegenseitigkeit nicht gewahrt ist. [2]Dies gilt nicht für Staatsangehörige eines Mitgliedstaates der Europäischen Union oder nach dem Recht der Europäischen Gemeinschaften wie Angehörige der Europäischen Union zu behandelnde Personen.

§ 6
Prüfungsausschuss

(1) [1]Die Brandenburgische Ingenieurkammer als Anerkennungsbehörde richtet einen Prüfungsausschuss ein und beruft die Mitglieder und stellvertretenden Mitglieder mit besonderer Sachkunde. [2]Die Berufung erfolgt auf die Dauer von fünf Jahren. [3]Wiederberufungen sind zulässig. [4]Abweichend von Satz 2 endet die Mitgliedschaft im Prüfungsausschuss, wenn die Voraussetzungen des Absatzes 2 Satz 1 nicht mehr vorliegen; der Abschluss eines eingeleiteten Prüfungsverfahrens bleibt davon unberührt. [5]Die Mitglieder des Prüfungsausschusses sind unabhängig und an Weisungen nicht gebunden. [6]Sie sind zur Unparteilichkeit und Verschwiegenheit verpflichtet. [7]Sie sind ehrenamtlich tätig, haben jedoch Anspruch auf Ersatz der Reisekosten und der notwendigen Auslagen.

(2) Dem Prüfungsausschuss gehören an:
1. ein Mitglied aus dem Bereich der Brandenburgischen Ingenieurkammer als Vorsitzender oder Vorsitzende,
2. mindestens ein von der obersten Bauaufsichtsbehörde vorgeschlagenes Mitglied,
3. für jede Fachrichtung mindestens ein Hochschulprofessor oder eine Hochschulprofessorin oder jeweils ein Mitglied aus dem Bereich der Forschung und Lehre,
4. für jede Fachrichtung mindestens zwei von den fachlich zuständigen Kammern vorgeschlagene Mitglieder.

(3) [1]Für die Fachbereiche sicherheitstechnische Gebäudeausrüstung sowie energetische Gebäudeplanung sind Unterausschüsse unter dem Vorsitz eines Mitglieds mit besonderer Sachkunde einzurichten. [2]Die Brandenburgische Ingenieurkammer führt die Geschäfte des Prüfungsausschusses. [3]Der Prüfungsausschuss gibt sich eine Geschäftsordnung. [4]Beschlüsse werden mit der Mehrheit der Stimmen der anwesenden Mitglieder gefasst. [5]Der Prüfungsausschuss ist beschlussfähig, wenn mindestens die Hälfte der Mitglieder anwesend ist. [6]Bei mündlichen oder praktischen Prüfungen ist der Unterausschuss beschlussfähig, wenn drei Mitglieder anwesend sind, von denen zwei in der zu prüfenden Fachrichtung besondere Sachkunde besitzen. [7]Unbeschadet des Absatzes 2 Satz 1 Nummer 2 ist die oberste Bauaufsichtsbehörde berechtigt, an den Sitzungen und Beratungen des Prüfungsausschusses oder Unterausschusses ohne Stimmrecht teilzunehmen.

(4) Die Einzelheiten des Prüfungsverfahrens sind
1. für den Fachbereich sicherheitstechnische Gebäudeausrüstung in der Anlage 1 und
2. für den Fachbereich energetische Gebäudeplanung in der Anlage 2

geregelt.

(5) Die Gebühren für die Erstellung der Fachgutachten sowie die allgemeine Verwaltungsgebühr der Geschäftsstelle des Prüfungsausschusses für die jeweiligen Fachbereiche werden von der Brandenburgischen Ingenieurkammer durch Satzung bestimmt, soweit in der Brandenburgischen Baugebührenordnung nicht ausdrücklich etwas anderes geregelt ist.

§ 7
Aufsicht und Anerkennungsverfahren

(1) [1]Über den Antrag auf Anerkennung entscheidet die Anerkennungsbehörde. [2]Die Aufsicht über die Prüfsachverständigen führt die Anerkennungsbehörde. [3]Anerkennungsbehörden sind
1. die Brandenburgische Ingenieurkammer für die Fachbereiche nach § 2 Nummer 1 bis 3 und
2. die Brandenburgische Architektenkammer für den Fachbereich nach § 2 Nummer 2.

[4]Die Aufsicht über die Anerkennungsbehörden führt das für die Bauaufsicht zuständige Mitglied der Landesregierung.

(2) Der Antrag auf Anerkennung muss Angaben enthalten über
1. die Fachbereiche und im Fall des § 2 Nummer 1 die Fachrichtungen, für die die Anerkennung beantragt wird, und
2. bisherige Anerkennungsverfahren in diesen Fachbereichen oder Fachrichtungen, auch in einem anderen Land, denen sich der Antragsteller oder die Antragstellerin bereits erfolglos unterzogen hat.

(3) [1]Dem Antrag sind die erforderlichen Angaben und Nachweise beizufügen, insbesondere

1. ein Lebenslauf mit lückenloser Angabe des fachlichen Werdegangs bis zum Zeitpunkt der Antragstellung,
2. je eine Kopie der Abschluss- und Beschäftigungszeugnisse,
3. der Nachweis über den Antrag auf Erteilung eines Führungszeugnisses zur Vorlage bei einer Behörde (Belegart O oder P) oder ein gleichwertiges Dokument eines Mitgliedstaates der Europäischen Union, wobei Nachweis oder Dokument nicht älter als drei Monate sein soll,
4. Angaben über den Geschäftssitz und etwaige weitere Niederlassungen,
5. Angaben über eine etwaige Beteiligung an einer Gesellschaft, deren Zweck die Planung oder Durchführung von Bauvorhaben ist, und
6. die Nachweise über die Erfüllung der besonderen Voraussetzungen für die Anerkennung gemäß § 5 Absatz 4 in den jeweiligen Fachbereichen oder Fachrichtungen.

[2]Die Anerkennungsbehörde kann, soweit erforderlich, weitere Unterlagen fordern.

(4) [1]Die Anerkennungsbehörde bestätigt unverzüglich den Eingang der Unterlagen und teilt gegebenenfalls mit, welche Unterlagen fehlen. [2]Die Eingangsbestätigung muss folgende Angaben enthalten:

1. die in Satz 6 genannte Frist,
2. die verfügbaren Rechtsbehelfe,
3. die Erklärung, dass der Antrag als genehmigt gilt, wenn über ihn nicht rechtzeitig entschieden wird und
4. im Fall der Nachforderung von Unterlagen die Mitteilung, dass die Frist nach Satz 3 erst beginnt, wenn die Unterlagen vollständig sind.

[3]Über den Antrag ist innerhalb von drei Monaten nach Vorlage der vollständigen Unterlagen zu entscheiden. [4]Die Anerkennungsbehörde kann die Frist einmal um bis zu zwei Monate verlängern. [5]Die Fristverlängerung und deren Ende sind ausreichend zu begründen und dem Bewerber oder der Bewerberin vor Ablauf der ursprünglichen Frist mitzuteilen. [6]Der Antrag gilt als genehmigt, wenn über ihn nicht innerhalb der nach Satz 3 oder 4 maßgeblichen Frist entschieden worden ist. [7]Das Verfahren kann über den Einheitlichen Ansprechpartner für das Land Brandenburg abgewickelt werden. [8]Das Gesetz über den Einheitlichen Ansprechpartner für das Land Brandenburg sowie § 1 des Verwaltungsverfahrensgesetzes für das Land Brandenburg in Verbindung mit den §§ 71a bis 71e des Verwaltungsverfahrensgesetzes finden Anwendung.

(5) Die Anerkennungsbehörde trägt die Prüfsachverständigen in nach Fachbereichen und Fachrichtungen getrennte Listen ein und macht diese allgemein bekannt.

(6) [1]Verlegt der Prüfsachverständige oder die Prüfsachverständige den Geschäftssitz, für den die Anerkennung als Prüfsachverständiger oder Prüfsachverständige ausgesprochen worden ist, in ein anderes Land, ist dies der Anerkennungsbehörde anzuzeigen. [2]Die Anerkennungsbehörde übersendet die über diese Person vorhandenen Akten der Anerkennungsbehörde des Landes, in dem diese ihren neuen Geschäftssitz begründen will. [3]Mit der Eintragung des oder der Prüfsachverständigen in eine entsprechende Liste des anderen Landes erlischt die Eintragung in die Liste nach Absatz 5. [4]Bei Verlegung des Geschäftssitzes in das Land Brandenburg findet kein neues Anerkennungsverfahren statt. [5]Für den neuen Geschäftssitz ist eine Anerkennung auszustellen.

§ 8
Erlöschen, Widerruf und Rücknahme der Anerkennung

(1) Die Anerkennung erlischt

1. durch Verzicht in Textform gegenüber der Anerkennungsbehörde,
2. in den Fachbereichen sicherheitstechnische Gebäudeausrüstung und Erd- und Grundbau mit Vollendung des 70. Lebensjahres,
3. mit Verlust der Fähigkeit zur Bekleidung öffentlicher Ämter oder
4. wenn der nach § 3 Absatz 6 erforderliche Versicherungsschutz nicht mehr besteht.

(2) Unbeschadet des § 1 des Verwaltungsverfahrensgesetzes für das Land Brandenburg in Verbindung mit § 49 des Verwaltungsverfahrensgesetzes kann die Anerkennung widerrufen werden, wenn der oder die Prüfsachverständige

1. infolge geistiger und körperlicher Gebrechen nicht mehr in der Lage ist, die Tätigkeit ordnungsgemäß auszuüben,
2. gegen die ihm oder ihr obliegenden Pflichten schwerwiegend, wiederholt oder mindestens grob fahrlässig verstoßen hat,
3. die Tätigkeit in einem Umfang ausübt, die eine ordnungsgemäße Erfüllung der Pflichten nicht erwarten lässt,
4. wiederholt den Verpflichtungen aus § 3 Absatz 7 nicht nachkommt oder
5. in der Bundesrepublik Deutschland außerhalb des Geschäftssitzes, für den die Anerkennung ausgesprochen worden ist, ohne die erforderliche Genehmigung nach § 3 Absatz 8 eine Zweitniederlassung einrichtet.

(3) § 48 des Verwaltungsverfahrensgesetzes in Verbindung mit § 1 des Verwaltungsverfahrensgesetzes für das Land Brandenburg bleibt unberührt.

(4) Die Anerkennungsbehörde kann in Abständen von mindestens fünf Jahren nachprüfen, ob die Anerkennungsvoraussetzungen weiterhin vorliegen."

§ 9
Gegenseitige Anerkennung

(1) [1]Anerkennungen anderer Länder für den jeweiligen Fachbereich oder die jeweilige Fachrichtung gelten auch im Land Brandenburg. [2]Eine weitere Eintragung in die von der Anerkennungsbehörde nach § 7 Absatz 5 geführte Liste erfolgt nicht.

(2) [1]Personen, die in einem anderen Mitgliedstaat der Europäischen Union oder einem nach dem Recht der Europäischen Gemeinschaften gleichgestellten Staat zur Wahrnehmung von Aufgaben im Sinne dieser Verordnung niedergelassen sind, sind berechtigt, als Prüfsachverständige Aufgaben nach dieser Verordnung auszuführen, wenn sie

1. hinsichtlich des Tätigkeitsbereiches eine vergleichbare Berechtigung besitzen,
2. dafür hinsichtlich der Anerkennungsvoraussetzungen und des Nachweises von Kenntnissen vergleichbare Anforderungen erfüllen mussten und
3. die deutsche Sprache in Wort und Schrift beherrschen.

[2]Sie haben das erstmalige Tätigwerden vorher der Anerkennungsbehörde anzuzeigen und dabei

1. eine Bescheinigung darüber, dass sie in einem Mitgliedstaat der Europäischen Union oder einem nach dem Recht der Europäischen Gemeinschaften gleichgestellten Staat rechtmäßig zur Wahrnehmung von Aufgaben im Sinne dieser Verordnung niedergelassen sind und ihnen die Ausübung dieser Tätigkeiten zum Zeitpunkt der Vorlage der Bescheinigung nicht, auch nicht vorübergehend, untersagt ist, und
2. einen Nachweis darüber, dass sie im Staat ihrer Niederlassung dafür die Voraussetzungen des Satzes 1 Nummer 2 erfüllen mussten,

vorzulegen. [3]Die Anerkennungsbehörde soll das Tätigwerden untersagen, wenn die Voraussetzungen des Satzes 1 nicht erfüllt sind; sie hat auf Antrag zu bestätigen, dass die Anzeige nach Satz 2 erfolgt ist.

(3) [1]Personen, die in einem anderen Mitgliedstaat der Europäischen Union oder einem nach dem Recht der Europäischen Gemeinschaften gleichgestellten Staat zur Wahrnehmung von Aufgaben im Sinne dieser Verordnung niedergelassen sind, ohne im Sinne des Absatzes 2 Satz 1 Nummer 2 vergleichbar zu sein, sind berechtigt, als Prüfsachverständige Aufgaben nach dieser Verordnung auszuführen, wenn ihnen die Anerkennungsbehörde bescheinigt hat, dass sie die Anforderungen hinsichtlich der Anerkennungsvoraussetzungen, des Nachweises von Kenntnissen und des Tätigkeitsbereiches nach dieser Verordnung erfüllen. [2]Die Bescheinigung wird auf Antrag erteilt, dem die zur Beurteilung erforderlichen Unterlagen beizufügen sind. [3]§ 7 Absatz 4 Satz 1 bis 6 gilt entsprechend.

(4) [1]Anzeigen und Bescheinigungen nach den Absätzen 2 und 3 sind nicht erforderlich, wenn bereits in einem anderen Land eine Anzeige erfolgt ist oder eine Bescheinigung erteilt wurde. [2]Verfahren nach den Absätzen 2 und 3 können über den Einheitlichen Ansprechpartner für das Land Brandenburg abgewickelt werden. [3]Das Gesetz über den Einheitlichen Ansprechpartner für das Land Brandenburg sowie § 1 des Verwaltungsverfahrensgesetzes für das Land Brandenburg in Verbindung mit den §§ 71a bis 71e des Verwaltungsverfahrensgesetzes finden Anwendung.

ABSCHNITT 2 Besondere Voraussetzungen für einzelne Fachbereiche und Fachrichtungen

§ 10 Prüfsachverständige für sicherheitstechnische Gebäudeausrüstung

Prüfsachverständige für Fachrichtungen des Fachbereiches sicherheitstechnische Gebäudeausrüstung müssen

1. umfassende Kenntnisse auf dem Gebiet der beantragten Fachrichtung hinsichtlich
   a) der Anlagentechnik (Messtechnik, Planung, Berechnung und Konstruktion),
   b) den Technischen Baubestimmungen und allgemein anerkannten Regeln der Technik,
2. die erforderlichen Kenntnisse der bauordnungsrechtlichen Vorschriften, insbesondere der Regelungen zur Prüfung sicherheitstechnischer Anlagen, zum Brandschutz, zu Bauprodukten und Bauarten

haben.

§ 11 Prüfsachverständige für energetische Gebäudeplanung

Prüfsachverständige für energetische Gebäudeplanung müssen umfassende besondere Kenntnisse

1. in den baukonstruktiven und baustofflichen Grundlagen des Wärmeschutzes von Gebäuden,
2. in der thermischen Bauphysik und der zugehörigen Messtechnik,
3. in den Grundlagen der energierelevanten Anlagentechnik,
4. in den Grundlagen der Nutzung erneuerbarer Energien,
5. in der Wechselwirkung zwischen Wärmeschutz und Anlagentechnik und
6. in der Anfertigung von Nachweisen zur Energieeinsparung und zur Nutzung erneuerbarer Energien sowie zu den Grundsätzen und der Ausstellung von Energieausweisen

haben.

§ 12 Prüfsachverständige für Erd- und Grundbau

(1) Als Prüfsachverständige für den Erd- und Grundbau werden Personen anerkannt, die

1. neun Jahre im Bauwesen tätig gewesen sind, davon mindestens drei Jahre im Erd- und Grundbau mit der Anfertigung oder Beurteilung von Standsicherheitsnachweisen betraut gewesen sind,
2. über vertiefte Kenntnisse und Erfahrungen im Erd- und Grundbau verfügen,
3. weder selbst noch ihre Mitarbeiter noch Angehörige des Zusammenschlusses nach § 5 Absatz 2 Satz 2 Nummer 2 an einem Unternehmen der Bauwirtschaft oder an einem Bohrunternehmen beteiligt sind.

(2) [1]Die fachliche Eignung des Antragstellers oder der Antragstellerin und die eigene Ausstattung mit den erforderlichen Geräten und Hilfsmitteln ist durch ein Fachgutachten eines Beirates, der bei einer von der obersten Bauaufsichtsbehörde bestimmten Stelle gebildet

ist, zu erbringen. [2]Der Nachweis der besonderen Kenntnisse und Erfahrungen im Erd- und Grundbau hat durch die Vorlage eines Verzeichnisses aller in den letzten zwei Jahren vor Antragstellung erstellten Baugrundgutachten zu erfolgen. [3]Von denen müssen mindestens zehn Gutachten die Bewältigung überdurchschnittlicher Aufgaben zeigen. [4]Über das Vorliegen der Anerkennungsvoraussetzungen nach Absatz 1 Nummer 3 hat der Antragsteller oder die Antragstellerin eine besondere Erklärung abzugeben.

(3) Abweichend von § 5 Absatz 2 Satz 1 Nummer 3 müssen Prüfsachverständige für Erd- und Grundbau nicht eigenverantwortlich tätig sein, wenn sie in fachlicher Hinsicht für ihre Tätigkeit allein verantwortlich sind und Weisungen nicht unterliegen.

ABSCHNITT 3
Schlussvorschriften

§ 13
Vergütung

(1) [1]Prüfsachverständige erhalten für ihre Prüftätigkeit ein Honorar nach Zeitaufwand. [2]Bei der Berechnung des Honorars ist die Zeit zugrunde zu legen, die unter regelmäßigen Verhältnissen von einer entsprechend ausgebildeten Fachkraft benötigt wird. [3]Für jede Arbeitsstunde wird ein Mindestbetrag von 1,54 Prozent des Monatsgrundgehalts eines Beamten des Landes Brandenburg in der Endstufe der Besoldungsgruppe A 15 berechnet. [4]Der Betrag ist auf volle Euro aufzurunden. [5]Die oberste Bauaufsichtsbehörde veröffentlicht den aktuellen Betrag. [6]Als Mindesthonorar für eine Prüfung wird der zweifache Stundensatz berechnet. [7]Im Stundensatz ist die Umsatzsteuer enthalten.

(2) [1]Fahrtkosten für notwendige Reisen, die über den Umkreis von 15 Kilometer vom Geschäftssitz des oder der Prüfsachverständigen hinausgehen, können in Höhe der steuerlich zulässigen Pauschalsätze in Ansatz gebracht werden. [2]Fahrt- und Wartezeiten sind nach dem Zeitaufwand zu ersetzen. [3]Sonstige Auslagen werden nur erstattet, wenn dies bei Auftragserteilung in Textform vereinbart worden ist.

(3) Ein Nachlass auf das Honorar ist unzulässig.

§ 14
Ordnungswidrigkeiten

(1) Personen, die
1. entgegen § 3 Absatz 5 nicht den Auftraggeber unterrichten,
2. die Bezeichnung Prüfsachverständiger führen, ohne dazu nach § 4 Absatz 1 berechtigt zu sein,
3. entgegen § 4 Absatz 2 den Fachbereich nicht oder falsch angeben oder
4. als Prüfsachverständige unrichtige Prüfberichte erstellen,

können nach § 85 Absatz 1 Satz 1 Nummer 1 der Brandenburgischen Bauordnung mit einer Geldbuße bis zu 500 000 Euro belegt werden.

(2) Prüfsachverständige, die entgegen der Vorschrift des § 13 Absatz 3 einen Nachlass gewähren, können nach § 85 Absatz 1 Satz 1 Nummer 1 der Brandenburgischen Bauordnung mit einer Geldbuße bis zu 10 000 Euro belegt werden.

§ 15
(weggefallen)

§ 16
(Inkrafttreten, Außerkrafttreten)

Anlage 1
(zu § 6 Absatz 4 Nummer 1)

Prüfungsverfahren für die Erstellung des Fachgutachtens gemäß § 5 Absatz 4 zur Anerkennung von Prüfsachverständigen für sicherheitstechnische Gebäudeausrüstung

I. Verfahren

Der gemäß § 6 Absatz 3 zuständige Unterausschuss (im Folgenden: Unterausschuss) prüft die fachliche Eignung der Bewerberin oder des Bewerbers in einem zweistufigen Prüfungsverfahren. In der ersten Stufe sind die fachlichen Kenntnisse in einer schriftlichen Prüfung und in der zweiten Stufe in einer mündlichen Prüfung mit praktischem Teil darzulegen. Die Prüfung formaler Anerkennungsvoraussetzungen obliegt der jeweiligen Anerkennungsbehörde.

1 Erste Stufe: Schriftliche Prüfung

1.1 Verfahren

Die schriftliche Prüfung dient der Feststellung, ob die Bewerberin oder der Bewerber die für eine Prüfsachverständige oder einen Prüfsachverständigen erforderlichen Fachkenntnisse und Erfahrungen besitzt. Die Prüfung erfolgt auf der Grundlage der Prüfgrundsätze. Sie beinhaltet insbesondere Fragen:

- der Anlagentechnik der jeweiligen Fachrichtung,
- der dazugehörigen Messtechnik,
- des Brandschutzes und
- der einschlägigen bauordnungsrechtlichen Vorschriften.

Die Bewerberinnen und Bewerber werden von der Geschäftsstelle mit einer Frist von mindestens vier Wochen zur schriftlichen Prüfung eingeladen. Die schriftliche Prüfung kann schriftlich oder elektronisch erfolgen. Die Dauer der schriftlichen Prüfung beträgt zwischen 120 und 240 Minuten pro Fachrichtung. Die Prüfungsaufgaben sind von den Mitgliedern des Unterausschusses mit den Musterlösungen und Bewertungsvorschlägen bei der Vorsitzenden oder dem Vorsitzenden des Ausschusses einzureichen. Der Unterausschuss wählt daraus die zu bearbeitenden Aufgaben aus und beschließt über das Bewertungsschema sowie über die Bearbeitungszeit. Das Bewertungsschema und die Bearbeitungszeit ist den Bewerberinnen und Bewerbern vor der Aufgabenbearbeitung bekannt zu geben. Von der Vorsitzenden oder dem Vorsitzenden ist mindestens eine aufsichtführende Personen zu bestimmen, die während der schriftlichen Prüfung anwesend ist und die Aufsicht führt. Sie muss selbst kein Mitglied des Unterausschusses sein. Die schriftlichen Prüfungsarbeiten werden anstelle des Namens mit einer Kennziffer versehen. Über den Verlauf der Prüfung ist eine Niederschrift zu fertigen.

1.2 Arbeits- und Hilfsmittel

Die Entscheidung über die zur Prüfung zugelassenen Arbeits- und Hilfsmittel trifft der Unterausschuss und gibt sie mit der Einladung zur Prüfung bekannt. Hilfsmittel können Regelungen sein, wie zum Beispiel die Landesbauordnung, Verordnungen, Verwaltungsvorschriften, Technische Baubestimmungen und Richtlinien. Hilfsmittel dürfen keine inhaltlichen Zusätze, Einlagen, Bemerkungen oder Ähnliches enthalten.

1.3 Bewertung

Die schriftlichen Prüfungsarbeiten werden von zwei Prüfenden unabhängig voneinander begutachtet und bewertet. Weichen die Bewertungen der Prüfenden einer Arbeit um nicht mehr als 15 Prozent der ermittelten Punktzahl voneinander ab, so gilt der Durchschnitt. Bei größeren Abweichungen müssen sich die Prüfenden einigen und das Ergebnis der Abstimmung dem Unterausschuss vortragen. Der Unterausschuss behält sich eine

Nachprüfung und Neubewertung vor. Die Bewertung erfolgt auf der Grundlage des 100 Punktesystems.

Die schriftliche Prüfung gilt als bestanden, wenn mindestens 70 Punkte erreicht werden. Das Ergebnis der ersten Stufe lautet:
a) „Zulassung zur mündlichen Prüfung" oder
b) „Der Unterausschuss stellt fest, dass die erforderlichen Kenntnisse in der Anlagentechnik der jeweiligen Fachrichtung, der dazugehörigen Messtechnik, des Brandschutzes und der einschlägigen bauordnungsrechtlichen Vorschriften von der Bewerberin oder dem Bewerber in der schriftlichen Prüfung nicht nachgewiesen werden konnten."

Es sind jeweils nur die Bereiche anzugeben, in denen die Bewerberin oder der Bewerber den Nachweis nicht erbracht hat. Mithin ist das Anerkennungsverfahren auf dieser Stufe durch Ablehnungsbescheid der Anerkennungsbehörde zu beenden. Hierzu ist der Anerkennungsbehörde vom Unterausschuss das Fachgutachten zeitnah zu übergeben. Die Musterlösungen sind von der Geschäftsstelle aufzubewahren.

2 Zweite Stufe: Mündliche Prüfung mit praktischem Teil

2.1 Verfahren

Die mündliche Prüfung soll spätestens drei Monate nach der schriftlichen Prüfung stattfinden. Die zur Weiterführung des Verfahrens zugelassenen Bewerberinnen und Bewerber werden von der Geschäftsstelle des Unterausschusses mit einer Frist von mindestens drei Wochen zur mündlichen Prüfung eingeladen. In der mündlichen Prüfung mit praktischem Teil hat die Bewerberin oder der Bewerber ihre oder seine Kenntnisse vor dem Unterausschuss nachzuweisen. Die Grundlage dazu bilden die Ergebnisse der Beantwortung der schriftlichen Prüfungsaufgaben sowie die Fragen der anwesenden Mitglieder des Unterausschusses. Gegenstand des mündlich-praktischen Teils ist auch die Erfahrung beim Prüfen von Anlagen der beantragten Fachrichtung (Prüfpraxis, Beurteilungsvermögen, Handhabung der Messgeräte). Die Dauer der Prüfung beträgt für jede Bewerberin und jeden Bewerber zwischen 90 und 240 Minuten. Verantwortlich für die Durchführung der Prüfung, für die Niederschrift sowie für die Abgabe der Entscheidung ist die Vorsitzende oder der Vorsitzende des Unterausschusses. Die Prüfenden sind von der Vorsitzenden oder dem Vorsitzenden des Unterausschusses gemäß § 6 Absatz 3 zu benennen.

2.2 Bewertung

Die mündliche Prüfung mit praktischem Teil wird im Rahmen einer Gesamtschau der erbrachten Leistungen der Bewerberin oder des Bewerbers eingeschätzt. Die Bewertung der Prüfung erfolgt nach Beratung im Unterausschuss durch Abstimmung im direkten Anschluss an die Prüfung. Nach der Beschlussfassung wird der Bewerberin oder dem Bewerber das Ergebnis mitgeteilt und in einer Niederschrift festgehalten. Der Anerkennungsbehörde ist das Fachgutachten vom Unterausschuss zeitnah zu übergeben. Das Ergebnis der zweiten Stufe lautet:
a) „Der Unterausschuss stellt fest, dass die erforderlichen Kenntnisse im Bereich der Anlagentechnik, der erforderlichen Messtechnik, des Brandschutzes und der einschlägigen bauordnungsrechtlichen Vorschriften von der Bewerberin oder dem Bewerber nachgewiesen werden konnten." oder
b) „Der Unterausschuss stellt fest, dass die erforderlichen Kenntnisse im Bereich der Anlagentechnik, der erforderlichen Messtechnik, des Brandschutzes und der einschlägigen bauordnungsrechtlichen Vorschriften von der Bewerberin oder dem Bewerber nicht nachgewiesen werden konnten."

Es sind jeweils nur die Bereiche anzugeben, in denen die Bewerberin oder der Bewerber den Nachweis nicht erbracht hat. Die Prüfung kann bei Nichtbestehen zweimal wiederholt werden.

II. Ausweispflicht und Belehrung

Die Prüfungsteilnehmerinnen und Prüfungsteilnehmer haben sich auf Verlangen auszuweisen. Sie sind vor Beginn der Prüfung über den Prüfungsablauf, die zur Verfügung stehende Zeit, die erlaubten Arbeits- und Hilfsmittel sowie die Folgen von Täuschungsversuchen beziehungsweise -handlungen und Ordnungsverstößen zu belehren.

III. Täuschungsversuche und Ordnungsverstöße

Unternimmt es eine Bewerberin oder ein Bewerber, das Ergebnis ihrer oder seiner Prüfung durch Täuschung, Bestechung, Mitsichführen oder Benutzung nicht zugelassener Arbeits- beziehungsweise Hilfsmittel zu beeinflussen oder macht sie oder er sich sonst eines erheblichen Verstoßes gegen die Ordnung schuldig, so ist dies in der Niederschrift zu vermerken. Die Bewerberin oder der Bewerber muss von der weiteren Teilnahme an der Prüfung ausgeschlossen werden. Die Prüfung gilt in diesem Fall als nicht bestanden.

IV. Rücktritt

Die Bewerberin oder der Bewerber kann nach erfolgter Zulassung zur schriftlichen oder mündlichen Prüfung vor Beginn der Prüfung durch Erklärung in Textform von der Teilnahme an der Prüfung zurücktreten. In diesem Fall gilt die Prüfung als nicht begonnen. Tritt die Bewerberin oder der Bewerber nach Beginn der Prüfung, ohne dass ein wichtiger Grund vorliegt, von der Prüfung zurück, so gilt diese als nicht bestanden.

Liegt ein wichtiger Grund vor, gilt die Prüfung als nicht begonnen. Den Grund für die Verhinderung hat die Bewerberin oder der Bewerber nachzuweisen. Über das Vorliegen eines wichtigen Grundes entscheidet die Anerkennungsbehörde.

V. Akteneinsicht

Der Bewerberin oder dem Bewerber wird auf Antrag Einsicht in ihre oder seine Prüfungsarbeit und die darauf bezogenen Bewertungen der Prüfungsleistung gewährt. Der Antrag ist bei der zuständigen Anerkennungsbehörde zu stellen. Die Einsichtnahme erfolgt bei der Geschäftsstelle des Prüfungsausschusses während der Geschäftszeiten unter Aufsicht. Die Bewerberin oder der Bewerber ist nicht berechtigt, von der Prüfungsakte insgesamt oder in Teilen Kopien anzufertigen.

Anlage 2
(zu § 6 Absatz 4 Nummer 2)

Prüfungsverfahren für die Erstellung des Fachgutachtens gemäß § 5 Absatz 4 zur Anerkennung von Prüfsachverständigen für energetische Gebäudeplanung

I. Verfahren

Der gemäß § 6 Absatz 3 zuständige Unterausschuss (im Folgenden: Unterausschuss) prüft die fachliche Eignung der Bewerberin oder des Bewerbers in einem zweistufigen Prüfungsverfahren. In der ersten Stufe sind die fachlichen Kenntnisse in einer schriftlichen Prüfung und in der zweiten Stufe in einer mündlichen Prüfung mit praktischem Teil darzulegen. Die Prüfung formaler Anerkennungsvoraussetzungen obliegt der jeweiligen Anerkennungsbehörde.

1 Erste Stufe: Schriftliche Prüfung

1.1 Verfahren

Die schriftliche Prüfung dient der Feststellung, ob die Bewerberin oder der Bewerber die für eine Prüfsachverständige oder einen Prüfsachverständigen erforderlichen Fachkenntnisse und Erfahrungen besitzt. Sie beinhaltet insbesondere Fragen:

- der baukonstruktiven und baustofflichen Grundlagen des Wärmeschutzes,
- der thermischen Bauphysik und der dazugehörigen Messtechnik,
- der Grundlagen der energierelevanten Anlagentechnik,
- der Wechselwirkung zwischen Wärmeschutz und Anlagentechnik,
- der Anfertigung von Energieausweisen gemäß des Gebäudeenergiegesetzes und
- der einschlägigen energierechtlichen und bauordnungsrechtlichen Vorschriften.

Die Bewerberinnen und Bewerber werden von der Geschäftsstelle mit einer Frist von mindestens vier Wochen zur schriftlichen Prüfung eingeladen. Die schriftliche Prüfung kann schriftlich oder elektronisch erfolgen. Die Dauer der schriftlichen Prüfung beträgt zwischen 180 und 240 Minuten. Die Prüfungsaufgaben sind von den Mitgliedern des Unterausschusses mit den Musterlösungen und Bewertungsvorschlägen bei der Vorsitzenden oder dem Vorsitzenden des Unterausschusses einzureichen. Der Unterausschuss wählt daraus die zu bearbeitenden Aufgaben aus und beschließt über das Bewertungsschema sowie über die Bearbeitungszeit. Das Bewertungsschema und die Bearbeitungszeit ist den Bewerberinnen und Bewerbern vor der Aufgabenbearbeitung bekannt zu geben. Von der Vorsitzenden oder dem Vorsitzenden ist mindestens eine aufsichtführende Person zu bestimmen, die während der schriftlichen Prüfung anwesend ist und die Aufsicht führt. Sie muss selbst kein Mitglied des Unterausschusses sein. Die schriftlichen Prüfungsarbeiten werden anstelle des Namens mit einer Kennziffer versehen. Über den Verlauf der Prüfung ist eine Niederschrift zu fertigen.

1.2 Arbeits- und Hilfsmittel

Die Entscheidung über die zur Prüfung zugelassenen Arbeits- und Hilfsmittel trifft der Unterausschuss und gibt sie mit der Einladung zur Prüfung bekannt. Hilfsmittel können Regelungen sein, wie zum Beispiel die Landesbauordnung, Verordnungen, Verwaltungsvorschriften, Technische Baubestimmungen und Richtlinien. Hilfsmittel dürfen keine inhaltlichen Zusätze, Einlagen, Bemerkungen oder Ähnliches enthalten.

1.3 Bewertung

Die schriftlichen Prüfungsarbeiten werden von zwei Prüfenden unabhängig voneinander begutachtet und bewertet. Weichen die Bewertungen der Prüfenden einer Arbeit um nicht mehr als 15 Prozent der ermittelten Punktzahl voneinander ab, so gilt der Durchschnitt. Bei größeren Abweichungen müssen sich die Prüfenden einigen und das Ergebnis der Abstimmung dem Unterausschuss vortragen. Der Unterausschuss behält sich eine Nachprüfung und Neubewertung vor. Die Bewertung erfolgt auf der Grundlage des 100 Punktesystems.

Die schriftliche Prüfung gilt als bestanden, wenn mindestens 50 Punkte erreicht werden. Das Ergebnis der ersten Stufe lautet:

a) „Zulassung zur mündlichen Prüfung" oder
b) „Der Unterausschuss stellt fest, dass die erforderlichen Kenntnisse der baukonstruktiven und baustofflichen Grundlagen des Wärmeschutzes, der thermischen Bauphysik, der zugehörigen Messtechnik, der Grundlagen der energierelevanten Anlagentechnik und der Wechselwirkung zwischen Wärmeschutz und Anlagentechnik sowie der einschlägigen energierechtlichen und bauordnungsrechtlichen Vorschriften von der Bewerberin oder dem Bewerber in der schriftlichen Prüfung nicht nachgewiesen werden konnten."

Es sind jeweils nur die Bereiche anzugeben, in denen die Bewerberin oder der Bewerber den Nachweis nicht erbracht hat. Mithin ist das Anerkennungsverfahren auf dieser Stufe durch Ablehnungsbescheid der Anerkennungsbehörde zu beenden. Hierzu ist der Anerkennungsbehörde vom Unterausschuss das Fachgutachten zeitnah zu übergeben. Die Musterlösungen sind von der Geschäftsstelle aufzubewahren.

2 Zweite Stufe: Mündliche Prüfung mit praktischem Teil

2.1 Verfahren

Die mündliche Prüfung soll spätestens drei Monate nach der schriftlichen Prüfung stattfinden. Die zur Weiterführung des Verfahrens zugelassenen Bewerberinnen und Bewerber werden von der Geschäftsstelle mit einer Frist von mindestens drei Wochen zur mündlichen Prüfung mit praktischem Teil eingeladen. In der mündlichen Prüfung mit praktischem Teil hat die Bewerberin oder der Bewerber ihre oder seine Kenntnisse vor dem Unterausschuss nachzuweisen. Die Grundlage dazu bilden die Ergebnisse der Beantwortung der schriftlichen Prüfungsaufgaben sowie die Fragen der anwesenden Mitglieder des Unterausschusses. Die Dauer der Prüfung beträgt für jede Bewerberin und jeden Bewerber mindestens 90 bis maximal 180 Minuten. Verantwortlich für die Durchführung der Prüfung, für die Niederschrift sowie für die Abgabe der Entscheidung ist die Vorsitzende oder der Vorsitzende des Unterausschusses. Die Prüfenden sind von der Vorsitzenden oder dem Vorsitzenden des Unterausschusses gemäß § 6 Absatz 3 zu benennen.

2.2 Bewertung

Die mündliche Prüfung mit praktischem Teil wird im Rahmen einer Gesamtschau der erbrachten Leistungen der Bewerberin oder des Bewerbers eingeschätzt. Die Bewertung der Prüfung erfolgt nach Beratung der anwesenden Mitglieder des Unterausschusses durch Abstimmung im direkten Anschluss an die Prüfung. Nach der Beschlussfassung wird der Bewerberin oder dem Bewerber das Ergebnis mitgeteilt und in einer Niederschrift festgehalten. Der Anerkennungsbehörde ist das Fachgutachten vom Unterausschuss zeitnah zu übergeben. Das Ergebnis der zweiten Stufe lautet:

a) „Der Unterausschuss stellt fest, dass die erforderlichen Kenntnisse der baukonstruktiven und baustofflichen Grundlagen des Wärmeschutzes, der thermischen Bauphysik, der zugehörigen Messtechnik, der Grundlagen der energierelevanten Anlagentechnik und der Wechselwirkung zwischen Wärmeschutz und Anlagentechnik sowie der einschlägigen energierechtlichen und bauordnungsrechtlichen Vorschriften von der Bewerberin oder dem Bewerber nachgewiesen werden konnten." oder
b) „Der Unterausschuss stellt fest, dass die erforderlichen Kenntnisse der baukon-

struktiven und baustofflichen Grundlagen des Wärmeschutzes, der thermischen Bauphysik, der zugehörigen Messtechnik, der Grundlagen der energierelevanten Anlagentechnik und der Wechselwirkung zwischen Wärmeschutz und Anlagentechnik sowie der einschlägigen energierechtlichen und bauordnungsrechtlichen Vorschriften von der Bewerberin oder dem Bewerber nicht nachgewiesen werden konnten."

Es sind jeweils nur die Bereiche anzugeben, in denen die Bewerberin oder der Bewerber den Nachweis nicht erbracht hat. Die Prüfung kann bei Nichtbestehen zweimal wiederholt werden.

II. Ausweispflicht und Belehrung

Die Prüfungsteilnehmerinnen und Prüfungsteilnehmer haben sich auf Verlangen auszuweisen. Sie sind vor Beginn der Prüfung über den Prüfungsablauf, die zur Verfügung stehende Zeit, die erlaubten Arbeits- und Hilfsmittel sowie die Folgen von Täuschungsversuchen beziehungsweise -handlungen und Ordnungsverstößen zu belehren.

III. Täuschungsversuche und Ordnungsverstöße

Unternimmt es eine Bewerberin oder ein Bewerber, das Ergebnis ihrer oder seiner Prüfung durch Täuschung, Bestechung, Mitsichführen oder Benutzung nicht zugelassener Arbeits- beziehungsweise Hilfsmittel zu beeinflussen oder macht sie oder er sich sonst eines erheblichen Verstoßes gegen die Ordnung schuldig, so ist dies in der Niederschrift zu vermerken. Die Bewerberin oder der Bewerber muss von der weiteren Teilnahme an der Prüfung ausgeschlossen werden. Die Prüfung gilt in diesem Fall als nicht bestanden.

IV. Rücktritt

Die Bewerberin oder der Bewerber kann nach erfolgter Zulassung zur schriftlichen oder mündlichen Prüfung vor Beginn der Prüfung durch Erklärung in Textform von der Teilnahme an der Prüfung zurücktreten. In diesem Fall gilt die Prüfung als nicht begonnen. Tritt die Bewerberin oder der Bewerber nach Beginn der Prüfung, ohne dass ein wichtiger Grund vorliegt, von der Prüfung zurück, so gilt diese als nicht bestanden.

Liegt ein wichtiger Grund vor, gilt die Prüfung als nicht begonnen. Den Grund für die Verhinderung hat die Bewerberin oder der Bewerber nachzuweisen. Über das Vorliegen eines wichtigen Grundes entscheidet die Anerkennungsbehörde.

V. Akteneinsicht

Der Bewerberin oder dem Bewerber wird auf Antrag Einsicht in ihre oder seine Prüfungsarbeit und die darauf bezogenen Bewertungen der Prüfungsleistung gewährt. Der Antrag ist bei der zuständigen Anerkennungsbehörde zu stellen. Die Einsichtnahme erfolgt bei der Geschäftsstelle des Prüfungsausschusses während der Geschäftszeiten unter Aufsicht. Die Bewerberin oder der Bewerber ist nicht berechtigt, von der Prüfungsakte insgesamt oder in Teilen Kopien anzufertigen.

4.3 Verordnung über die wiederkehrende Prüfung sicherheitstechnischer Gebäudeausrüstungen in baulichen Anlagen im Land Brandenburg (Brandenburgische Sicherheitstechnische Gebäudeausrüstungs-Prüfverordnung – BbgSGPrüfV)

Vom 1. September 2003 (GVBl. II S. 557), die zuletzt durch Artikel 5 der Verordnung vom 26. April 2024 (GVBl. II Nr. 25) geändert worden ist

– Fassung ab 30. April 2024 –

Auf Grund des § 80 Abs. 1 Nr. 1 und 2 der Brandenburgischen Bauordnung vom 16. Juli 2003 (GVBl. I S. 210) verordnet der Minister für Stadtentwicklung, Wohnen und Verkehr:

§ 1 Anwendungsbereich

(1) [1]Diese Verordnung gilt für die Prüfung sicherheitstechnischer Gebäudeausrüstungen in

1. Verkaufsstätten nach der Brandenburgischen Verkaufsstätten-Bauverordnung,
2. Versammlungsstätten nach der Brandenburgischen Versammlungsstättenverordnung,
3. Krankenhäusern und Pflegeheimen nach der Brandenburgischen Krankenhaus- und Pflegeheim-Bauverordnung,
4. Beherbergungsstätten nach der Brandenburgischen Beherbergungsstättenbau-Verordnung,
5. Mittel- und Großgaragen nach der Brandenburgischen Garagen- und Stellplatzverordnung,
6. Hochhäusern im Sinne des § 2 Absatz 4 Nummer 1 der Brandenburgischen Bauordnung,
7. sonstigen Sonderbauten,

wenn sie bauordnungsrechtlich gefordert oder soweit an sie bauordnungsrechtliche Anforderungen hinsichtlich des Brandschutzes gestellt werden. [2]§ 51 der Brandenburgischen Bauordnung bleibt unberührt.

(2) Die Anforderungen nach Absatz 1 sind auch auf bauliche Anlagen, die keine Sonderbauten sind, anzuwenden, sofern sie auf Grund des § 33 Absatz 2 Satz 3 oder § 67 Absatz 1 der Brandenburgischen Bauordnung gefordert werden.

§ 2 Prüfungen

(1) Folgende sicherheitstechnische Anlagen müssen anhand der Prüfgrundsätze gemäß Anlage auf ihre Wirksamkeit und Betriebssicherheit einschließlich des bestimmungsgemäßen Zusammenwirkens von Anlagen (Wirk-Prinzip-Prüfung) geprüft werden:

1. Lüftungsanlagen, ausgenommen solche, die einzelne Räume im selben Geschoss unmittelbar ins Freie be- oder entlüften,
2. CO-Warnanlagen,
3. Rauchabzugsanlagen,
4. Druckbelüftungsanlagen,
5. Feuerlöschanlagen, ausgenommen nichtselbsttätige Feuerlöschanlagen mit trockenen Steigleitungen ohne Druckerhöhungsanlagen,
6. Brandmelde- und Alarmierungsanlagen,
7. Sicherheitsstromversorgungen einschließlich der Sicherheitsbeleuchtung.

(2) Die Prüfungen nach Absatz 1 sind

1. vor der ersten Aufnahme der Nutzung der baulichen Anlagen,
2. unverzüglich nach einer technischen Änderung der baulichen Anlagen,

3. unverzüglich nach einer wesentlichen Änderung der sicherheitstechnischen Anlagen sowie
4. jeweils innerhalb einer Frist von drei Jahren (wiederkehrende Prüfungen)

durchführen zu lassen.

§ 3
Pflichten der Bauherren oder Betreiber

(1) [1]Die Bauherrin oder der Bauherr beziehungsweise die Betreiberin oder der Betreiber hat Prüfsachverständige mit der Durchführung der Prüfungen nach § 2 zu beauftragen. [2]Für die Prüfungen sind die nötigen Vorrichtungen und fachlich geeigneten Arbeitskräfte bereitzustellen und die erforderlichen Unterlagen bereitzuhalten.
(2) [1]Der Bauherr oder der Betreiber der sicherheitstechnischen Gebäudeausrüstung hat die bei der Prüfung festgestellten Mängel in einer angemessenen Frist, bei konkreter Gefahr für die Sicherheit unverzüglich, zu beseitigen und die Beseitigung dem Prüfsachverständigen mitzuteilen. [2]Die oder der Prüfsachverständige ist berechtigt, sich persönlich von der Beseitigung der Mängel zu überzeugen.
(3) Der Bauherr oder der Betreiber hat die Berichte über die Prüfungen nach § 2 Absatz 2 Nummer 1 bis 3 der Bauaufsichtsbehörde zu übergeben, sowie die Berichte über die Prüfungen nach § 2 Absatz 2 Nummer 4 mindestens fünf Jahre aufzubewahren und der Bauaufsichtsbehörde auf Verlangen vorzulegen.

§ 4
Ordnungswidrigkeiten

[1]Ordnungswidrig im Sinne des § 85 Absatz 1 Satz 1 Nummer 1 der Brandenburgischen Bauordnung handelt, wer vorsätzlich oder fahrlässig entgegen

1. § 3 Absatz 1 die vorgeschriebene Prüfung nach § 2 nicht rechtzeitig veranlasst oder nicht spätestens binnen drei Monaten nach Ablauf der Frist nach § 2 Absatz 2 durchführen lässt oder
2. § 3 Absatz 2 Mängel nicht fristgerecht oder unverzüglich beseitigt.

[2]Die Ordnungswidrigkeit kann mit einer Geldbuße bis zu 10 000 Euro geahndet werden.

§ 5
(Inkrafttreten, Außerkafttreten)

Anlage
(zu § 2)

Grundsätze für die Prüfung sicherheitstechnischer Anlagen (Prüfgrundsätze)

INHALTSÜBERSICHT

1 Allgemeines

Ziel der Prüfung ist es, die Wirksamkeit und Betriebssicherheit der Anlage festzustellen. Bei der Prüfung sind die einschlägigen Vorschriften und Bestimmungen zu beachten. Die allgemein anerkannten Regeln der Technik sind zu berücksichtigen.

Die oder der Prüfsachverständige ist dafür verantwortlich, dass die an der einzelnen Anlage von ihr oder ihm durchgeführten Prüfungen nach Art und Umfang notwendig und hinreichend sind (Abschnitt 5).

Bei den Prüfungen sind alle Anlagenteile zu prüfen. Stichprobenprüfungen sind nur zulässig, soweit dies zu den einzelnen Prüfpunkten nach Abschnitt 5 dieser Prüfgrundsätze ausdrücklich vermerkt ist (bei Prüfungen nach Errichtung oder wesentlicher Änderung mit (S), bei Wiederholungsprüfungen mit (SW).

Geht aus der Dokumentation und dem Zustand der Anlage hervor, dass seit der letzten Prüfung an der Anlage oder in deren Umfeld wesentliche Änderungen vorgenommen worden sind, ist, soweit keine genehmigungsbedürftige Abweichung von dem genehmigten Brandschutzkonzept vorliegt, die wiederkehrende Prüfung als Erstprüfung durchzuführen.

2 Prüfgrundlagen

- Brandenburgische Bauordnung
- Sonderbauverordnungen
- Verwaltungsvorschrift Technische Baubestimmungen
- Verwendbarkeitsnachweise (zum Beispiel allgemeine bauaufsichtliche Zulassungen)
- allgemein anerkannte Regeln der Technik
- Baugenehmigung

3 Bereitzustellende Unterlagen

Die Bauherrin oder der Bauherr oder die Betreiber haben die für die Prüfung erforderlichen Unterlagen bereitzustellen. Solche Unterlagen können insbesondere sein:

- Baugenehmigung einschließlich der genehmigten Bauvorlagen
  - Brandschutznachweis
  - Grundriss- und Schnittzeichnungen des Gebäudes, aus denen ersichtlich sind
    - Grundfläche, Raumhöhe und Rauminhalt
    - Brandabschnitte, Rauchabschnitte, Nutzungseinheiten
    - Wände, Decken, Abschlüsse und andere Bauteile mit vorgeschriebenem
    - Feuerwiderstand
    - Art und Nutzung (Personenzahl, Garagenstellplätze und Ähnliche)
    - Rettungswege
- Verwendbarkeitsnachweise
- Pläne und Schema der Anlage mit Angabe der wesentlichen Teile, der Installationsorte
- Aufstellungsorte, Steuereinrichtungen und Energieversorgung
- Alarmierungs- und Evakuierungspläne (soweit erstellt)
- Bemessungen der Anlagen
- Elektrischer Schaltplan der Anlagen sowie der Überwachungs- und Steuerungseinrichtungen
- Anlagen- beziehungsweise Funktionsbeschreibung
- Angaben zur Löschmittelversorgung
- Prüfbericht der zuletzt durchgeführten Prüfung
- Errichtungs- und Instandhaltungsnachweis
- Messprotokolle über die Sprachverständlichkeit für Alarmierungsanlagen

4 Prüfbericht

Für jede Prüfung ist ein Prüfbericht nach diesem Abschnitt der Prüfgrundsätze zu erstellen.

Inhalt:

- Art und Standort der baulichen Anlage
- Bauherrin oder Bauherr/Betreiberin oder Betreiber (Auftraggeberin oder Auftraggeber)
- Name und Anschrift der oder des Prüfsachverständigen
- Zeitraum/Zeitpunkt der Prüfung
- Art und Zweck der Anlage
- Art und Umfang der Prüfung (vor Inbetriebnahme, nach wesentlicher Änderung, wiederkehrende Prüfung, Prüfung nach Mängelbeseitigung)
- Kurzbeschreibung der Anlage mit Angabe der wesentlichen Teile

- vorgelegte Unterlagen
- Beurteilungsmaßstäbe (Rechtsvorschriften, Richtlinien, technische Regeln)
- Auslegungsdaten
- durchgeführte Funktionsprüfungen
- Betriebs- und Wartungszustand
- Sicherheitseinrichtungen
- Messergebnisse
- Nennung der verwendeten Mess- und Prüfgeräte
- Bewertung der Mess- und Prüfergebnisse
- Beschreibung der Mängel
- Bewertung der Mängel und fachliche Einschätzung zum Weiterbetrieb
- Fristangabe für Mängelbeseitigung
- Bescheinigung der Wirksamkeit und Betriebssicherheit
- Bestätigung, dass diese Prüfgrundsätze beachtet worden sind
- Feststellung der Beseitigung von Mängeln

5 Prüfungen

5.1 Lüftungsanlagen

5.1.1 Allgemeine Prüfanforderungen
- Wirksamkeit und Zustand der Zu- und Abluftöffnungen
- bereinstimmung der lufttechnischen Bemessung mit der Nutzung und Druckhaltung (soweit bauordnungsrechtlich gefordert)

5.1.2 Lüftungszentrale (Raum)
- Einhaltung der Prüfgrundlagen (zum Beispiel Lüftungsanlagen-Richtlinie)

5.1.3 Luftaufbereitungseinrichtung (Gerät)
- Eignung für die vorgesehene Nutzung
- Sichtprüfung des Zustands der Bauteile (zum Beispiel Ventilatoren, Wärmeübertrager, Mischkammer, Filter, Gehäuse, Klappen, Anschlüsse der Versorgungs- und Entwässerungsleitungen)
- Kontrolle des Reinigungszustands
- unktionsprüfung (zum Beispiel der Ventilatoren, Klappensteuerung, Reparaturschalter, Antriebs-/Strömungsüberwachung, Frostschutz, Rauchauslöseeinrichtungen)
- Messungen des für den jeweiligen Nutzbereich bauordnungsrechtlich geforderten Volumenstroms unter Berücksichtigung aller die Luftförderung beeinflussenden Bauteile (Filter und Antrieb, zum Beispiel Drehzahl, Stromaufnahme)

5.1.4 Lüftungsleitungen
- Einhaltung der Prüfgrundlagen (zum Beispiel Lüftungsanlagen-Richtlinie)
- Sichtprüfung des inneren und äußeren Zustands (S) + (SW)

5.1.5 Absperrvorrichtungen gegen Brandübertragung (zum Beispiel Brandschutzklappen, Rauchschutzklappen)
- Eignung für den vorgesehenen Verwendungszweck
- Ausführung des Einbaus

- Funktion an allen Absperrvorrichtungen
  - äußere Prüfung der Anforderungen entsprechend Verwendbarkeitsnachweis (zum Beispiel Zulassungsbescheid)
  - innere Sichtprüfung über Revisionsöffnung (Klappenblatt, Auslöseeinrichtung, Dichtung)
  - Kontrolle der nach Verwendbarkeitsnachweis vorgeschriebenen Instandhaltung
  - Prüfen des ordnungsgemäßen Schließens der Brandschutzklappen (Funktionsprüfung).

Bei Klappen kann die Funktionsprüfung bei wiederkehrenden Prüfungen auf ein Drittel der Klappen reduziert werden (SW), wenn
- die regelmäßige Instandhaltung aller Klappen entsprechend Verwendbarkeitsnachweis nachgewiesen wird
- keine der geprüften Klappen fehlerhaft ist
- nach Ablauf von drei aufeinanderfolgenden Prüfungen alle Klappen vom Prüfsachverständigen geprüft worden sind.

Bei Absperrvorrichtungen K-18017, die im freien Querschnitt keine Einbauteile haben, kann auf die Funktionsprüfung bei wiederkehrenden Prüfungen verzichtet werden, wenn die innere Sichtprüfung der Lüftungsleitungen keine unzulässigen Schmutzablagerungen erkennen lässt.

5.1.6 Außenluft-/Fortluftöffnungen
- Einhaltung der Prüfgrundlagen (zum Beispiel Lüftungsanlagen-Richtlinie)
- Einhaltung baurechtlicher und technischer Anforderungen hinsichtlich Hygiene, Schadstoffausbreitung, Schallschutz
- Sichtprüfung des technischen Zustands und des Reinigungszustands

5.1.7 Energieversorgung
- Sicht- und Funktionsprüfung

5.1.8 Mess-Steuer-Regel-Technik (MSR-Technik)
- funktionstechnische Eignung der Steuerung/Regelung
- Sichtprüfung des Zustands der Bauelemente
- Anzeige der Betriebszustände (Soll-Ist-Werte, Störmeldungen)
- Zugang und Berechtigung zum Bedienen (durch Vorlage der Dokumentation)
- Funktion der
  - Bedienelemente und Kontrollanzeigen
  - Schutzeinrichtungen (Frostschutz, Strömung)
  - Sicherheitsschaltung bei Störung (zum Beispiel Garagenventilatoren)
  - Klappensteuerung

Soweit MSR-Technik in eine Gebäudeleittechnik eingebunden ist, ist zu prüfen, ob die Auslösung der Klappen und die davon abgeleiteten Steuerbefehle nicht beeinträchtigt werden.

5.1.9 Wechselwirkungen und Verknüpfungen mit anderen Anlagen
- Funktionsfähigkeit der Lüftungsanlage im Hinblick auf die Übereinstimmung mit dem sicherheitstechnischen Steuerungskonzept der Anlagen
- Eignung der eingesetzten Systeme und Peripheriegeräte

5.1.10 Lüftungsanlagen für Räume mit erhöhten hygienischen Anforderungen in Krankenhäusern
- Prüfung der lufttechnischen Anlage nach den Nummern 5.1.1 bis 5.1.9
- Funktion der Überwachungs- und Sicherheitseinrichtungen
- Filter (Eignung, Anordnung und Einbau)
- Luftaufbereitung
- Dichtheit der Lüftungsleitungen
- Luftführung im OP-Bereich sowie des Druckverhältnisses des OP-Raums zu angrenzenden Räumen

5.2 CO-Warnanlagen
- Zustandsprüfung der CO-Warnanlage
  - Anordnung und Anzahl der Messstellen
  - Zuordnung der Messstellen zu Lüftungsabschnitten
  - Anordnung der optischen und akustischen Signalgeber
  - Zugängigkeit und Bedienung der Anlage
- Funktionsprüfung der CO-Warnanlage
  - Einstellung der Schaltpunkte für die Ventilatoren
  - Störmeldung bei Ausfall des Gerätes
  - bei saugenden Anlagen Soll-Ist-Vergleich der Anzeige des Messumformers
  - Dichtheit aller Messgasleitungen
  - Ermittlung der Ansprechzeit der längsten Messleitung
  - bei elektrochemischen Messzellen Soll-Ist-Vergleich aller Messzellen
  - Anschluss an eine Sicherheitsstromversorgung

5.3 Rauchabzugsanlagen und Druckbelüftungsanlagen

5.3.1 Allgemeine Prüfanforderungen
- Übereinstimmung der technischen Ausführung mit den Anforderungen des Brandschutznachweises, insbesondere Bemessung
- Anordnung der Nachström-/Zuström- und Absaug-/Abströmöffnungen im Wirkbereich (Treppenraum, Garage, Verkaufsstätte und Ähnliches)
- Einbindung in die Gebäudeleittechnik (GLT)
- bei sicherheitstechnisch relevanter Verknüpfung mit der Gebäudeleittechnik
  - Übereinstimmung mit dem Sicherheitskonzept der baulichen Anlage und den Anforderungen
  - Umsetzung der im Sicherheitskonzept festgelegten Anforderungsklassen, Eignung der eingesetzten Systeme und Peripheriegeräte

5.3.2 Ventilator
- Eignung für die vorgesehenen Anwendungen (Verwendbarkeitsnachweis, Temperatur-/Zeitbeständigkeit, gegebenenfalls Überbrückung des Motorschutzes)
- Sichtprüfung des Zustands (Ventilatoren, Anschluss an das Kanalnetz)
- Funktionsprüfung (einschließlich Reparaturschalter)
- Messungen der Volumenströme und Druckdifferenzen an den Fluchttüren
- Anschluss an die Sicherheitsstromversorgung

5.3.3 Entrauchungsleitungen und Zuluftführung
- Einhaltung der Prüfgrundlagen, zum Beispiel Brandschutznachweis hinsichtlich der Anordnung und Ausführung der Entrauchungsleitungen

- Eignung der technischen Ausführung für die vorgesehenen Anwendungen (zum Beispiel Zuluftführung über feuerwiderstandsfähige Lüftungsleitungen gemäß Lüftungsanlagen-Richtlinie)

5.3.4 Entrauchungsklappen
- Übereinstimmung der Anordnung mit dem Anlagenkonzept
- Eignung für den vorgesehenen Verwendungszweck
- Ausführung des Einbaus
- Funktionskontrolle an allen Klappen (Ansteuerung, äußere Prüfung und Kontrolle der nach Verwendbarkeitsnachweis vorgeschriebenen Instandhaltung)

5.3.5 Klappen, Nachström- und Abströmöffnungen
- Übereinstimmung der Anordnung mit dem Anlagenkonzept
- Funktionsprüfung

5.3.6 Außenluft-/Ansaug- und Fortluft-/Ausblasöffnungen
- Einhaltung der Prüfgrundlagen
- Einhaltung technischer Anforderungen hinsichtlich der Betriebssicherheit
- Sichtprüfung des Zustands, gegebenenfalls Rauchversuch

5.3.7 Natürliche Rauchabzugsgeräte
- Sichtprüfung
- Eignung für den vorgesehenen Verwendungszweck

5.3.8 Mess-Steuer-Regel-Technik (MSR-Technik)
- funktionstechnische Eignung der Steuerung oder Regelung
- Sichtprüfung des Zustands der Bauelemente
- Funktion der Betriebs- und Störmeldungen, der Bedienelemente und Klappensteuerung

5.3.9 Wechselwirkungen und Verknüpfungen mit anderen Anlagen
- Funktionsfähigkeit der Rauchabzugsanlage im Hinblick auf die Übereinstimmung mit dem sicherheitstechnischen Steuerungskonzept der Anlagen
- Eignung der eingesetzten Systeme und Peripheriegeräte

5.3.10 Druckbelüftungsanlagen
- Prüfung der lufttechnischen Anlage nach den Nummern 5.1.1 bis 5.1.9
- Abströmgeschwindigkeiten zum Beispiel im Türquerschnitt
- Türöffnungskräfte der Türen in Rettungswegen
- Regelverhalten
- Anschluss an eine Sicherheitsstromversorgung
- Anordnung und Funktion der Auslöseeinrichtungen
- Anschluss an die Brandmeldeanlage, sofern vorhanden

5.4 Feuerlöschanlagen

5.4.1 Allgemeine Prüfanforderungen
- Übereinstimmung mit den Prüfgrundlagen (zum Beispiel Brandschutznachweis)
- Bemessung der Anlage
- Sichtprüfung Gesamtanlage und der Bauteile

- Anschluss an eine Sicherheitsstromversorgung
- Sicherstellung der Löschmittelversorgung
- Bemessung der Löschmittelvorratsmenge einschließlich der Einsatz- und Reservemengen

5.4.2 Löschmittel Wasser
- Zugänglichkeit der Wasserquelle und -versorgung
- Schutz des Trinkwassers (Wasserentnahme, Wahl der Sicherungseinrichtungen zum Beispiel freier Auslauf)
- Frostsicherheit
- ausreichende Hinweisschilder
- Druckerhöhungsanlage/Feuerlöschpumpe
  - Zustand (Sichtprüfung)
  - Funktion
  - Ein-/Ausschaltdruck
  - Zulaufdruck (Vermeidung von Kavitation)
  - Schalthäufigkeit
  - Störmeldung

5.4.3 Andere Löschmittel
- Zuordnung der Alarmierungs- und Löschbereiche
- Energieversorgung (elektrisch und/oder pneumatisch)

5.4.4 Wechselwirkungen und Verknüpfungen mit anderen Anlagen
- Funktionsfähigkeit der Feuerlöschanlage im Hinblick auf die Übereinstimmung mit dem sicherheitstechnischen Steuerungskonzept der Anlagen
- Eignung der eingesetzten Systeme und Peripheriegeräte

5.4.5 Spezielle Prüfungen für Nichtselbsttätige Feuerlöschanlagen

5.4.5.1 Anlagen mit nassen Steigleitungen
- Rohrnetz
- Wandhydranten
  - Ausrüstung, Schlauchlänge (SW)
  - Zugängigkeit
  - Schlauchdruckprüfung (S) + (SW)
  - Wasserdruck, Wassermenge
  - Kennzeichnung, Bedienungsanleitung

5.4.5.2 Nass-Trockenanlagen
- Prüfung nach Nummer 5.4.5.1
- Funktion der Füll- und Entleerstationen (Warneinrichtung)
- Funktion der Endschalter
- Flutung der Anlage, Füllzeit
- Entleerung (Gefälle der Rohrleitung)

5.4.6 Spezielle Prüfungen für Selbsttätige Feuerlöschanlagen – Löschmittel Wasser

5.4.6.1 Zentrale
- Zugängigkeit
- Beheizung/Belüftung
- Reserve-Sprühdüsen

5.4.6.2 Rohrnetz einschließlich Düsen
- Anlage vor der Ventilstation
  - Zustand (Sichtprüfung)
  - Frostsicherheit
- Anlage hinter der Ventilstation
  - Eignung der Düsen
  - Anordnung und Anzahl der Düsen
  - Entleerung
  - Beeinträchtigung der Löschwirkung (zum Beispiel durch nachträgliche Einbauten)
  - Funktion Strömungswächter

5.4.6.3 Druckluft-/Wasserbehälter einschließlich Speisepumpe und Kompressor
- Eignung für die Anlage
- Funktion (Pumpe und Kompressor)
- Füllstand, Druck des Behälters

5.4.6.4 Ventilstation
- Zustand (Sichtprüfung)
- Eignung
- Funktion der Druckschalter
- Probebetrieb, Alarmierung
- Aufschaltung zur Feuerwehr

5.4.7 Spezielle Prüfungen für Selbsttätige Feuerlöschanlagen – andere Löschmittel

5.4.7.1 Zentrale
- Prüfung der technischen Ausstattung im Hinblick auf die vorgesehene Nutzung
- Einhaltung der Temperaturgrenzen

5.4.7.2 Löschmittelbehälter
- Eignung der Behälter
- Kennzeichnung
- Füllmenge/Fülldruck

5.4.7.3 Bereichsventil und Verteiler
- Lage
- Funktion des Bereichsventils
- Flutungszeiten aller Löschbereiche (nur bei Niederdruck)

5.4.7.4 Löschbereich
- Warn- und Hinweisschilder

- Gasdichtigkeit der Raumumfassung (bei Erstprüfung und wesentlicher Änderung der baulichen Anlage)
- Haltezeit
- Verhinderung einer unzulässigen Zusammenwirkung mit raumlufttechnischen Anlagen

5.4.7.5 Ansteuerung und Detektion
- Funktion der Branddetektion
- Funktion der Ansteuerung der Löschanlage und der erforderlichen Steuerfunktion der Betriebsmittel
- Anfluten aller Flutungsbereiche (nur bei Erstprüfung)

5.4.7.6 Rohrnetz einschließlich Düsen und Druckreduziereinrichtungen
- Potenzialausgleich
- Düsen und Druckreduziereinrichtungen
- Anordnung, Anzahl und Größe der Düsen
- Beeinträchtigung der Löschwirkung (zum Beispiel Behinderung des Düsenstrahls)

5.4.7.7 Verzögerungseinrichtung
- Eignung für die Anlage
- Funktion
- Vorwarnzeiten aller Löschbereiche

5.4.7.8 Eigene Alarmierungseinrichtungen
- Eignung für die Anlage
- Anordnung und Funktion der Alarmierungseinrichtungen
- ausreichende Stärke der Alarm- und Signalgeber

5.4.7.9 Druckentlastungseinrichtungen
- technische Ausführung
- Zuordnung zum Löschbereich
- Funktion und Ansteuerung

5.4.7.10 Überwachung
- technische Ausführung und Funktion

5.4.7.11 Zusätzliche Anforderungen an den Personenschutz
- Funktion der Blockiereinrichtung
- Schutz gegen Überflutung, zum Beispiel von Flucht- und Rettungswegen
- Vorwarnzeit für die Evakuierung
- ausreichende Verhinderung von Löschmittelverschleppung

5.5 Sicherheitsstromversorgung

5.5.1 Allgemeine Prüfanforderungen
- Einhaltung der Prüfgrundlagen, zum Beispiel Übereinstimmung mit den Anforderungen des Brandschutznachweises
- Eignung und Netzaufbau der Sicherheitsstromversorgung
- EMV gerechte Installation

- Technische Dokumentation der Sicherheitsstromversorgung einschließlich der angeschlossenen Sicherheitseinrichtungen
- Übereinstimmung der Dokumentation mit der Ausführung für Unterverteiler (S) + (SW), für andere Anlagenteile nur bei Erstprüfung und nach wesentlicher Änderung

5.5.2 Wechselwirkungen und Verknüpfungen mit anderen Anlagen
- Funktionsfähigkeit der Sicherheitsstromversorgungsanlage im Hinblick auf die Übereinstimmung mit dem sicherheitstechnischen Steuerungskonzept der Anlagen
- Auswahl der eingesetzten Systeme und Peripheriegeräte
- sicherer Zustand der verknüpften Anlagen bei Ausfall der Gebäudeleittechnik
- Vor-Ort-Steuerung, Leitrechner und Energieversorgung unter Berücksichtigung
  - der störspannungsarmen Installation der Übertragungswege (SW)[1)]
  - der sicherheitsrelevanten Teile der Gebäudeleittechnik und der Signalwege (SW)[1)]
  - der Fehlersimulation (S)1) + (SW)[1)]

5.5.3 Verknüpfung der allgemeinen Stromversorgung mit der Sicherheitsstromversorgung
- Netzkonfiguration
- Abschaltbedingungen, Kurzschlussfestigkeit und Selektivität im Netz- und SV Betrieb
- Synchronisation bei möglichem Parallelbetrieb

5.5.4 Ersatzstromquellen

5.5.4.1 Ergänzende Prüfanforderungen für Ersatzstromquellen
- technische Ausführung der Ersatzstromquellen
- technische Ausstattung des Aufstellraums im Hinblick auf die vorgesehene Nutzung und Einhaltung der Prüfgrundlagen
- Zubehör und Ausrüstungen des Aufstellraums
- Ausführung und Auslegung der Schaltgerätekombination für die Ersatzstromquellen
- Ausführung, Auslegung und Funktion der Schutz-, Überwachungs- und Störmeldeeinrichtungen
- Funktion der Anzeigegeräte
- Stör- und Betriebsmeldungen

5.5.4.2 Stromerzeugungsaggregat
- Ausführung der Anlage zur Abführung der Verbrennungsgase des Aggregats
- Bemessung der Energiebevorratung und der Einrichtungen zur Überwachung des Aggregats, bei Erstprüfung und nach wesentlicher Änderung
- Funktionsprüfungen
- Eignung der Starteinrichtung bei Erstprüfung und nach wesentlicher Änderung und der Spannungsversorgung der Steuerung des Aggregats
- Startbedingungen des Stromerzeugungsaggregats
- Schaltvorgänge für Leistungsübernahme
- Schutz- und Überwachungsfunktionen
- Regelfunktion bei Laständerungen
- Not-Aus-Vorrichtung

5.5.4.3 Betriebsgrenzwerte des Stromerzeugungsaggregats bei Lastbetrieb

- Nachweis der Übernahme der Betriebslast unter Einbeziehung der angeschlossenen Sicherheitseinrichtungen und Aggregaten unter Berücksichtigung der
  - Spannung sowie der statischen und dynamischen Spannungsabweichungen einschließlich Spannungsausregelzeit bei Laständerungen
  - Frequenz sowie der statischen und dynamischen Frequenzabweichung einschließlich Frequenzpendelbreite bei Laständerungen
  - Oberschwingungen in der Spannung
  - Belastung einschließlich möglicher Schieflast

5.5.4.4 Batterie und Ladeeinrichtung

- Funktionsprüfung
- Kapazitätsprüfung der Batterie
- technische Ausführung und Funktion der Ladeeinrichtung

5.5.5 Hauptverteiler

- technische Ausstattung des Aufstellraums und Einhaltung der Prüfgrundlagen (zum Beispiel Leitungsanlagen-Richtlinie, BbgEltBauV)
- Art, Anordnung, Steuerung und Funktion der Netzumschaltung
- Einhaltung des Schutzes gegen elektrischen Schlag, der Isolation sowie der Abschalt- und Selektivitätsbedingungen (S)[1)] + (SW)[1)]
- thermische und dynamische Auslegung der Bauteile
- Einhaltung der Grenzwerte der Oberschwingungsbelastung (S) + (SW)[1)]

5.5.6 Kabel- und Leitungsanlagen

- Funktionserhalt der Kabel- und Leitungsanlagen (SW)[1)]
- technische Ausführung der Überlast- und Kurzschlussschutzeinrichtungen, Schutz gegen elektrischen Schlag der Kabel und Leitungen sowie Spannungsfall unter Brandeinwirkung (SW)[1)]
- Sicherheit der Kabelverbindung ab Hauptverteiler

5.5.7 Unterverteiler

- technische Ausführung des Brandschutzes, Zugang und Kennzeichnung des Unterverteilers
- Absicherung der Endstromkreise und Zuordnung der Leiter (S)+(SW)[1])
- Einhaltung des Schutzes gegen elektrischen Schlag, der Isolation sowie der Abschalt- und Selektivitätsbedingungen (SW)[1)]

5.5.8 Sicherheitsbeleuchtungsanlagen

- Prüfung der Sicherheitsstromquelle und -verteilung nach Nummer 5.5.4
- zentrale Anlage (Sicherheitslichtgeräte und Umschalteinrichtungen)
  - Eignung der verwendeten Schutz- und Schaltorgane auf Allstromtauglichkeit (S)[1)] + (SW)[1)]
  - sichere Funktion der Umschalteinrichtungen
  - technische Ausstattung des Aufstellraums im Hinblick auf die vorgesehene Nutzung und Einhaltung der Prüfgrundlagen (zum Beispiel Leitungsanlagen-Richtlinie)
  - Ausführung der Netzumschaltung
  - Anzeigen der Betriebs- und Störmeldungen

- örtliche Installation
  - Anordnung der Leuchten und Aufteilung auf die Stromkreise (SW)[2)]
  - ausreichende Beleuchtungsstärke und Gleichmäßigkeit
  - Übereinstimmung der Dokumentation mit der Beschriftung der Sicherheitsleuchten (SW)[2)]

5.6 Brandmeldeanlagen und Alarmierungsanlagen (BMA und elektroakustische Notfall-Warnsysteme – EAN)

5.6.1 Wechselwirkungen und Verknüpfungen mit anderen Anlagen
- Funktionsfähigkeit der Brandmeldeanlage und Alarmierungsanlage im Hinblick auf die Übereinstimmung mit dem sicherheitstechnischen Steuerungskonzept der Anlagen
- Auswahl der eingesetzten Systeme und Peripheriegeräte
- sicherer Zustand der verknüpften Anlagen bei Ausfall der Gebäudeleittechnik
- Vor-Ort-Steuerung, Leitrechner und Energieversorgung unter Berücksichtigung
- der störspannungsarmen Installation der Übertragungswege (SW)[1)]
- der sicherheitsrelevanten Teile der Gebäudeleittechnik und der Signalwege (SW)[1)]
- der Fehlersimulation (S)[1)] + (SW)[1)]

5.6.2 Brandmeldeanlagen (BMA)
- Übereinstimmung der technischen Ausführung mit den Anforderungen
  - an die Anordnung der vorgesehenen Meldebereiche
  - an das Zusammenwirken der weiteren notwendigen Brandschutzeinrichtungen mit der BMA und Feststellung der Rückwirkungsfreiheit der Verknüpfungen
  - an die Weiterleitung der Alarm- und Störmeldungen
  - zur Vermeidung von Falschalarm
- Brandmelderzentrale (BMZ)
  - technische Ausstattung des Aufstellraums im Hinblick auf die vorgesehene Nutzung
  - Energieversorgung und Überspannungsschutz der BMA
  - Funktion der Betriebs- und Störmeldungen
  - Ansteuerung peripherer Einrichtungen (zum Beispiel Schlüsseldepot, Feuerwehrbedienfeld, Kennleuchte)
  - Aufschaltung zur Feuerwehr
  - Verwendung von Primär- und Sekundärleitungen
  - Hauptmelder (zum Beispiel Standleitung, digitale Übertragung)
  - Brandfallsteuerungen, gegebenenfalls sicherheitsrelevante Verknüpfungen mit der Gebäudeleittechnik (zum Beispiel Ansteuerung von Rauchabzugsanlagen oder Aufzügen)
- Übertragungswege
  - Funktionserhalt der Kabel und Leitungsanlagen (zum Beispiel Leitungsanlagen-Richtlinie), elektromagnetische Beeinflussung und Meldetechnik (SW)
- Brandmelder, Meldergruppen und Melderbereiche
  - Zuordnung zu Meldergruppen und Melderbereichen (SW)[3)]
  - Eignung und Anordnung der automatischen Melder nach Brandkenngrößen und Raumgeometrie (SW)
  - Anordnung der nichtautomatischen Melder nach Fluchtwegverlauf (SW)
  - Maßnahmen zur Vermeidung von Falschalarmen (SW)
  - Anordnung der Trennelemente (bei Ringleitungen) (SW)

  - Melderbeschriftung (SW)
  - Funktion der Melder (S)[3] + (SW)[3]

5.6.3 Alarmierungsanlagen (EAN)

- Übereinstimmung der technischen Ausführung mit den Anforderungen
- technische Umsetzung der Anforderungen des Alarmierungs- und Beschallungskonzeptes
- Aktivierung der EAN durch die Brandmeldeanlage beziehungsweise Gebäudeleittechnik
- Zentrale
  - technische Ausstattung im Hinblick auf die vorgesehene Nutzung
  - Energieversorgung
  - Verstärkeranlage (Auslastung, Impedanz)
  - Funktion der Betriebs- und Störmeldungen
  - automatische Fehlerüberwachung
  - sicherheitsrelevante Verknüpfung zur Brandmeldeanlage und/oder Gebäudeleittechnik
- Übertragungswege
  - Funktionserhalt der Kabel- und Leitungsanlagen (zum Beispiel Leitungsanlagen-Richtlinie), elektromagnetische Beeinflussung und störungsfreie Übertragung (SW)
- Alarm- und Signalgeber (S)[4] + (SW)[4]
  - ausreichende Beschallung und ausreichende Sprachverständlichkeit
  - Anordnung und Funktion der Alarmgeber

1) Stichproben nach DIN VDE 0105
2) Die Kontrolle der Leuchten kann auf ein Drittel reduziert werden, wenn keine Fehler festgestellt werden oder nach Ablauf von drei aufeinanderfolgenden Prüfungen alle Leuchten vom Prüfsachverständigen geprüft worden sind.
3) Bei Vorlage einer vollständigen Errichterbescheinigung genügt eine vollständige Prüfung der nicht automatischen Melder sowie Stichprobenprüfung der automatischen Melder eines Überwachungsbereiches, mindestens ein Melder pro Meldergruppe. Stellen sich dabei Widersprüche zur Errichterbescheinigung heraus, ist auch bei automatischen Meldern eine 100-Prozent-Prüfung vorzunehmen.
4) Liegen keine Messprotokolle vor, ist eine 100-Prozent-Prüfung erforderlich. Eine 100-Prozent-Prüfung ist auch erforderlich, wenn bei den Stichprobenprüfungen Widersprüche zu den Messprotokollen festgestellt werden.

4.4 Verordnung über die Anerkennung als Prüf-, Überwachungs- oder Zertifizierungsstelle nach Bauordnungsrecht im Land Brandenburg (BbgPÜZAV)

Vom 28. Juli 2009 (GVBl. II S. 520), die durch Artikel 3 der Verordnung vom 26. April 2024 (GVBl. II Nr. 25) geändert worden ist

– Fassung ab 30. April 2024 –

Auf Grund des § 80 Absatz 4 Nummer 2 der Brandenburgischen Bauordnung in der Fassung der Bekanntmachung vom 17. September 2008 (GVBl. I S. 226) verordnet der Minister für Infrastruktur und Raumordnung:

§ 1 Anerkennung

(1) Eine natürliche oder juristische Person kann auf Antrag als

1. Prüfstelle für die Erteilung allgemeiner bauaufsichtlicher Prüfzeugnisse (§ 19 Absatz 2 der Brandenburgischen Bauordnung),
2. Prüfstelle für die Überprüfung von Bauprodukten vor Bestätigung der Übereinstimmung (§ 22 Absatz 2 der Brandenburgischen Bauordnung),
3. Zertifizierungsstelle (§ 23 Absatz 1 der Brandenburgischen Bauordnung),
4. Überwachungsstelle für die Fremdüberwachung (§ 23 Absatz 2 der Brandenburgischen Bauordnung),
5. Überwachungsstelle für die Überwachung (§ 16a Absatz 7 und § 25 Absatz 2 der Brandenburgischen Bauordnung) oder
6. Prüfstelle für die Überprüfung (§ 16a Absatz 6 und § 25 Absatz 1 der Brandenburgischen Bauordnung)

gemäß § 24 Satz 1 der Brandenburgischen Bauordnung anerkannt werden, wenn sie die Voraussetzungen nach § 2 erfüllt.

(2) [1]Zweitniederlassungen von nach Absatz 1 anerkannten Prüf- und Überwachungsstellen bedürfen der Anerkennung. [2]Zweitniederlassungen von nach Absatz 1 anerkannten Zertifizierungsstellen haben das erstmalige Tätigwerden vorher der Anerkennungsbehörde anzuzeigen. [3]Die Anerkennungsbehörde soll das Tätigwerden der Zertifizierungsstellen untersagen, wenn die Voraussetzungen des § 2 nicht erfüllt sind. [4]§ 5 gilt mit der Maßgabe, dass die im Verfahren nach Absatz 1 bereits erbrachten Nachweise keiner erneuten Prüfung bedürfen.

(3) [1]Die Anerkennung als Prüf-, Überwachungs- oder Zertifizierungsstelle erfolgt für einzelne Bauprodukte. [2]Eine Prüf-, Überwachungs- oder Zertifizierungsstelle kann für mehrere Bauprodukte anerkannt werden.

(4) Die Anerkennung kann zugleich als Prüf-, Überwachungs- und Zertifizierungsstelle, auch für das gleiche Bauprodukt, erfolgen, wenn die jeweiligen Anerkennungsvoraussetzungen erfüllt sind.

(5) [1]Die Anerkennung kann befristet werden. [2]Die Frist soll höchstens fünf Jahre betragen. [3]Die Anerkennung kann auf Antrag verlängert werden; sie kann auch rückwirkend verlängert werden, wenn der Antrag vor Fristablauf eingegangen ist.

1 Die Verordnung berücksichtigt die Anforderungen der Richtlinie 2006/123/EG des Europäischen Parlaments und des Rates vom 12. Dezember 2006 über Dienstleistungen im Binnenmarkt (ABl. L 376 vom 27.12.2006, S. 36).

§ 2 Anerkennungsvoraussetzungen

(1) [1]Die Prüf-, Überwachungs- und Zertifizierungsstellen müssen über eine ausreichende Zahl an Beschäftigten mit der für die Erfüllung ihrer Aufgaben notwendigen Ausbildung und beruflichen Erfahrung und über eine Person verfügen, der die Aufsicht über die mit den Prüfungs-, Überwachungs- und Zertifizierungstätigkeiten betrauten Beschäftigten obliegt (Leiterin oder Leiter). [2]Die Leiterin oder der Leiter und, wenn eine Stellvertreterin oder ein Stellvertreter bestellt ist, die Stellvertreterin oder der Stellvertreter, müssen ein für den Tätigkeitsbereich der Prüf-, Überwachungs- oder Zertifizierungsstelle geeignetes technisches oder naturwissenschaftliches Studium an einer deutschen Hochschule oder ein gleichwertiges Studium an einer ausländischen Hochschule abgeschlossen haben und

1. für Prüfstellen nach § 1 Absatz 1 Nummer 1 eine insgesamt mindestens fünfjährige Berufserfahrung im Bereich der Prüfung, Überwachung oder Zertifizierung von Bauprodukten für den jeweiligen Produktbereich,
2. für Prüfstellen nach § 1 Absatz 1 Nummer 2 eine mindestens dreijährige Berufserfahrung im Bereich der Prüfung von Bauprodukten für den jeweiligen Produktbereich,
3. für die Zertifizierungsstellen nach § 1 Absatz 1 Nummer 3 eine insgesamt mindestens dreijährige Berufserfahrung im Bereich der Prüfung, Überwachung oder Zertifizierung von Bauprodukten oder vergleichbaren Tätigkeiten für den jeweiligen Produktbereich,
4. für Überwachungsstellen nach § 1 Absatz 1 Nummer 4 und 5 eine mindestens dreijährige Berufserfahrung im Bereich der Überwachung von Bauprodukten und Bauarten für den jeweiligen Produktbereich und
5. für Prüfungen nach § 1 Absatz 1 Nummer 6 eine mindestens dreijährige Berufserfahrung im jeweiligen Aufgabenbereich

nachweisen.

[3]Die Leiterin oder der Leiter einer Prüfstelle muss diese Aufgabe hauptberuflich ausüben. [4]Satz 3 gilt nicht, wenn eine hauptberufliche Stellvertreterin oder ein hauptberuflicher Stellvertreter bestellt ist. [5]Für Prüfstellen kann eine hauptberufliche Stellvertreterin oder ein hauptberuflicher Stellvertreter verlangt werden, wenn dies nach Art und Umfang der Tätigkeiten erforderlich ist. [6]Ist die Leiterin oder der Leiter nach Satz 4 nicht hauptberuflich tätig, kann eine zweite hauptberufliche Stellvertreterin oder ein zweiter hauptberuflicher Stellvertreter verlangt werden. [7]Die Leiterin oder der Leiter und die Stellvertreterin oder der Stellvertreter müssen über die für die Ausübung der Prüf-, Überwachungs- und Zertifizierungstätigkeiten erforderlichen Kenntnisse der deutschen Sprache verfügen.

(2) [1]Die Leiterin oder der Leiter der Prüf-, Überwachungs- oder Zertifizierungsstelle und die Stellvertreterin oder der Stellvertreter dürfen

1. zum Zeitpunkt der Antragstellung das 65. Lebensjahr nicht vollendet haben,
2. die Fähigkeit zur Bekleidung öffentlicher Ämter nicht verloren haben,
3. durch gerichtliche Anordnung nicht in der Verfügung über ihr Vermögen beschränkt sein und müssen
4. die erforderliche Zuverlässigkeit besitzen und
5. die Gewähr dafür bieten, dass sie neben ihren Leitungsaufgaben andere Tätigkeiten nur in solchem Umfang ausüben, dass die ordnungsgemäße Erfüllung ihrer Pflichten gewährleistet ist.

[2]Die Nummern 2 und 3 gelten auch im Falle vergleichbarer Feststellungen aus anderen Staaten.

(3) Prüf-, Überwachungs- und Zertifizierungsstellen müssen ferner verfügen über

1. die erforderlichen Räumlichkeiten und die erforderliche technische Ausstattung,
2. Anweisungen in Textform für die Durchführung ihrer Aufgaben und für die Benutzung und Wartung der erforderlichen Prüfvorrichtungen,

3. ein System zur Aufzeichnung und Dokumentation ihrer Tätigkeiten.

(4) [1]Prüf-, Überwachungs- und Zertifizierungsstellen müssen die Gewähr dafür bieten, dass sie, insbesondere die Leiterin oder der Leiter und die Stellvertreterin oder der Stellvertreter, unparteilich sind. [2]Hierzu kann verlangt werden, dass für den jeweiligen Anerkennungsbereich ein Fachausschuss einzurichten ist. [3]Er unterstützt die Leiterin oder den Leiter der Prüf-, Überwachungs- oder Zertifizierungsstelle in allen Prüf-, Überwachungs- oder Zertifizierungsvorgängen, insbesondere bei der Bewertung der Prüf-, Überwachungs- oder Zertifizierungsergebnisse, und spricht hierfür Empfehlungen aus. [4]Dem Fachausschuss müssen mindestens drei unabhängige Personen sowie die Leiterin oder der Leiter der Prüf-, Überwachungs- oder Zertifizierungsstelle angehören. [5]Die Anerkennungsbehörde kann die Berufung weiterer unabhängiger Personen verlangen.

(5) [1]Prüf- und Überwachungsstellen dürfen Unteraufträge für bestimmte Aufgaben nur an gleichfalls dafür anerkannte Prüf- oder Überwachungsstellen oder an solche Stellen, die in das Anerkennungsverfahren einbezogen waren, erteilen. [2]Zertifizierungsstellen dürfen keine Unteraufträge erteilen.

§ 3
Allgemeine Pflichten

Prüf-, Überwachungs- und Zertifizierungsstellen müssen

1. im Rahmen ihrer Anerkennung und Kapazitäten von allen Herstellern der Bauprodukte in Anspruch genommen werden können,
2. die Vertraulichkeit auf allen ihren Organisationsebenen sicherstellen,
3. der Anerkennungsbehörde auf Verlangen Gelegenheit zur Überprüfung geben,
4. regelmäßig an einem von der Anerkennungsbehörde vorgeschriebenen Erfahrungsaustausch der für das Bauprodukt anerkannten Prüf-, Überwachungs- oder Zertifizierungsstellen teilnehmen,
5. ihr technisches Personal hinsichtlich neuer Entwicklungen im Bereich der Anerkennung fortbilden und die technische Ausstattung warten, so erneuern und ergänzen, dass die Anerkennungsvoraussetzungen während des gesamten Anerkennungszeitraumes erfüllt sind,
6. Aufzeichnungen über die einschlägigen Qualifikationen, die Fortbildung und die berufliche Erfahrung ihrer Beschäftigten führen und fortschreiben,
7. Anweisungen erstellen, aus denen sich die Pflichten und Verantwortlichkeiten der Beschäftigten ergeben und diese fortschreiben,
8. die Erfüllung der Pflichten nach den Nummern 4 bis 7 sowie nach § 2 Absatz 3 Nummer 2 und 3 zusammenfassend dokumentieren und dem Personal zugänglich machen und
9. einen Wechsel der Leiterin oder des Leiters der Stelle oder der Stellvertreterin oder des Stellvertreters, wesentliche Änderungen in der gerätetechnischen Ausrüstung sowie Änderungen, die dazu führen, dass die Anerkennungsvoraussetzungen nicht mehr erfüllt sind, der Anerkennungsbehörde unverzüglich anzeigen.

§ 4
Besondere Pflichten

(1) Prüfstellen und Überwachungsstellen dürfen nur Prüfgeräte verwenden, die nach allgemein anerkannten Regeln der Technik geprüft sind; sie müssen sich hierzu an von der Anerkennungsbehörde geforderten Vergleichsuntersuchungen beteiligen.

(2) [1]Prüf-, Überwachungs- und Zertifizierungsstellen haben Berichte über ihre Prüf-, Überwachungs- und Zertifizierungstätigkeiten anzufertigen und zu dokumentieren. [2]Die Berichte müssen mindestens Angaben zum Gegenstand, zum beteiligten Personal, zu den angewandten Verfahren entsprechend den technischen Anforderungen, zu den Ergebnissen und zum Herstellwerk enthalten. [3]Die Berichte haben ferner Angaben zum Prüfdatum, Zertifizierungsdatum oder zum Überwachungszeitraum zu enthalten. [4]Die Berichte sind von der Leiterin oder vom

Leiter der Prüf-, Überwachungs- und Zertifizierungsstelle oder der Stellvertreterin oder dem Stellvertreter zu unterzeichnen. [5]Sie sind fünf Jahre aufzubewahren und der Anerkennungsbehörde oder der von ihr bestimmten Stelle auf Verlangen vorzulegen.

§ 5
Antrag und Unterlagen

(1) [1]Die Anerkennung ist in Textform bei der Anerkennungsbehörde zu beantragen. [2]Anerkennungsbehörde ist die oberste Bauaufsichtsbehörde oder die von ihr bestimmte Behörde.

(2) Mit der Antragstellung sind folgende Unterlagen einzureichen:

1. Angabe, auf welche Tätigkeit im Sinne des § 1 Absatz 1 Satz 1 sich die Anerkennung beziehen soll,
2. Angaben zum Bauprodukt, für das eine Anerkennung beantragt wird; dabei kann auf nach der Brandenburgischen Bauordnung bekannt gemachte technische Regeln Bezug genommen werden,
3. Angaben zur Person und Qualifikation der Leiterin oder des Leiters und der Stellvertreterin oder des Stellvertreters, zum leitenden und sachbearbeitenden Personal und deren Berufserfahrung,
4. Angaben über wirtschaftliche und rechtliche Verbindungen der natürlichen und juristischen Person, der Leiterin oder des Leiters und der Stellvertreterin oder des Stellvertreters nach § 2 Absatz 2 und der Beschäftigten zu einzelnen Herstellern,
5. Angaben zu den Räumlichkeiten und zur technischen Ausstattung,
6. Angabe des Geburtsdatums der Leiterin oder des Leiters und der Stellvertreterin oder des Stellvertreters,
7. Angaben zu Unterauftragnehmern,
8. einschlägige Zulassungen und Akkreditierungen aus anderen Staaten.

(3) Die Anerkennungsbehörde kann Gutachten über die Erfüllung einzelner Anerkennungsvoraussetzungen einholen.

(4) [1]Die Anerkennungsbehörde bestätigt der Antragstellerin oder dem Antragsteller unverzüglich den Eingang des Antrags und der Antragsunterlagen. [2]Die Eingangsbestätigung muss folgende Angaben enthalten:

1. die in Absatz 6 Satz 1 genannte Frist und die Mitteilung, dass diese Frist erst beginnt, wenn die Unterlagen vollständig sind, erforderliche Überprüfungen beim Antragsteller vollständig erfolgt sind und erforderliche Vergleichsuntersuchungen vollständig durchgeführt sind,
2. die Mitteilung, ob die Unterlagen vollständig sind und gegebenenfalls, welche Unterlagen fehlen,
3. die Mitteilung, ob eine Überprüfung beim Antragsteller und ob Vergleichsuntersuchungen erforderlich sind sowie den voraussichtlich erforderlichen Zeitrahmen,
4. die verfügbaren Rechtsbehelfe und einen Hinweis auf die Auswirkungen nach Absatz 5.

[3]Die Anerkennungsbehörde stimmt die Modalitäten für die Überprüfung bei der Antragstellerin oder beim Antragsteller und für die Vergleichsuntersuchungen so schnell wie möglich mit der Antragstellerin oder dem Antragsteller ab. [4]Sie teilt der Antragstellerin oder dem Antragsteller so schnell wie möglich mit, ob und gegebenenfalls welche Mängel die Unterlagen aufweisen.

(5) [1]Sind der Antrag und die Antragsunterlagen unvollständig oder weisen sie sonst erhebliche Mängel auf, und werden die Mängel innerhalb einer von der Anerkennungsbehörde gesetzten Frist nicht behoben, gilt der Antrag als zurückgenommen. [2]Satz 1 gilt sinngemäß für Überprüfungen beim Antragsteller und die Durchführung von Vergleichsuntersuchungen.

(6) [1]Über den Antrag auf Anerkennung ist innerhalb von drei Monaten nach Vorlage der vollständigen Antragsunterlagen, einschließlich, sofern erforderlich, der vollständigen Durchführung von Vergleichsuntersuchungen zu entscheiden. [2]Die Anerkennungsbehörde kann diese Frist gegenüber der Antragstellerin oder dem Antragsteller um bis zu zwei Monate verlängern. [3]Die Fristverlängerung und deren Ende sind ausreichend zu begründen und dem Antragsteller vor Ablauf der ursprünglichen Frist mitzuteilen. [4]Nach

Ablauf der Frist gilt die Anerkennung nicht als erteilt.

(7) [1]Verfahren nach dieser Verordnung können über den Einheitlichen Ansprechpartner für das Land Brandenburg abgewickelt werden. [2]Das Gesetz über den Einheitlichen Ansprechpartner für das Land Brandenburg sowie § 1 des Verwaltungsverfahrensgesetzes für das Land Brandenburg in Verbindung mit den §§ 71a bis 71e des Verwaltungsverfahrensgesetzes finden Anwendung.

§ 6
Erlöschen und Widerruf der Anerkennung

(1) Die Anerkennung erlischt

1. durch Verzicht in Textform gegenüber der Anerkennungsbehörde,
2. durch Fristablauf oder
3. wenn die Leiterin oder der Leiter das 68. Lebensjahr vollendet hat.

(2) [1]Die Anerkennung ist zu widerrufen, wenn

1. nachträglich Gründe eintreten, die eine Versagung der Anerkennung gerechtfertigt hätten,
2. die Leiterin oder der Leiter infolge geistiger oder körperlicher Gebrechen nicht mehr in der Lage ist, seine Tätigkeit ordnungsgemäß auszuüben oder
3. die Prüf-, Überwachungs- oder Zertifizierungsstelle gegen die ihr obliegenden Pflichten wiederholt oder grob verstoßen hat.

[2]Liegen bei einer natürlichen oder juristischen Person die Widerrufsgründe nach Satz 1 hinsichtlich der Leiterin oder des Leiters vor, kann von einem Widerruf der Anerkennung abgesehen werden, wenn innerhalb von sechs Monaten nach Eintreten der Widerrufsgründe ein Wechsel der Leiterin oder des Leiters stattgefunden hat.

(3) Die Anerkennung kann widerrufen werden, wenn die Prüf-, Überwachungs- oder Zertifizierungsstelle

1. Tätigkeit zwei Jahre nicht ausgeübt hat,
2. nicht regelmäßig an dem Erfahrungsaustausch gemäß § 3 Nummer 4 teilnimmt oder
3. sich nicht an den Vergleichsuntersuchungen gemäß § 4 Absatz 1 beteiligt.

§ 7
Übergangsvorschrift

(1) Personen, die zum Zeitpunkt des Inkrafttretens dieser Verordnung Leiterin oder Leiter einer nach bisherigem Recht anerkannten Prüfstelle oder Überwachungsgemeinschaft sind, sind für die entsprechenden Bauprodukte von der Forderung des § 2 Absatz 1 Satz 2 befreit.

(2) Für Stellvertreterinnen und Stellvertreter, die nach bisherigem Recht gegenüber der Anerkennungsbehörde benannt worden sind, gilt die Befreiung gemäß Absatz 1 entsprechend.

§ 8
(Inkrafttreten)

Teil 5. Bauprodukte und Bauarten

5.1
Brandenburgisches Marktüberwachungsdurchführungsgesetz für harmonisierte Bauprodukte (BbgMÜDhBauPG)

Vom 1. April 2019 (GVBl. I Nr. 4), das durch Gesetz vom 7. Dezember 2023 (GVBl. I Nr. 26) geändert worden ist

– Fassung ab 9. Dezember 2023 –

§ 1 Aufbau und Aufgaben der Marktüberwachungsbehörden für Bauprodukte

(1) [1]Oberste Marktüberwachungsbehörde für harmonisierte Bauprodukte ist das für Bauordnungsrecht zuständige Ministerium. [2]Obere Marktüberwachungsbehörde für harmonisierte Bauprodukte ist das Landesamt für Bauen und Verkehr als Bautechnisches Prüfamt. [3]Gemeinsame Marktüberwachungsbehörde für harmonisierte Bauprodukte ist das Deutsche Institut für Bautechnik mit dem Sitz in Berlin.

(2) [1]Die Marktüberwachungsbehörden nehmen die Aufgaben nach folgenden Vorschriften wahr:

1. Verordnung (EU) 2019/1020 des Europäischen Parlaments und des Rates vom 20. Juni 2019 über Marktüberwachung und die Konformität von Produkten sowie zur Änderung der Richtlinie 2004/42/EG und der Verordnungen (EG) Nr. 765/2008 und (EU) Nr. 305/2011 (ABl. L 169 vom 25.6.2019, S. 1) hinsichtlich der Bauprodukte, die nach der Verordnung (EU) Nr. 305/2011 des Europäischen Parlaments und des Rates vom 9. März 2011 zur Festlegung harmonisierter Bedingungen für die Vermarktung von Bauprodukten und zur Aufhebung der Richtlinie 89/106/EWG des Rates (ABl. L 88 vom 4.4.2011, S. 5, L 103 vom 12.4.2013, S. 10, L 92 vom 8.4.2015, S. 118), die zuletzt durch die Verordnung (EU) 2019/1020 (ABl. L 169 vom 25.6.2019, S. 1) geändert worden ist, in den Verkehr gebracht und gehandelt werden dürfen,
2. Marktüberwachungsgesetz vom 9. Juni 2021 (BGBl. I S. 1723), soweit es die Marktüberwachung für harmonisierte Bauprodukte betrifft,
3. Verordnung (EU) Nr. 305/2011 und
4. Bauproduktengesetz vom 5. Dezember 2012 (BGBl. I S. 2449, 2450), das zuletzt durch Artikel 5 des Gesetzes vom 27. Juli 2021 (BGBl. I S. 3146, 3170) geändert worden ist.

[2]Für die Aufsicht über die gemeinsame Marktüberwachungsbehörde gilt Artikel 5 des Abkommens über das Deutsche Institut für Bautechnik vom 2. Dezember 1992 (GVBl. 1993 I S. 203), das zuletzt durch das Abkommen vom 26. Oktober 2016 (GVBl. für Berlin 2018 S. 155, 192) geändert worden ist.

(3) Das für Bauordnungsrecht zuständige Mitglied der Landesregierung wird ermächtigt, durch Rechtsverordnung weitere öffentliche Aufgaben des Bautechnischen Prüfamtes im Landesamt für Bauen und Verkehr im Zusammenhang mit der Marktüberwachung von harmonisierten Bauprodukten zu regeln.

§ 2
Zuständigkeit der Marktüberwachungsbehörden für Bauprodukte

(1) Zuständig für die Durchführung der Aufgaben nach § 1 Absatz 2 ist die obere Marktüberwachungsbehörde, soweit nachfolgend nichts Abweichendes bestimmt ist.

(2) Die gemeinsame Marktüberwachungsbehörde ist zuständig für

1. die einheitliche Prüfung und Bewertung von harmonisierten Bauprodukten in technischer Hinsicht,
2. das Ergreifen von Maßnahmen nach den Artikeln 56 und 58 der Verordnung (EU) Nr. 305/2011 für Fälle, in denen Bauprodukte nach den Anforderungen der Verordnung (EU) Nr. 305/2011 die in Bezug auf die Wesentlichen Merkmale erklärte Leistung nicht erbringen oder eine Gefahr im Sinne des Artikels 58 der Verordnung (EU) Nr. 305/2011 darstellen,
3. das Ergreifen von Maßnahmen nach dem Marktüberwachungsgesetz für Fälle, in denen Bauprodukte nach den Anforderungen der Verordnung (EU) Nr. 305/2011 die in Bezug auf die Wesentlichen Merkmale erklärte Leistung nicht erbringen oder eine Gefahr im Sinne des Artikels 58 der Verordnung (EU) Nr. 305/2011 darstellen,
4. das Ergreifen von Maßnahmen nach der Verordnung (EU) 2019/1020 für Fälle, in denen Bauprodukte nach den Anforderungen der Verordnung (EU) 305/2011 die in Bezug auf die Wesentlichen Merkmale erklärte Leistung nicht Erbringen oder eine Gefahr im Sinne des Artikels 58 der Verordnung (EU) Nr. 305/2011 darstellen.

(3) [1]Besteht für die obere Marktüberwachungsbehörde Grund zur Annahme, dass Maßnahmen oder Anordnungen nach Absatz 2 in Betracht kommen, gibt sie die Sachbehandlung für das harmonisierte Bauprodukt an die gemeinsame Marktüberwachungsbehörde ab. [2]Die Zuständigkeit der gemeinsamen Marktüberwachungsbehörde beginnt mit dem Eingang der Abgabe. [3]Soweit nachfolgend nichts Abweichendes bestimmt ist, umfasst sie alle Aufgaben und Befugnisse nach § 1 Absatz 2 und 3. [4]Sie schließt die Zuständigkeit der oberen Marktüberwachungsbehörde auch dann aus, wenn sie durch die Abgabe der Sachbehandlung für das harmonisierte Bauprodukt durch eine Marktüberwachungsbehörde eines anderen Landes begründet worden ist. [5]Die Befugnis der oberen Marktüberwachungsbehörde, bei Gefahr im Verzug vorläufige Maßnahmen und Anordnungen zu treffen, bleibt unberührt. [6]Die Aufhebung eines Verwaltungsaktes einer Marktüberwachungsbehörde, der nicht nach § 44 des Verwaltungsverfahrensgesetzes nichtig ist, kann nicht allein deshalb beansprucht werden, weil die Voraussetzungen des Satzes 1 nicht vorgelegen haben oder die obere Marktüberwachungsbehörde die Sachbehandlung nicht an die gemeinsame Marktüberwachungsbehörde abgegeben hat, obwohl die Voraussetzungen des Satzes 1 vorgelegen haben. [7]Im Übrigen bleiben die §§ 45 und 46 des Verwaltungsverfahrensgesetzes unberührt.

(4) Maßnahmen und Anordnungen der gemeinsamen Marktüberwachungsbehörde gelten auch im Land Brandenburg.

(5) Der Vollzug der Maßnahmen und Anordnungen der gemeinsamen Marktüberwachungsbehörde einschließlich der Anordnung von Maßnahmen des Verwaltungszwangs obliegt der oberen Marktüberwachungsbehörde.

§ 3
(Inkrafttreten, Außerkrafttreten)

5.2
Brandenburgische Marktüberwachungsgebührenordnung für harmonisierte Bauprodukte (BbgMÜhBPGebO)

Vom 26. April 2024 (GVBl. II Nr. 25)

– in Kraft seit 30. April 2024 –

§ 1
Kosten einer Amtshandlung

(1) Das Bautechnische Prüfamt erhebt für Amtshandlungen nach der Verordnung (EU) 2019/1020 des Europäischen Parlaments und des Rates vom 20. Juni 2019 über Marktüberwachung und die Konformität von Produkten sowie zur Änderung der Richtlinie 2004/42/EG und der Verordnungen (EG) Nr. 765/2008 und (EU) Nr. 305/2011 (ABl. L 169 vom 25.6.2019, S. 1), die durch die Verordnung (EU) 2023/1542 des Europäischen Parlaments und des Rates vom 12. Juli 2023 (ABl. L 191 vom 28.7.2023, S. 1) geändert worden ist, in Verbindung mit dem Marktüberwachungsgesetz vom 9. Juni 2021 (BGBl. I S. 1723), sofern es auf harmonisierte Bauprodukte im Sinne der Verordnung (EU) 2019/1020 entsprechend Anwendung findet, sowie nach der Verordnung (EU) Nr. 305/2011 des Europäischen Parlaments und des Rates vom 9. März 2011 zur Festlegung harmonisierter Bedingungen für die Vermarktung von Bauprodukten und zur Aufhebung der Richtlinie 89/106/EWG des Rates (ABl. L 88 vom 4.4.2011, S. 5; L 103 vom 12.4.2013, S. 10, L 92 vom 8.4.2015, S. 118), die zuletzt durch die Verordnung (EU) 2019/1020 des Europäischen Parlaments und des Rates vom 20. Juni 2019 (ABl. L 169 vom 25.6.2019, S. 1) geändert worden ist, Gebühren und Auslagen nach dieser Verordnung.

(2) Gebühren und Auslagen sind zu erheben, wenn die Marktüberwachungstätigkeit für harmonisierte Bauprodukte eine behördliche Anordnung oder ein Revisionsschreiben zur Folge hat, dessen Maßgaben die Grundlage für eine behördliche Anordnung sein können, oder wenn die Überwachung der Erfüllung einer behördlichen Auflage oder Anordnung dient.

§ 2
Gebührenbemessung

(1) [1]Die Gebühren sind nach dem Gebührenverzeichnis (Anlage) zu bestimmen. [2]Für Amtshandlungen, für die keine Tarifstelle im Gebührenverzeichnis enthalten ist, wird die Gebühr als Zeitgebühr ermittelt.

(2) [1]Bei der Berechnung der Gebühr nach Zeitaufwand ist die Zeit anzusetzen, die unter regelmäßigen Verhältnissen von einer entsprechend ausgebildeten Fachkraft benötigt wird. [2]Für die Arbeitsstunde wird ein Bruttobetrag von 1,54 Prozent des Monatsgrundgehalts einer Beamtin oder eines Beamten des Landes Brandenburg in der Endstufe der Besoldungsgruppe A 15 berechnet und dieser wird je angefangene Stunde erhoben. [3]Die oberste Marktüberwachungsbehörde veröffentlicht den jeweils aktuellen und auf volle Euro gerundeten Stundensatz.

Anlage
(zu § 2 Absatz 1)

Gebührenverzeichnis

Tarif-stelle	Gegenstand der Amtshandlung	Bemessungs-grundlage	Gebühr in Euro
1	Überprüfung der Merkmale von Produkten nach Artikel 11 Absatz 3 der Verordnung (EU) 2019/1020 in Verbindung mit § 7 Absatz 2 des Marktüberwachungsgesetzes durch die Überprüfung von Unterlagen, die Durchführung physischer Überprüfungen anhand von angemessenen Stichproben und die Durchführung von Laborprüfungen Anmerkung: Die Kosten der Laborprüfung einer Prüfstelle oder des Deutschen Instituts für Bautechnik werden als Auslage neben der Gebühr erhoben.	Zeitgebühr	mindestens 100
2	Feststellung eines formellen Mangels der CE-Kennzeichnung oder der Leistungserklärung sowie Aufforderung zur Beseitigung des Mangels gemäß Artikel 59 Absatz 1 der Verordnung (EU) Nr. 305/2011	Zeitgebühr	mindestens 100
3	Maßnahme nach Artikel 59 Absatz 2 der Verordnung (EU) Nr. 305/2011	Zeitgebühr	mindestens 100
4	Aufforderung zur Ergreifung von Korrekturmaßnahmen durch den Wirtschaftsakteur nach Artikel 16 Absatz 2 und 3 der Verordnung (EU) 2019/1020	Zeitgebühr	mindestens 100
5	Anordnung des Rückrufs, Anordnung der Rücknahme eines Produktes oder Untersagung oder Einschränkung der Bereitstellung eines Produktes auf dem Markt nach Artikel 16 Absatz 5 und Artikel 19 Absatz 1 der Verordnung (EU) 2019/1020	Zeitgebühr	mindestens 100

5.3 Verordnung über Anforderungen an Hersteller von Bauprodukten und Anwender von Bauarten im Land Brandenburg (Brandenburgische Hersteller- und Anwenderverordnung – BbgHAV)

Vom 28. Juli 2009 (GVBl. II S. 518), die durch Artikel 4 der Verordnung vom 13. März 2023 (GVBl. II Nr. 17) geändert worden ist

– Fassung ab 15. März 2023 –

Auf Grund des § 14 Absatz 5 in Verbindung mit § 18 Absatz 1 Satz 2 der Brandenburgischen Bauordnung in der Fassung der Bekanntmachung vom 17. September 2008 (GVBl. I S. 226) verordnet der Minister für Infrastruktur und Raumordnung:

§ 1 Erforderliche Fachkräfte und Vorrichtungen

(1) Für

1. die Ausführung von Schweißarbeiten zur Herstellung tragender Stahlbauteile auf der Baustelle,
2. die Ausführung von Schweißarbeiten zur Herstellung tragender Aluminiumbauteile auf der Baustelle,
3. die Ausführung von Schweißarbeiten zur Herstellung von Betonstahlbewehrungen,
4. die Ausführung von Klebearbeiten zur Herstellung tragender Holzbauteile und von Brettschichtholz,
5. die Herstellung und den Einbau von Beton mit höherer Festigkeit und anderen besonderen Eigenschaften (Beton der Überwachungsklasse 2 oder 3) auf Baustellen, die Herstellung von vorgefertigten tragenden Bauteilen aus Beton der Überwachungsklasse 2 oder 3 sowie die Herstellung von Transportbeton,
6. die Instandsetzung von tragenden Betonbauteilen, deren Standsicherheit gefährdet ist,
7. die Ausführung von nachträglichen Bewehrungsanschlüssen mit eingemörtelten Bewehrungsstäben,

müssen der Hersteller und der Anwender über Fachkräfte mit besonderer Sachkunde und Erfahrung sowie über besondere Vorrichtungen verfügen.

(2) Die erforderliche Ausbildung und berufliche Erfahrung der Fachkräfte sowie die erforderlichen Vorrichtungen bestimmen sich nach den nach § 86a Absatz 5 der Brandenburgischen Bauordnung von der obersten Bauaufsichtsbehörde im Amtsblatt des Landes Brandenburg bekannt gemachten technischen Regeln in der jeweils geltenden Fassung der Verwaltungsvorschrift Technische Baubestimmungen einschließlich der dort aufgeführten Anlagen in den Fällen des Absatzes 1

1. Nummer 1 nach der laufenden Nummer A 1.2.4.1,
2. Nummer 2 nach der laufenden Nummer A 1.2.4.3,

---

1 Die Verpflichtungen aus der Richtlinie 98/34/EG des Europäischen Parlaments und des Rates vom 22. Juni 1998 über ein Informationsverfahren auf dem Gebiet der Normen und technischen Vorschriften (ABl. L 204 vom 21.7.1998, S. 37), geändert durch die Richtlinie 98/48/EG des Europäischen Parlaments und des Rates vom 20. Juli 1998 (ABl. L 217 vom 5.8.1998, S. 18), sind beachtet worden. Die Neufassung der Verordnung dient der Umsetzung der Richtlinie 2006/123/EG des Europäischen Parlaments und des Rates vom 12. Dezember 2006 über Dienstleistungen im Binnenmarkt (ABl. L 376 vom 27.12.2006, S. 36).

3. Nummer 3 nach der laufenden Nummer A 1.2.3.4,
4. Nummer 4 nach der laufenden Nummer A 1.2.5.1,
5. Nummer 5 nach der laufenden Nummer A 1.2.3.1,
6. Nummer 6 nach der laufenden Nummer A 1.2.3.2,
7. Nummer 7 nach der laufenden Nummer A 1.2.3.7.

§ 2
Nachweispflicht

Die Hersteller und Anwender haben vor der erstmaligen Durchführung der Arbeiten nach § 1 und danach für Tätigkeiten nach

1. § 1 Absatz 1 Nummer 1 bis 3, 5 und 6 in Abständen von höchstens drei Jahren,
2. § 1 Absatz 1 Nummer 4 in Abständen von höchstens fünf Jahren

gegenüber einer nach § 24 Satz 1 Nummer 6 der Brandenburgischen Bauordnung anerkannten Prüfstelle nachzuweisen, dass sie über die vorgeschriebenen Fachkräfte und Vorrichtungen verfügen.

§ 3
Abweichungen

(1) Fachkräfte mit besonderer Sachkunde und Erfahrung sowie besondere Vorrichtungen nach § 1 Absatz 1 sind nicht erforderlich, wenn mit einer anderen Lösung in gleichem Maße die allgemeinen Anforderungen des § 3 der Brandenburgischen Bauordnung erfüllt werden.

(2) Die Erfüllung der Anforderungen nach § 1 Absatz 2 kann auch durch gleichwertige Nachweise anderer Mitgliedstaaten der Europäischen Union belegt werden.

(3) Die oberste Bauaufsichtsbehörde kann im Einzelfall gestatten, dass Bauprodukte, Bauarten oder Teile baulicher Anlagen abweichend von den Regelungen in den §§ 1 und 2 hergestellt werden, wenn nachgewiesen ist, dass Gefahren im Sinne des § 3 der Brandenburgischen Bauordnung nicht zu erwarten sind.

§ 4
(Inkrafttreten, Außerkrafttreten)

5.4 Verordnung über die Überwachung von Tätigkeiten mit Bauprodukten und bei Bauarten im Land Brandenburg (Brandenburgische Bautätigkeitenüberwachungsverordnung – BbgÜTV)

Vom 24. März 2005 (GVBl. II S. 161), die durch Artikel 5 der Verordnung vom 13. März 2023 (GVBl. II Nr. 17) geändert worden ist

– Fassung ab 15. März 2023 –

Auf Grund des § 14 Abs. 6 und des § 18 Abs. 1 Satz 2 der Brandenburgischen Bauordnung vom 16. Juli 2003 (GVBl. I S. 210) verordnet der Minister für Infrastruktur und Raumordnung:

§ 1 Überwachungspflichtige Tätigkeiten

[1]Folgende Tätigkeiten müssen durch eine Überwachungsstelle nach § 24 Satz 1 Nummer 5 der Brandenburgischen Bauordnung überwacht werden:

1. der Einbau von punktgestützten, hinterlüfteten Wandbekleidungen aus Einscheibensicherheitsglas in einer Höhe von mehr als 8 m über Gelände,
2. das Herstellen und der Einbau von Beton mit höherer Festigkeit und anderen besonderen Eigenschaften (Beton der Überwachungsklasse 2 oder 3) auf Baustellen,
3. die Instandsetzung von tragenden Betonbauteilen, deren Standsicherheit gefährdet ist,
4. der Einbau von Verpressankern,
5. das Herstellen von Einpressmörtel auf der Baustelle und das Einpressen in Spannkanäle,
6. das Einbringen von Ortschäumen in Bauteilflächen über 50 m².

[2]Die Überwachung erfolgt nach einschlägigen Technischen Baubestimmungen und kann sich auf Stichproben beschränken.

§ 2
(aufgehoben)

§ 3 (Inkrafttreten, Außerkrafttreten)

1 Die Verpflichtungen aus der Richtlinie 98/34/EG des Europäischen Parlaments und des Rates vom 22. Juni 1998 über ein Informationsverfahren auf dem Gebiet der Normen und technischen Vorschriften (ABl. EG Nr. L 204 S. 37), geändert durch die Richtlinie 98/48/EG des Europäischen Parlaments und des Rates vom 20. Juli 1998 (ABl. EG Nr. L 217 S. 18), sind beachtet worden.

5.5 Verordnung über das Übereinstimmungszeichen im Land Brandenburg (Brandenburgische Übereinstimmungszeichenverordnung – BbgÜZV)

Vom 20. November 2001 (GVBl. II S. 632), die zuletzt durch Artikel 2 der Verordnung vom 26. Juli 2024 (GVBl. II Nr. 57) geändert worden ist

– Fassung ab 30. Juli 2024 –

Auf Grund des § 88 Abs. 6 Nr. 1 der Brandenburgischen Bauordnung in der Fassung der Bekanntmachung vom 25. März 1998 (GVBl. I S. 82) verordnet der Minister für Stadtentwicklung, Wohnen und Verkehr:

§ 1

(1) Das Übereinstimmungszeichen (Ü-Zeichen) nach § 21 Absatz 4 der Brandenburgischen Bauordnung besteht aus dem Buchstaben „Ü" und hat folgende Angaben zu enthalten:

1. den Namen der Herstellerin oder des Herstellers; zusätzlich das Herstellwerk, wenn der Name der Herstellerin oder des Herstellers eine eindeutige Zuordnung des Bauprodukts zu dem Herstellwerk nicht ermöglicht; anstelle des Namens der Herstellerin oder des Herstellers genügt der Name der Vertreiberin oder des Vertreibers des Bauprodukts mit der Angabe des Herstellwerks; die Angabe des Herstellwerks darf verschlüsselt erfolgen, wenn sich bei der Herstellerin oder beim Hersteller oder bei der Vertreiberin oder beim Vertreiber und, wenn ein Übereinstimmungszertifikat erforderlich ist, bei der Zertifizierungsstelle und Überwachungsstelle das Herstellwerk jederzeit eindeutig ermitteln lässt,
2. die Grundlage der Übereinstimmungsbestätigung, bestehend aus
   a) der Kurzbezeichnung der für das geregelte Bauprodukt im Wesentlichen maßgebenden technischen Regel,
   b) der Bezeichnung für eine allgemeine bauaufsichtliche Zulassung als „Z" und deren Nummer,
   c) der Bezeichnung für ein allgemeines bauaufsichtliches Prüfzeugnis als „P", dessen Nummer und die Bezeichnung der Prüfstelle oder
   d) der Bezeichnung für eine Zustimmung im Einzelfall als „ZiE" und die Behörde,
3. die für den Verwendungszweck wesentlichen Merkmale des Bauprodukts, soweit sie nicht durch die Angabe der Kurzbezeichnung der technischen Regel nach Nummer 2 Buchstabe a abschließend bestimmt sind,
4. die Bezeichnung oder das Bildzeichen der Zertifizierungsstelle, wenn die Einschaltung einer Zertifizierungsstelle vorgeschrieben ist.

(2) [1]Die Angaben nach Absatz 1 sind auf der von dem Buchstaben „Ü" umschlossenen Innenfläche oder in deren unmittelbarer Nähe anzubringen. [2]Der Buchstabe „Ü" und die Angaben nach Absatz 1 müssen deutlich lesbar

---

1 Die Verpflichtungen aus der Richtlinie 98/34/EG des Europäischen Parlaments und des Rates vom 22. Juni 1998 über ein Informationsverfahren auf dem Gebiet der Normen und technischen Vorschriften (ABl. EG Nr. L 204 S. 37), zuletzt geändert durch die Richtlinie 98/48/EG des Europäischen Parlaments und des Rates vom 20. Juli 1998 (ABl. EG Nr. L 217 S.18), sind beachtet worden.

sein. [3]Der Buchstabe „Ü“ muss in seiner Form der folgenden Abbildung entsprechen:

(3) Wird das Ü-Zeichen auf einem Beipackzettel, der Verpackung, dem Lieferschein oder einer Anlage zum Lieferschein angebracht, so darf der Buchstabe „Ü“ ohne oder mit einem Teil der Angaben nach Absatz 1 zusätzlich auf dem Bauprodukt angebracht werden.

§ 2
(Inkrafttreten, Außerkrafttreten)

5.6 Verordnung
zur Feststellung der wasserrechtlichen Eignung von Bauprodukten und Bauarten durch Nachweise nach der Brandenburgischen Bauordnung (Brandenburgische Wasserbauprüfverordnung – BbgWBauPV)
Vom 21. Juli 1998 (GVBl. II S. 532), die zuletzt durch Artikel 6 der Verordnung vom 13. März 2023 (GVBl. II Nr. 17) geändert worden ist
– Fassung ab 15. März 2023 –

Auf Grund des § 20 Abs. 4 der Brandenburgischen Bauordnung in der Fassung der Bekanntmachung vom 25. März 1998 (GVBl. I S. 82) verordnet der Minister für Stadtentwicklung, Wohnen und Verkehr:

§ 1

1. Für folgende serienmäßig hergestellte Bauprodukte sind auch hinsichtlich wasserrechtlicher Anforderungen Verwendbarkeits- und Übereinstimmungsnachweise nach den § 16a Absatz 2 Satz 1 Nummer 1 und Absatz 5 sowie §§ 17, 18, 19, 21 bis 25 der Brandenburgischen Bauordnung zu führen:
   Abwasserbehandlungsanlagen:
   a) Kleinkläranlagen, die für einen Anfall von Abwässern bis zu acht Kubikmetern je Tag bemessen sind,
   b) Leichtflüssigkeitsabscheider für Benzin und Öl,
   c) Fettabscheider,
   d) Amalgamabscheider für Zahnarztpraxen,
   e) Anlagen zur Begrenzung von Schwermetallen in Abwässern, die bei der Herstellung keramischer Erzeugnisse anfallen,
   f) Anlagen zur Begrenzung von abfiltrierbaren Stoffen, Arsen, Antimon, Barium, Blei und anderen Schwermetallen, die für einen Anfall von bei der Herstellung und Verarbeitung von Glas und künstlichen Mineralfasern anfallenden Abwässern bis zu acht Kubikmetern je Tag bemessen sind,
   g) Anlagen zur Begrenzung von Kohlenwasserstoffen in mineralölhaltigen Abwässern,
   h) Anlagen zur Begrenzung des Silbergehalts in Abwässern aus fotografischen Verfahren und
   i) Anlagen zur Begrenzung von Halogenkohlenwasserstoffen in Abwässern von chemischen Reinigungen;
2. Bauprodukte und Bauarten für ortsfest verwendete Anlagen zum Lagern, Abfüllen und Umschlagen von wassergefährdenden Stoffen:
   a) Auffangwannen und -vorrichtungen sowie vorgefertigte Teile für Auffangräume und -flächen,
   b) Abdichtungsmittel für Auffangwannen, -vorrichtungen, -räume und -flächen,
   c) Behälter,
   d) Innenbeschichtungen und Auskleidungen für Behälter und Rohre,

1 Die Verpflichtungen aus der Richtlinie 83/189/EWG des Rates vom 28. März 1983 über ein Informationsverfahren auf dem Gebiet der Normen und technischen Vorschriften (ABl. EG Nr. L 109 S. 8), zuletzt geändert durch die Richtlinie 94/10/EG des Europäischen Parlamentes und des Rates vom 23. März 1994 (ABl. EG Nr. L 100 S. 30), sind beachtet worden.

e) Rohre, zugehörige Formstücke, Dichtmittel, Armaturen und
f) Sicherheitseinrichtungen.

§ 2

[1]§ 16b Absatz 2 der Brandenburgischen Bauordnung bleibt unberührt. [2]§ 1 dieser Verordnung findet keine Anwendung auf Bauprodukte, die die CE-Kennzeichnung aufgrund der Verordnung (EU) Nr. 305/2011 des Europäischen Parlaments und des Rates vom 9. März 2011 zur Festlegung harmonisierter Bedingungen für die Vermarktung von Bauprodukten und zur Aufhebung der Richtlinie 89/106/EWG des Rates (ABl. L 88 vom 4.4.2011, S. 5, ABl. L 103 vom 12.4.2013, S. 10, ABl. L 92 vom 8.4.2015, S. 118), die zuletzt durch die Verordnung (EU) Nr. 2019/1020 vom 20.6.2019 (ABl. L 169 vom 25.6.2019, S. 1) geändert worden ist, tragen.

§ 3
(Inkrafttreten, Außerkrafttreten)

Teil 6. Sonstige Vorschriften

6.1 Gesetz zur Regelung von Mindestabständen von Windenergieanlagen zu Wohngebäuden im Land Brandenburg (Brandenburgisches Windenergieanlagenabstandsgesetz – BbgWEAAbG)

Vom 20. Mai 2022 (GVBl. I Nr. 9), das durch Artikel 2 des Gesetzes vom 2. März 2023 (GVBl. I Nr. 3) geändert worden ist

– Fassung ab 3. März 2023 –

§ 1 Mindestabstand für privilegierte Windenergieanlagen

(1) [1]§ 35 Absatz 1 Nummer 5 des Baugesetzbuchs findet auf Vorhaben, die der Erforschung, Entwicklung oder Nutzung der Windenergie dienen, nur Anwendung, wenn diese Vorhaben einen Mindestabstand von 1 000 Metern zu zulässigerweise errichteten Wohngebäuden in Gebieten mit Bebauungsplänen (§ 30 des Baugesetzbuchs) oder innerhalb im Zusammenhang bebauter Ortsteile (§ 34 des Baugesetzbuchs) einhalten. [2]Satz 1 gilt nicht, sofern in den dort genannten Gebieten Wohngebäude nur ausnahmsweise zulässig sind. [3]Satz 1 gilt ferner nicht für Vorhaben auf Flächen in Windenergiegebieten gemäß § 2 Nummer 1 des Windenergieflächenbedarfsgesetzes vom 20. Juli 2022 (BGBl. I S. 1353), das durch Artikel 5 des Gesetzes vom 4. Januar 2023 (BGBl. I Nr. 6 S. 4) geändert worden ist.

(2) Der Abstand bemisst sich von der Mitte des Mastfußes bis zur nächstgelegenen Gebäudekante der Hauptanlage eines Wohngebäudes im Sinne des Absatzes 1.

(3) Die Landesregierung wird verpflichtet, den in Absatz 1 festgelegten Mindestabstand unverzüglich durch Rechtsverordnung anzupassen, wenn und soweit dies zur Umsetzung bundesgesetzlicher Bedarfsvorgaben zu Flächenbeitragswerten für Windenergie an Land erforderlich ist.

§ 2 Übergangsregelungen

(1) § 1 Absatz 1 gilt nicht innerhalb eines Gebietes für die Erforschung, Entwicklung oder Nutzung der Windenergie, das in einem bis zum Ablauf des sechsten Monats nach Inkrafttreten dieses Gesetzes wirksam gewordenen Flächennutzungsplan mit den Wirkungen des § 35 Absatz 3 Satz 3 des Baugesetzbuchs dargestellt worden ist.

(2) Innerhalb von in Regionalplänen festgelegten Eignungsgebieten für Vorhaben der Windenergie nach § 35 Absatz 1 Nummer 5 des Baugesetzbuchs gilt § 1 Absatz 1 nicht, wenn die Regionalversammlung die öffentliche Auslegung der in § 9 Absatz 2 des Raumordnungsgesetzes in Verbindung mit § 2 Absatz 3 Satz 1 des Gesetzes zur Regionalplanung und zur Braunkohlen- und Sanierungsplanung genannten Planunterlagen vor dem 30. November 2021 beschlossen hat.

(3) [1]§ 1 Absatz 1 gilt nicht, soweit vor Inkrafttreten dieses Gesetzes bei der zuständigen Behörde ein vollständiger Antrag auf Genehmigung oder Teilgenehmigung einzelner Anlagen von Vorhaben zur Erforschung, Entwicklung oder Nutzung der Windenergie im Sinne des § 35 Absatz 1 Nummer 5 des

Baugesetzbuchs eingegangen ist. [2]Dies gilt auch, soweit statt der im Antrag angegebenen Anlage am selben Standort eine andere Anlage mit gleicher oder geringfügig höherer oder niedrigerer Höhe errichtet werden soll. [3]Satz 1 gilt entsprechend für einen Antrag auf Vorbescheid, bei dem der Antragsgegenstand mindestens die Vereinbarkeit der beantragten Standorte mit der Bauleitplanung oder der Regionalplanung ist.

§ 3
(Inkrafttreten)